中國古代史學叢書

建炎以来繫年要録

【宋】李心傳 撰
辛更儒 點校

陸

上海古籍出版社

建炎以來繫年要録卷一百三十四

1 紹興十年歲次庚申。金熙宗亶天眷三年。春正月按是月丁丑朔。辛巳，右僕射秦檜言：「前日外間有匿名書，非毁朝廷，當繳進。」上曰：「已見之，無足恤。」

先是，金人遣奉使官宣州觀察使、知閤門事藍公佐南歸，議歲貢、誓表、正朔、册命等事。此以紹興講和録及洪皓行述、陳淵奏議等參修。且索河東北士民之在南者。是日，右正言陳淵入對，言：「自公佐之歸，聞金人盡誅往日主議之人，且悔前約，以此重有要索。臣謂和戰二策，不可偏執。」上語淵曰：「今日之和，不惟不可偏執，自當以戰爲主。」既而吏部員外郎許忻出爲荆湖南路轉運判官，將行，亦上疏言：「臣竊見金人爲本朝患，十六年於兹矣。昨者張通古輩來議和好①，陛下以梓宫、母后、淵聖之故，俯從其欲，復命王倫等報聘。今王倫既已拘留，且重有邀索，外議籍籍，謂敵情反復如此，咸以爲憂。望陛下採中外之公言，定國家之大計。深察敵人變詐之狀，亟安天下憂虞之心。繼自今時，嚴爲守備，激將士捐軀效死之氣，雪陛下不共戴天之讎。上以慰祖宗在天之靈，下以解黎元倒垂之命。庶幾中興之效，足以垂光於萬世。」忻出湖南漕，日曆不載。吏部題名亦起於紹興末年，皆不可考。林待聘外制集，忻除湖南與賀允中閩漕同制。按允中除命在是月甲午，或當同日，且附此，更須參考。

左武大夫、和州防禦使、權知閤門事韓恕特差充兩浙西路馬步軍副總管，見管閤門職事如舊。尋詔恕落階官，爲濟州防禦使。

2 乙酉，尚書工部侍郎兼直學士院兼侍講李誼爲工部尚書，假資政殿學士，充迎護梓宫奉迎兩宫使。集英殿修撰、京畿都轉運使莫將爲徽猷閣待制，副之。誼不受命，力辭。其親舊曰不可。誼曰：「我不過奪職罷去爾，安可行乎？」丙戌，誼免官，以將試工部侍郎，充迎護使。濟州防禦使、知閤門事韓恕爲宣州觀察使，副之。

初，兖人張匯從父行正守官保州，陷敵不能歸。至是，聞元帥府主管漢兒文字蔡松年言敵有渝盟意，遂與燕人王暉、開封劉炎謀，夜自新鄉渡河赴行在，上疏言敵情利害，大略以爲：

敵主懦將驕，兵寡而怯，又且離心，民怨而困，咸有異意。鄰國延頸以窺隙，臣下側目以觀變，親戚内亂，寇盜外起。加之昔之名王良將，如黏罕、撻懶之徒，非被誅則病死。故子胥戮則吴滅，孔明没則蜀亡。争戰之際，古今不易之理。今賊内有羽毛零落之憂②，外失劉豫藩籬之援。譬之有人自截其手足，而復剖其腹心，欲求生也，不亦難乎？此乃皇天悔禍，眷我聖宋，復假賊手，以去羣兇，特以良時，付之陛下，周宣漢光中興之業也。

曩者，蓋敵未當殄滅之時，臣雖早歸朝廷，亦無補於聖德，故臣隱身敵中，甘處貧賤十五年者，伺今日之隙也。又況當時河北人心未安，然河南廢齊之後，人心亦且摇動。王師先渡河，則弊歸河北而不在中原。設若兀朮先犯河南③，則弊歸中原而不在河北。但能先渡河者，則得天下之勢，誠當日勝負之機，在於渡河之先後爾。而兀朮已有南犯之意④，臣恐朝廷或失此時，反被敵乘而先之。松年，靖子，已見紹興四年十一月。

疏奏，滙等皆授初品文資。滙等補官，日曆不載，林待聘外制集有制詞。既而淮西宣撫使張俊因奏滙充本司準備差遣。

3 戊子，簽書樞密院事樓炤請：「泛印錢引者徒二年，不以赦免。」從之。尋以乏贍軍，泛印復如故。

4 庚寅，奉直大夫李景模知唐州。景模已見去年四月。

5 辛卯，使臣秦宗道杖脊刺配瓊州牢城，坐於皇城内撰造妖言惑衆也，仍令皇城司榜諭。此未知與秦檜所云匿名事有無相關。

觀文殿大學士、提舉臨安府洞霄宮李綱薨於福州。綱之弟校書郎經早卒，綱悼恨不已，會上元節，綱臨其喪，哭之慟，暴得疾，即日薨。年五十八。上方遣中使徐珦撫問，訃聞，贈少師，徙其弟兩浙東路提點刑獄公事維於閩部，以治其喪。令所居州量給葬事。李維徙閩部，綱行狀云爾，日曆不書。按日曆二月丙午，李綱除特進致仕。丁未，福建提刑趙令衿改除浙東提刑。壬申，方庭實除福建提刑，替李維，通理成資闕。今併附此。綱後謚忠定。

6 壬辰，左迪功郎、新潼川府府學教授唐文若特改左奉議郎，差遣如舊。文若，庚之子也。庚，眉山人，大觀間京畿提舉。以薦對，故有是命。

秦檜奏：「近制，初改官人須任親民，不許堂除，此可以養成人材。」上曰：「豈惟養成人材，足以抑奔競之風矣。」

7 癸巳，上諭秦檜曰：「新疆各宜屯兵以守，得之雖易，不可以易失之。」秦檜曰：「聖慮深遠，蓋將保民以圖恢復。」上又曰：「陝西弓箭手最爲良法，神宗開邊，當時甚盛。今聞其法寖弛，官司擅行役使，宜嚴行禁止。又鞍馬器甲，亦當葺之。」

8 甲午，太尉、慶遠軍節度使、東京同留守兼節度軍馬京畿營田大使郭仲荀充醴泉觀使，從所請也。

尚書吏部員外郎賀允中爲福建路轉運副使。

詔作忠烈廟於仙人關，以祠吴玠。先是，左宣教郎新川陝茶馬司幹辦公事、權監都進奏院楊朴上書，論：「玠保全四川之功不可忘，願特詔有司，與玠立廟，榮以封爵，使蜀人歲時祀之。」故有是命。朴，資陽人也。

9 丁酉，左通直郎、充徽猷閣待制、提舉江州太平觀尹焞遷一官致仕，以焞引年告老故也。焞遂居紹興。

詔奉使官莫將、韓恕各官其家二人。

10 己亥，右正言陳淵言：「伏見近者所命之使，有所陞黜，且趣其行。今急於遣使，而不及其他，則知敵不能無求⑤，然我有不可許者。如取河北之民則失人心，用彼之正朔則亂國政，此誠不可。至於歲幣之數，多未必喜，寡則必怒。與其多，不若寡之爲愈。蓋和戰兩途，彼之意常欲戰，不得已而後和。我之意常欲和，不得已而後戰。或者必欲多與之幣⑥，以信其久而不變，則無是理。願訓所遣之使，俾無輕許，以誤大計。以和爲息戰之權，以戰爲守和之備，此至計也，惟陛下擇之。」

11 癸卯，上謂大臣曰：「莫將奉使金國，凡所議事，可一一録付，恐將妄有許可，他日必不能守。」時金人所請，朝廷多不從，故有是諭。程敦厚撰孫縦墓誌云：「朝廷方遣莫將使北，有奸人章之奇，自謂國信所官屬，乘傳至蜀州⑦，有所微伺。縦延之坐語，使人探其囊⑧，得詐所爲印章文書等，遂捽而械繫之⑨，迄正其罪。」縦，眉山人。時以左朝請大夫知蜀州⑩。

温州僧清了者，與其徒自言，上嘗賜之以詩。上謂宰執曰：「朕不識清了，豈有賜詩之理？可令温州體究，恐四方傳播，謂朕好佛。朕於釋老之書，未嘗留意，蓋無益於治道。」秦檜曰：「陛下垂思六經，而不惑於異端，直帝王之學也。」

12 甲辰，顯謨閣直學士、提舉醴泉觀鄭億年復資政殿學士，仍舊宫觀，奉朝請。時有詔趣億年赴闕，上召見於内殿，後二日，遂以命之。制詞略曰：「還秘殿之隆名，賦殊庭之厚禄⑪。非爲爾寵，蓋所以昭大信於四方。」其詞中書舍人林待聘所行也⑫。御史中丞廖剛言：「億年身爲從官⑬，委質叛臣。今而歸國，赦其戮幸矣，乃寵以秘殿雄職，授以在京觀使。臣恐此命一行，節夫義士，莫不解體，非所以訓。」陳淵亦言：「億年故相居中之子，雖嘗爲從官，而有從敵之醜。況資政隆名，乃賊豫所竊以與億年，固不可以言復矣。必以復爲言，以著其從賊之罪，彼粗有知，必不敢受。强而授之，則如凌唐佐、李亘之徒，以義而獲褒；李顯忠、趙彬之輩，以才而得用。必皆曰：彼從賊而猶見褒，吾屬何榮？是自壞賞罰之紀綱⑭，而更爲今日中興之累也。」不報。亘守南京，嘗謀歸國，爲劉豫所戮。至是，贈徽猷閣待制，故淵言及之。李亘贈待制，據林待聘外制集增入，日曆、會要並無之。

13 乙巳，布衣歐陽安永獻祖宗龜鑑，詔户部賜束帛。

是月，川陝宣撫副使胡世將言：「近探聞河中府積糧草六十萬，添支軍人每名絹二匹、糧七斗、草三束。耀州捉到奸細王萬稱，却要厮殺之説。又報河東北中條山一帶，不放人入山，恐藏紅巾，并發河東簽軍，招收李成及添置沿河提舉官。以臣愚見，彼方内自誅殺，又有盜賊之患，未必便動，然亦合先事措置。今鳳翔見屯軍馬，據南山之險，萬一有警，吴璘可以當之。若與璘相據，分兵涇原，直犯秦隴，則我軍斷絶涇原，雖有舊軍馬，陷僞以來，多失訓練，甲器不足，僞將皆無相敵之意，萬一有警，只是投拜。今永興、涇原、環慶三帥皆已入覲，必須自請，宜以此時更選帥臣，機不可失。至於逐路兵將官，多是從僞之人，固不可盡易。其近上統兵官，望從朝廷更加選擇。臣近論奏，向去萬一不測，或有警急，其調發軍馬，措置錢糧，應干軍事，申請待報不及，乞從本司一面隨宜措置，仍乞密降旨揮，付臣遵守。」

1 二月丙午朔，左朝請大夫、知南外都水丞郭敏修改知北外都水丞公事。左奉議郎、知興仁府李伯達知南外都水丞公事⑮。

2 戊申，命樞密院統制官雷仲節制鎮江府屯駐忠鋭三將軍馬。按此事去年十月戊午已得旨，不知何以許時方出命也。

3 庚戌，尚書刑部員外郎羅汝楫爲監察御史。汝楫，歙縣人。輪當轉對，既退，遂有是命。當求汝楫轉對劄子增入。

4 辛亥，濟州防禦使、主管侍衛軍馬司公事劉錡爲東京副留守，仍兼節制馬軍。錡兼節制在此月壬戌。

5 癸丑，詔曰：「永惟三歲興賢之制，肇自治平。爰暨累朝，遵用彝典。頃緣多事，游展試期，致取士之年，屬當宗祀，宜從革正，用復故常。可除科場於紹興十年，仰諸州依條發解外，將省、殿試更展一年，於紹興十二年正月鎖院省試，三月擇日殿試。其向後科場，仍自紹興十二年省試爲準，於紹興十四年令諸州依條發解。内將來紹興十二年特奏名合出官人，有年六十一歲者，許出官一次。」用御史中丞廖剛之言也。剛陳請已見去年十二月。

右正言陳淵試秘書少監兼崇政殿説書。

中書舍人程克俊、林待聘並兼侍講。

故集賢殿修撰周常追復寶文閣待制。常，浦城人。元符末嘗爲禮部侍郎，坐元祐黨，落職婺州居住。至是，用其家請而命之。

6 乙卯，殿中侍御史何鑄試右諫議大夫。

7 丁巳，尚書駕部郎中喻汝礪直秘閣，知遂寧府。汝礪本勾龍如淵所薦，又與李光相知。光罷，汝礪不自安，因求去。比對，復論：「人君所以和外國，詘海内，未有不誠而能格之者。今陛下致曲用晦，結二國之好，此正可爲之時。願陛下裕民力以豐天下之財，訓武勇以飭天下之備。顯忠直以來天下之言，厲名節以鼓天下之氣。如是則外睦而鄰好比[16]，内彊而吾民保，足以大振宗祧矣。」於是改除潼川府路轉運副使。汝礪至官，以表謝上，略曰：「顧臣何如？立節有素。方延和廷議，既不能割地以賂戎；暨僞楚滔天，又不忍聯名而賣國。」時人稱之。汝礪除漕在三月庚子，今併書之。譚篆撰汝礪年譜云：「知遂寧府。陛辭，玉音親出『卿見聞殫洽，詞采英奇』之語。尋改除潼川路轉運副使。詞臣即採陛辭日皇帝所出八字以寵之。」按林待聘外制集，此八字乃汝礪知遂寧府告詞。篆之誕妄如此，史堪作汝礪墓誌，又因而書之。由是觀之，私家行狀墓誌所書天語，要未盡可憑，須細考之乃可。

左宣義郎楊愿守秘書丞。

右儒林郎張鼎特改合入官。鼎爲太湖令，以薦者得召見。上諭大臣，令改秩，堂除劇縣。且曰：「此因能以任之也。若一縣得良令，則百姓皆受其賜矣。」秦檜曰：「陛下勤於恤民，故親民之官尤謹擇之也。」熊克小曆繫此事於正月丙辰。按今年正月無丙辰，蓋二月十一日也。

8 戊午，詔右迪功郎、新永安軍使兼陵臺令雙虎特循一資，令之任。亦以薦對也。

9 庚申，御史中丞廖剛試工部尚書。剛每因奏事，論君子小人朋黨之辨，反復切至。又論：「人君之患，莫大於好人從己。夫大臣惟一人之從，羣臣惟大臣之從，則天下事可憂。」剛本秦檜所薦，至是，滋不悦。他日因對，又請起舊相有人望者，處之近藩重鎮。檜聞之曰：「是欲寘我何地邪？」既積忤檜，遂出臺，而剛之名聞天下。

尚書工部侍郎王次翁試御史中丞。

端明殿學士提舉西京嵩山崇福宮王孝迪薨於紹興府。

10 壬戌，尚書户部侍郎周聿充顯謨閣待制、樞密都承旨。

11 丁卯，罷史館，以日曆事歸秘書省國史案，令著作官修纂，仍命宰相提舉，以監修國史繫銜，遇修國史、實録⑰，即各置院，始用元豐制也。既而著作佐郎王楊英言：「國史案文移諸司，多不報。」乃命以國史日曆所爲名。

觀文殿學士、左通奉大夫、西京留守孟庾爲左宣奉大夫、東京留守兼權知開封府。

責授左朝奉郎、少府少監、全州居住仇悆依前官知河南府，兼西京留守司公事。

資政殿大學士左通奉大夫江西安撫制置大使兼知洪州張守、資政殿學士左中大夫知應天府兼南京留守路允迪、資政殿學士左中大夫江東安撫制置大使兼知建康府兼行宮留守葉夢得，並進一官。

12 己巳，權尚書吏部侍郎閭丘昕充集英殿修撰，知建州。

徽猷閣待制、知静江府沈晦陞徽猷閣直學士。

左從事郎陳之淵爲秘書省正字，用從官所薦也。

直秘閣、應天府路提點刑獄公事兼轉運副使吴偉明主管台州崇道觀，從所請也。

左奉議郎、知南外都水丞公事李伯達爲京畿轉運副使。

左朝奉郎、淮南東路提舉茶鹽公事曾紓爲應天府路轉運判官，兼提點刑獄。紓未行而敵至。

13 庚午，上與秦檜論川陝財賦，上曰：「將帥漕臣，皆當體國爲一家。士卒固欲拊循，民力亦須愛惜，豈可妄費乎？」中興聖政：史臣曰：「兵民不可相無久矣，豐其衣食，以責其死力，多其犒賞，以酬其勞苦。此在三軍，固不當惜，然反而思之，一絲一粒，孰非百姓之膏血？愛百姓之力，是乃所以厚三軍之資，非深於體國者，不可以語此。」

14 壬申，宗正少卿方庭實爲直徽猷閣、福建路提點刑獄公事。陳淵之除秘書少監也，以家諱引避，遂改宗正少卿，是月丙辰。而庭實别與差遣。至是，乃補外焉。

左朝奉郎、知道州丁則爲夔州路轉運判官。

15 癸酉，言者請復置勳官，以寵文臣之有武功者。事下吏部，後不行。

御史中丞王次翁言：「吏部審量濫賞，皆顯然暴揚前日之過舉，最害陛下之孝治。士大夫到部留滯愁歎，何以召和氣？望悉罷建炎、紹興前後累降指揮。」從之。

先是，直秘閣新知太平州秦梓、直秘閣知秦州王㬇，皆以恩倖得官。秦檜初罷政，二人擯斥累年。及是，次翁希檜旨，以爲之地，繇是二人驟進。此以王明清揮麈録增修。但明清又云：「次翁言，方事之殷，從軍之人多有受前日之濫賞者，願罷審量之命，以安反側。」而次翁奏疏中無之，或是上殿口奏之語，不則三省節貼行出，亦未可知。今附見此。

尚書右司員外郎陶愷直龍圖閣，主管川陝茶馬公事⑱，秦州置司。

左朝請郎湯鵬舉直秘閣、知鄭州。

16 甲戌，監察御史羅汝檝爲殿中侍御史。

右承事郎王循友爲太府寺丞。循友以選人從韓肖胄出使，改京秩。至是，用從官薦而命之。

是月，封少師、京東淮東宣撫處置使韓世忠之妾茅氏爲國夫人，周氏、陳氏並封淑人。林待聘外制集有制詞，周氏初見建炎二年六月。

川陝宣撫副使胡世將言：

臣昨累具論敵情難測，乞外固權和之形，内修守禦之備，前後所論不一。臣所見淺狹，到蜀二年，到軍中半年，博詢衆論，粗得事情。竊見今之議者，爲迎合之論，則謂和議以成，便可無事。爲欲速之計，則謂六路勁兵，皆爲我有，而不知未可得其實用。此説一行，實誤國計。近報元帥撒離喝見在解州，婁宿之子鶻眼見在龍門⑲，折合孛堇見在平陸縣，並係久在陝西，窺圖川蜀之人。去而復來，其意安在？河中府積糧六十萬，軍人添支錢絹，聞之邊境，皆謂敵人每有動作，先是如此。臣恐鄜延、熙河等處，分兵太遠，墮其計中。大慶橋不數日可到，鳳翔、鄜延已是隔絶，熙河到此十五程，豈不誤事？臣已一面隨宜措置，趲那軍馬，就近捍禦。四川久困之民，日欲望休息。臣昨具奏，乞措置就糴，將枉費水脚錢却充糴本，於興、洋等處糴賣，可減白著對糴之半。計司暗謬，務在欲速，頓減糴五十四萬七千六百餘石。其初妄謂川中一縑，可就陝西糴米十石。今熙秦一縑，不得兩石，皆坐昨來會稽乖謬。臣已一面措置，於近便沿流處糴買，分兵就糧。

所有陝西諸路，收復雖已幾歲，人心苟簡，軍政廢壞，則是雖得陝西，與未得同。涇原據隴西之險，遏敵人之衝，可以爲本根屏蔽之助。本根既固，自近及遠，經理餘路，數年之後，合新舊簡練之軍，無慮可得二十萬。兵力既壯，並河爲塞，以守以戰，無所不可。今不圖此，但謂已得陝西，勁兵良馬，便當悉爲我用，實爲誤國。向去或有警急軍事，待報不及，乞從臣一面隨宜措置，密降指揮，付臣遵守。未蒙指揮，北軍狡獪，若不測奔衝，臨時申請不及，定誤國家大計。

權禮部侍郎鄭剛中言：「臣聞陝西二三大帥，被旨入覲，旦夕且至。陛下有顯秩以寵其身，慶澤以蕩其意。彼方戴德而感激，震悼之不暇。陛下引見之日，所以推誠而收其心者，雖不可後，亦當折其氣，以責其後效。不然，恐不知有朝廷之尊。昔英布歸漢，高祖踞牀見之。布悔來欲自殺，出就舍，又大喜過望。赤眉之降，世祖陳兵臨洛，問盆子曰：『汝知當死否？』其衆請命，則又曰：『得無詐降乎？吾不强汝。』既屈服之，後陳其三善而釋之，人賜田宅，使居洛陽。今日朝廷所以待之，聖心自有恩威之度。臣蓋不能自已者也，惟陛下擇之。」

初，碭山民朱從往南京負販，從劉氏嫗得小兒，曰遇僧，歸而育之。有金人之戍碭山者，見之曰：「此兒似趙家少帝。」少長京師，販豕人張四者見之曰：「是人全似少帝。」遇僧竊喜。會三京路通，有詔訪宗室赴行在，遇僧乃自稱少帝第二子，縣令請監酒石某問之。某者，駙馬都尉端禮之弟也。遇僧略言宮禁間事，且曰：「少帝使老衛士張全負之以出，因流落民間。」且引統領官劉某爲證[20]。遇僧私語劉曰：「公言與我異，當以公累年作過事聞於朝。」劉懼，遂合其説。知單州、直秘閣葉夏卿遣赴行在，至泗州，司法參軍孫守信見而疑之，白守臣王伯路，請於朝。閤門言：「淵聖皇帝無第二子。」詔淮東漕臣胡紡委守信劾治。市人諠言：「獄中夜有光氣。」爭饋以酒食。守信逮劉氏媪質之，遇僧乃伏。詔杖脊黥隸瓊州。按亂華編有靖康陷敵皇族數，似是顯仁皇太后歸日，從行内侍所留。其云：「小大王訓，見居五國城。」而此云無第二子，疑訓乃北地所生也。此可見遇僧之妄，故附著此。

1 三月丁丑，詔：「臣僚論事，自今只陳事之當否，無或蹈襲前日崇、觀、宣、政爲口實。可告戒中外，務盡致恭之禮。」秦檜奏曰：「外議恐因此致當時人復來。」上曰：「豈有是理？只爲言者多明指前事，朕爲人子，有不可聞。」檜曰：「此陛下之聖孝也。」

2 己卯，檢校少傅、寧國軍節度使、知永興軍張中孚入見，命坐，甚渥。其弟清遠軍承宣使、知渭州中彦俱來。始中孚自陝入朝，或爲之詩曰：「張中孚，張中彦，江南塞北都行遍。教我如何做列傳？」市人行坐皆道之。

權尚書吏部侍郎陳橐請河南一郡以自效，除徽猷閣待制，知潁昌府。此條日曆漏載，今以橐辭職名奏狀參考附入。

中書門下省檢正諸房公事范同權尚書吏部侍郎。

秘閣修撰、提舉江州太平觀張宗元復徽猷閣待制，都大提舉川陝茶馬公事、主管秦司。直龍圖閣、知荆南府薛弼充秘閣修撰、陝西轉運使。

直龍圖閣、新除主管川陝茶馬公事陶愷知荆南府。

3 癸未，武功大夫、文州刺史、閤門宣贊舍人、提舉台州崇道觀劉綱爲應天府路馬步軍副總管，仍以忠鋭第四將隸之。

4 甲申，封閼伯爲商丘宣明王。

5 丙戌，成都府路安撫使張燾始至成都。初，燾自京、洛入潼關，已聞金人有敗盟意。逮至長安，所聞益急。燾遽行，見川陝宣撫副使胡世將，爲言和尚原最爲要衝，自原以南，則入川路，散失此原是無蜀也。世將曰：「蜀口舊戍皆精鋭，最號嚴整。自朝旨撤戍之後，關隘撤備，世將雖屢申請，未見行下。公其爲我籌之。」燾遂爲世將草奏，具言：「事勢危急，乞速徙右護軍之戍陝右者，還屯蜀口。」又請賜料外錢五百萬緡，以備緩急。

6 丁亥，武翼郎、閤門宣贊舍人、鄜延路兵馬鈐轄趙澄知原州。

7 戊子，詔成都府錢引務增印錢引五百萬道，付宣撫司。以四川轉運副使陳遠猷言，贍軍錢闕四百二十萬緡故也。

8 己丑，罷諸路增置税場。

9 辛卯，尚書吏部員外郎朱松知饒州，徐度知台州[21]，以右諫議大夫何鑄奏其心懷異圖，傲物自賢，故有是命。

是日，賜京東淮東宣撫處置使韓世忠、淮西宣撫使張俊燕於臨安府，以其來朝故也。初，諸大將入覲，陳兵閲於禁中，謂之内教。至是，統制官呼延通因内教出不遜語，中丞王次翁乞斬通以肅軍列。因言：「祖宗著令，寸鐵入皇城者，皆有常刑。今使武夫悍卒，被堅執鋭於殿庭之下，非所以嚴天陛也。」内教遂罷。次翁所上疏，當在此時。而熊克乃附之六月末。按今年六月，二將出師，未嘗入覲也。

10 壬辰，尚書禮部員外郎兼實録院檢討官劉昉試太常少卿。前一日，昉面對，論：「河南之地，自賊豫僭竊，親民之官，取其辦事，或以使臣及吏人爲之。斯民被害，甚於塗炭。恢復之初，自應首革玆弊，而當時赦令有不易官吏之語，以故重於失信。願委自帥守及憲漕之臣，公共商量，其見任知縣、縣令有以使臣吏人充者，即於幕職曹官及丞簿中選擇對移，務在得人，庶幾民安其生，漸有息肩之望。」從之。

11 丙申，禮部侍郎、充大金賀正旦使蘇符自東京還行在。

初，徽猷閣待制洪皓既拘冷山，頗爲陳王希尹所厚。希尹問以所議十事，皓折之曰：「封册虚名，年號南朝自有。金三千兩，景德所無。東北宜絲蠶，上國有其地矣，絹恐難增也。至於取淮北人，揺民害計，恐必不可。」希尹曰：「吾欲取降附人誅之以懲後，何爲不可？」皓引梁武帝易侯景事言之，希尹意稍解，曰：「汝性直，不誑我。吾與汝如燕，遣汝歸。」議遂行。會工部侍郎莫將繼來，議不合，因之涿州，事復變。皓過韃靼帳，其帥聞洪尚書名，争邀入穹廬，出妻女飲食。符至東京，敵人拒不納，符乃還。洪皓事，據行述增入。敵人所要索十事，他書皆無之。今因此略見其概，以補史闕。

修武郎、閤門祗候、知拱州賈垓，别與差遣。垓，祥符人。久陷僞地。劉豫之廢也，經金國行臺自陳，得河南郡，故遣官代之。

12 丁酉，詔川陝宣撫司自今或有警急，其調發軍馬，措置錢糧，應干軍事，待報不及，並許胡世將隨宜措置。用世將請也。時諜報河東北簽軍備糧來戍河中，收復河南州郡。都元帥宗弼又傳令：「宋國係和議之國，存留橋路往來。已調絳、蒲、解州三萬夫，過河修疊堤岸，仍差馬軍編欄，令同州照驗。」世將慮其出没不測，即具以奏，且遣兵備之。

左朝議大夫、江東制置大使司參謀官張杲爲江南東路轉運判官，用從官薦也。

13 戊戌，監察御史陳確提點江南東路刑獄公事。

14 己亥，彰武軍承宣使、樞密院都統制、知延安府、同節制陝西諸路軍馬郭浩移知永興軍，兼節制陝西諸路軍馬。

武康軍承宣使、川陝宣撫使司都統制、知熙州楊政移知興元府。

翊衛大夫、貴州團練使、環慶路馬步軍副總管、知金川兼節制屯駐行營右護軍軍馬范綜移知慶陽府。

護國軍承宣使、知興元府兼利路安撫使田晟移知渭州。

淮康軍承宣使、知閬州孫渥移知熙州。

右護軍統制軍馬王彦權主管鄜延經略安撫司公事，權主管延安府。自郭浩以下，並趣令之任。

15 庚子，御史臺檢法官朱彪、太府寺丞祝師龍並爲監察御史。

秘書省著作佐郎凌景夏守尚書刑部員外郎。

太常博士王楊英秘書省著作佐郎。

16 壬寅，奉安徽宗皇帝、顯恭皇后、顯肅皇后神御於天章閣西之神御殿。

17 癸卯，故朝散郎鄧忠臣特贈直秘閣。忠臣，元符考功員外郎，以定范純仁謚入黨籍「餘官」第一百人。

是月，川陜宣撫副使胡世將奉詔委知保安軍楊順與夏人議入貢事㉒。初，夏國招撫使王樞自行在歸，送伴官王晞韓護之至境上。夏國三司郎君者，爲晞韓言：「本國荷朝廷送還樞等，乞叙舊日恩信，兩國通和，約三月望日修公牒，來保安軍入貢。」晞韓不疑其紿己，聞於朝，且待之境上。及期，樞託病不至。三司者爲順言：「吴玠七請和於我，我不之許。今誠結好，汝家國勢非前日，約我兄弟可也。」順怒，報曰：「王樞在都堂，摇尾乞憐，請歸求盟，爲臣妾。朝廷厚賜以遣我，豈須我盟耶？」三司曰：「樞苟生語耳。是事在國主，在宰相，豈預樞事？」晞韓言不已，三司出一紙書曰：「王樞至，備陳秦僕射召至都堂，有欲與夏國講和之言，息兵睦鄰，雖屬美事，然須遣使，臨邊計議，赴朝獻納，藏之秘府，此爲定式。」與晞韓所申不同。順以書還三司，不復出，録其語以示帥臣郭浩，世將備奏其事，後竟無耗。晞韓還朝，乃以爲大理寺丞。晞韓今年七月癸卯以新大理寺丞論罷，未知何時所除也。

校勘記

① 昨者張通古輩來議和好　「好」，原作「如」，據叢書本改。

② 今賊内有羽毛零落之憂　「賊」，原作「敵」，據叢書本改。本段下「賊」同。

③ 設若兀朮先犯河南　「犯」，原作「侵」，據叢書本改。

④ 而兀朮已有南犯之意　「南犯」，原作「先侵」，據叢書本改。

⑤ 則知敵不能無求　「則」，原作「而」，據文津閣本、叢書本改。

⑥ 或者必欲多與之幣　「幣」，原作「弊」，據叢書本改。

⑦ 乘傳至蜀州　「州」，原作「川」，據叢書本改。

⑧ 使人探其囊　「其」，原作「具」，據叢書本改。

⑨ 遂捽而械繫之　「捽」，原作「倅」，據叢書本改。

⑩ 時以左朝請大夫知蜀州　「以」，原作「已」。「州」，原作「川」。皆據叢書本改。

⑪ 賦殊庭之厚禄　「厚」，原作「後」，據叢書本改。

⑫ 其詞中書舍人林待聘所行也　「詞」，原作「時」，據叢書本改。

⑬ 億年身爲從官　「爲」，原作「未」，據叢書本改。

⑭ 是自壞賞罰之紀綱　「賞」，原作「常」，據叢書本改。

⑮ 左奉議郎知興仁府李伯達知南外都水丞公事　「伯」，原作「上」，叢書本作「尚」。本卷他處及各卷均作「伯」，據改。

⑯ 顯忠直以來天下之言厲名節以鼓天下之氣如是則外睦而鄰好比　「顯忠直」以下至「如是則」，原闕，據叢書本補。

⑰ 遇修國史實録　「實」，原作「寶」，據叢書本改。

⑱ 尚書右司員外郎陶愷直龍圖閣主管川陜茶馬公事　「直龍圖閣」前原有「罷」字，據叢書本删。「川」，原作「州」，據叢書本改。

⑲ 婁宿之子鶻眼見在龍門　「鶻眼」，原作「呼紐」，據叢書本改。

⑳ 且引統領官劉某爲證　「統」，原作「少」，據叢書本改。

㉑ 徐度知台州　「州」，原作「川」，據叢書本改。

㉒ 川陜宣撫副使胡世將奉詔委知保安軍楊順與夏人議入貢事　「知」，原作「和」，據叢書本改。

建炎以來繫年要録卷一百三十五

1 紹興十年夏四月按是月乙巳朔。丁未，司勳員外郎張嵲兼實録院檢討官。右宣義郎、知建康府溧水縣李朝正召赴行在。先是，江東制置大使葉夢得言①：「朝正到官二年，招集歸業人户萬餘，磨出隱漏税賦四萬貫碩匹兩，委有顯效。乞稍加試用，以風能吏。」上召對，既而謂秦檜曰：「近時縣令以政績被薦，往往別除差遣，不若與之進秩還任，庶久則民安其政。」乃遷一官，賜五品服遣還。朝正，開封人也。

2 戊申，詔三公三少帶節鉞者，並序班在宗室開府儀同三司之下。時以諸大將官高②，故裁抑之。

3 癸丑，右文殿修撰、都大主管川陝茶馬公事趙開提舉江州太平觀③，以言者劾其病不任事也。直顯謨閣、知夔州馮康國都大主管川陝茶馬公事，主管川司。右承奉郎范振上書，論雇募耆户長等十事。乙丑，上謂輔臣曰：「朕昨夕閲振書，所論皆民間利病，其言多可采。」遂以振知南安軍。振，建陽人也。

4 辛酉，檢校少保、寧國軍節度使張中孚加檢校少傅，充醴泉觀使。清遠軍承宣使張中彦爲龍神衛四廂都指揮使，提舉佑神觀，奉朝請。

顯謨閣直學士趙彬爲尚書兵部侍郎。彬自延安入朝，既見之八日，乃有是命。

5 壬戌，特進、知泉州趙鼎提舉臨安府洞霄宮。鼎既謫温陵，累章丐罷，上不許。時檢校少傅、保信軍節度使汪伯彦守宣州，端明殿學士徐俯守信州。前數日，御史中丞王次翁入對，論鼎不法，因奏伯彦不恤饑民而興土木之工，俯妄自尊大，不親郡政，乞與外祠。秦檜請以章示鼎等，上曰：「人臣有小過，朕不欲揚之，使自爲進退。」會鼎再乞宫觀，遂有是命。

是日，東京副留守劉錡入辭，上命錡以所部騎司之軍往戍，又益以殿前司兵三千人。諸軍家屬，皆留順昌就糧，惟精兵分戍陳、汴。後五日，錡乃行。

6 癸亥，詔部使者歲中同舉廉吏一人。

權吏部侍郎范同兼實録院修撰，始除修撰官也。

尚書祠部員外郎張擴爲禮部員外郎。

秘書省校書郎兼實録院檢討官朱翌守祠部員外郎。翌因轉對，乞搜訪徽宗御集，建閣如故事。詔學士院擬定，遂有是除。

集英殿修撰、知明州潘良貴充徽猷閣待制，提舉亳州明道宫。良貴引疾乞宫觀，乃有是命。

7 乙丑，宰相率百官啓建天申節道場，以梓宫未還，不用樂。

少傅、淮西宣撫使張俊乞免其家歲輸和買絹。三省擬每歲特賜俊絹五千匹，庶免起例。上以示俊，因諭之曰：「諸將皆無此，獨汝欲開例。朕固不惜，但恐公議不可。汝自小官，朕拔擢至此，須當自飭如作小官時，乃能長保富貴，爲子孫之福。」俊皇悚力辭賜絹。熊克小曆云：「丙寅，上以語宰執。蓋上待諸將甚厚，而訓飭之嚴如此，蓋恩威並濟也。」俊喜殖産，其罷兵而歸也，歲收租米六十萬斛。俊收租米，以乾道宣諭聖語修入。中興聖政：史臣曰：「賦絹天下之公法也，賜絹一人之私恩也。上平時待將臣厚矣，至其規免賦户，則用歲賜以塞之，以爲寧過於私恩，不可少害於公法也。存公法所以不起其例，隆私恩所以不失其心。聖人之御將，誠有道矣。」

太常少卿兼實録院檢討官劉昉、秘書少監兼崇政殿説書陳淵並罷④。右諫議大夫何鑄論：「昉鼓唱是非，前此敵使之來，未有定議，巧持兩説，偏游公卿⑤。淵特奏補官，備位諫員，但知朋附，數對士大夫非毁臣僚，其語尤爲不遜。去歲小生上書，狂妄至甚，書中薦淵頗力，安知其不預謀？」故二人並罷。

8 丙寅，武功大夫、文州刺史、閤門宣贊舍人、新應天府路馬步軍副總管劉綱知宿州。

9 丁卯，上諭大臣曰：「聞三京穀賤，令有司糴之，運至江、淮，以備凶歲，則可減東南和糴之數。」又曰：「廣南市舶，利入甚厚。提舉官宜得人而久任，庶蕃商肯來，動得百十萬緡，皆寬民力也。」

鎮潼軍節度使、開府儀同三司、知鎮江府信安郡王孟忠厚知明州，兼管内安撫使。

端明殿學士、提舉臨安府洞霄宮富直柔知泉州。

太尉、慶遠軍節度使、醴泉觀使郭仲荀知鎮江府。張俊言仲荀有才，故有是命。

10 戊辰，直秘閣、通判秦州郭子卿知隴州。

11 庚午，左朝散大夫、直秘閣江公亮乞大臣選易守令。上謂宰執曰：「縣令至衆，朝廷豈能人人推擇？惟當選監司郡守，使之易置，則得人矣。」秦檜曰：「陛下選大臣，大臣擇監司，郡守擇縣令，固當如此。」尋以公亮守宗正少卿。公亮除命⑥，在五月庚申。

詔復置四川諸州學官員。

左朝請大夫、新知全州史煒爲利州路提點刑獄公事。

直徽猷閣、永興軍等路提點刑獄公事宋萬年爲秦鳳等路提點刑獄公事。

12 壬申，端明殿學士、簽書樞密院事韓肖胄充資政殿學士，知紹興府，從所請也。肖胄兩入樞府，凡三年。

詔熙河帥臣提舉買馬。

1 五月甲戌朔，檢校少傅保信軍節度使知宣州汪伯彥、端明殿學士知信州徐俯並提舉臨安府洞霄宮。從所請也。伯彥仍給全俸。

達州文學睦昇特補修職郎。昇，建炎初爲華州司理參軍。金豫之際，屏居耀州之華原，不復仕。守臣以聞，故有是命。先是，有詔新復諸州，詢訪潔身挺節之士。至是，耀州以昇名上，又言：「迪功郎吴温舒不受僞命。」寧州言：「進士張傑自隔絶之後，不復就舉，近辭金國行臺之召，而爲書欲兩國休兵復境，未及上，而詔書講和，遂已。」河南府言：「借補秉義郎郭永昨在僞地，結集忠義之人，俟南兵到來，欲同舉事，爲其徒儀端所告，杖脊。」樞密行府言：「忠訓郎曲念祖爲涇原第三將，飛山寨駐劄。建炎末，堅守不順，既而無糧，不能守，逃之渭州。至今不出仕。」又言：「鄜縣簿張彬，嘗與縣令辛公淵同接僞詔，彬言豈不忘本國，爲公淵所首，遂坐斬。」應天府言：「承務郎知穀熟縣閻琦，坐匿宗室子被害。」乃詔温舒改京秩，傑補迪功郎，永承信郎，念祖武翼大夫遥郡刺史，贈彬承務郎，琦奉議郎，官琦家一人。昇，華原人。温舒，三原人。傑，襄樂人也。自吴温舒以下，皆不見於日曆。今以林待聘外制集附入，當求他書詳考。琦先見建炎四年九月。

2 乙亥，左朝散大夫、主管台州崇道觀韓臨亨知興仁府。

3 丁丑，上謂大臣曰：「天下之財，何必盡斂於府庫？有若曰：『百姓足，君孰與不足？』若藏於民，猶在官也。」秦檜等因贊王言之大，得與天下共利之意。上又曰：「累禁銷金鋪翠，朕性淡薄，服用樸素，故宮中無敢踰者。但聞富家大室，猶有以金翠爲飾，不惟費財害物，亦非所以厚風俗。」乃詔臨安府榜諭⑦，限三日毁棄，違者重坐之。

左從政郎、台州州學教授張闡召試館職。闡初以中書舍人林待聘薦得召見，闡言：「敵歸我關中，此地古號天府，乃祖宗社稷之靈，天下莫大之福。而議者過計，以謂敵棄空城以餌我，他日富貴，敵將復至，不如守蜀之得策。其説疎矣。天與不取，反受其咎。願擇大帥爲必守之計。秦中根本既固，則中原之復可冀。」遂有是命。闡初見六年十一月。熊克小曆稱給事中林待聘見闡。按待聘今年十二月方遷東省，克小誤也。闡六月丙寅除正字。

4 己卯，徽猷閣待制、提舉洪州玉隆觀胡舜陟復知静江府。

右奉議郎王以寧復右朝奉郎，知全州。

故左宣教郎董國度特贈左朝奉郎。國度，德興人。宣和末中進士第，調膠水簿。會北邊兵動，乃留其家於鄉。敵陷中原，國度棄官走村落，居數年，有俠士以海舟載之南歸。國度至行在，上書言利害，調宜興尉。秦檜與之有北方之舊，自改京官，幹辦行在諸軍糧料院。至是卒，特贈四官，録其子仲堪。夷堅乙志載俠客事甚詳，今不盡取。

5 壬午，左朝奉郎李長民知泗州⑧。

6 癸未，右奉議郎、川陝宣撫司幹辦公事王傷爲樞密院計議官。傷以薦對，故有是命。

7 甲申，詔徽宗皇帝御製閣以「敷文」爲名。

直秘閣、新知常州王浚明行尚書兵部員外郎。

8 乙酉，監察御史張宦守秘書少監。

9 丙戌，江東制置大使兼行宫留守葉夢得奏修行宫，欲大慶、垂德、垂拱、紫宸四殿規模稍大。上恐勞民，諭輔臣，令從簡儉，止營兩殿足矣。

金都元帥、越國王宗弼入東京，觀文殿學士、留守孟庾以城降。初，左副元帥、魯國王昌既廢僞齊，乃言：「邊面四塞，未免枕戈坐甲之勞。間以江左爲鄰，易生釁隙，不可徹警。不若因以河南地錫與大宋。」宗弼時爲右副元帥，力不能争。及昌誅，宗弼始得政，以歸地非其本計，決欲敗盟。乃舉國中之兵，集於祁州元帥府，大閱，遂分四道南侵⑨。命聶黎孛堇出山東⑩，右副元帥撒離喝寇陝右，驃騎大將軍知冀州李成寇河南，而宗弼自將精兵十餘萬人，與知東平府孔彦舟、知博州酈瓊、前知宿州趙榮抵汴，至是犯東京。張戒默記：「敵犯東京，在五月十三日。」日曆、劉錡奏狀及順昌破敵録並在五月十二日。趙甡之遺史在十一日。諸書不同。按費士戣蜀口用兵録有岳飛牒胡世將公文云：「蔡州傳到汴京留守司文字，備舉都元帥府劄子，行府奉皇帝命，興師問罪，盡復疆土。今月十三日到汴京，撫諭了當。」十三日丙戌也，今附於此日。孟庾不知所措，統制官王滋請以兵護庾奪門走行在，庾以敵騎多，不能遽去，遂率官吏迎拜。宗弼入城，駐舊龍德宫。於是金主亶詔諭諸州縣，以撻懶擅割河南，且言朝廷不肯徇其邀求之故。詔詞略曰：「非朕一人與奪有食言，恩威張弛之間，蓋不得已。」紹興講和録，金人復取河南，詔：「敕行臺尚書省，粤有遼叔世，專肆奢暴。惟皇天假手於我太祖武元皇帝，恭行討伐⑪，併有土宇。惟我太宗文烈皇帝⑫，不敢閟於天降威，乃命帥臣，自大江以北，皆爲我有。太宗始務息民，不貪其土，止以大河分流爲界。自河以南，苟得賢而處之，亦猶吾民。況以天下爲公，古之道也。遂建張邦昌爲大楚，畏懦無立，不克所付，未幾就戮。爾後劉豫再立，位號皆自我師，援之拯之，守之護之，僅有存焉。亦以使我軍士，就獲安息。不謂向者撻懶等入奏，援立劉齊，非所以利，適足以害人也。三軍之士，往往皆曰，自開拓以來，大事既定，申畫封疆，亦有年矣，何故罷於奔走，違越分疆⑬，勞遠戍，守他土，曷若併一措畫？惟軍與民，皆得沽息。矧惟劉豫，悖德屢聞，立武已非，終竟無所濟。今取河南，惟其士人宅爾土，繼爾居，甸爾田，爾厥有幹有年，於兹河南，惟其安，罔有他心。亦惟軍士能戮力一志，爲安守我土，以此而行，可速定。朕乃從其言，内外罔不帖然。撻懶等復力言齊爲不道⑭，既廢矣，邊面四塞，遐邈猛士，雖能守之，未免枕戈坐甲之勞。間以江左爲鄰，易生釁隙，不可徹警，難以久安之計。不若因以河南地錫與大宋，恩義非爾所求而與之，非爾所致而得之，爲恩重矣，爲義深矣。朕詢於衆，言或不可者三之二。朕以元元休息之意，斷自朕心，又可其請。撻懶等不俟詔命欵報，遽割土疆，旋班屯軍。凡此之爲，皆撻懶等實稔姦謀，相爲接好，將啓亂心，預圖外交，先施責報，庶無夾攻之患。包藏詭狀，專輒陳請，割賜土疆，職此之由。朕常以止戈爲武，含垢藏疾，不欲重違成命。故王倫既執之後，命使發藍公佐偕往責數之，調歲貢，齊正朔，徵誓表，追册命，冀其無我違，然後禮降封册。今省來章，蔑如也，其於事意，反有要求。況河南中原之地，實惟天所授。天與不取，縱敵長寇，爲患滋甚，亦使人心久則異，異則變生，抑又保聚完具，蔓草難圖，而使生靈愈罹殘毒，不能休息。由此思之，朕志先定。昆命於朝，僉曰不可赦，時哉不可失。乃議大軍數道，節制並進。應洪流之南，皆從撫惜。嗚呼，非朕一人與奪有食言，尚念軍士久歲征役，所成大事，式當此行。尚慎終其如初，亦使四海永清，光昭我烈祖之德威。暨爾千夫長、百夫長，今日之事，一乃心力，勗哉果毅。亦念汝等立事立功，有用命有不用命，嘗爲傳聞與親見之不同，朕將聽覽，以明其善否。亦欲俾新民聞朕將往，尚能向火而求蘇也。行幸南燕，可無令孑遺一夫，皆分白省諭，各設耳目，量擇進退。能歸欵而來者，不使秋毫敢犯。執迷頑不從者，剪伐無俾育種。在外者原加安恤，還定勞來之。俟軍尅日，先備將士功迹大小多少以聞，予將親覽焉。如該載未詳，可臨事便宜行之。所有別降詔書，已丁寧開諭，無有遠邇，宜體朕懷。」又詔：「蓋聞信合於義，然後可循。舍是自孚，猶執一也。故聖人之道，貴在隨時，未有泥而不通，能濟其治。日者，齊政不綱，人用恣怨。既黜厥命，晏然惟和。時將混一教風，有截無外。不圖姦臣昌等，稔心禍逆，厚寇欺君。請歸侵疆，務繼絶世。朕亦欲柔懷示德，俯用聽從。庶知不世之恩，自取爲邦之福。洎王倫等至，理又乖衷，雖報謝爲名，而於實不既。故藍公佐回，丁寧理索，誼故當然，審必所行，乃令欵報。比得莫將等來，所陳事目⑮，靡所遵承。襲舊爵以自如，略王正而不用。願辭封建，拒進誓章。至於曏昔逋逃，嘗言願遣。今欲與河朔等路流寓臣民，併爲蔽斬。自姦臣伏罪，跡厥攸行，內侮外連，情狀甚著。所不即行討取者，蓋天下爲心，在彼猶此。姑務含容，以圖寧止。又慮民吏滋久，相效執迷，邊隙兵端，起將無日。犯而後取，禍亂必深。弭爾後艱，在吾早定。今命元帥府領大軍，數道並進，撫定元係本朝都邑州軍。師之所在，務加優恤，以副予子惠元元之意。夫與奪之異，豈所樂爲？而恩威弛張之間，蓋不得已也。凡有見聞，當體至意。」其詞悖慢如此，不當復録，今存之以見其當時所請數事，朝廷皆未嘗從。又以見金人亦懼河南人心不歸於己，故諄諄費詞如此。其詆斥之詞三百六十三字已削去，要當更删削附書之。遂命使持詔，偏抵諸郡，又分兵隨之。知興仁府李師雄、徽猷閣待制知淮寧府李正民皆束身歸命。自是，河南諸郡望風納欵矣。

金人陷拱州，守臣左奉議郎王慥死之⑯。

是日，金右副元帥撒離喝自河中渡河⑰，入同州界。疾馳二百五十里，趨永興軍。陝西州縣僞官，所至迎降，遠近震恐。費士戣蜀口用兵録：「五月十三日，金人敗盟南侵⑱，大兵渡河。」丙戌十三日也，故繫於此。

10 丁亥，宰執奏事，秦檜因論：「後世望帝王之治，以爲不可企及，恐無此理。」上曰：「舜何人也，予何人也？有爲者亦若是。」

濟州防禦使、東京副留守劉錡至順昌府。錡自臨安率所部以舟九百艘絶江泝淮，至是，纔抵潁上。按錡以三月二十日戊戌離臨安⑲，自臨安至潁上，三千二百里，凡行四十一日。遂與主管機宜文字杜亨道、幹辦公事王羲賓及將佐捨舟陸行，先趨城中。

是日，金人陷南京。初，金人既叛盟⑳，復以葛王褎知歸德府。褎以數千騎至宋王臺，遣人諭都人官吏學生，告以不殺不掠之意，請路留守出門相見。資政殿學士南京留守路允迪不得已，朝服出城見之，會於宋王臺。允迪爲主，褎爲客，允迪奉觴爲褎壽，褎酬飲，遂送允迪於汴京。褎鼓吹入城，秋毫不犯。或曰：允迪至汴京，七日不食死。

11 戊子，四川宣撫副使胡世將在河池，知同州張恂遣人告急㉑。時右護軍之戍陝西者五萬人，始漸至所屯州縣，而蜀口一帶，正兵不過三萬人。朝廷所除諸帥，皆未至本鎮，得報駭愕。永興軍路經略使郭浩時在延安，本路副都總管、權知永興軍郝遠開長安城納金人㉒，長安陷，關中震動。鈐轄傅忠信、盧仕閔不從，斬關以出。知陝州吴琦城守以拒金人。郝遠遣人持金國檄書至宣撫司，語不遜，不可聞。世將焚檄，斬其使。

12 己丑，左朝請大夫、直龍圖閣陳桷守太常少卿。時上將用桷，問其所在，秦檜不樂之，繆以同姓名者爲對曰：「見從韓世忠軍爲參謀。」上笑曰：「非也，桷佳士，豈肯從軍邪？」遂召用尚書屯田員外郎。

陳康伯爲户部員外郎。

秘書郎楊椿守屯田員外郎。

校書郎鄧名世爲著作佐郎。

是日，金人陷西京。初，金人有渝盟意，河外豪傑以告河南府兵馬鈐轄李興，興告於轉運判官、權留守李利用。副總管孫暉謂：「雒陽實居衝要，地東接王畿㉓，南通巴蜀，北控大河，可以屏衛襄漢，況陵寢所在，不可不注意也。」利用然之，令興招集忠義民兵，密爲防禦計。不數日，得萬餘人。暉大懼，欲殺之。會報敵以渡河，利用聞之，即棄城遁走。李成以鐵騎數千據天津橋，興令七騎逆繫之，成罔測，遂退。暉棄城走，興轉戰至定鼎門，傷重仆於地，夜半復甦，乃走外邑，聚兵。敵引兵入城，以成知河南府。時朝廷以利用有治最，除直秘閣以寵之，而利用已遁矣。趙甡之遺史載金人入兩京在此月己丑。日曆，孫暉申五月十六日，敵兵到河南府城下。己丑十六日也，甡之所云與此蓋合，從之。

13 庚寅，龍圖閣直學士、知順昌府陳規得報，虜騎入東京㉔。時新東京副留守劉錡方送客，規以報示錡，錡曰：「吾軍有萬八千人，而輜重居半，且遠來，力不可支。」乃見規，問曰：「事急矣，城中有糧則能與君共守。」規曰：「有米數萬斛。」錡曰：「可矣。」規亦力留錡共守。錡又見劉豫時所蓄毒藥猶在，足以待敵。會其所部選鋒、游奕二軍，及老幼輜重，相去甚遠，錡遣騎趣之。夜四鼓，纔至城下。旦得報，敵騎入陳，距順昌三百里。闔城惶惑，錡遣兵屬與規議，斂兵入城，爲捍禦計，人心稍定。郭喬年順昌破敵録云：「太尉欲斂兵入城，爲捍禦計。陳守愕然曰：『城中人聞警報，皆欲去，太尉獨望守城邪？』」疑規未必有此言，今不取。趙甡之遺史云：「劉光遠還言敵已入汴京。」而喬年所録云：「泰和縣申狀，報四太子人馬五月十二日入東京。」今從之。

14 辛卯，詔以鎮江府所籍鄺瓊水陸田四十三頃賜李顯忠。

四川宣撫副使胡世將自河池遣涇原經略使田晟，以兵三千人迎敵。始金人之渡河也，利路經略使楊政尚在鞏州，永興經略使郭浩尚在鄜延，環慶經略使范綜尚在金州，而主管鄜延經略司公事王彥亦未至其地，惟熙河經略使兼宣撫司參謀官孫渥、右護軍都統制兼秦鳳經略使吴璘隨世將在河池。世將倉皇召諸帥議出師，政、晟先至，渥進曰：「河池平地無險阻，敵騎已迫鳳翔，自大散關疾驅一二日可至帳下。頃吴公宣撫偶閲兵至河池，幾爲敵擒，其事不遠，願公去此，治兵仙人原。」原雖去河池才五六十里，而殺金平、家計寨天險足恃，元戎身處危地，而欲號令將帥，使用命赴敵，渥不識也。」都統制吴璘抗聲言曰：「和尚原、殺金平之戰，方璘兄弟出萬死破敵時，承宣在何許？今出此懦語沮軍，可斬也。右護軍强半隔限在陝西，未易呼集，虜來日夜思戰㉕，今聞宣撫舍河池去保山寨，失戰士心，璘請以百口保破敵。」世將壯之，指所坐帳曰：「世將誓死於此矣。」官屬韓詔等進曰：「渥實失言，不宜居幙下。」遂先遣晟還涇原，渥赴熙河。渥恐懼汗落，單馬趨出，顧謂世將所親曰：「渥爲公忠謀，乃反得罪。吴家小帥，勇而鋭，未見其勝之道也，他日無忘渥言。」此以費士戣蜀口用兵録修入。熊克小曆云：「時郭浩領八千衆在邠、耀二州，惟環慶范綜、鄜延王彥仍守其地。」按胡世將今年六月間所奏云：「昨郭浩除永興經略使，臣累催本官赴任，計若未離鄜延，道路隔絶，却白浩申已在邠、耀州界措置。探得浩只在邠州三水縣，帶領衙兵數十人，慮浩遲慢誤事。」據此，則浩不在邠、耀間㉖，王彦亦未至延安也。又宣撫司今年六月行下知金州范綜差軍馬應接知商州邵隆㉗，則綜此時亦未赴，亦見克所云綜、彦仍守其地㉘，蓋誤。

是日，統領忠義軍馬李寶與金人戰於興仁府境上，殺數百人，獲其馬甚衆。寶，岳飛所遣也。飛遣寶事見九年十月。

15 壬辰，劉錡詔諸將計事，錡曰：「吾軍遠來，未及息肩，敵已壓境，今當如何？」有欲就便舟順流而下者。或曰：「去則敵人邀我歸路，其敗必矣，莫若守城，徐爲之計。」錡曰：「錡本赴官留司，今東京既陷，幸全軍至此，有城池可守，機不可失。當同心力，以死報國家。」衆議始定。即鑿舟沉之，示無去意。通判府事汪若海沿府檄至行在，錡以奏附若海行，即與屬官等登城區處。城外有居民數千家，恐爲敵巢，悉焚之，分命諸統制官許青守東門，賀輝守西門，鍾彦守南門，杜杞守北門，且明斥堠，及募土人作鄉導間探。於是，人皆奮曰：「早時人欺我八字軍，今日當爲國家立功。」錡親於城上督工，設戰具，修壁壘，時守備全闕㉙，錡取僞齊所作蚩尤車以輪轅埋城上㉚，又撤民家屋扉，以代笓籬笆，凡六日粗畢，而金人游騎已渡河至城外矣㉛。

16 癸巳，武經大夫、濰州團練使王彦先以亳州叛，附於敵，以酈瓊守之。

是日，邊報至行在。

17 丙申，胡世將命右護軍都統制吳璘將二萬人，自河池赴寶雞河南以捍寇㉜。遣本司都統制知興元府楊政、樞密院都統制知永興軍郭浩爲之聲援。先是，世將屢奏，乞速徙右護軍之屯陝右者還屯蜀口，不報。事見三月丙戌。丁酉，始詔世將目下抽回。

18 戊戌，上謂秦檜曰：「夷狄之人㉝，不知信義，無足怪者。但士大夫不能守節，至於投拜，風俗如此，極爲可憂。」秦檜曰：「自靖康以來，賣國之人，皆蒙寬恩，故習熟見聞，若懲革之，當在今日。」遂下詔曰：「昨者金國許歸河南諸路，及還梓宫、母兄，朕念爲人子弟，當申孝悌之義，爲民父母，當興拯救之思。是以不憚屈己，連遣信使，奉表稱臣，禮意備厚。雖未盡復故疆，已許每歲銀絹至五十萬，所遣信使，有被拘留，有遭拒却，皆忍恥不問，相繼再遣，不謂設爲詭計，方接使人，便復興兵。今河南百姓，休息未久，又遭侵擾，朕衋然痛傷，何以爲懷？仰諸路大帥，各竭忠力，以圖國家大計，以慰遐邇不忘本朝之心，以副朕委任之意。」又詔罪狀兀朮，募有能生擒兀朮者，除節度使，賜銀帛五萬疋兩，田千頃，第一區。此詔旨，日曆全不載。蜀中刊行絲綸集中有之，今掇入以補史闕：「三省樞密院同奉聖旨：金人侵擾中原，兵革不息，已餘一紀㉞。天下忠臣義士，雖在淪陷之中，乃心不忘國家。今兀朮無名，再起兵端，南北雲擾㉟，未知休息之日。凡爾懷忠抱義，鄉里豪傑之士，有能殺戮首惡，或生擒來獻者，並與除節度使，仍加不次任使。其餘能取一路者，即付以一路，取一州者，即付以一州，便令久任。應府庫所有金帛㊱，並留賞給兵士。其餘忠力自奮，隨功大小，高爵重禄，朕無所隱。」又三省樞密院同奉聖旨：「兩國罷兵，南北生靈方得休息。兀朮不道，戕殺其叔，舉兵無名，首爲亂階。將帥軍民，有能擒殺兀朮者，見任節使以上授以樞柄，未至節使者，除節度使，官高者除使相，見統兵者，除宣撫使，餘人仍賜銀絹五萬疋兩㊲，田一千頃，第宅一區。」

是日，御史中丞王次翁請對，言：「陛下既以和議爲主，而諸將備禦益嚴㊳，士卒勇鋭，敵雖敗盟，曲不在我，無能爲也。前日國是，初無主議，事有小變，則更用他相，蓋後來者未必賢於前人，而排黜異黨，收召親故，紛紛非累月不能定，於國事初無補也。願陛下以爲至戒，無使小人異議乘間而入。」上深然之。

19 己亥，少師、護國鎮安保静軍節度使、萬壽觀使、雍國公劉光世爲三京招撫處置使，以援劉錡。以統制官李貴、步諒之軍隸之。賜錢二十萬緡，銀絹三萬疋兩爲軍費。於是光世駐軍太平州，請樞密院都統制李顯忠以所部二千人爲前軍都統制。上又命左護軍都統制王德爲錡之援，光世請德自隸，德不從。顯忠行至宿泗間，其軍多潰。

詔：「三省陝西路見在行在官員，並與添差軍校，願從軍者聽。百姓令臨安府優加存恤，無令失所。」

右朝請大夫、權川陝宣撫司參議官井度兼權四川轉運副使㊴。度，亮采子。亮采，淮寧人，元祐殿中侍御史。久任於蜀，故胡世將奏用之。是時，關中諸軍已還而復入㊵，蜀中已罷對糴，停水運，倉廩罄竭。度建議請將紹興八年罷催對糴所欠，并九年應納，十年起催之數，併以軍令督之。世將惻然久之，曰：「對糴所輸，倍於常數，民已不堪，奈何計三年而併取之？第起今年合輸之數，其餘吾自辦。」於是以便宜撥成都府省司軍糧五萬赴新津運起，又以制司稱提錢收糴興元米麥五萬，洋州三萬，趣印成都錢引五百萬，委利路漕趙子厚取撥五十萬，措置閬州糴買場。都運司就糴成都路米十六萬，潼川府路十一萬，夔路三萬於利州交納，未糴足間，劃刷諸司見在糧米，盡行借兑。又起制司稱提庫金一千五百兩，銀十七萬四千餘兩，命利州管内安撫王陟發本州轉般倉米㊶，存留五萬外，盡赴魚關。命陝西都漕司印造陝西紹興錢五十萬貫，應陝西州縣官錢，除省計外，不以有無拘礙，盡數起赴鳳翔團併。以右奉議郎、節制司官屬陳護權隨軍轉運判官，右承議郎、通判興元府宋蒼舒權陝西路轉運判官，軍事息日罷。下川陝諸路帥臣監司，同心協力，共濟王事。如敢違誤，自有軍興條法。下都統制，不得妄行殺戮。諸軍激犒錢物，兩都統各銀絹五千匹兩，郭浩、田晟各三千匹兩。下都統司措置，於丹州界造木栰，積薪縱火，焚大慶橋。傅忠信等奪長安門不順金者，先與轉行五官。約束仙人關，如有陝西驚移人入關，不得邀阻。收陝西僞官前熙河路總管白常等於施、黔州居住。下興州、大安軍、興元府起夫四千人，負一月糧，修殺金平。根刷官私回脚，便舟載還諸軍家屬。下都統制司，擺置烽燧及銀牌馬，下知思州田祐恭修合藥箭㊷，拘收汧陽監官馬，茶兵、鋪兵並般運軍前物色㊸。於是守禦之計始備，蜀人粗安。按此諸事必非一日所行，今因并度除命附書之。都運司題名，度以閏六月一日到任，恐此時已一面供職矣。費士戣蜀口用兵録稱世將添印成都錢引五百萬，而成都續記無之，蓋即二月戊子所得旨增印者也。今改作趣印，庶不牴牾。

20 庚子，詔右護軍都統制吳璘同節制陝西諸路軍馬。以金人犯陝西故也。

又詔川陝宣撫副使胡世將，軍前合行黜陟，許以昨張浚所得指揮㊹。時三省樞密院言：「浚宣撫川陝日，曾降詔旨，黜陟之典，俾得以便宜施行。近旨令世將如遇軍事及賞罰等，待報不及，許一面便宜施行。惟官吏黜陟，未得指揮。」故申明之。日曆不載此指揮。按世將今年十月二十日申審狀云「六月十三日，準樞密院劄子，奉聖旨」云云，六月十三日丙辰，去此十六日，以時計之，必是己亥、庚子兩日降旨，今併附此，俟考。

21 辛丑，中書舍人林待聘兼權直學士院。起居舍人王銖試中書舍人。

尚書司勳員外郎兼實録院檢討官張嵲守起居舍人。

資政殿學士、提舉醴泉觀鄭億年與在外宮觀，改提舉亳州明道宮。初，邊報至行在，從官會於都堂。工部尚書廖剛謂億年曰：「公以百口保金人講和，今已背約，有何面目尚在朝廷？」億年氣塞。秦檜以爲譏己也，乃曰：「尚書曉人，不當如是。」億年懼，求去，乃有是命。何俌龜鑑：「金人敗盟，分道入犯，人以爲中國之不幸，愚獨以爲此猶中國之幸也。何者？河南我之故土，不幸淪没，我無以取之，而敵反以與之，是敵得以制其予奪之權，而所以予我者，乃所以餌我也。幸而兀朮速於敗盟，我之福也。使其不叛，則彼有大恩，我有大費，如向者燕、雲、二京之事，其禍愈久而愈深也。嗚呼，敵欲盟則盟，欲戰則戰，使旆方北，敵兵以南，此檜主和之驗也。檜於此時，曾無遠略，乃且持禄固位，猶使其黨以『事有大變，更用他相』爲天子戒㊺，檜之姦謀，爲何如耶？」

是日，金人犯鳳翔府之石壁寨，吴璘遣統制官姚仲等拒之。仲自奮身督戰，折合孛堇中傷，退屯武功。時楊政母病方死，亦不顧家，徑至河南，與璘協力捍虜㊻。已而諸軍家屬悉歸内地，人心既定，踴躍自奮，不復懼虜矣。先是，金人之别將又圍耀州，節制陝西軍馬郭浩遣兵救之，敵解去。費士戣蜀口用兵録：「郭浩申，五月二十八日解圍耀州。」二十八日，辛丑也，故附於此。

22 壬寅，右奉議郎、通判壽春府鄭綑直秘閣，知壽春府。先是，金人遣使臣顔林持檄書來撫諭，綑縛林送於朝，且率軍民爲守禦計。東京副留守劉錡言其忠，故有是命。會河南副總管孫暉自西京遁歸，綑言於淮西宣撫使張俊㊼，乞改命武臣，乃以暉知壽春府。

是日，金人圍順昌府。先是，劉錡於城下設伏，敵游騎至，擒其千户阿克順殺等二人㊽。詰之云：「韓將軍在白龍渦下寨，距城三十里。」錡夜遣千餘兵擊之，頗殺敵衆。既而三路都統葛王褒及龍虎大王軍併至城下，凡三萬餘人。錡以神臂弓及强弩射之，稍引去。復以步兵邀擊，溺於河者甚衆，奪其器甲，又生獲女真、漢兒，皆謂賊已遣銀牌使馳詣東京㊾，告急於都元帥宗弼矣。錡見陳、蔡以西，皆望風投拜，又有王三者，舊爲宗弼所用，嘗知順昌府，至是，復來城下，宗弼欲再令守順昌。錡慮有苟全性命者，賣己於外，故順昌官吏軍民，皆不許登城，以所部兵守之。時鄜延路副總管劉光遠以道梗不能赴，武功大夫、温州刺史、新知石泉軍柳倪爲錡所辟，皆在軍中。倪適至東門，敵射中其左足，倪拔矢反射之，敵應聲而倒。

23 癸卯，賜處州孝童周智童子出身。智六歲喪父，哀毁過制，芝生於墓廬，守臣以聞，故有是命。

校勘記

① 江東制置大使葉夢得言　「使」，原作「司」，據叢書本改。
② 時以諸大將官高　「諸大將」，原作「請諸大軍」，據叢書本改。
③ 右文殿修撰都大主管川陝茶馬公事趙開提舉江州太平觀　「右」，原作「古」，據叢書本改。
④ 秘書少監兼崇政殿説書陳淵並罷　「崇」，原作「資」，叢書本同。本書上卷有「右正言陳淵試祕書少監兼崇政殿説書」之記事，據改。
⑤ 偏游公卿　「偏」，原作「便」，據叢書本改。
⑥ 公亮除命　「亮」，原作「卿」，據叢書本改。
⑦ 臨安府榜諭　「府」原闕，據皇朝中興繫年要録節要卷一〇補。
⑧ 左朝奉郎李長民知泗州　「奉」，原作「朝」，據叢書本改。
⑨ 遂分四道南侵　「南侵」，叢書本作「入犯」，皇朝中興繫年要録節要作「入寇」。

⑩ 命聶黎孛堇出山東　「聶黎孛堇」，原作「聶呼貝勒」，據金人地名考證改。本書卷八一又作「聶兒孛堇」。

⑪ 恭行討伐　「伐」，原作「代」，據叢書本改。

⑫ 惟我太宗文烈皇帝　「宗」，原作「祖」，據叢書本改。

⑬ 違越分疆　「分」，原作「公」，據叢書本改。

⑭ 撻懶等復力言齊爲不道　「復」，原作「後」，據叢書本改。

⑮ 所陳事目　「事目」，原作「目事」，據叢書本乙正。

⑯ 守臣左奉議郎王慥死之　「慥」，原作「慥」，據叢書本改。本書卷一二九已作王慥。

⑰ 金右副元帥撒離喝自河中渡河　「帥」，原作「師」，據叢書本改。

⑱ 金人敗盟南侵　「南侵」，叢書本作「入犯」。

⑲ 按鑄以三月二十日戊戌離臨安　「日」字原重，據叢書本刪重。

⑳ 金人既叛盟　「叛」，原作「渝」，據叢書本改。

㉑ 知同州張恂遣人告急　「急」，原作「疾」，據叢書本改。

㉒ 本路副都總管權知永興軍郝遠開長安城納金人　「金」原重，據叢書本刪重。

㉓ 副總管孫暉謂雒陽實居衝要地東接王畿　「陽實居衝要」，原闕，據叢書本補。

㉔ 虜騎入東京　「虜」，原作「敵」，據皇朝中興繫年要録節要改。

㉕ 虜來日夜思戰　「虜」，原作「敵」，據皇朝中興繫年要録節要改。

㉖則浩不在邠耀間　「間」，原作「問」，據叢書本改。

㉗又宣撫司今年六月行下知金州范綜差軍馬應接知商州邵隆　「接」，原作「按」，據叢書本改。

㉘劉錡召諸將計事　「召」，原作「詔」，據叢書本改。

㉙亦見克所云綜彥仍守其地　「亦」，原作「一」，據叢書本改。

㉚錡取僞齊所作蚩尤車以輪轅埋城上　「尤」，原闕，據叢書本補。

㉛而金人游騎已渡河至城外矣　「騎」，原作「錡」，據叢書本改。

㉜自河池赴寶雞河南以捍敵　「河池」，原作「河南」，「寶雞河南」原作「寶雞渭南」，「寇」原作「敵」，皆據皇朝中興繫年要録節要改。

㉝夷狄之人　「夷狄」，原作「敵國」，據叢書本改。

㉞已餘一紀　「餘」，叢書本作「逾」。

㉟南北雲擾　「雲擾」，原作「云憂」，據三朝北盟會編卷二〇〇所引改。

㊱應府庫所有金帛　「府」，原作「付」，據叢書本改。

㊲餘人仍賜銀絹五萬疋兩　「萬」，原作「十」，據叢書本改。

㊳而諸將備禦益嚴　「益」，原闕，據叢書本補。

㊴右朝請大夫權川陝宣撫司參議官井度兼權四川轉運副使　「川」，原作「州」，據叢書本改。

㊵關中諸軍已遷而復入　「遷」，原作「選」，據叢書本改。

㊶命利州管内安撫王陟發本州轉般倉米　「撫」，原作「府」，據叢書本改。

㊷下知思州田祐恭修合藥箭　「下」，原作「不」，據叢書本改。

㊸茶兵鋪兵並般運軍前物色　「鋪兵」，原闕，據叢書本補。

㊹許以昨張浚所得指揮　「得」，原作「謂」，據叢書本改。

㊺猶使其黨以事有大變更用他相爲天子戒　「以」，原作「其」，據叢書本改。

㊻與璘協力捍虜　「虜」，原作「敵」，據皇朝中興繫年要録節要改。

㊼絪言於淮西宣撫使張俊　「俊」，原作「浚」，據叢書本改。

㊽擒其千户阿克順殺等二人　「順殺」，原作「舒蘇」，據叢書本改。

㊾皆謂賊已遣銀牌使馳詣東京　「賊」，原作「敵」，據皇朝中興繫年要録節要改。

建炎以來繫年要録卷一百三十六

1 紹興十年六月甲辰朔，宰臣秦檜言：「臣聞德無常師，主善爲師；善無常主，協於克一。此伊尹相湯咸有一德之言也。臣昨見撻懶有割地講和之議，故贊陛下取河南故疆。既而兀朮戕其叔撻懶，藍公佐之歸，和議已變，故贊陛下定弔民伐罪之計。今兀朮變和議果矣，臣願先至江上，諭諸路帥同力招討①，陛下相次勞軍，如漢高祖以馬上治天下，不寧厥居，爲社稷宗廟決策於今日。如臣言不可行，即乞罷免，以明孔聖『陳力就列，不能者止』之義。」從之。

少師、京東淮東宣撫處置使韓世忠爲太保，封英國公。少傅、淮西宣撫使張俊爲少師，封濟國公②。武勝定國軍節度使、開府儀同三司、湖北京西宣撫使岳飛爲少保③，並兼河南北兩路招討使。日曆獨不載岳飛除命，蓋秦熺削之也。今以會要及玉堂制草增入。

徽猷閣直學士、知臨安府張澄試尚書户部侍郎。

直寶文閣、兩浙轉運副使蔣燦陞直龍圖閣，知臨安府。

武功大夫、忠州團練使、知商州邵隆兼管内安撫司公事。

右修職郎、新樞密院計議官王湛爲右宣義郎。上得邊報，急召湛至内殿，遂命改京官。湛以五月壬寅内引，今併書之。去年三月注，邵隆令湛論三京事，恐可移附此。

樞密院降檄書下諸路宣撫司，罪狀兀朮、撒離喝，令頒之河南、陝西諸路。檄書曰：

蓋聞好生惡殺，天道之常。厭亂喜安，人心惟一。順天從衆者昌，逆天違衆者亡。亘古迄今，理有不易。金人自靖康以來，稱兵内侮，蕩覆我京都，邀留我二聖，長驅深入，所至焚滅，殆無遺類。殘忍不道，載籍靡聞。前歲忽遣人割還河南故地，皇帝深念一紀之間，兵拏怨結，禍極凶殫，南北生靈，肝腦塗地，許其睦修，因以罷兵，庶幾休養生息，各正性命，仰合於天心。既遣行人，往議事因。使方入境，兵已濟舟。託爲捕賊之名，紿我守彊之吏，掩其不備，襲取舊都④。信義俱亡，計同寇賊⑤。

惟彼兀朮，號「四太子」，好兵忍殺，樂禍貪殘。陰蓄無君之心，復爲倡亂之首⑥。戕殺叔父，擅奪兵權。既不惜壯士健馬之喪亡，又豈念羣黎百姓之困苦？雖外以遺毒於中國⑦，實内欲窺圖其厥家。天理靡容，是將假手。人心携貳，必識所歸。如彼骨肉至親，一旦自相魚肉；雖爾腹心勳舊，豈能自保始終？如生熟女真、契丹、奚霫、渤海、漢兒等，離去父母妻男，捐棄鄉土養種，衣不解甲，二十餘年。死於行陣者，首領不保；斃於暴露者，魂魄不歸。爰自謀和，始圖休息。炎方盛夏，驅北復來。兵端一開，何時始已？河東、河北、京東三路，皆吾本朝赤子，偶陷敵中，皇帝宵旰不忘，日思拯救。今者既困暴斂，復遭簽發。室家田里，不得保聚，身犯鋒鏑，就死何辜？三京五路之人，方脱囚奴，初沾恩澤，既未終大事，且復憂永淪。罪在一人謀己之私⑧，毒被寰宇兆民之衆。

皇帝若曰，朕爲人父母，代天君師，兼愛生靈，不分彼此，坐視焚溺，痛切在躬。況彼出師無名，神人共怒。而我師直爲壯，將士一心，所向無前，何往不克？本欲爲民而弔伐，豈忍多殺而示威？誓與中外勦除首惡，期使南北共享太平。幕府遵奉指揮，應南北官員軍民，如能識運乘機，奮謀倡義，生擒兀朮，或斬首來歸者，大則命以使相，次則授以節鉞，各賜銀絹五萬匹兩，良田百頃，宅第一區。至如撒離喝，資性貪愚，同惡相濟。昨在同州，已爲李世輔擒縛，搏頰求哀，僅脱微命。尚敢驅率其衆，復犯關陝。有能併擒獻者，推賞一如前約。其有鄉黨豪傑，忠義舊臣，雖遭狄人迫脅之凶威⑨，豈忘國家涵養之大德？糾合戮力，建立奇功，高爵厚禄，上所不吝。前愆往咎，一切滌除。聖意不渝，有如皎月。天地鬼神，實鑒臨之。檄書到日，上下寮采，遠近兵民，遞相告諭，共赴斯期。富貴之報，澤及子孫。忠義之名，光於史册。悉乃心力，其克有勳。此檄，日曆、會要皆無之，今以四川宣撫司案牘修入。

2 丙午，詔：「諸軍今次功賞，自節度使至横行以下，並空名臨軍給授⑩，不待報明申請，不礙止法，並與轉行。仰將佐士卒，各思奮勵，用命殺敵，以赴功名之會。」

給事中兼侍講馮檝充徽猷閣待制，提舉亳州明道宫。初，金人背盟，秦檜以其言不讎，甚懼。一日，謂檝曰：「金人背盟，我之去就未可卜。前此大臣，皆不足慮，獨君鄉衮，未測上意，君其爲我探之。」明日，檝入見曰：「金人長驅犯順⑪，勢須興師。如張浚者，且須以戎機付之。」上正色曰：「寧至覆國，不用此人⑫。」檜聞之喜。檝曰⑬：「適觀天意，檝必被逐。」即引疾求去，乃有是命。趙甡之遺史云：「金人叛盟，檝見秦檜曰：『金人欲舉兵南下，公疎於用兵，宜早召張浚，以督諸將。』檜曰：『善，公當來早上殿薦之。』次日，檝上殿奏曰：『金人南來，朝廷未有應之策，惟疾召張浚都督諸軍爾。』上久知張浚敗事，乃曰：『朕雖亡國，不復見張浚。』檝大沮，乃乞宮祠，遂罷去。先是，僧圜浄者，寓居王繼先後圃中，禪學甚高。檝逕謁之，談禪移時，繼先欣欣然欲見之，檝不交一談。繼先方憑恃恩寵，勢焰熏灼，大慚，逐其僧而譖之⑭。」按檝素附和議，以其去春所上書觀之，恐不能然。今從王明清揮麈後録。明清又云：「檝與檜言，已必被逐，願乞瀘州，以爲晝繡⑮。至晚，批出與外任，遂除待制、知瀘州，帥瀘南者十三年⑯。」此却不然。按檝奉祠，遄即得郡，先邛後瀘。明清所記不審。

鎮潼軍節度使、開府儀同三司、新知明州、信安郡王孟忠厚復爲醴泉觀使。

尚書左司員外郎范濬罷知南劍州。此必有故，當考。

寶文閣直學士、提舉江州太平觀梁汝嘉知平江府。既而殿中侍御史羅汝檝論浙西海道可虞⑰，乃以汝嘉兼浙江沿海制置使。汝嘉兼制置在是月乙丑。

右朝奉郎、新知河南府仇悆復徽猷閣待制，知明州兼沿海制置使⑱。悆言：「敵情從來詭詐，乘間陟險，必出我不意。今舟船廢壞略盡，望申飭州縣，協力赴功。其或怠忽不虔，從臣按劾。」許之。

丁憂人蓋諒起復左朝請大夫，行司農寺丞。

武略大夫、威州團練使李貴陞登州防禦使。貴統兵平虔、吉、筠諸盜⑲，招降首領百餘人，脅從者六千餘人，故有是命。

3 丁未，罷建康府行宮營繕。

4 戊申，龍神衛四廂都指揮使、濟州防禦使、東京副留守劉錡爲鼎州觀察使、樞密院副都承旨、沿淮制置使。時虜圍順昌已四日[20]，乃移寨於城東，號李村，距城二十里。錡遣驍將閻充以鋭卒五百，募土人前導，夜劫其寨。至軍中，氈帳數重，朱漆奚車，有一帥遽被甲[21]，呼曰：「留得我，即太平。」不聽，竟殺之。是夕，天欲雨，電光所燭，見辮髪者殲之甚衆。既而報都元帥、越國王宗弼親擁兵至[22]。先是，宗弼在龍德宫，得告急之報，即索靴上馬，麾其衆出京。頃刻而集，過淮寧，宿一宵，治戰具，備糗糧。自東京往復一千三百里[23]，不七日而至。錡聞宗弼至近境，登城，會諸將佐東門，問策將安出。或謂：「今已屢捷，宜乘此勢，具舟全軍而歸。」錡曰：「朝廷養兵十五年，正欲爲緩急之用。況已挫賊鋒[24]，軍稍振，雖多寡不侔，然有進無退。兼賊營近三十里，而四太子又來援。吾軍一動，被虜追及[25]，老少先亂，必至狼狽。不惟前功俱廢，致虜遂侵兩淮[26]，震驚江、浙，則平生報國之志，反爲誤國之罪。不如背城一戰，死中求生可也。」衆以爲然，欲求效命[27]。錡呼帳下曹成等二人諭之曰：「吾遣爾乘間[28]，事捷有後賞。第如我言，敵必不殺。我今遣騎綽路[29]，置汝隊中。汝遇敵必墜馬，使爲所得。敵帥問我何人，則曰：『太平邊帥子[30]，喜聲色。朝廷以兩國講好，使守東京，圖逸樂耳。』」已而遣探騎，果遇敵，二人被執。兀术問，對如是。兀术喜曰：「可蹴此城耳。」遂下令，不用負鵝車砲具行。翌日，錡行城上，見二人遠來，心知其歸，即縋上。敵械二人，以文書一卷繫於械，錡取焚之。錡夜劫敵寨，乃初二日乙巳。登城會諸將，乃初五日戊申，今併書之。熊克小曆載錡丁未會諸將，蓋差一日。

直秘閣、知廬州李仲孺爲淮南西路轉運副使，專一應副劉錡、李顯忠、王德、雷仲軍馬錢糧。

詔：「右迪功郎權虹縣李諷[31]、主簿右迪功郎曹伯達並改京秩，仍更轉二官。縣尉秉義郎崔彦文、監酒務承信郎陳卞並除閤門祇候，其餘見任寄居官，各轉一官資。」以其焚天眷三年文榜，抗拒金人故也。時武功大夫、貴州團練使、新知宿州劉綱行至符離㉜，而舊守景祥以城叛，武功大夫、貴州刺史、應天府路兵馬都監王存挺身南歸，綱不能進㉝，乃改知泗州，仍以虹縣隸之㉞。日曆綱改知泗州在閏六月三日乙亥，恐誤，當是前六月三日丙午。

5 己酉，四川宣撫副使胡世將命都統制吳璘、楊政以書移右副元帥撒離喝㉟，約日合戰㊱。其略曰：「璘等聞之，師出無名，古之所戒。大金皇帝與本朝和好，復歸河南之地。朝廷每戒諸路，安靜邊界，不得生事，丁寧惻怛，無所不至。諸路遵凛朝廷約束，不敢毫髮有違。今監軍忽舉偏師，侵暴疆埸，人神共憤，莫知其故。璘等身任將帥，義當竭誠報國，保捍生靈。已集大軍㊲，約日與監軍一戰。兵法，敵加於己，不得已應之，謂之應兵。兵應者勝。璘等不爲無辭。」撒里喝於是遣鶻眼郎君以三千騎直衝我軍，都統制李師顔等以驍騎擊之走。鶻眼入扶風縣城守㊳。撒離喝別遣軍策應，不能勝而退。師顔等攻扶風，拔之，生擒金兵一百七十人㊴，首領三人。別遣裨將又擊鳳翔西城外敵寨，撒離喝怒，自戰於百通坊㊵，列陣二十里許。統領姚仲等力戰破之㊶，殺獲尤多。先是，上聞敵兵渡河，以御劄賜世將，令率厲將士，保捍關隘，有能建立奇效，卓然出衆，雖王爵節鉞亦所不吝。又賜吳璘、楊政、郭浩、田晟詔書諭旨，仍命世將給付焉。百通坊之捷，據宣撫司申，以六月二十二日得報，未見本日。

是日，金都元帥、越國王宗弼入泰和縣。

6 庚戌，工部尚書廖剛與外任，仍放謝辭。初，劉昉、陳淵之罷也，剛言嘗薦二人自代，又嘗於榻前引薦二人，乞罷黜。詔放罪。剛因已致仕，又自言，有宜去者六，不許。會剛以事積忤秦檜，右諫議大夫何鑄等即共劾剛，謂昉、淵己力薦導㊷，獨以爲賢。幸朝廷之有警，復肆以譊譊，以惑縉紳㊸，故有是命。尋以剛爲徽猷閣直學士，提舉亳州明道宮。剛放罪在四月戊辰，乞致仕五月辛巳，除奉祠在六月己未，今聯書之。

徽猷閣待制、提舉江州太平觀李彌大復顯謨閣直學士致仕。時彌大已卒矣。

7 壬子，秘閣修撰、新陝西轉運使薛弼爲尚書左司員外郎。

是日，金都元帥宗弼攻順昌府。先是，宗弼親至城外，責諸將用兵之失。衆曰：「今者南兵，非昔之比，國王臨城自見。」宗弼見其城陋，謂諸將曰：「彼可以靴尖趯倒耳。」即下令來早府治會食，諸軍所得玉帛子女，聽其自留。男子長成者，皆殺之。折箭爲誓，以激其衆。平明，敵併兵攻城，凡十餘次。府城惟東西兩門受敵，錡所部不滿二萬，而出戰者僅五千，賊先攻東門㊹，錡出兵應之，賊又敗退。兀朮自將牙兵三千，往來爲援，皆帶重甲，三人爲伍，貫韋索，號鐵浮屠。每進一步，即用拒馬子遮其後，示無反顧。復以鐵騎馬左右翼㊺，號拐子馬，悉以女真充之。前此攻所難下之城，並用此軍，故又名長勝軍。時虜諸酋各居一部㊻，衆欲擊韓將軍㊼，錡曰：「擊韓雖退，兀朮精兵尚不可當也。法當先擊兀朮。兀朮一動，則餘軍無能爲矣。」時叛將孔彥舟、酈瓊、趙榮輩騎列於陣外㊽，有河北簽軍告官軍曰：「我輩原是左護軍㊾，本無鬭志，惟兩拐子馬可殺。」故官軍皆憤。時方劇暑，我居逸而彼暴露，早涼則不與戰，逮未申間，彼力疲而氣索，錡忽遣數百人開西門，虜方來接戰，俄以數千人出南門，戒令勿喊㊿，但以短兵極力與戰。統制官趙樽、韓直皆被數矢，戰不肯已，錡遣屬扶歸[51]。士殊死鬭，入虜陣中，斫以刀斧，至有奮手捽之，與俱墜於濠者。虜大敗，殺其衆五千，横屍盈野。兀朮乃移寨於城西，掘塹以自衛，欲爲坐困官軍之計。是夕，大雨，平地水深尺餘。錡遣兵劫之，上下皆不寧處。

8 乙卯，順昌圍解。都元帥宗弼之未敗也，秦檜奏錡俾擇利班師，此據郭喬年順昌破敵録修入。喬年云「遞到御筆」云云，其實宰相所擬也。錡得詔不動[52]。至是，宗弼不能支，乃作筏繫橋而去。宗弼至泰和縣，卧兩日。至陳州，數諸將之罪，自將軍韓常以下皆鞭之。於是，復以葛王褎守歸德府，常守許州，翟將軍守陳州，宗弼自引其衆還汴京[53]，自是不復出師矣。何俌龜鑑：「敵之犯我順昌也，靴尖趯城之語，此豈可聞也哉？劉錡實當之。觀其鑿舟而沉，示無去意，背城借一，死中求生，或以神臂强弩而邀擊，或以刀斧入陣而奮捽，卒至八字軍激厲[54]，先擊兀朮之謀定，而鐵浮屠之兵已懼矣。是役也，敵欲捐燕以南棄之，其孰使之畏也？」

9 丙辰，樞密院檢詳諸房文字陳正同、主管官告院陳正表並罷[55]，坐與廖剛比朋變亂是非故也。

是日，湖北京西宣撫司統制官牛臯及金人戰於京西[56]，敗之。

10 戊午，詔：「將士戰死者，贈官推恩如故事。軍士重傷不任征役者，廩給終其身。」

右承事郎、監潭州南嶽廟陳鼎降一官放罷，日下出門。鼎權監都進奏院，上言：「敵於今日敗盟，乃朝廷之福。未敗則他日之禍有不可支持，願乘此早爲自治之策。」秦檜怒其言，因論鼎藉廖剛爲地，求易差遣，故有是命。俄又送吏部，以鼎知德興縣。

11 己未，徽猷閣待制、新都大提舉川陝茶馬公事張宗元提舉醴泉觀，兼詳定一司敕令。宗元之官至鄜陽，遇敵而歸，故改命。

感德軍節度使、開府儀同三司、充萬壽觀使高世則爲景靈宮使，判温州，主奉本州神御。

是日，樞密院都統制郭浩遣統制官鄭建充等集鄜延、環慶之兵，攻金人於醴州，敗之，復醴州。

三京招撫處置使劉光世進軍和州。

12 辛酉，順昌捷奏至。

徽猷閣待制、新知潁昌府陳橐知處州。橐請追還職名，不許。

詔賜三京招撫司都統制李顯忠所部將官拓拔忠等六人金帶。以嘗有戰功故也。時招撫處置使劉光世奏顯忠葬其父[57]，乞官與之費，詔以賜萬緡。中書舍人林待聘言：「陛下多顯忠之自歸，而憫其家禍，不待殊功著顯而置高位。曩邊警亟聞，誠顯忠竭盡之秋也。而計奪於聲，懼形於色，屈指命日，以策川陝之陷，安在其謀且勇？兵才二千，行迨宿、泗，什七亡之，安在其得士心？緡錢十萬，以爲軍資，盡且復丐又三倍，所求無厭，必驕且望，願寢其賜。」從之。

是日，川陝宣撫司奏捷。上以親劄賜胡世將曰：「石壁去河池不及十程，料北敵有窺川之意[58]，卿須明遠斥堠，勉勵將士，要是慮常在敵先[59]，仙人關雖險，切不可因循，縱敵稍近也。」

13 壬戌，詔：「敵人侵犯河南，已決策用兵，所宜經理財用，以贍軍旅。帥守諸司，自當體國，協濟大計。可將應見管錢物量留經費外，盡數起發。有能率先應辦，當加褒擢[60]。如隱占不實，必寘於法。並謂在官錢物，不得因緣擾民。」朱勝非秀水閑居録：「紹興十年，秦檜爲相，下令云：『舉兵擊敵，須備犒賞。』計畝率錢，徧天下五等貧民，無得免者。所斂號激賞[61]，而兵未嘗舉，百姓尤以爲怨[62]。」與此指揮全不同，詳見今年九月辛丑並注。

端明殿學士、簽書樞密院事樓炤以父右通政大夫居明卒去位。

徽猷閣待制致仕賈安宅卒。安宅以八年正月致仕。

14 甲子，命齊安郡王士㒟權主奉濮安懿王祠祀。先是，瓊恭惠王薨，大宗正司議襲封者，得武德郎士薺，朝議以其卑官，不可驟拜，乃命士㒟焉。

是日，權主管鄜延經略司公事王彦拒金人於青溪嶺[63]，却之。初，右副元帥撒離喝既破鳳翔，與都統制吴璘、楊政夾渭河而陣[64]。璘駐兵大蟲嶺，撒離喝自登西原覘之，曰：「善戰者立於不敗之地，此難與争。」乃引去，自涇原路欲趨邠。於是樞密院都統制郭浩統右護軍及鄜環之師在邠州三水縣，涇原經略使田晟遣統制官曲汲、秦弼拒敵於青溪嶺。宣撫副使胡世將謂浩素非臨行陣之人，難以責成，即遣彦及統制官楊從儀、程俊、向起、鄭師正、曹成等分道而出，與敵戰蒿谷、吴頭、麻務屯之間。金人屢敗，留千户五人守鳳翔，撒離喝自將鋭兵攻青溪[65]，汲、弼不能當，戰敗，棄青溪走。世將命晟召汲，斬於軍前以徇。彦率兵迎金人，戰盤堠、兔耳，敗之。金人去，復還屯鳳翔。

15 乙丑，詔國學進士項充旌表門閭。充，龍泉人，少養於兄洵美，及長，請以家資盡與其兄。州上於朝，故旌之。

直秘閣、荆湖北路提點刑獄公事向子忞罷。先是，江西漕司負月樁錢，詔總領官曾慥劾罪。子忞行部，取漕吏釋之。慥言於朝，故罷。既而子忞上疏，訟慥與新除左司郎官薛弼表裏中傷，子忞坐奪職。子忞奪職在七月己未。子忞再使湖北，先聲入境，姦吏望風解印綬者數十人。湖北營田，舊以抑配百姓，人不聊生，有破産不能償者，日號訴於馬前。子忞爲訊，究其便利可行者，使遵守之，罷一切抑置者，遠近鼓舞。時岳飛兼營田大使，無敢忤其意者。至是，飛亦喜，以爲當然。子忞按部所至，立大榜於前云：「久負抑屈，州縣不理者，立其下。」於是積年無告之冤，咸得伸雪。平生好論人物，無所忌諱。嘗與胡安國談當世士，安國頗稱秦檜靖康時事，子忞曰：「與檜同時被執軍前，鮮有生者，獨檜數年之後，盡室航海以歸，非大姦者，有是乎？」安國子寅初猶以爲過，後乃信服。子忞再以毁去，自是閒居十九年。

初，命司農少卿李若虚往湖北京西宣撫使岳飛軍前計議。至是，若虚見岳飛於德安府，以面得上旨，兵不可輕動，宜且班師，飛不聽。若虚曰：「事既爾，勢不可還，矯詔之罪，若虚當任之。」飛許諾，遂進兵。

16 丙寅，武翼大夫、文州團練使、閤門宣贊舍人、河南府路馬步兵副總管孫暉上將佐死事於朝[66]，詔贈官推恩有差。

左從政郎張闡爲秘書省正事。闡因轉對，論三事，其一：「請廣求人才，任將相，練士卒，則徽宗梓宮可還，母后、淵聖可歸。毋專屈己和戎，使權不在我。」二曰：「臣比自温歷處、婺浹旬[67]，値雨雹，麥秀者偃，桑萌者落，盍恐懼修省[68]，以召和氣？」其三論官冗，曰：「兵火後，户不滿千户，設官乃十餘人，州不滿萬户，而官至百餘人。場務及官兵十員，無學校而置教官，無軍士而置將領，駐泊、鈐轄之屬，及員外署者不在焉。昔漢光武併省四百餘縣吏員，十置其一。唐憲宗用李吉甫言，省冗員八百，吏千四百。漢、唐中興，宜以爲法。」上獎諭曰：「非卿不聞此。」闡轉對，不得其日，以疏申言桑麥事考之，恐今年夏秋間所上也。且因初除附見之[69]。

湖北京西宣撫使統領官孫顯及金人戰於陳、蔡間，敗之。

是日，行營左護軍都統制王德至順昌府。初，上命淮西宣撫使張俊遣德以所部授劉錡，俊既不樂錡，而德復懼撥隸劉光世軍，遷延未行。建康留守葉夢得諭德曰[70]：「朝廷頒賞格，能立奇功者使相節度，皆即軍中書告，舊未聞也。且劉錡名素出君下，今自奮報國，君能救錡，則可謂奇功矣。」德遂行，未至而敵以去。德以數千騎入城，與錡相見，俄復還廬州。郭喬年順昌破敵録云：「錡方被圍時，遣价求援於朝，得報，已差行營左護軍統制王德引率全軍來援。十二日，金人既退之後，德方移文來問敵勢動息。二十三日卯時，以數騎到城下，錡邀入共飯食，已憩於子城樓上[71]。申時出門，遣人致意曰：『不果奉別，今且復回。』又數日，傳聞申樞密院：『某已解順昌圍矣。』方敵在城下，得遞到御筆：劉某擇利班師。錡以方應敵，未敢輕動，敵退後十日，又被旨，先發老小還住鎮江。遂津發老小輜重並被傷之士，船載而行，以統制官杜杞、焦文通兩軍防護東下。又聞德申宣撫司云：『某以全軍裹送劉太尉老小出潁河矣。』」

17 丁卯，上謂大臣曰：「朕躬履艱難，久於兵事。至於器械，亦精思熟講。昨造大鏃箭，諸軍皆謂頭太重，不可及遠。又造鋭首小鎗，初亦爲以未然。其後用以破敵，始服其精利。今劉錡軍於順昌城下，破敵正用此鎗也。」

18 戊辰，右朝請大夫、主管台州崇道觀李弼儒復直秘閣，充三京招撫處置使司參謀官。

左朝散郎、知通州趙詵之罷，坐申明移治，事涉張皇故也[72]。

左朝奉郎、新應天府路轉運判官曾緯知通州[73]。

是日，川陜宣撫司都統制楊政所遣左部統領官曹成自汧陽襲金人於天興縣，敗之。

19 庚午，龍神衛四廂都指揮使、鼎州觀察使、樞密院都承旨、沿淮制置使劉錡爲武泰軍節度使[74]，侍衛親軍馬軍都虞候。前一日，上諭大臣曰：「用兵之際，賞罰欲明。錡以孤軍挫賊鋒[75]，兀朮遁去，其功卓然，當便除節鉞。」即日降制，既用遺中使撫問。上賜札有曰：「卿之偉績，朕所不忘。」時韓世忠與劉光世、張俊與錡皆不相能，御史中丞王次翁言曰：「臣聞世忠之與光世，因言議而隙[76]，俊之於錡因措置而揆。竊恐錡保一孤壘，光世軍處窮獨，俊與世忠不肯急援，願遣使切責，因用郭子儀、李光弼以忠義泣別相勉者，以感動之。」時諸將驕，而次翁彈擊不避。方乞斬呼延通時，上勞之曰：「卿有李勉之風矣。」

京東淮東宣撫使韓世忠遺制官王勝率背嵬將成閔北伐[77]，遇金人於淮陽軍南二十里，水陸轉戰，掩金人入沂河，死者甚衆，奪其舟二百。熊克小曆載此事於辛未，小誤。按世忠申在六月二十七日庚午，今附本日。

是日，國子監丞高穎守尚書工部員外郎。此據本部題名。

資政殿學士致仕馮澥薨。

資政殿大學士、福建路安撫大使張浚言：「臣竊念自羣下決回鑾之計[78]，國勢不振，事機之會，失者再三。向使敵出上策，還梓宮，歸兩殿，供須一無所請，宗族隨而盡南，則我德敵必深，和議不拔，人心懈怠，國勢寖微。異時釁端卒發，何以支持？臣知天下非陛下之有也。今幸上天警悟，虜懷反覆[79]，士氣尚可作，人心尚可回。願因權制變，轉禍爲福，用天下之英才，據天下之要勢，奪敵之心，震我之氣。措置一定，大勳可集。」繼聞淮上有警，連以邊計奏知，又條畫海道舟船利害。上嘉浚之忠，遣中使獎諭。浚時治海舟至千艘，爲直指山東之計，以俟朝命。

1 閏六月癸酉朔，權尚書户部侍郎晁謙之移工部侍郎。時廣東提舉茶鹽公事晁公邁權市舶，以貪利爲大食進奉使蒲亞里所訟[80]，詔監察御史祝師龍、大理寺丞王師心往廣州劾治。謙之引嫌乞閑慢差遣，故有是命。於是，公邁坐免官，而顯謨閣待制、知廣州張致遠因亦罷去。師心，金華人也。公邁之罷在甲戌，致遠之罷在戊寅。

右承務郎王寵監登聞鼓院。先是，樓炤言寵不事僞齊之節[81]，既命改京秩，遂有是命。寵，丹州人，先見紹興三年。按日曆，寵此月十一日改官，乃命除檢院之後，且附此，必有一誤，當求他書考証之。

是日，四川轉運副使井度始受命。度言：「成都、潼川兩路對糴並脚錢折納米，今運至魚關，計闕二百萬緡，無所從出。乞每石復理十千。」宣撫副使胡世將從之。世將又以便宜命陝西轉運副使霍蠡兼權主管川陝茶馬公事，知鳳州閻大任權陝西轉運判官，又增本司激賞錢爲一百萬十餘緡。此事皆未見本月日，因書井度到任，權附此，俟考。

先是，諜報疊州蕃首結南渴聚衆三千，欲犯隴州。世將乃以統制官邵俊知鳳州，措置秋防原守禦[82]，仍檄都統制楊政備之。

2 甲戌，都省言：「觀文殿學士東京留守孟庾[83]、資政殿學士南京留守路允迪並已投降敵人，殊失爲臣之義。」詔：「庾、允迪追見任官職。庾家屬送漳州，允迪家屬送全州，並居住。」

右通直郎、添差通判衢州張汲罷，仍居綿州。令衢州發卒護送。

直秘閣、知太平州秦梓移常州。

3 丙子，詔三衙管軍及觀察使已上，各舉智勇猛才略堪將帥者二人，不拘資格。

尚書吏部員外郎錢葉復爲監察御史。

鎮潼軍節度使、開府儀同三司、醴泉觀使、信安郡王孟忠厚知婺州[84]。

資政殿學士、知紹興府韓肖胄提舉臨安府洞霄宫，從所請也。

資政殿大學士、江南西路安撫制置大使兼知洪州張守移知紹興府。

權吏部侍郎周綱自韓世忠軍前計議還，入見。

4 丁丑，左朝散大夫、新知興仁府韓臨亨知沅州[85]。

5 戊寅，上曰：「狂虜犯境[86]，諸軍不免調發。盛夏劇暑，朕蔭大廈，御絺綌，猶不能勝其熱。將士乘邊，暴烈日，被甲冑，每念熏灼之苦，如切朕躬。可降詔撫問慰勞之。」

左奉議郎胡寅充徽猷閣直學士，知永州。

直秘閣、新京畿路轉運副使李伯達爲廣南西路提點刑獄公事[87]。

左朝散大夫万俟卨爲荆湖南路轉運判官[88]。

6 辛巳，涇原經略使田晟及金人戰於涇州[89]，敗之。初，右副元帥撒離喝既爲王彦所却，事見六月甲子。遂自鳳翔悉兵攻涇州。晟據山爲陣，乘敵壁壘未定，奮兵掩殺。自巳至申，連戰皆捷，奪其戰馬兵械甚衆。金人敗走。

7 癸未，左朝散大夫新除荆湖南路轉運判官万俟卨、秘書丞楊愿並爲監察御史。

8 甲申，上曰：「諸將進兵，所在克捷。正恐狃於屢勝，士浸以驕。可下詔飭其嚴飭行伍，明遠斥堠，蓄力養威，以俟大舉。勿争尺寸之利，期以殄滅强敵而已。」上又曰：「金雖外國，苟知效順，何以多殺爲？馬欽等初歸，朕貸而不殺。劉光世屢以爲言，既而女真、契丹、燕人來歸者甚衆，光世方悟朕意。至今諸軍，往往收以爲用。今交兵之際，正宜多方撫納，使知内嚮。」

左朝散郎、新沿海制置使司參議官王安道直秘閣、提舉淮南東路茶鹽公事，兼措置料角斥堠。安道除職在癸未，今聯書之。

武功大夫、果州團練使、洪州兵馬鈐轄、殿前司左翼軍統制申世景提舉台州崇道觀[90]，罷從軍，用主帥楊沂中請也。

是日，田晟及金人再戰於涇州，敗績。初，金人既爲晟所破，會僞將引敵入，取間道繞出晟所駐山後，大呼擊晟，而晟所領兵有舊嘗從僞者，望風驚潰，惟右護軍萬人與敵鏖戰，中傷死敵者什一，然無一人遁者。宣撫副使胡世將具以實聞，且待罪[91]。先是，世將以敵鋒鋭甚，意晟不能獨當，檄兩都統令吴璘守河南，楊政如涇州策應。政遣統制樊彦率兵以往，統制王喜繼之。未至，而晟敗[92]，政自劾失律，世將不之罪。諸軍請斬彦、喜以徇。世將下令，彦貸命[93]，追奪在身官爵，喜降十官，皆押赴本軍自效。金人雖幸勝，晟亦殺傷過當而還。自是歸鳳翔不復戰，以兵攻陝西諸鄉城守未下者，河南糧食垂盡，世將亦離河池，登仙人原山寨，爲防秋之計，保險以自固矣[94]。趙甡之遺史：田晟及金人戰於涇州[95]，敗績。將戰，晟命軍中卷旆而出，衆怪之，陣未合而遁。蓋甡之得於所聞，不知接戰之詳也[96]。今不取。

9 乙酉，德音降陝西路雜犯死罪囚，釋流已下。此據紹興講和録，日曆無之。

右武大夫、高州刺史、新鄜延路馬步軍副統管劉光遠陞忠州團練使，知真州。

保義郎、閤門祗候劉釗爲修武郎。右迪功郎王羲賓爲右承奉郎[97]。釗，錡弟也[98]，又與光遠、羲賓皆自順昌來奏事，既對，遂有是命。

是日，川陝宣撫副使胡世將奏姚仲鳳翔之捷[99]。事見六月己酉。又具言：「吴璘身先士卒[100]，楊政奮不顧家，功效顯著。不先賜以旌賞，無以激勸將帥。」又言：「郭浩素非親臨陣敵之人，難以責成。臣已差吴璘充陝西諸路節制軍馬，同田晟同去青溪，與浩並無相妨。浩言本司文移，略不照恤。臣以爲大敵在前，文移之間，不得以觀望逗遛之言，嚴行督責上下，速赴事功[101]，即非不相照恤。慮浩不切體任，國事至重，妄生疑忌，亂有申陳，有誤事機。」先是，浩亦以解圍耀州徑申樞密院，朝廷以三將權任相敵，遂俱賞之。

10 丙戌，寶文閣學士、川陝宣撫副使胡世將陞端明殿學士。

定國軍承宣使知秦州兼行營右護軍都統制同節制陝西諸路軍馬吴璘、武康軍承宣使知興元府兼川陝宣撫使司都統制楊政[102]、彰武軍承宣使知永興軍兼樞密院都統制節制本路屯駐右護軍軍馬兼制節陝西諸路軍馬郭浩並爲節度使。璘鎮西軍，政武當軍，浩奉國軍。三人皆自龍神衛四廂都指揮使陞充侍衛親軍步軍都虞候[103]。時政丁母憂，制起復。政起復在是月丙申。

詔曰：「敵人不道，荐肆凶殘。王師所臨，無往不克。捷奏繼至，俘獲踵庭。尚虞狃吾屢勝之威，忽彼不虞之戒。天下本吾一家，豈貪尺寸之利？敵人亡在朝夕，必以殄滅爲期[104]。咨爾六師，咸體朕意。」熊克小曆載此詔在二十六日戊戌，今從日曆。

尚書户部員外郎曾慥爲太府少卿。慥總賦京湖[105]，就陟之也。

詔秘書郎鄭穀與外任。遂以穀知臨江軍。此必有故，當考。

是日，淮西宣撫司都統制王德復宿州。初，張俊既得合淝[106]，聞敵在宿、亳間[107]，命統制官趙密出西路，密引衆徑去蘇村[108]。時水漲三尺，涉六晝夜，乃達宿城，與敵遇，敗之。而德率衆自壽春趨宿州，夜半破敵營，降其守武翼大夫、閤門宣贊舍人馬秦[109]。

11 丁亥，手詔釋順昌府流以下囚，再復民間租税二年，在城守禦官各進一官。

12 戊子，龍圖閣直學士、知順昌府陳規充樞密直學士，録守城之勞也。既而規言：「敵人敗盟，臣倉皇措置，數日之間，守具略備。而劉錡將士，每出每捷，致敵不敢逼近府城，此皆錡之功，臣何力之有？望追寢成命。」詔不許。郭喬年順昌破敵録云：「初破金人，陳規送酒十數石，門首犒戰士，才一杯而已。再破敵後⑩，市户以麵一萬六千餘斤、猪一百口來獻，隨即分俵諸軍，人不過得麵半斤，肉數兩。至第二戰，錡不免諭規略與犒勞官軍，但告示人給粟一石，及赴倉，又只得腐麥五斗者甚多。及事定，規又首具奏，乞推恩本府守城官屬，且鼓率將佐犒賞戰士，方遂致成功。錡保明奏之⑪，將士頗爲之不平。」按規守順昌，正當金人根括錢帛之餘，朝廷蠲免税租之始，未成一歲，而戰士二萬不致乏糧，斯亦難矣。若責其厚賞犒軍，恐無此理。今不取。

右文殿修撰、四川轉運副使陳遠猷致仕。此據本司題名，未知其故，當考。

13 己丑，資政殿學士、江南東路安撫制置大使兼知建康府葉夢得陞資政殿大學士。

京東淮東宣撫處置使韓世忠遣統制官武功大夫閤門宣贊舍人郭言儀、左武大夫貴州團練使韓彦成來奏事。上引對。先是，世忠圍淮陽軍，未能下。或有獻計決淮水以灌其城者，上諭秦檜曰：「決水所及，京東民田，必有被其害者。」檜曰：「陛下聖度兼愛如此，宜無敵於天下也。」上語在是月辛卯。

是日，金人遣兵襲永興軍兵馬鈐轄傅忠信於華州之山寨，忠信率將官盧士閔、張實拒破之。時以忠信等自拔來歸，各進三官。忠信領華州觀察使，士閔遥郡刺史，實閤門宣贊舍人。忠信等遷官，日曆不載，林待聘外制集有之。日曆今年七月己未奏捷，不知何時遷官，或即胡世將便宜所授也。

14 壬辰，湖北京西宣撫使統制官張憲、傅選及金將韓常戰於潁昌府，敗之，復潁昌。

15 甲午，顯謨閣待制、樞密都承旨周聿自張俊軍前計議還，入見。

16 丙申，張憲復淮寧府。先是，韓常既敗走，宣撫使岳飛遣統制官牛臯、徐慶等與憲會，憲等與常戰於淮寧府，又敗之，常引去。飛以勝捷軍統制趙秉淵知府事。

17 丁酉，特進、提舉臨安府洞霄宮趙鼎責授左中大夫、秘書少監，分司西京，興化軍居住。初，鼎罷郡歸紹興，上書言時政。秦檜忌鼎復用，乃令御史中丞王次翁劾鼎：「頃以失職去位，既罷泉州，一向北來，已至紹興，逼近行朝，陰幸有警，規圖復用。門下黨與，往來於臨安，撰造事端[112]，鼓惑衆聽，以摇人心。雖鼎詭計姦謀，善自彌縫，莫可指其迹狀，亦有顯戾於法而有實迹者。靖康之末，鼎陰結王時雍，受僞命爲京畿提刑，一也。鼎以元樞都督荆襄，未幾拜相，遂罷都督而乾没官錢十七萬緡，二也。臨安府前後關借什物三千餘件，盡掩有之，三也。鼎在紹興，偶士褭祇謁陵寢，續除辛永宗京畿提刑，相繼來朝，鼎已致情懇，又親書簡札，求哀士褭，四也。伏望按鼎之罪，顯置於法。」後旬日，次翁又言：「聞鼎之徒黨，獻諛於鼎者，咸曰：『特進者，宰相所帶之官階。』今鼎雖曰謫降，而官階尚是特進，則是天子不罷鼎之相矣。左揆虚位，待鼎補衮。是以日久覬覦，姦計百生。」右諫議大夫何鑄亦再疏論之，乃有是命。朱勝非秀水閒居録云：「堂饌自艱難以來，至爲菲薄，鼎增厚十倍，日有會集。其後鼎坐臺疏落職守泉，累章數千言，而乾没都督府錢十七萬緡，竊用激賞庫錢七十餘萬緡，掩有臨安府什物三千餘件，乃章中一事。命下，人皆謂鼎必辨而不辨也。」按勝非所云，恐失其實，今不取。

湖北京西宣撫使司統制官郝晸、張應、韓清克鄭州。

是日，京東淮東宣撫司都統制王勝克海州。先是，韓世忠命勝率統制官王權、王升等攻海州，守將王山以兵逆戰。去城六十里，與官軍遇，敗走。夜二鼓，勝以舟師傅城北，山乘城而守，勝命諸軍分地而攻，火其北門。軍士周成先入，生執山，父老請哀金帛以犒軍，勝不受。世忠每出軍，必以秋毫無犯，軍之所過，耕夫皆荷鋤而觀。

18 戊戌，左武大夫、果州團練使、知陝州吴琦兼管内安撫使。

是日，淮西宣撫使張俊克亳州。初，三京招撫使劉光世聞酈瓊在亳州，遣使臣趙立、南京進士蔡輔世同往招之。及門，門者問故，立鄙人無謀，乃言：「劉相公遣我持書來，招酈太尉。」守者以白瓊，不啓書而焚之，械送獄，既而縱之。至是，光世引軍還太平。而俊以大軍至城下，都統制王德已下宿州，即乘勝趨亳州，與俊會。瓊聞之，謂葛王褎曰：中興遺史但云三路都統，即葛王也。「夜叉公來矣，其鋒未易當，請避之。」遂率衆遁去。俊軍至城下，父老列香花迎軍，俊引兵入城。時俊軍威甚盛，而智謀勇敢，賴德爲多。德亦先計後戰，故未嘗敗。

19 己亥，樞密直學士、知順昌府陳規知廬州[113]。武泰軍節度使、沿淮制置使劉錡兼權知順昌府。時秦檜將班師，故命規易鎮淮右。先是，上賜錡空名告身千五百，命書填將佐之有功者。錡復繳上，謂不若自朝廷給之爲榮。至是，始具功狀以聞。凡統兵官之立功者，皆以上所賜椀、帶予之，其有過者，則杖責之，斥爲士伍。敵之始至也，游奕軍統領田守忠、正將李忠侍勇深入，皆手殺數十人而後死。錡厚加優恤，遂以犒軍銀帛十四萬匹兩均給將士，軍無私焉。於是錡方欲進兵乘虜虚[114]，而檜召錡還。徽猷閣待制洪皓時在燕山，密奏順昌之役，虜震懼喪魄，燕之珍寶，悉取而北，意欲捐燕以南棄之。王師亟還，自誤機會，可惜也。順昌破敵記曰：「王山言，金國見只有兀朮主兵權。先是，舉國内兵盡赴祁州大閲，舉所閲之兵，盡隨兀朮南下。兀朮之在順昌也，三郎君破於陝西，亦來告急。

是時，南宋若更有一項兵，乘此而來，敵可擒也。」何俌龜鑑：「敵至宿、亳，王德得以破其營。敵至潁昌，岳飛得以殺其將。或捷於鳳翔，或捷於寶雞，或捷於扶風，又皆吴璘、楊政保蜀守蜀之功。而敵之回軍，直趨濠州，我諸將得以聯兵制之。當是時也，無一人不勇，無一戰不勝，蓋不止有一月三捷之告。非敵至此不善戰也，直以我師正鋭，所向無前。吾觀敵帥告兀朮曰：『今者南兵，非昔日比。』而敵兵望見王師，且曰：『此順昌旂幟也，亟退避之。』除兇雪恥，此蓋可乘之機也。撫機不發，何爲也耶？」吕中大事記：「兀朮敗盟入犯，不惟劉錡以八字軍直入敵陣，大捷於順昌，而李寶捷於興仁，姚仲等捷於鳳翔，牛皐捷於京西，孫顯捷於陳、蔡，曹成捷於大興縣，王勝、成閔捷於淮陽，楊從儀捷於寶雞縣，王貴、姚政捷於潁昌府，王俊捷於東路口，邵俊、王喜捷於淮陽⑮，吴璘捷於陝州，韓世忠捷於泇口，楊沂中捷於拓皐，而岳飛捷於郾城。乘勝逐北，兵至朱仙鎮，距東京四十五里矣⑯。洪皓燕山之奏，謂順昌之役，敵震懼喪魄，欲捐燕以南棄之。又謂敵已厭兵，朝廷若乘勝進擊⑰，再造猶反掌耳。蓋誠然也，而秦檜主罷兵，和議已定矣。」

20 庚子，責授左中大夫、秘書少監、興化軍居住趙鼎再責清遠軍節度副使，潮州安置。先是，右諫議大夫何鑄言：「近者臺臣論鼎姦凶四事，皆古今大臣所無，而其間甚害者有三焉。其前二事，則大逆不道之罪也。若鼎實無之，則臺臣當抵妄言誣人之誅。若鼎實有之耶，今猶秩以中大夫之崇資，處之興化之善地，臣恐罰不足以當罪。」疏奏，詔鼎降左朝奉大夫⑱，移漳州。御史中丞王次翁又言：「鼎兩爲宰相，義當同國休戚，乃敢纔聞邊警，喜見顔間。繩以漢法，當伏不道之誅⑲。責以春秋，當坐誅意之罰。今朝廷雖再行貶責，然朝奉大夫之視中大夫，品秩不至相遼。漳州之比興化軍，尤爲善地。以此示罰，人將玩刑。」鑄奏再上，遂有是命。林泉野記云：「敵背盟，鼎上書言時政。檜方專朝，大忌其能，心欲殺之，諷中丞王次翁誣言其罪，責授朝議大夫，分司南京，邵武軍居住⑳。又令次翁誣以聞敵敗盟，嘗有幸言。上亦每喞鼎言語切直㉑，責授清遠軍節度副使，潮州安置。」制略曰：「朋姦罔上，惡殆並於共兜；專制擅權，罪實侔於楊李[122]。」按此時林待聘、程克俊、王鈇並爲舍人，而林待聘外制集無鼎責詞，不知果何人所行也。

淮西宣撫使張俊既破亳州，遇大雨，士皆坐於水中。俊遂引軍還壽春，留雄勝軍統制官宋超守亳州，以兵千人與之，民皆失望。

初，武功大夫、忠州團練使楊珪守濠秩滿，度淮居宿州。聞金人入犯，即走京師，上書獻取江南之策。越國王宗弼不用，復還宿州。張俊軍至宿、亳間，珪又爲平戎書以獻。俊知其干宗弼不中，乃與歸，殺之塗中，以逃亡聞，揭榜石人捕之[123]。

校勘記

① 諭諸路帥同力招討　「諭」原在下文「如漢高祖」之前，「帥」原作「師」，均據叢書本改。

② 封濟國公　「濟」，原作「英」，據叢書本改。

③ 武勝定國軍節度使開府儀同三司湖北京西宣撫使岳飛爲少保　「軍」，原作「公」，據叢書本改。

④ 襲取舊都　「取」，原闕，據叢書本補。

⑤ 計同寇賊　「同寇賊」，原作「多反覆」，據叢書本改。

⑥ 陰蓄無君之心復爲倡亂之首　「心復」，原作「腹心」，據叢書本改。

⑦ 雖外以遺毒於中國　「遺」，叢書本作「逞」。

⑧ 罪在一人謀己之私　「一人」，叢書本作「一夫」。
⑨ 雖遭狄人迫脅之凶威　「狄人」，原闕，據叢書本補。
⑩ 自節度使至横行以下並空名臨軍給授　「以」原作「天」，「名」原作「以」，皆據叢書本改。
⑪ 金人長驅犯順　「犯順」，原作「南下」，據叢書本改。
⑫ 不用此人　「不」，原闕，據叢書本補。
⑬ 檝曰　「檝」，原闕，據叢書本補。
⑭ 逐其僧而譖之　「譖」，原作「逐」，據叢書本改。
⑮ 以爲畫繡　「畫」，原作「晝」，據叢書本改。本書卷一五謂馮檝爲遂寧人，遂寧爲潼川府路（首府瀘州）所屬，故以知瀘州爲「晝繡」，叢書本作「晝錦」，亦通。揮麈後録卷一一作「晝繡」。
⑯ 帥瀘南者十三年　「帥」，原作「師」，據叢書本改。
⑰ 既而殿中侍御史羅汝檝論浙西海道可虞　「浙西海」，原作「海西」，據叢書本改。
⑱ 知明州兼沿海制置使　「知」，原闕，據叢書本補。
⑲ 貴統兵平虔吉筠諸盜　「統」，原作「州」，據叢書本改。
⑳ 時虜圍順昌已四日　「虜」，原作「敵衆」，據皇朝中興繫年要録節要改。
㉑ 有一帥遽被甲　「帥」，原作「師」，據叢書本改。
㉒ 既而報都元帥越國王宗弼親擁兵至　「王」，原作「公」，據叢書本改。

㉓自東京往復一千三百里　「三」，原作「二」，據皇朝中興繫年要録節要改。

㉔況已挫賊鋒　「賊」，原作「敵」，據皇朝中興繫年要録節要改。

㉕被虜追及　「被虜」，原作「彼敵」，據皇朝中興繫年要録節要改。

㉖致虜遂侵兩淮　「遂」，原作「逐」，據叢書本改。「虜」，原作「敵」，據皇朝中興繫年要録節要改。

㉗欲求效命　「效」，原闕，據皇朝中興繫年要録節要乙補。

㉘吾遣爾乘間　「乘」，原作「來」，據叢書本改。

㉙我今遣騎綽路　「騎」，原作「錡」，據叢書本改。

㉚太平邊帥子　「邊帥子」，原作「邊子帥」，據叢書本改。宋名臣言行録別集下卷一〇亦作「邊帥子」。

㉛右迪功郎權虹縣李諷　「右」，原作「令」，據叢書本改。

㉜時武功大夫貴州團練使新知宿州劉綱行至符離　「新」，原作「司」，據叢書本改。

㉝綱不能進　「進」，原作「禁」，據叢書本改。

㉞仍以虹縣隸之　「以」，原作「知」，據叢書本改。

㉟四川宣撫副使胡世將命都統制吴璘楊政以書移右副元帥撒離喝　「副」，原闕。「楊政」後原有「之」字，乃衍字。「移」，原作「遣」。均據叢書本補、刪、改。

㊱約日合戰　「日」，原闕，據叢書本補。

㊲已集大軍　「集」，原作「畢」，據叢書本改。

㊳ 鶻眼入扶風縣城守　「城守」，原作「守城」，據皇朝中興繫年要録節要乙正。

㊴ 生擒金兵一百七十人　「七十」，叢書本、宋史全文卷二〇下作「十七」。

㊵ 自戰於百通坊　「百」，原作「北」，據叢書本及小注改。

㊶ 統領姚仲等力戰破之　「力戰」，原作「戰力」，據叢書本乙正。

㊷ 謂昉淵己力薦導　「己力薦導」，叢書本作「己所薦道」，皇朝中興紀事本末卷五二作「乃己所薦」。

㊸ 以惑縉紳　「惑」，原作「感」，又脱「縉」字，據叢書本改補。

㊹ 受敵鋳所部不滿二萬而出戰者僅五千賊先攻東門　以上二十一字，原本俱闕，據叢書本補。「賊」原作「敵」，據皇朝中興繫年要録節要改。下「賊」同。

㊺ 鐵浮屠每進一步即用拒馬子遮其後示無反顧復以　以上二十一字，各本俱闕，據皇朝中興繫年要録節要補。

㊻ 時虜諸酋各居一部　「虜」原作「敵」，「酋」原作「帥」，據皇朝中興繫年要録節要改。本段文三「虜」字同。

㊼ 衆欲擊韓將軍　「將」原闕，據皇朝中興繫年要録節要補。

㊽ 時叛將孔彦舟酈瓊趙榮輩騎列於陣外　「輩」，原作「背」，據叢書本改。宋史全文卷二〇下、宋名臣言行録別集下均作「輩」。

㊾ 我輩原是左護軍　「左」，原作「佐」，叢書本同。按此應是「左」之誤，蓋左護軍本酈瓊所部，叛降僞齊者。已見本書卷一一三之校語。故逕改。三朝北盟會編卷二〇一、宋史全文皆作「左」。

㊿ 戒令勿喊　「勿」，原作「忽」，據叢書本改。

51 鋳遣屬扶歸　「遣」，原作「追」，據叢書本改。

㊾ 錡得詔不動　「詔」，原作「照」，據叢書本改。
㊿ 宗弼自引其衆還汴京　「引」，原作「擁」，據皇朝中興繫年要録節要改。
51 卒至八字軍激厲　「激厲」，原作「徼利」，據叢書本改。
52 樞密院檢詳諸房文字陳正同主管官告院陳正表並罷　「陳正表」之「陳」，原作「呈」，據叢書本改，然無論陳正表或呈正表，本書皆未見其人。
53 湖北京西宣撫司統制官牛皋及金人戰於京西　「金」，原作「西」，據叢書本改。
54 時招撫處置使劉光世奏顯忠葬其父　「忠」，原作「宗」，據叢書本改。
55 料北敵有窺川之意　「北」，叢書本作「此」。
56 要是慮常在敵先　「常在敵先」，原作「常敵在先」，據叢書本乙。
57 當加褒擢　「褒」，原作「以」，據叢書本改。
58 所斂號激賞　「激」，原作「吉」，據叢書本改。
59 百姓尤以爲怨　「爲」，原作「未」，據皇朝中興紀事本末卷五四所引秀水閑居録改。
60 權主管鄜延經略司公事王彦拒金人於青溪嶺　「主」，原作「祖」，據叢書本改。
61 與都統制吳璘楊政夾渭河而陣　「渭」，原闕，據皇朝中興繫年要録節要補。
62 撒離喝自將鋭兵攻青溪　「鋭」，原作「越」，據叢書本改。
63 武翼大夫文州團練使閤門宣贊舍人河南府路馬步兵副總管孫暉上將佐死事於朝　「暉」，原作「揮」，本書卷一二七作

「暉」，是，據改。

㊼ 臣比自温歷處婺浹旬　「浹」，原闕，據叢書本補。

㊽ 盍恐懼修省　「盍」，原作「蓋」，據叢書本改。

㊾ 且因初除附見之　「因初」，原作「初因」，據叢書本乙正。

㊿ 建康留守葉夢得論德曰　「德」，原在「曰」後，據叢書本乙正。

(71) 已憩於子城樓上　原作「以憩回又數日上」，據文津閣本、皇朝中興紀事本末卷五二改。蓋「回又數日」四字蓋涉下行文字而誤。

(72) 事涉張皇故也　「故」，原作「后」，據叢書本改。

(73) 左朝奉郎新應天府路轉運判官曾紳知通州　「通」，原闕，據叢書本補。

(74) 龍神衛四廂都指揮使鼎州觀察使樞密院都承旨沿淮制置使劉錡爲武泰軍節度使　「承」原作「丞」，「軍」原作「均」，均據叢書本改。「院」，原作「使」，誤，逕改。

(75) 錡以孤軍挫賊鋒　「賊」，原作「敵」，據皇朝中興繫年要録節要改。

(76) 臣聞世忠之與光世因言議而隙　「聞」，原作「問」，據叢書本改。

(77) 京東淮東宣撫使韓世忠遣制官王勝率背嵬將成閔北伐　「北伐」前原有「化」字，據叢書本删。

(78) 臣竊念自羣下決回鑾之計　「念」，原作「願」，據叢書本改。

(79) 虜懷反覆　「虜」，原作「敵」，據皇朝中興繫年要録節要改。

(80) 以貪利爲大食進奉使蒲亞里所訟　「蒲」，原作「滿」，據本書卷七一改。

㉛ 樓炤言寵不事僞齊之節　「事」，原作「爲」，據叢書本改。

㉜ 措置秋防原守禦　「措」，原作「制」，據叢書本改。

㉝ 觀文殿學士東京留守孟庾　「庾」，原作「餘」，據叢書本改。

㉞ 鎮潼軍節度使開府儀同三司醴泉觀使信安郡王孟忠厚知婺州　「潼」原作「梓」，「使」原作「司」，「厚」原作「原」，均據叢書本改。

㉟ 丁丑左朝散大夫新知興仁府韓臨亨知沅州　本條，原本闕，據叢書本補。

㊱ 狂虜犯境　「狂虜」，原作「敵人」，據皇朝中興繫年要録節要改。

㊲ 直秘閣新京畿路轉運副使李伯達爲廣南西路提點刑獄公事　「南」，原作「州」。按，宋無「廣州西路」，顯係「廣南西路」之誤，因改。

㊳ 左朝散大夫万俟卨爲荆湖南路轉運判官　「荆」，原作「京」，叢書本同，據下文癸未條改。

㊴ 涇原經略使田晟及金人戰於涇州　「原」，原作「源」，據叢書本改。

㊵ 武功大夫果州團練使洪州兵馬鈐轄殿前司左翼軍統制申世景提舉台州崇道觀　「使」，原作「司」，據叢書本改。

㊶ 宣撫副使胡世將具以實聞且待罪　「副使」原作「使副」，「待罪」原作「罪在」，據叢書本改。

㊷ 而晟敗　「敗」，原作「以」，據叢書本改。

㊸ 彦貸命　「貸」，原作「代」，據叢書本改。

㊹ 保險以自固矣　「險」，原作「儉」，據叢書本改。

⑮ 田晟及金人戰於涇州　「涇」，原作「陘」，據叢書本及前文改。
⑯ 不知接戰之詳也　「知」，原作「如」，據叢書本改。
⑰ 右迪功郎王羲賓爲右承奉郎　「羲」，原作「義」，據本書上卷五月丁亥條及叢書本改。下文「希賓」亦爲「羲賓」之誤，亦同據改。
⑱ 釗錡弟也　「錡」，原闕，據叢書本補。
⑲ 川陜宣撫副使胡世將奏姚仲鳳翔之捷　「宣撫副使」，原作「節度使司」，據叢書本改。
⑳ 吴璘身先士卒　「先」，原作「死」，據叢書本改。
㉑ 速赴事功　「功」，原作「在」，據叢書本改。
㉒ 武康軍承宣使知興元府兼川陜宣撫使司都統制楊政　「承宣使」原作「馬宣撫使」，「陜」原作「省」，均據叢書本改。
㉓ 三人皆自龍神衛四廂都指揮使陞充侍衛親軍步軍都虞候　「陞」，原作「申」，據叢書本改。
㉔ 必以殄滅爲期　「以」，原作「有」，據叢書本改。
㉕ 慥總賦京湖　「湖」，原作「北」。按本書卷一三三紹興九年十一月乙巳條載曾慥「總領應辦湖北、京西路宣撫使司大軍錢糧」，則「京北」當是「京湖」之誤，叢書本正作「京湖」，因據改。
㉖ 初張俊既得合淝　「初」，原在「既」字下，參叢書本乙。叢書本「得」作「至」。
㉗ 聞敵在宿亳間　「在」，原闕，據叢書本補。
㉘ 密引衆徑去蘇村　文津閣本、叢書本無「去」字。
㉙ 降其守武翼大夫閤門宣贊舍人馬秦　「翼」，原作「異」，據叢書本改。

⑩再破敵後　「破」，原作「迫」，據叢書本改。
⑪錡保明奏之　「錡」，原作「鑄」，據叢書本改。
⑫撰造事端　「撰」，原作「選」，據叢書本改。
⑬樞密直學士知順昌府陳規知廬州　「廬」，原作「盧」，據叢書本改。
⑭於是錡方欲進兵乘虜虚　「虜」，原作「敵」，據皇朝中興繫年要録節要改。下行「虜」字同。
⑮邵俊王喜捷於淮陽　「喜」，原作「貴」，據皇朝中興大事記講義改。
⑯距東京四十五里矣　「東京」，原作「京東」，據文義乙正。
⑰又謂敵已厭兵朝廷若乘勝進擊　「已」原作「以」，「若」原作「苦」，均據叢書本改。
⑱詔鼎降左朝奉大夫　「朝奉大夫」，疑當作「中奉大夫」。按：趙鼎自特進降左中大夫，乃降五官。此謂自中大夫降朝奉大夫，乃降七官，爲太峻。且下文有「朝奉大夫之視中大夫，品秩不至相遼」語，疑其所謂朝奉大夫，乃中奉大夫之誤。蓋中奉大夫爲僅降一官也。其下之朝奉大夫亦同此。以宋史卷三八〇王次翁傳亦作朝奉大夫，故存疑而不改原文。
⑲當伏不道之誅　「不道之誅」，原作「不誅之道」，據叢書本改。
⑳邵武軍居住　「邵」，原作「召」，據叢書本改。
㉑上亦每喞鼎言語切直　「喞」，原作「御」，據三朝北盟會編卷二一六改。
㉒罪實侔於楊李　「楊」，原作「陽」，據叢書本改。
㉓揭榜石人捕之　「石」，叢書本同，疑當作「召」。

建炎以來繫年要録卷一百三十七

1 紹興十年秋七月按是月壬寅朔。 癸卯，武義大夫、閤門宣贊舍人馬秦爲右武大夫，忠州防禦使。 張俊之得宿州也，從政郎、權蘄縣于躍殺敵之在邑中者，率其民來歸。 詔躍改右宣教郎，知縣事。于躍事，以林待聘外制集所書附入。

是日，湖北京西宣撫使司將官張應、韓清入西京。 初，河南府兵馬鈐轄李興既聚兵，先復伊陽等八縣，又復汝州。 僞河南尹李成棄城遁走①，河南宣撫使岳飛遣應、清與之會，遂復永興軍。

2 甲辰，故降授文州團練使王璦追復房州觀察使。日曆及林待聘外制集並無璦所降州名，今追考書之。

3 丙午，御史中丞王次翁爲參知政事。

武節大夫、閤門宣贊舍人、河南府兵馬鈐轄李興爲右武大夫、忠州團練使，知河南府。 右承奉郎、知汝州劉全咨爲右承事郎。 興既得西京，言於朝，乞命帥守，遂就除之，仍給真俸，許便宜行事。 全咨亦以驛報屢通，故特遷之。二人皆林待聘行詞，今日曆獨無李興除命，蓋秦熺所不取也。

4 丁未，司農少卿李若虛自岳飛軍前計議還，入見。

5 戊申，上曰：「朕常與諸將論兵，諸將皆謂虜人鐵騎馳突②，若在平原，勢不可當，須據險以扼之。 朕謂不然。孟子曰：『天時不如地利，地利不如人和。』兵之勝負，顧人心如何耳。苟人心協和，則彼雖在平原，亦可取勝，諸將皆不以爲然。今諸將奏捷，皆在平原，以步兵勝鐵騎，乃信朕前日之語。」秦檜曰：「陛下天資神武，以人心論勝負，非諸將之所能及也。」

尚書都官員外郎歐陽興世爲江南西路轉運判官。既而言者論：「興世儒雅自將，而更任未久。」乃改知太平州。

6 己酉，敕令所刪定官施鉅爲尚書都官員外郎，用從官應詔所舉也。

是日，湖北京西宣撫使岳飛自與越國王宗弼戰於郾城縣，敗之，殺其裨將。是役也，統制官楊再興單騎入虜陣③，欲擒宗弼，不獲，身被數十創，猶殺數百人而退。

7 庚戌，曲赦海州。

是日，永興軍路經略副使王俊遣統領官辛鎮與金人戰於長安城下，敗之。初，命川陝宣撫副使胡世將遣兵千人，具舟百艘，載柴草膏油，自丹州順流而下，至河中府，焚毀金人所繫浮橋，及選萬人由斜谷出潼關，皆以絶敵歸路。世將奏：「已差統領官閻興以五百人往會知丹州傅師禹、知陝州吴琦、知華州潘道及忠義統制官傅起，同措置斷毀河橋。又臣前遣永興副帥王俊領選鋒四千人，已復興平、醴泉二縣，永興之屬邑也。今正與大敵相拒，且當盛暑，中傷者多，未容更遣兵。兼俊在彼，可以乘間斷其歸路。」其後，閻興至永興之外邑與俊會，雖同師禹結到河東忠義秦海等千餘人，皆補以官，然亦不能成功。王俊復二縣，據日曆，與辛鎮之捷同以八月一日申刻，未得本日。

8 辛亥，左朝散郎、河南府路轉運判官李利用主管台州崇道觀。利用自西京遁歸，至鄧州，詔釋其罪，利用乞奉祠，許之。

9 壬子，進士張本特補右迪功郎，以其獻佑政編可採也。本娶葛立方女，不知誰所薦，當考。

10 癸丑，太尉、保成軍節度使、殿前副都指揮使楊沂中爲淮北宣撫副使。武泰軍節度使、沿淮制置使兼權知順昌府劉錡爲淮北宣撫判官。沂中自行在引兵出泗上。

御史臺言：「朝議、奉直大夫見闕五十五員，乞從上與放行磨勘。」詔吏部先次放行三十員。

11 乙卯，左宣議郎王之道降一官，送吏部與遠小監當差遣。先是，之道見河南用兵，投匭上書言：

敵有五敗，陛下有五勝。雖敵且衆，固無能爲矣。而我有未必勝者三④，又不可不知也。且敵專事攘竊，而陛下一本仁義，此道勝也。敵專務姦詐，而陛下一本忠信，此德勝也。敵起兵三十年，用人如牛羊，殺人如草菅，而陛下視民如傷，不憚屈己增幣、俯約講和之請，冀與天下休息，此仁勝也。敵自兀朮用事，上則欺幼主以擅權，下則殺親族以播虐，而陛下夙興夜寐，不忘父兄播遷之難，此義勝也。敵前後專以和親欺罔國家，陛下頃緣王倫爲地，復與之和，當是時，下而樵夫牧子，皆以敵爲得計而陛下失計，然和必至於變，無可疑者，但變速則禍小，變遲則禍大，今敵曾不二年，無故敗盟，引兵入犯，臣然後知敵人今爲失計，而陛下今爲得計，此計勝也。

陛下有此五勝，固可以勝矣。然以臣觀之，未見其必勝之理。何則？今諸軍大會境上，而不置統帥⑤，一也。國家用兵十有六年矣，士卒之隸諸將者，不爲不親附，而罰終不行，二也。今日之兵隸張俊者則曰張家軍，隸岳飛者則曰岳家軍，隸韓世忠者則曰韓家軍，相視如仇讎，相防如盜賊，自不能奉公，惴惴然惟恐他人之奉公而名譽賢於己也。自不能立功，惴惴然惟恐他人之立功而官爵軋於己也。且其平日猶或矛盾若此，使其臨大利害，安能保其不自爲敵國邪⑥？此其三也。臣願陛下自謀諸心，選擇耆德素負天下之望者，謀及龜筮，謀及士庶，授以斧鉞，俾統六師，自閫以外咸得專之。臣見一戎衣而天下定，不得專爲有周美矣。願陛下斷自宸衷而必行之。

疏入，詔之道降官，依衝替人例。言者論：「之道恣睢妄行，全無忌憚。既薦舉大臣，復擬制詞併上，小人狂率，一至於此。乞盡奪見所有官，編置遠方，以懲不恪。」故有是命。

右武大夫、忠州刺史兼閤門宣贊舍人、應天府路兵馬鈐轄、淮西宣撫司雄勝軍統制宋超爲親衛大夫、忠州防禦使，知亳州，用張俊奏也。

湖北京西宣撫司都統制王貴、統制官姚政及金人戰於潁昌府，敗之。初，岳飛以重兵駐潁昌，欲爲久駐之計。會張俊自亳州南歸，金人謀知飛孤軍無援，於是併兵以禦飛。飛不能支，告急於淮北宣撫判官劉錡，錡遣統制雷仲出兵牽制，抵至太康縣。是役也，飛將官楊再興、王蘭、高林皆戰死。獲再興之屍，焚之，得箭鏃二升。會天大雨，溪澗皆溢，敵騎不得前，官軍乃退。此以趙甡之遺史、岳侯傳、淮西從軍記參修。

12 丙辰，詔内侍陳腆送大理寺治罪。腆勞劉錡於順昌，錡以例書送銀五百兩，例外又以六百五十兩遺之，腆不以聞，故抵罪。

13 庚申，尚書左司員外郎薛弼充秘閣修撰、知虔州。向子忞既罷，弼不自安，引嫌求去，向子忞事已見六月乙丑。乃命出守。

14 壬午，右武大夫、忠州防禦使兼閤門宣贊舍人馬秦爲泉州觀察使、兩浙西路馬步軍副總管。仍賜錢萬緡，田十頃，第一區。秦至行在，上召對，遂有是命。

直秘閣、淮南西路轉運副使李仲孺陞直敷文閣，充淮北宣撫判官、隨軍轉副使。

是日，湖北京西宣撫使岳飛自郾城班師。飛既得京西諸郡，會詔書不許深入，其下請還，飛亦以爲不可留。然恐金人邀其後，乃宣言進兵深入，逮敵已遠，始傳令回軍。軍士應時皆南鄉，旗靡轍亂，飛望之，口呿而不能合。良久曰：「豈非天乎？」金人聞飛棄潁昌去，遣騎追之。時飛之將梁興渡河趨絳州，統制官趙秉淵知淮寧府，飛還至蔡，命統制官李山、史貴以兵授之，遂遣諸將還武昌。飛以親兵二千，自順昌渡淮赴行在。於是，潁昌、淮寧、蔡、鄭諸州，皆復爲金人所取，議者惜之。岳侯傳云：「侯在郾城，聞兀朮並韓將軍等人馬退走汴京⑦，侯欲乘勢追擊，奏曰：『臣聞漢有韓信，項羽授首；蜀有諸葛，二主復興。臣雖不才，所望比此。乞與陛下深入敵境，復取舊疆，報前日之恥。伏望陛下察臣肝膽，表臣精忠。』表到，秦檜大怒，忌侯功高，常用間謀於上，又與張俊、楊沂中謀，乃遣臺官羅振奏兵微將少，民困國乏，岳某若深入，豈不危也？願陛下降旨，且令班師。將來兵强將衆，糧食得濟，興師北征，一舉可定，雪恥未晚，此萬全之計。時侯屯軍於潁昌府、陳、蔡、汝州、西京、永安，前不能進，後不能退。忽一日，詔書十三道，令班師，赴闕奏事。」按羅汝楫此時爲殿中侍御史，傳所謂臺官乃汝楫也⑧。

15 甲子，復釋奠文宣王爲大祀，用太常博士王普請也。於是，祀前受誓戒，加籩豆十有二，其禮如社稷。

16 乙丑，户部請：「州縣出納官物，每千增收頭子錢十文，赴左藏，爲激賞之用。」許之。通舊爲四十三文。乾道元年十月戊子又添十三文，至今爲例。今年九月辛酉，臨安府火，注：朱勝非閒居録所云秦檜科激賞錢事，恐與此相關。

右承務郎、京東淮東宣撫使司書寫機宜文字曹霑爲右宣義郎⑨，賜六品服。武功大夫武春領威州刺史⑩。時韓世忠遣霑等獻王山之俘於行在⑪，故以命之。仍詔押山回世忠軍，隨宜區處。山隨金人至順昌城下者也。秦檜請今後獲敵，不必解來。上曰：「不然，須令押數人來問之，庶得其實。」

是日，金人遣翟將軍圍趙秉淵於淮寧府。李山、史貴及劉錡軍統制官韓直共擊退之⑫。秉淵聞岳飛已去，遂棄城南歸。日曆八月六日丁丑申刻。趙甡之遺史亦以爲丁丑日事，恐誤。

17 丙寅，太常寺奏大禮祭服事。上曰：「朕嘗考三代禮器，皆有義。後世非特制作不精，且失其義。朕雖艱難，亦欲改作，漸令復古。」上又曰：「艱難以來，秘書省舊書散亡，今所藏甚少，不稱設官之意。朕近日多訪得古書，當令館職校正，别録本付省中藏之。」時大樂亦久廢，詔太常肄習。於是太常丞周執羔輯舊聞，閲工器，而樂始備。執羔，弋陽人也。

詔契丹千户耶律温特補武翼大夫、忠州刺史，賜金帶。温降於淮西宣撫使張俊，故以命之。俄賜姓趙，用爲殿前司將官。温賜姓在是月己巳。

尚書省奏禫服人胡寅狀：

寅於先父謚文定爲世適長子，服母李氏、繼母王氏喪，各齊衰。服祖父母喪，各期。今來服先父喪，見在禫服⑬。昨紹興六年正月，先父得微疾，初委寅以承家主祭之事，於四月内，收建州鄉人劉勉之書，責寅不歸見世母，升堂而拜，以盡融融洩洩之意。世母者，先父同堂三兄之嫂也。先父震怒，所患遂增，作辯謗一篇⑭，以授寅二弟及三兄之子見任建州教授憲，又授大指，令寅答書以曉勉之。寅請曰：「升堂而拜，融融洩洩，母子事也，勉之安得此言？」先父曰：「此欲離間吾父子也。汝祖母於汝始生，收而存之，即以付吾。吾時年二十有五，婚娶之初，孰云無子？而洎爾母氏劬勞顧復，以逮長立，遂承宗祀，亦惟不違汝祖母愛憐付託之重，於汝之大義本末如此。汝他日於世母，當厚有以將意而已。」寅自是請問情義曲折，至於再三，先父所告，曾不越此。且曰：「汝於吾言，未能一聞而信，則以勉之離間之言爲是乎？」

今來寅禫制將畢，遂還建州省覲世母，以遵先訓。又聞諸道途，得鄉曲議論，謂寅於此時，當爲三伯父追服，此寅所不禀於先父者也。若據而行之，則士大夫謂寅伸其私意，干貳正統，非爲人後之實。若斷而不用，則士大夫謂寅忘其世父，故匿服紀，將加以不孝之名。雖仰奉義方，不敢違背，而參稽衆説，必有折衷。伏望敷奏取旨，下禮部太常寺定奪，明降指揮。

詔禮部定奪，申尚書省。或曰：「寅之始生也，其母拯而字之，故寅有收存之語云。」勉之已見八年四月。

18 丁卯，右諫議大夫何鑄爲御史中丞。

19 戊辰，顯謨閣直學士、提舉江州太平觀魏憲卒。

20 庚午，右承議郎、通判順昌府汪若海特遷一官，以陳規言圍城之初，若海毅然請援於朝也。若海移書輔臣，且言劉錡之勝⑮。且謂：「錡所統不過二萬人，其中又止用五千人出戰。今諸大將所統甚衆，使乘錡戰勝之後，士氣百倍之際，諸路並進，兀朮可一舉而破，甚無難者。今諸大帥惟淮西最務持重，不肯輕舉。宜以淮西之兵塞其南竄之路，俾京西之兵道河陽，渡孟津，淮東之兵卷淮陽，渡彭城，俾陝西之兵下長安、渡蒲坂⑯，則河朔之民必響應，冠帶而共降，兀朮可不戰禽也。聞淮西之帥得亳便還，義士莫不歎息，甚爲朝廷惜之。」

武功大夫、忠州團練使兼閤門宣贊舍人、新知辰州柴斌移知唐州。

東京留守司效士夏潁達等六人脱身來歸，詔免文解一次，差充諸州效士。

21 辛未，金將鶻眼引兵攻盩厔縣。永興軍路經略副使王俊逆戰於東洛谷，却之。時上以親札賜川陝宣撫副使胡世將言：「今日事勢，以力保關隘爲先。又陝西將士，與右護軍不同，正當兼容，有仗義自奮者，優獎之，以勵其餘。」於是世將奏：「川口諸隘及梁、洋一帶，先已修畢，見分遣吴璘在白石至秦州以來，遏熙、秦之衝。楊政在寶雞，遏永興、鳳翔之衝，及永興副將王俊，亦在盩厔作寨，牽制敵勢。兼自金人再犯陝西，諸將曾受僞命⑰，並許收使。如能立功，就上超轉。緣從僞既久，率望風拜降。臣亦開其自新之路，多方慰諭，已招到一萬一千五百餘人，總管傅忠信、安撫朱勇、將官梁柄及統制、統領官，各給袍帶，其老幼居於近裏，又有總管魏价管十四員，帶城寨兵一千五百，亦加勸奬。官各授差遣，卒各支請給，與右護軍相參爲用矣。」時政在寶雞⑱，撒離喝陰遣客刺政，詐爲降卒，政覺而誅之。

初，知商州邵隆奏本州密近陝西，乞增戍。朝廷下其議。是月，川陝宣撫副使胡世將命環慶經略使、知金州兼節制商州范綜濟師⑲。綜言：「金州關隘四十餘處⑳，皆係要衝，比之商州，去金人尤近，止合量度事宜緊慢，如敵果來侵犯，當併力捍禦。」於是止遣左部第九將官兵八百四十餘人，分錢糧與之而已。

1 八月壬申朔，左通直郎何若爲秘書省正字。若，江寧人也。

詔：「秘閣修撰、提舉江州太平觀張九成與知州軍差遣。左奉議郎喻樗、左奉議郎陳剛中，令吏部與合入差遣。尚書刑部員外郎凌景夏、秘書省正字樊光遠，與外任差遣。臨安府司户參軍毛叔度，與對移一般差遣。」先是，九成等皆言和議非計。及是，秦檜將罷兵，而九成家臨安之外邑，故斥遠之。尋以九成知邵州，剛中知安遠縣，景夏知辰州，光遠爲閬州州學教授，叔度爲嘉州司户參軍。剛中尋卒於貶所。陳剛中送胡銓啓，已見紹興八年十一月。毛叔度奏劄，已見九年十二月，更不別出。剛中知安遠縣，據胡銓跋和議詔書。叔度對移嘉州，據紹興正論，日曆蓋無有也。同日降旨，又有元益對移一般差遣，未知益爲何官，所言事謂何，當考。

左中奉大夫、直徽猷閣、淮西宣撫司參議官史愿進一官，陞直龍圖閣。

昌州刺史、江南東路馬步軍副總管張子蓋爲登州防禦使，以其來獻捷也。

2 癸酉，右朝議大夫、直秘閣范直方試司農卿，兼淮北宣撫司謀議軍事。

右朝奉郎、監尚書六部門吕希常爲刑部員外郎。

3 甲戌，監察御史万俟卨行右正言。

故左武大夫、吉州刺史、統制涇原路軍馬張逵加贈開府儀同三司[21]。逵，中孚父也。靖康間救太原，死於陣。至是，中孚請而命之。

4 乙亥，詔兩浙轉運副使權添歲舉改官各五員，俟將來車駕還都日如舊。用副使黄敦書請也。

是日，韓世忠圍淮陽軍，命諸將齊攻之。帳前親隨武翼郎成閔從統制官許世安奪門而入，大戰於門之内。閔身被三十餘創，世安亦脛中四矢，力戰奪門復出，閔氣絶而復蘇者屢矣。世忠大賞之。别將解元掩擊金人於沂州譚城縣[22]，敵溺死者甚衆。及班師，世安以箭瘡不能騎，遂肩輿而歸。世忠怒，命世安馬前步行。世忠奏閔之功，授武德大夫、遥郡刺史。閔，衛州人，世爲農。建炎初，避亂抵京口，日者趙常見而奇之。黄天蕩之役，閔投世忠軍中，至是有功。韓世忠乞重賞以勸將士[23]，遂除涿州團練使。

5 丙子，左朝散郎劉昉爲荆湖南路轉運副使。昉爲秦檜所喜，故薦用之。

6 戊寅，詔左迪功郎李彭年旌表門閭。彭年，廣德人。父母皆死於盜，彭年蔬食飲水，終身不御酒肉。郡上其事於朝，故有是命。

南平軍言：「隆化縣射士吴沂廬墓。」詔賜束帛。

是日，知陜州吴錡遣統制官侯信渡河，劫金人中條山寨，敗之，獲馬二十匹。翌日，又戰於解州境上，敗之，殺其將茂海。

7 己卯，宰執奏徽宗隨龍人乞恩例。上曰：「若舊人尤當優恤，凡事干徽廟，非唯朕奉先之孝所當自致，亦欲風勵四方，使人知有君親之恩也。」

8 庚辰，金人自滕陽來救淮陽軍，韓世忠逆擊於泇口鎮，敗之。是日，世忠所遣統制官劉寶、郭宗儀、許世安以舟師至千秋湖陵，遇金人所遣酈瓊叛卒數千人[24]，寶等與戰大捷，獲戰船二百。

9 壬午，李成自河陽以五千騎犯西京，知河南府李興命開城門以待之，成疑不進，興遣鋭士自它門出擊之，成敗走。

10 癸未，上與宰執論戰守之計。上曰：「戰守本是一事，可進則戰，可退則守，非謂戰則爲强，守則爲弱，但當臨機應變而已。」

中書舍人王鉌、起居舍人兼實録院檢討官張嵲並兼侍講。

11 甲申，川陝宣撫副使胡世將言：「臣被旨因軍事合行黜陟陞轉，許依張浚所得指揮施行[25]。臣自承指揮，其餘諸般差注陞轉等事，即不敢干預，所有節次緣軍事便宜差遣官[26]，乞下有司給降付身。」從之。

12 乙酉，直徽猷閣、主管台州崇道觀張滉知撫州。

右朝奉郎、主管台州崇道觀鮑貽遜知楚州。言者奏其貪酷不可用，罷之。

13 丙戌，左奉議郎、充秘閣修撰、新知邵州張九成落職。御史中丞何鑄言：「九成矯僞之行，頗能欺俗。前此趙鼎當國，傾心附之，驟從閑曹躐登華近。比其罷退，九成悒然不樂，率先求去，誓與之同出處。伏望嚴行竄責。」故有是命。九成以家艱不赴。

奉國軍節度使、知永興軍兼樞密院都統制、節度陝西諸路軍馬郭浩知夔州。此除似因胡世將奏浩難以責成之故，當求它書參考。

14 丁亥，淮北宣撫副使楊沂中潰軍於宿州。初，沂中至宿州，而以步軍退屯於泗。金人詭令來告，以有敵騎數百屯柳子鎮，沂中以爲信，欲擊之。或諫以爲不可輕出，沂中不聽，留統領官王滋、蕭保以騎兵千人守宿州。夜，沂中自將騎兵五千襲柳子鎮，至明，不見敵而還㉗。金人以重兵伏其歸路，沂中知之，遂横奔而潰。沂中至壽春府，渡淮而歸，與保、滋相隔。參議官曹勛不知沂中所在，表聞於朝，朝廷大恐，令淮南州縣權宜退保。金人劫沂中不得志，遂犯宿州，滋、保與戰不利，金人入城，怒州人之降也，乃縱屠戮。自是潰兵由淮河上下數百里間，三三兩兩而歸，其死亡者甚衆。既而沂中自淮西復還泗州，人心始定。保，襄樂人也。王滋，紹興十二年五月庚申，以武功大夫、貴州刺史、殿前司前軍統制陞帶淮東馬步軍副總管。蕭保，同日以右武大夫、英州刺史、殿前司右軍統制陞帶京西南路兵馬鈐轄。不知此時爲何官職也。淮南退保事，今年九月甲寅所書泰州奏請，及九月丙子所書祝永之除官事，可以參照。或可移附甲寅。王曮撰存中神道碑云：「兀朮再入犯，詔王以淮西宣撫使禦之。即渡江取虹縣，復靈壁，下符離，撫定而還。」其言簡略如此，蓋諱之也。又按上書，今年閏六月丙戌，王德下符離。七月癸丑，沂中方除淮北宣副，在其後二十七日。曮所云恐誤。

15 戊子，監登聞檢鼓院虞澹面對，言：「國家置檢鼓院，所以廣言路，通下情。顧遠方士人往往肆意鼓言，上凂宸聽。至如登用大臣，謀任元帥，兹實人主之職，豈一介當輕議？望令檢鼓兩司，將甲令所載名件，分明揭示，使之曉然皆知朝廷延納之意，在此而不在彼。自今凡有獻陳，必與保人偕來，逐院監官躬親審之[28]。如依得祖宗事目，亟爲進呈，庶前日狂妄之習自息。」從之。

16 己丑，權尚書吏部侍郎兼實録院修撰范同試給事中。起居舍人兼實録院檢討官兼侍講張嵲試中書舍人。秘書少監張宦守起居郎。直秘閣李易守起居舍人。祠部員外郎兼實録院檢討官朱翌試秘書少監。名福州處士周朴廟曰剛顯，用帥臣張浚請也。黄巢入福州市，得朴，將用之。朴曰：「我爲處士，尚不仕天子，安能從賊？」巢怒斬朴。邦人至今祠之。

17 辛卯，右承事郎蘇籍爲太常寺主簿，塡復置闕。籍，軾孫也。

18 壬辰，直龍圖閣、知臨安府蔣璨與直秘閣、兩浙轉運副使張滙兩易。直徽猷閣、秦鳳等路提點刑獄公事宋萬年陞直顯謨閣[29]，知慶陽府。金人之犯慶陽也，帥臣范綜未赴，而萬年攝守事，率厲軍民爲固守計。宣撫副使胡世將言於朝，故有是命。時直秘閣、潼川府路轉運副使喻汝礪以書遺世將，言：「金人貪戾猜禍之國，屬者竊聞敵積粟於鞏，又積粟於岐，其所以爲此者，蓋欲以謀蜀也。今敵已窺慶臺之疆，兼雍州之地，則蜀之於敵，壤近而患急矣。望急遣一介之使，請於朝廷，詔岳少保與蜀相首尾，萬一敵騎陵忽，則使荆、鄂走精鋭出襄、漢，薄金、洋以壓敵後。彼敵雖悍，又安敢睨蜀？」世將以爲然。

是日，永興軍路經略副使王俊擊金人於盩厔縣東[30]，敗之。

19 甲午，詔曾任職事官，合得封贈而去官在大禮前者，不問久近，如非降責，並與封父母一次。用言者請也。

川陝宣撫司同統制軍馬邵俊、統領王喜遇金人於隴州汧陽縣牧羊嶺，敗之。喜以功復爲協忠大夫、榮州防禦使、右遊奕軍統制。

20 丙申，武功大夫、忠州刺史兼閤門宣贊舍人、殿前司勇勝軍統制、新知宿州王進兼京東路兵馬鈐轄。

21 丁酉，右奉議郎孫汝翼爲國子監主簿，右奉議郎李澗爲宗正寺主簿，並填復置闕。

22 戊戌，詔皇太后母益國太夫人宗氏特追封兩國夫人。

右朝請大夫、新京東路提點刑獄公事陳吉老直秘閣，知揚州。既而吉老不赴，乃命右武大夫、忠州團練使、知真州劉光遠代之。光遠之除，日曆不見，當求本州題名，考其月日。

23 庚子，親衛大夫、忠州防禦使、知亳州宋超除名勒停，張俊軍前自效。先是，金人犯亳州，超棄城走。提轄官魏經率軍民拒守，城陷，經不屈死之。故有是命。後贈經閤門宣贊舍人，官其家二人。魏經十一月戊午推恩。

1 九月壬寅朔，遣起居舍人李易赴韓世忠軍前議事。宰相秦檜主罷兵，召湖北京西宣撫使岳飛赴行在，遂命易見世忠諭旨。時淮西宣撫副使楊沂中還師鎮江府，三京招撫處置使劉光世還池州，淮北宣撫判官劉錡還太平州，自是不復出師矣。

2 乙丑，右朝奉大夫、知邛州何掄爲成都府路提點刑獄公事。

3 丙午，左宣教郎鄭昌齡爲太府寺主薄。

4 丁未，常任秩爲司農寺主薄，蔣及祖爲將作監主簿，並填復置闕。及祖，之奇孫也。任秩、及祖，未知以何官除。本監題名，及祖十二年十一月除知江陰軍。本寺題名不見任秩遷罷，當考。

是日，楊政軍同統制楊從義劫金人鳳翔府城南寨，敗之，獲戰馬數百。

5 戊申，金人復入西京。先是，李成數爲知河南府李興所敗，乞師於都元帥宗弼，得蕃漢軍數萬。興聞之，度衆寡不敵，棄城去，寓治於永寧之白馬山。

6 己酉，上諭大臣曰：「朕昨面諭岳飛，凡爲大將者，當以天下安危自任，不當較功賞。彼以功賞存心者，乃士卒所爲。至於朝廷待大將，亦自有禮。如前日邊報之初除諸將，便加師保，豈少待有功乎？若必待有功而後進官，所以待士卒輩也。」時飛已至行在，故上訓及之。

7 庚戌，合祀天地於明堂，太祖、太宗並配，赦天下。

右正言万俟卨言：「今邊隅未靖，宜復勇爵以厲爪牙之士，蹶張超拒之流，而專補文資[31]，非是。」時將帥皆以文人禄其子，故卨有是言。不從。

8 癸丑，親衛大夫、華州刺史、統制忠義軍馬李同爲忠州防禦使、永興軍路馬步軍副總管、知同州兼沿邊安撫使。同故守蒲城，不肯降敵，故胡世將奏用之。

楊政軍統制官楊從義、邵俊、統領王喜敗金人於汧陽。

9 甲寅，泰州奏乞移治泰興縣治[32]，上許之。楊沂中軍潰，許淮南州縣退保，或可移附此日。

10 乙卯，尚書工部員外郎高穎試司農少卿，兼湖北京西宣撫司參議官，岳飛請之也。日曆不書兼參議，此據本寺題名。

直徽猷閣、陝西轉運副使霍蠡坐擅離職守及收受饋送落職，監筠州新昌縣酒税。其饋送仰歸還。

11 丙辰，右朝請郎、京東淮東宣撫處置使參議官劉阜民直秘閣。阜民自軍中來奏事，以例除也。同日有旨，陳桷除落過名。按桷自右文殿修撰、京東淮東宣撫處置司參謀官落職，監澧州酒務。丁憂不赴，明年二月庚辰，以舊官職朝見，或即是此時復職也。

12 丁巳，詔：「川陝改官人許就宣撫司放散。舉主申吏部，驗實給告。」用成都府路安撫使張燾請也。張浚之爲宣撫使也，令於所在州保明放散。胡世將爲副使，乞收還省部。吏部侍郎周綱言川陝道遠，乃令赴逐路漕司公參[33]，理爲到部。至是，因燾有請，遂以其事付宣撫司焉。

秘書省校書郎范如圭主管台州崇道觀，從所請也。

13 辛酉，臨安火，延燒省部倉庫。翌日，輔臣奏事，上曰：「累令撤蓆屋作瓦屋，皆不奉行。朕已戒內侍，如敢不行，比衆罪當加重。卿等更戒諸房吏亦依此。若內侍堂吏奉行，則衆不敢違矣[34]。」朱勝非秀水閑居録云：「趙鼎淮上用兵，以三百萬緡入三省激賞庫。秦檜繼相，用術尤精。九年，金人還河南故地，檜託言計備使禮，凡常賦之入，多歸此帑。此時所獻，日月增厚，而賜賚便蕃，權勢熏灼。綫履每兩二十餘緡，月至數兩。至是，庫金出入，輕於州郡公庫矣。用度既廣，賦入不繼。十年下令云：『舉兵擊敵，須備犒賞。』計畝率錢，偏天下五等貧民，無得免者。所斂號激賞，而兵未嘗舉，百姓尤以爲怨。十一月火作，首焚三省，庫中所積，一夕而盡，不復根治，悉行除破。蓋侵取既多，見物無幾，幸火以滅迹，無復稽考者也。」臨安之火，日曆不書，而時政記於九月壬戌書犒設救火諸兵㉟，則非十月事也。日曆十月六日丁丑，臣僚上言，每當宗祀之秋，必有警戒之象，今又大火示變。益知當在九月不疑。今併附此，更須參考。於是，參知政事孫近建言拆去草屋㊱，寬留地步。詔限五日，後亦不果行焉。紹興十一年七月八日甲辰，臣中上言，去年臨安遺火，延燒府庫。參知政事孫近首建言拆去草屋，寬留地步，致朝旨限五日毀拆。及知府俞俟取稟，近復云：「未得毀拆，待近再取旨。」蓋朝天門一帶，多堂吏所居故也。姑附此，當考。

14 壬戌，言者奏：「頃年獻議之臣，有以審量之説而浼我徽宗者，書之史册，又足以虧陛下孝治之風。比者特罷審量，士大夫莫不歡呼鼓舞，以手加額。欲望特降睿旨，小使臣因泛濫補官人，如已經關陞㊲，許注親民。仍令收使分數恩例㊳。」從之。自是靖康以來㊴，討論審量之法盡廢矣。兩日乃何鑄、万俟卨上殿，此請未知出於何人，當考。

直秘閣、知臨安府張匯復爲兩浙轉運副使。

直秘閣、知揚州俞俟知臨安府。

直徽猷閣、兩浙轉運副使蔣璨爲江南西路轉運副使。

15 癸亥，上曰：「朕觀自昔守令，能抑强振弱者，始號循良。今豪家稍不快意，必中傷之。自今縣吏，有能稱而或誣以非辜者，須朝廷主張，庶使吏得自效，而民被其惠矣。」

16 乙丑，詔：「獄官、縣令不親定牢者徒二年。著爲令。」

17 丙寅，右通直郎、知無爲軍祝永之特貶秩三等。先是，永之乞移治江南，詔不得越境。已而永之以書抵朝士，言兩淮之民，方且歸業，若降移治指揮，民間惶惶，莫知所向。樞密院言其鼓惑衆聽，故責之。此亦與今年八月丁亥所書楊沂中軍潰事相關。

18 戊辰，奉國軍節度使、新知夔州郭浩移知金州，仍舊帶行永興軍路經略安撫使兼樞密院都統制、節制陝西河東軍馬，兼措置河東路忠義軍馬。親衛大夫、貴州團練使、知金州范綜移知綿州，仍舊帶行環慶路經略安撫使兼錦威茂州石泉軍沿邊安撫使。

後宮劉氏爲紅霞帔。十三年六月甲午。轉司記：「十六年五月戊寅，遷才人。十七年二月己酉，遷婕妤。二十三年五月壬子，遷婉容。二十四年正月丁丑，封貴妃。」

左中大夫劉大中以憂免，至是卒，詔復資政殿學士致仕。右正言万俟卨奏：「大中罷歸，益懷怨憤，幽囚其父，壹鬱而殞。」遂寢之[40]。既而遺表上，贈左正奉大夫[41]，官子孫如故事。言者又駁之，乃止。大中復職在十月壬辰，贈官在十一月戊戌，駁奏在己酉，今併書之，以見秦檜用意曲折。

19 辛未，尚書右僕射秦檜以明堂恩封華國公。

皇兄嚴州觀察使、權主奉益王祭祀安時特遷寧遠軍承宣使。於是，親賢宅宗子十人，並進官。

是月，金主亶殺尚書右丞相陳王希尹、右宰相蕭慶。先是，客星守陳，太史以告宇文虛中，虛中以告希尹，不以爲怪。及是坐誅。初，希尹與慶在兵間，皆晉國王宗維腹心，而都元帥、越國王宗弼素出其下。至是，宗弼得權，凡希尹所以致罪，則宗弼之爲也[42]。苗耀神麓記：「悟室母姙三十箇月而生，名曰悟室，乃三十也。身長七尺餘，言如巨鐘。創造女真文字，軍旅之事，暗合孫吳。初，兀朮往祁州帥府，已朝辭，衆官餞於燕都兀朮甲第。夜闌散歸，惟悟室獨留嗜酒，嚙兀朮首曰：『爾鼠輩，豈容我噬哉？爾之軍馬，能有幾何？天下之兵，皆我有也。』兀朮佯醉如厠，急走騎告秦國王宗幹云：『兄援我。』宗幹與悟室素厚，遂言語遮護之：『悟室實有酒，豈可信哉？』兀朮出，次早，以辭皇后爲名，泣告皇后如前。后曰：『叔且行，容款奏帝爾。』兀朮遂行，后具此語告東昏，使兀朮親弟燕京留守紀王阿魯追兀朮，至良鄉及之。兀朮至，密奏。帝曰：『朕欲誅此老賊久矣，奈秦國王方便援之至此。自山後沿路險阻處，令朕居止，善好處，自作捺鉢。凡我骨肉不附己者，必誣而去之，自任其腹心於要務。姦狀已萌，惟叔自裁之。』是夜，詐稱密詔，入悟室所居，執而數之，賜死。四子並蕭慶父子皆被誅。」希尹既死，徒黨連坐者數百人。奉使徽猷閣待制洪皓嘗與希尹持論㊸，幾被刑，宗弼知之，故不死。金主亶遂進宗弼爲太傅、尚書左丞相兼侍中、監修國史，領行臺尚書省事、都元帥如故。以洪皓紀文、張滙節要、熊克小曆參修。宗弼所除官，據紹興講和録明年九月兀朮第一書結銜如此㊹。

校勘記

① 僞河南尹李成棄城遁走　「僞」，原作「爲」，據叢書本改。

② 諸將皆謂虜人鐵騎馳突　「虜」，原作「敵」，據皇朝中興繫年要録節要卷一〇改。

③ 統制官楊再興單騎入虜陣　「制」，原作「判」，據皇朝中興繫年要録節要、叢書本改。宋史全文卷二〇下亦作「制」。「虜」，原作「敵」，據皇朝中興繫年要録節要改。

④ 而我有未必勝者三　「三」之前原有「勝」字，據叢書本删。

⑤ 而不置統帥　「帥」，原作「師」，據叢書本改。

⑥ 安能保其不自爲敵國邪　「自」，原作「能」，據叢書本改。

⑦聞兀朮並韓將軍等人馬退走汴京　「走」，原作「去」，據叢書本改。
⑧傳所謂臺官乃汝檝也　「謂」，原作「爲」，據叢書本改。
⑨右承務郎京東淮東宣撫使司書寫機宜文字曹霑爲右宣義郎　「承」，原作「丞」，據叢書本改。
⑩武功大夫武春領威州刺史　「春」，叢書本作「眷」，不知孰是。
⑪時韓世忠遣霑等獻王山之俘於行在　「王山」，原作「山王」，據叢書本乙正。王山已見本書卷一三六。
⑫李山史貴及劉錡軍統制官韓直共擊退之　「退」，原作「追」，據叢書本改。
⑬見在禫服　「見在」，原闕，據叢書本補。
⑭作辯謗一篇　「謗」，原作「論」，據叢書本改。
⑮且言劉錡之勝　「且」，原作「耳」，據叢書本改。然此字與下且重複，疑當爲「其」字。
⑯渡蒲坂　「渡」，原作「淮」，據叢書本改。
⑰諸將曾受僞命　「將」，原闕，據叢書本補。
⑱時政在竇雞　「政」，原作「朕」，據叢書本改。
⑲川陝宣撫副使胡世將命環慶經略使知金州兼節制商州范綜濟師　「制」前原有「度」，叢書本同。應爲「節制」之衍文，逕删。
⑳金州關隘四十餘處　「州」，原作「川」，據叢書本改。
㉑故左武大夫吉州刺史統制涇原路軍馬張逵加贈開府儀同三司　「贈」，原作「增」，據叢書本改。

㉒ 別將解元掩擊金人於沂州譚城縣　此句後館臣有按語：「此句與北盟會編同，宋史韓世忠傳作『譚城』，無『沂州』字，地理志皆不載。」今刪此按語。

㉓ 韓世忠乞重賞以勸將士　此句前原衍一「投」字，據叢書本刪。

㉔ 遇金人所遣酈瓊叛卒數千人　「遇」，原作「逼」，據叢書本改。

㉕ 許依張浚所得指揮施行　「許依」，原無，據叢書本補。

㉖ 緣軍事便宜差遣官　「遣」，原作「過」，據叢書本改。

㉗ 至明不見敵而還　「敵」，原作「騎」，據叢書本改。「而還」，叢書本作「退」，宋史卷三六七楊存中傳作「不見敵而還」。

㉘ 逐院監官躬親審之　「逐」，原作「遂」，據叢書本改。

㉙ 直徽猷閣秦鳳等路提點刑獄公事宋萬年陞直顯謨閣　「閣秦」，原作「泰泰」，據叢書本改。

㉚ 永興軍路經略副使王俊擊金人於盩厔縣東　「俊」，原作「浚」，據叢書本改。

㉛ 而專補文資　「資」，原作「質」，據叢書本改。

㉜ 泰州奏乞移治泰興縣治　「治」，原作「沙」，據叢書本改。

㉝ 乃令赴逐路漕司公參　「逐」，原作「遂」，據叢書本改。

㉞ 則衆不敢違矣　「衆」，原作「又」，據叢書本改。

㉟ 而時政記於九月壬戌書犒設救火諸兵　「犒」，原作「稿」，據叢書本改。

㊱ 參知政事孫近建言拆去草屋　「建」，原作「律」，據叢書本改。

㊲ 如已經闕陞　「陞」，原作「陛」，據文意改。

㊳ 仍令收使分數恩例　「恩」，原作「思」，據叢書本改。

㊴ 自是靖康以來　「以」，原作「一」，據叢書本改。

㊵ 遂寢之　「寢」，原作「請」，據叢書本改。

㊶ 贈左正奉大夫　「贈」，原作「增」，據叢書本改。

㊷ 則宗弼之爲也　「爲」，原作「罪」，據叢書本改。

㊸ 奉使徽猷閣待制洪皓嘗與希尹持論　「尹」，原作「仲」，叢書本同，據文津閣本改。

㊹ 據紹興講和録明年九月兀朮第一書結銜如此　「結」，原作「繪」，據叢書本改。

建炎以來繫年要録卷一百三十八

1 紹興十年冬十月壬申朔，秘書省正字温革、監登聞檢院馬竑罷。時言者論：「二人專守偏見，譏議紛然，望使各與外任，庶幾人知好惡，國是自定。」乃以革通判洪州。

2 癸酉，資政殿大學士、知福州張浚以明堂恩復觀文殿大學士。

左朝請大夫范塤都大主管川陝茶馬監牧公事，主管秦司。

3 甲戌，武功大夫、華州觀察使、知代州兼沿河安撫使，統制河東忠義軍馬王忠植落階官，爲建寧軍承宣使、龍神衛四廂都指揮使、河東路經略安撫使兼知代州。

4 丙子，河南府言：「永安、永昌、永熙三陵神臺壆列損動，及枳橘柏株有爲賊所伐者。」詔本府如法補飭。

5 丁丑，言者論：「每遇宗祀之秋，必有儆戒之象。或六龍順動，或彊敵侵陵，今又大火示變，故當正厥事以應之。恭以皇祐詔書，合祭天地，並配祖宗，此陛下所用宗祀之彝典也。而辛亥歲，禮部郎官有立議，止以太祖、太宗並配者。是時宰相力主是説，違詔書，輕宗廟之罪，卒自當之。且太祖開萬世之基，太宗定四海之難，而和戎戢兵，以致太平者，真宗也。臣願陛下參之羣言，斷以獨智，以合皇祐聖詔，以慰在天之靈，以垂萬世之法。事之當政，無大於此者。誠如是，則天意格而災異銷矣。」詔禮官討論申省，後不行。

6 戊寅，尚書右僕射兼提舉詳定一司敕令秦檜等上紹興重修在京通用敕令格式四十八卷①，申明十二卷，看詳三百六十卷。

7 丙戌，武翼大夫、忠州刺史、河北路統制軍馬李寶至楚州。先是，寶與其徒曹洋等自興仁泛舟來歸，過徐州，捕金之戍卒七十餘人。及淮陽軍，爲守將所逐，寶射却之。時韓世忠在楚州，寶與其徒歸之，世忠大悦。

8 丁亥，直秘閣、提舉洪州玉隆觀范直方落職，與遠小監當。直方以司農卿爲淮北宣撫副使楊沂中計議軍事。至是，右正言万俟卨論其怯懦沮師，又言：「軍之進退，必觀機會，而乃昧於興舉之謀，但爲保身之計。」故有是命。王明清揮麈録餘話云：「建炎中，金人駐楚、泗間，時張、韓擁兵於高郵，敵誓於衆，整師大入。二將自料非其敵，深以爲怯。將欲交鋒之際，風雨大作，敵衆辟易散走，損折甚衆。因遂奏凱。范師厚直方，滑稽之雄也，爲參議軍事，笑云：『焉知張七韓五，乃得巽二滕六力邪？』聞者爲之閧堂。」

鄉貢進士王文獻進所注司馬法，詔免文解一次。文獻，泉州人也。

9 己丑，徽猷閣待制、知信州劉岑落職，提舉江州太平觀，建昌軍聽旨。以臺臣論其「歷守三郡，妄費官帑，以市私恩」故也。仍命司農寺丞李椿年往鎮江府、信、池州點檢侵支妄用錢物申省②。

左朝散大夫沈該行軍器監主簿，填復置闕。

10 庚寅，武功大夫、忠州刺史、新知宿州王進改知濠州。武功大夫、貴州刺史王存知光州。進之除宿州也，乞台州兵馬鈐轄邵青爲本州鈐轄。至是，復與青偕之濠梁也。

11 辛卯，詔川陝官員陳乞覃恩、轉官、磨勘、奏薦、封贈、循資、致仕、遺表恩澤依得著令者③，令宣撫司施行。以胡世將申審也。

12 壬辰，上謂大臣曰：「用兵惟在賞罰，若用命者必賞，不用命者必罰，何患人不盡力④？比聞大將奏賞，往往任私，不當人心。朕若親提一軍，明賞罰以勵士卒，必可擒取兀朮。」

13 戊戌，左光禄大夫、守尚書右僕射、同中書門下平章事兼樞密院使、提舉詳定一司敕令、華國公秦檜以修書恩進左銀青光禄大夫，封衛國公。

直顯謨閣、知慶陽府、節度鄜延環慶兩路軍馬宋萬年陞敷文閣待制，録守城之勞也。

14 己亥，龍圖閣直學士范沖、徽猷閣待制王居正並落職⑥，依舊提舉江州太平觀。御史中丞何鑄論二人之罪，以爲：「趙鼎當軸，汲引一時邪佞之人，置之朝廷。日者陛下斥逐兇邪，天下咸服。而欺世盜名之甚者，猶置而不問，是狐狸雖去而豺狼猶存，恐非所以明好惡，一觀聽。」故有是命。

15 庚子，熙河經略司將領惠逢與敵遇於野龍河，敗之。

是月，淮北宣撫判官劉錡來朝。

資政殿學士翟汝文薨，賜謚忠惠。

1 十有一月按是月辛丑朔。壬寅，直徽猷閣、主管台州崇道觀王子獻卒。

2 癸卯，尚書倉部員外郎陳膏、秘書郎吴傅並爲監察御史。

3 戊申，金將合喜自潼關出犯陝州⑥，守臣吴琦擊却之。合喜，婁宿孫也。

鳳翔府同統制軍馬楊從儀敗金人於寶雞縣。

4 己酉，上曰：「自古爲天下者，必先得人心，未有專事殺伐殘忍而可爲者。兀朮雖强，專以殺伐殘忍爲事，不顧人心之失，朕知其無能爲也。」

右宣義郎、廣西路提點刑獄公事陳正由特降一官。正由奏其代者尤深不法，而言者論：「正由但當具事因申聽朝廷施行，今乃云『謹按』，又云『姑摭其大者言之』，又云『以爲天下臣子貪墨不體國家之戒』，其言犯分輕率。」故有是命。

5 辛亥，頒真宗御製文武臣僚七條於郡縣。

福建安撫大使張浚等奏乞措畫賑濟事。上曰：「賑濟本爲貧民，近世止及城郭，而鄉村之民未嘗及之。須令州縣雖僻處，亦分委官吏，必躬必親，則下户皆霑實惠矣。」

起居郎張宦權尚書吏部侍郎。

起居舍人李易守起居郎。

尚書司封郎中郭孝友爲起居舍人。

廣南東路兵馬鈐轄、殿前司催鋒軍統制韓京陞充本路兵馬副總管，兼汀漳虔吉州捉殺盜賊。時劇盜謝花三爲亂，故命京討之，仍聽福建大帥張浚節制。

6 壬子，皇伯、鎮東軍承宣使、安定郡王令廣爲保平軍節度使⑦，以令廣曩任文資，積閥特遷也。

7 癸丑，兵部尚書兼權翰林學士兼侍讀胡交修充端明殿學士，知台州。權尚書吏部侍郎周綱充敷文閣待制，知饒州。二人皆以引疾得請。

以徽猷閣待制、提舉醴泉觀兼詳定一司敕令張宗元試尚書兵部侍郎。

8 乙卯，川陝宣撫副使胡世將奏：「已遣兵解慶陽之圍。乞詔湖北京西宣撫使岳飛出兵牽制。」上曰：「此未易輕議。凡事有緩急先後，必思而後動，乃可以成功也。」先是，慶陽圍急，帥臣宋萬年乘城拒守，會世將以檄書招建寧軍承宣使、河東經略使王忠植以所部赴陝西會合，行至延安，叛將趙惟清執忠植，使拜詔。忠植曰：「若本朝詔書則受，若金國詔書則不拜也。」惟清械之，以詣右副元帥撒離喝，不能屈，使甲士引詣慶陽城下，諭使出降。忠植大呼曰：「我河東步佛山忠義人也，爲金所執，使來招降。願將士勿負朝廷，堅守城壁，忠植即死城下。」撒離喝怒詰之，忠植披襟大呼曰：「當速殺我。」遂遇害。

諸王宮大小學教授范雩請：「南班大將軍以下，用故事二年一試藝業，取中選者推恩。」不果行。雩，吳縣人也。

9 丙辰，賜成州團練使、帶御器械邢孝揚兩浙田二十頃。

10 丁巳，監察御史楊愿守尚書司封員外郎。

諸王宮大小學教授梅充實行監察御史。

直秘閣、知臨安府俞俟陞秘閣修撰，以俟每對便殿，論切事機故也⑧。

11 戊午，上曰：「用兵惟視謀之臧否，不可問力之强弱。苟謀之不臧，惟知恃力，雖或勝，亦不足以成功。」上又曰：「收復州縣，非良策也。守之則兵分而勢弱，不守則旋爲敵人所得，惟塗炭吾民。且須深思熟慮，策出萬全，一舉而逐敵，則州縣皆爲我有矣，何必每州每縣而取之乎？」

12 己未，尚書左司員外郎魏良臣爲中書門下省檢正諸房公事。

右司員外郎施坰、林正爲左司員外郎。

監察御史錢葉爲右司員外郎。

左承奉郎何逢原爲秘書省正字⑨，免召試。

13 辛酉，御史中丞何鑄論薦舉改官之弊，以爲：「多以親故勢力賄賂得之⑩，而有治行之人，終老選調，徒長奔競，無補得人。望詔有司罷去保官之令，專用考課之法，關陞改官，各以四考爲限。有過犯則量事展考，以別流品。歲限員數⑪，以防猥并，庶寒畯之士無淹滯之歎。」事下吏部，不果行。嘉泰四年四月庚申所書可參考。

14 甲子，右正言万俟卨論營田官莊附種之弊，以爲：「官莊設，即百里之民應籍者皆赴莊以待耕耨，已業荒廢，多不能舉。附種行，則斗升之種户給於民，散斂之擾，率以爲常。欲望逐路選委强明監司一人，遍行郡縣，應有營田去處，覈實均放，其帥臣隱蔽不肯公共商榷者，並許按覈以聞。」上曰：「卨所論極當。大凡營田，須軍中自爲之，則不斂於民，而軍食足。若使民舍己之田，營軍之田，恐甚於斂民之爲虐也。」乃詔領營田監司措置。

詔淮北宣撫判官劉錡募兵效萬人⑫。時錡軍及韓世忠、岳飛皆造軍器，所乞牛皮至十餘萬張，郡邑往往殺牛以應命，言者請蠲其數目。詔工部措置。

是月，宜章峒民駱科、文遂犯桂陽、郴、道、連、賀州諸縣，詔發大軍往討之。趙甡之遺史在十二月，今依紹興十二年四月二十四日湖南安撫司所申附此月末。

1 十有二月按是月辛未朔。癸酉，左朝散郎李若谷爲司農寺丞。若谷，若水兄也。

徽猷閣待制、知潭州謝祖信卒。趙鼎事實曰：「謝祖信坐章氏子婿出知潭州，祖信至家，大詬其妻凡數日，曰：『爾家累我。』以致鬱抑而死。」祖信守潭事，具去年六月。

2 壬午，命尚書右僕射秦檜上皇太后册寶於慈寧殿。寶用金，册以珉石，册文參知政事孫近所撰，而上自書之。禮畢，上遙賀於宫中，羣臣遙賀宫門外。

3 丙戌，詔臣僚章疏非已施行者，及邊防攻守等事，並毋得雕印。

尚書禮部侍郎蘇符權禮部尚書，仍兼資善堂翊善。

中書舍人林待聘試給事中，仍兼直學士院兼侍講。

起居郎李易試中書舍人。起居舍人郭孝友權尚書工部侍郎。

責授清遠軍節度副使、潮州安置趙鼎移漳州居住，左通議大夫王庶復端明殿學士，左朝議大夫折彦質復龍圖閣學士，皆用明堂恩也。言者奏：「庶之飾姦惑衆，彥質之敗事誤國，罪皆顯著。今遽牽復，恐天下之人心不能無疑。」又言：「鼎之罪惡，類入於無將十惡之誅，恐難以常法從事而行原赦。」命乃寢。庶、大中寢命在己丑，鼎寢命在壬辰。

4 丁亥，秘書少監朱翌試起居舍人，仍兼實録院檢討官。

司農少卿李若虛試司農卿。

故龍神衛四廂都指揮使、建寧軍承宣使王忠植特贈奉國軍節度使、開府儀同三司，官其家十人。時胡世將上忠植死事於朝，詔贈官，特賜謚。太常議謚勇節，都省批：「忠植死節，事迹顯異，自古節義，罕有倫比，其別擬定。」太常奏：「據法，忠植當謚曰忠，然易名之義，不欲復犯其名。謚法，能濟於志曰義，義能固守曰節，請改謚義節。」從之。忠植再定謚，在明年二月丙申，今聯書之。

5 戊子，左朝請郎勾龍如淵復敷文閣待制。

左朝奉郎劉一止、呂本中復秘閣修撰，並仍舊提舉江州太平觀⑬。

左朝奉郎、主管洪州玉隆觀周葵復直秘閣。

6 辛卯，秘閣修撰柳約復敷文閣待制，仍舊提舉江州太平觀。

左朝奉郎、監廣州都鹽倉施庭臣復直秘閣，與宫祠，皆用刑部檢舉也。言者奏：「本中阿附趙鼎，無異陪臣。」又奏：「庭臣失尊君之體。」於是二人復職之命皆罷。本中寢命在是月癸巳，庭臣寢命在明年正月乙丑。

7 癸巳，武略大夫耿著復爲左武大夫，用韓世忠奏也。

樞密院效士吴惕特補下州文學。惕，河南人，用守將李興薦而有是命。

8 甲午，龍神衛四廂都指揮使、和州防禦使、權主管侍衛步軍司公事韓世良爲廣州觀察使。

9 乙未，婕妤張氏、才人吴氏，並進封婉儀。

有言者請：「令諸大帥各薦偏裨之可任者。」上曰：「諸校智愚勇怯，朕皆熟知之。儻有使令，便可抽摘，何用薦舉耶？」

兵部侍郎張宗元乞：「命有司以續降朝旨便人合理者，裒爲一書以進⑭。」許之。後九年乃成，凡四百三十五卷。十九年六月戊午成書。

詔左承事郎陳淵已復直秘閣指揮勿行⑮。以言者論「淵與吕本中，各以朋比得罪，不當與詿誤之人一概湔祓」故也。

10 丙申，新除權尚書工部侍郎郭孝友卒，詔除敷文閣待制致仕。

右奉議郎、樞密院計議官王惕卒。以久攝本院檢詳，特官其子一人，後不爲例。

11 丁酉，命殿前司前軍統制王滋捕東陽縣魔賊。上命大臣諭滋毋多殺。未幾，賊平。

12 己亥，詔太廟時享以少牢，祫享以太牢，祫舊典。用太常少卿陳桷請也。始以殿室隘狹，祫與時享並用一羊。至是，殿室已展修，故桷有請。

是月，淮北宣撫副使楊沂中引兵還行在。

永州防禦使呼延通自殺。初，京東宣撫處置使韓世忠在楚州，晚年猶嗜色，每諸將招之飲，必使妻女奉觴爲壽，世忠留連酣醉而後歸。通忿之。臨安有甲妓韓婉者，美而慧，通以力致之。世忠聞而屬意，通不能吝，遂獻於世忠。一日，世忠與水軍統制郭宗義會於通家⑯。世忠暫卧，通以手拔其佩刀，宗義搦其手曰：「不可。」世忠覺，大驚，奔馬而歸。通與淮陰統制官崔德明不叶，世忠即召通，斥爲士伍，使隸德明軍中。世忠生日，諸將皆入爲壽，通自淮陰馳至，世忠見之，即走入不復出。通伏地泣血，衆共遣之，通乃去。德明還淮陰，數通擅離軍之罪，杖之數十。通怏怏，赴運水死，人皆惜其勇。世忠後亦悔之。按世忠生日在此月癸巳，不知通死以何日，故且附月末。

初，知河南府李興既屯白馬山寨，李成以蕃漢數萬衆圍之。時興妻周氏與其子居襄陽，惟幼子在側，敵圍益急，士心頗摇。興聞，謂諸將曰：「興與諸軍當以死守，毋有二志。苟或不敵，吾豈爲敵污者？當抱是兒，南向投崖，以謝天子。」諸將皆感泣，由是守益堅。敵遣使賫黄榜招興以奉國上將軍、河南尹，興得檄不啓，立斬其使，以檄聞於朝。白馬受圍久，方冬泉涸，軍民乏絶。興焚香默禱，一夕大雪，泉源皆溢。成知興志不可屈，乃即山下屯兵積糧，爲久居之計。興潛遣將士夜焚之，成大挫，徑歸西京。

是歲，河南王忠民卒。忠民既辭禄，事具紹興三年。依董先於豫章。次年，撰三國和議狀，遣使臣岳知常散之僞境⑰。俄而知常爲候人所執，忠民坐是編置閩中，未幾得釋。金歸河南之歲，三詔威武軍津遣忠民造朝，力辭恩命，罷歸。及是，携家來居臨安而卒，年七十五。此據林泉野記修入。金人既復取河南地，猶慮中原士民懷二王之意，始創屯田軍，凡女真、奚、契丹之人皆自本部徙居中州，與百姓雜處，計其户口，授以官田，使自播種。春秋量給衣馬，若遇出軍，始給其錢米。凡屯田之所，自燕之南，淮、隴之北俱有之，多至五六萬人，皆築壘於村落間，至今不廢。此據張棣金國志修入。不得其年，故附於取河南之歲。

校勘記

①尚書右僕射兼提舉詳定一司敕令秦檜等上紹興重修在京通用敕令格式四十八卷　「書」，原作「論」，據叢書本改。

②仍命司農寺丞李椿年往鎮江府信池州點檢侵支妄用錢物申省　「池」，原作「他」，據叢書本改。

③詔川陜官員陳乞覃恩轉官磨勘奏薦封贈循資致仕遺表恩澤依得著令者　「川」，原作「州」，據叢書本改。

④何患人不盡力　「力」，原闕，據叢書本補。

⑤龍圖閣直學士范沖徽猷閣待制王居正並落職　「沖」，原作「中」，叢書本同，據宋史全文卷二〇下改。

⑥金將合喜自潼關出犯陜州　「合喜」，原作「喀齊喀」，據金人地名考證改。

⑦皇伯鎮東軍承宣使安定郡王令廣爲保平軍節度使　「廣」，原作「廣」。本書卷一〇八載：「皇伯閬州觀察使同知大宗正事安定郡王令廣爲鎮東軍承宣使。」據改。

⑧論切事機故也　「論」，原闕，據叢書本補。

⑨左承奉郎何逢原爲秘書省正字　「字」，原作「事」，據叢書本改。

⑩ 多以親故勢力賄賂得之　「力」，原闕，據叢書本補。

⑪ 歲限員數　「數」上原衍「歲」字，據叢書本删。

⑫ 詔淮北宣撫判官劉錡募兵效萬人　「兵效」疑誤。叢書本作「兵劾」，亦不通。此二字或爲「勍兵」之誤倒，蓋「效」俗作「劾」，因致誤。

⑬ 並仍舊提舉江州太平觀　「觀」，原闕，據叢書本補。

⑭ 哀爲一書以進　「哀」，原作「褒」，據叢書本改。

⑮ 左承事郎陳淵已復直秘閣指揮勿行　「閣」，原作「門」，據叢書本改。

⑯ 世忠與水軍統制郭宗義會於通家　「制」，原作「置」，據叢書本改。

⑰ 遣使臣岳知常散之僞境　「使」，原作「世」，據叢書本改。

建炎以來繫年要録卷一百三十九

1 紹興十有一年[1]歲次辛酉。金熙宗亶皇統元年。春正月按是月辛丑朔。壬寅，右文殿修撰提舉江州太平觀趙開卒，年七十六。自金人犯陝、蜀，開職饋餉者十年，軍用得以無乏，一時賴之。開既黜，主計之臣率三四易，於開條畫，毫髮無敢變易者，人偉其能。然議者咎開竭澤而漁，使後來者無所施其智巧。凡茶鹽、榷酤、激賞、零畸、絹布之征，遂爲西蜀常賦。故雖略經減放，而害終不去焉。

2 癸卯，鳳翔府同統制軍馬楊從儀敗金人於渭南。

3 丁未，直秘閣、新知鄭州湯鵬舉知江州。

4 庚戌，淮西宣撫使張俊入見，上問：「曾讀郭子儀傳否？」俊對以未曉。上諭云：「子儀方時多虞，雖總重兵處外，而心尊朝廷。或有詔至，即日就道，無纖介顧望。故身享厚福，子孫慶流無窮。今卿所管兵[2]，乃朝廷兵也。若知尊朝廷如子儀，則非特身饗福，子孫昌盛亦如之；若恃兵權之重，而輕視朝廷，有命不即禀，非特子孫不饗福，身亦有不測之禍，卿宜戒之。」先是，金都元帥宗弼自順昌戰敗而歸，遂保汴京，留屯宋、亳，出入許、鄭之間。復簽兩河軍與蕃部凡十餘萬，亦謀再舉。上亦逆知敵情，必不一挫便已，乃詔大合兵於淮西以待之。俊自建康來朝，故有是諭也。中興聖政：史臣曰：「將師驕蹇，自有常刑。聖上保全功臣，恐其自速顛躋，以經綸之訓，易斧鉞之威，使虎豹入圈檻，鷹隼加羈紲。駕馭之法，盡於此矣。高祖不以古人責韓、彭，速其禍敗，亦不學之過也。先是，韓世忠易兩鎮節鉞，上手寫子儀傳遍賜諸將，至是十年矣，故復以問俊焉。」

5 辛亥，上諭大臣曰：「李左車言：『千里饋粮，士有饑色。』敵若犯淮，其勢糧必在後。但戒諸將持重以待之，至糧盡欲歸，因其怠而擊，則無不勝矣。」又曰：「聽言必考其實，近有言劉錡之過，朕徐考之，皆無實迹，讒者遂息。」孫近曰：「錡當何以報聖恩也！」

6 甲寅，直秘閣、知常州王縉主管台州崇道觀，從所請也，自是不復用。

7 乙卯，金人犯壽春府，守將孫暉、樞密院統制雷仲合兵拒之。

8 戊午，萊州防禦使、淮東宣撫司游奕軍統制劉寶爲江州觀察使③。

9 己未，淮北宣撫判官劉錡自太平州渡江，以援淮西。錡有兵二萬，馬數百。熊克小曆：「兀朮入犯。己未，命劉錡統所部渡江禦之。」按：淮西從軍記云：「正月，金人犯壽春。是月十九日，錡被命北渡江。」己未，十九日也。據此，則錡先被命，但此日出師耳。克恐小誤。

朝廷聞報，亟令張俊還建康拒敵。時孫暉、雷仲皆棄城而出，金人陷壽春，殺守兵千餘人，繫橋淮岸，以濟其衆。

禮部尚書蘇符入對，因論易同聲相應，同氣相求，水流濕，火就燥之理。且言：「父子天合，誠意所在，雖遠必通。今金人敗盟，朝廷用兵，雖議和之使不復再遣，然誠心出於天合，不問遠近，則太后終必還饗慈寧之養。」甲子，上語宰執，且曰：「符頗明經旨。自世俗觀之，此論似迂闊，而理有必然者。」

上曰：「木瓜美齊威公④，而載之衛國風，何也？」秦檜等方思所以爲對，上曰：「自衛觀之，威公專討亦可罪，仲尼成人之美而掩其罪，故不載之齊國風，而載之衛國風。」檜等對曰：「仰見聖學高明，深得仲尼删詩之意，非諸儒之所能及⑤。」中興聖政：臣留正對曰：「孔子遏惡揚善之意，見於六經者多矣。人主政治，本原出於經術。是以見臣下過失，不幸而出於不得已者，則以孔子之心恕之，此之謂帝學。」

10 乙丑，劉錡至廬州，駐兵城外。時樞密直學士知廬州陳規病卒，城中無守臣，備禦之具皆闕，官吏軍民散出逃遁，惟有宣撫司統制官關師古兵二千餘人。錡巡其城一匝曰：「城不足守也。」乃冒雨與師古率衆而南⑥。

11 丙寅，金人大軍入廬州，遣輕騎追錡，相及於西山口。錡自以精兵爲殿，復戈西向，列陣以待。追騎望見錡旌旗，逡巡不敢逼。日暮各解去。

12 丁卯，錡結陣徐行，號令諸軍，占擇地利，共趨東關，依水據山，以遏金人之衝。自金人渡淮，淮南之人皆避過，江南之人爲遷徙之計，惟視錡兵以爲安危。錡既得東關之險，稍休士卒，兵力復振。金人大兵據廬州，雖時遣兵入無爲軍、和州境内剽掠，而不敢舉兵逼江者，蓋懼錡之乘其後也。江南由是少安。此以淮西從軍記及趙甡之遺史參修。記不言錡與師古同奔，蓋諱之也。然陳規卒，城中無守臣，備禦之具皆闕，則順昌之捷，規不爲無助，故書因其語書之。

13 戊辰，金人陷商州。先是，右副元帥撒離喝遣折合孛菫以數千騎入犯，守臣邵隆知不可守，乃焚倉庫，毁廬舍而遁。敵入城據之。

14 己巳，淮北宣撫副使楊沂中以殿前司兵三萬人發行在。趙甡之遺史稱是月楊沂中以兵三萬出征，而日曆無之。熊克小曆云：「沂中自臨安晝夜疾馳，六日而至歷陽，尋復和州。」張俊至和州，在二月五日甲戌，以日計之，自己巳至甲戌凡六日，故附於此。己巳，正月晦日也。

是月，川陝宣撫副使胡世將言：

鳳翔府渭河南和尚原，昨來講和以前，爲敵人占據，遂致軍馬動輒深入。自金人再犯陝西至今，和尚原尚係官軍屯駐，不惟占得河南地土，又包占鳳州在裏，隔限軍馬，來路不一，所以撒離喝等三帥日近會合軍馬，觀其來意，必欲取和尚原而後已。上件形勢，是今日必争之地，須當竭力占守。紹興三年冬，吴玠失和尚原，遂致金人長驅直犯殺金平，深入川口。當時非兵力不足，止緣糧盡⑦，遂致不能堅守。去年和尚原所積斛斗不少，緣自五月至今，與敵相拒，已經九月，官軍食用垂盡，除本司措置接續收糴外，僅有現在二萬餘石，止了得戍兵逐月口食。若調發大軍，不免闕誤。今合據大軍的確合用之數，預行樁辦。若一向陸運，又恐困竭民力。臣自到任以來，除漕司年計之外，於仙人關一帶，自行措置，收糴軍兵食不盡米，約計七萬餘石。今來更不於民間科買，止於上件米内支撥，以雇直口食，募軍民搬運。然上件米斛，止是救目前之急，所有將來經久，合每歲預行措置。契勘興、洋税賦，祖宗舊法，並係支移。今欲將興元府、洋、成州等處⑧，自今年夏料據和尚原合用軍食之數，依舊法以地里遠近，攢那送納本司。近因歸投蕃軍稱説，昨來鶻眼與王俊於東洛谷相拒⑨，撒離喝使銀牌天使諭鶻眼不得出兵，只且守定，王俊糧盡自入川去⑩。後果如其言。今敵人又欲用此計，困和尚原官軍，使糧盡自退。要須預備，以伐其謀。

臣非不知自川中運糧至渭上，雖諸葛猶以爲難。然國家必争之地，不可不多方措置。昨蒙朝廷支除官補牒，計價二百餘緡，充補邊糴本，於去年八月上件告發到司，已是金人侵地。其陝西斛斗，不曾取糴，兼告牒亦無人肯承買。今欲乞朝廷遂行拘收，只乞换度牒，計價二百萬緡，充將來糴買搬運之費。鳳翔百姓忠義，不負朝廷。自金人侵犯以來⑪，尚猶賫糧赴楊從儀送納。後金人禁止，然亦不住有興販米麪之人⑫。臣先行措置，將銀絹錢引二十餘緡⑬，遣官屬前往，同楊從儀令以高價招誘興販者。剩獲利息，必須趨利而來，比之搬運，尤爲省費。并與吴璘等熟議，以爲堅守和尚原，以誘敵軍犯險，破得敵衆，則陝西可以收復。璘等志甚堅鋭，臣當竭力措置應副。

契勘和尚原所係利害至重，今來川蜀士大夫議論，或謂敵既必欲得故疆，不若棄之，只保仙人關。殊不知一失和尚原，便自棄地三百餘里，又頓失險要，其間入川路徑，散漫不一，爲害甚大。議者但欲省餽運，而不顧其害。又謂和尚原形勢，吴玠尚不能守，而臣以一書生，乃欲力保此原，多以爲非。殊不知臣欲力保此原，蓋是與吴璘、楊政等諸將佐議論至熟。璘亦謂其兄昨失和尚原，本非得已。今幸尚可保守，須據此地，以佚待勞，期破敵衆，然後乘勢圖復陝西。若失此原，則璘等枝梧，亦甚費力。其言頗爲精確，兼本司探事使臣林常舊與撒離喝下蕭少尹相熟，見本人説帶來正軍、傔軍、保甲共五萬餘人⑭，本朝已殺了萬餘人。自去年五月渡河，累據諸處探報，元帶甲軍從軍共約五萬，本司前後遣發兵將，與之力戰，計所殺傷敵兵，約及萬計。今若據和尚原之險，前扼渭河，官軍盡得地利。彼若冒昧深入，決可大破其衆。今來爲大敵對壘，見一面措指，其間不無勞費，要當權利害輕重。案世將此奏，必已知秦檜有割地求和之意，故其詞丁寧如此。

1 二月按是月庚午朔。辛未，武功大夫、果州團練使、湖北京西宣撫使司游奕軍統制武糾知襄陽府。召静江軍承宣使、知襄陽劉錫赴行在。

2 壬申，起復通侍大夫、華州觀察使、知思州、充夔州路兵馬鈐轄兼思珍州南平軍沿邊巡檢使田祐恭陞領奉寧軍承宣使⑮。

3 癸酉，淮西宣撫司都統制王德渡江屯和州。初，都元帥宗弼既入合肥，建寧府諜者回報：「金人已犯含山縣，漸犯歷陽。」時張俊諸軍雖已趣裝，猶未起發。江東制置大使葉夢得見俊，請速出軍。俊猶遲之曰：「更俟探報。」夢得曰：「敵已過含山縣，萬一和州爲金人所得，長江不可保矣。」俊遂令諸軍進發，諭諸統制曰：「先得和州者勝。」德曰：「德當身先士卒，爲諸軍前鋒。」俊壯之，將士皆鼓舞，讙譟而行。有報已失和州者，德乃率所部兵渡采石，約俊明日入城會食。至中流，聞敵勢甚衆，莫敢前。德驅之進櫂，首先登舟。俊宿於江中，德率衆徑至城下，敵退屯昭關。趙甡之遺史：「二月己卯，王德渡江，入和州。」熊克小曆：「二月甲申，張俊夜絶江，與劉錡聲援相接。」己卯，初十日。甲申，十四日也。日曆不書復和州之日。按今年七月八日，賞功房關張俊乞陣亡人推恩狀云：「自二月四日，由采石渡江，措置收復和州。初六日，離和州五里殺馬⑯。初七日，含山縣東獲捷。初十日，收復巢縣。十一日，全椒縣東大破賊馬。十四日，復昭關。

十八日，柘皐大破四太子。二十日，夜收復廬州。」此所申最爲詳密，今並據之。克又稱兀朮直據和州，而淮西隨軍記云：「張俊遣先鋒至含山縣，金人游騎在無爲軍、和州者，皆退[17]。」則據和州者，非兀朮也。俊奏捷狀亦止稱龍虎大王、韓將軍三路都統等前來侵犯[18]。今從之。

是日，武功大夫、忠州團練使、知商州邵隆復入商州。初，隆既遁去，乃屯兵山嶺，間道出州西芍藥口，謂避地者曰：「汝皆王民，毋忘本朝。」衆感泣，携老幼來歸。隆遣其子繼春出商州之北，以張其勢，而移軍洪門。金人以精騎來攻，隆設三伏以待。鏖戰兩時許，大破之，擒其將。隆始持十日糧，過期食不繼，士卒臠腐尸嚙草木食之，疲困日甚。及戰，隆親鼓之，呼聲動山谷，無不一當百，遂大捷。繼春亦破之於洛南縣。金人乃去。隆以功遷右武大夫、榮州防禦使。

4 甲戌，左宣教郎李朝正爲太府寺主簿。

5 丙子，上謂大臣曰：「中外議論紛然，以虜逼江爲憂[19]。殊不知今日之勢，與建炎不同。建炎之間，我軍皆退保江南，杜充書生，遣偏將輕與敵戰，故敵得乘閒猖獗。今韓世忠屯淮東，劉錡屯淮西，岳飛屯上流，張俊方自建康進兵前渡。虜窺江，則我兵皆乘其後。今雖虛鎮江一路[20]，以檄呼虜渡江，亦不敢來。」其後卒如上所料。

故朝散大夫鮮于侁追復集英殿修撰。侁，閬州人。元祐右諫議大夫[21]，黨籍待制已上第十九人[22]。

是日，淮東宣撫司都統制王德遇金人鎮國大將軍韓常於含山東，敗之。

6 丁丑，上謂大臣曰：「朕於諸帥，聽其言則知其用心，觀其所爲則知其才。人皆言劉錡善戰，朕謂順昌之勝，所謂置之死地然後生，未爲善戰也。錡之所長，在於循分守節，危疑之交，能自立不變，此爲可取。」

7 己卯，淮西宣撫司統制官酈師古、李横復取巢縣。

8 庚辰，徽猷閣直學士、知洪州梁揚祖陞顯謨閣學士。以揚祖擒捕虔、吉諸寇殆盡故也。

左朝散大夫蔡伸知和州[23]，星夜前去之任。

9 辛巳，直秘閣、知泰州王喚兼通泰制置使，措置水寨鄉兵，控守二州。

10 壬午，太常謚故瀘川軍節度使劉仲武曰威肅[24]，爲其子錡故也。

是日，淮西宣撫司將官張守忠遇金人於全椒縣，敗之。先是，金人分兵犯滁州、濠州[25]，起復武功大夫、英州刺史、知滁州趙時遁去。張俊遣左軍統制趙密追金人擊之。密令守忠以五百騎出全椒，偃誘篁竹間，敵疑不動，迫暮引去。密乃引兵出六丈河，以分敵勢，將斷其歸路。

11 癸未，中書舍人兼侍講、實録院同修撰張嵲罷。以殿中侍御史羅汝檝論嵲初聞警報，託假家居故也。

淮西宣撫使張俊言，已復巢縣。又言：「俊已在和州竭力措置[26]，決與敵戰，自須取勝，可保無虞。」上大喜。

是日，劉錡自東關引兵出清溪[27]，邀擊金人。張俊、楊沂中亦遣統制官王德、張子蓋等會兵取含山縣，復奪昭關。

12 甲申，徽猷閣待制、提舉亳州明道宮馮檝知邛州。

是日，三京招撫處置使司統制官崔臯遇金人於舒城縣，敗之。

13 丁亥，淮北宣撫副使楊沂中、判官劉錡、淮西宣撫司都統制王德、統制官田師中、張子蓋及金人戰於柘臯鎮，敗之。前一日，錡行至柘臯，與金人遇，夾河而軍。初，金人之退兵也，日行甚緩，至尉子橋，天大雨㉘。次石梁河，河流湍暴，敵斷橋以自固，列營柘臯。柘臯地平，金人以爲騎兵之利，且見錡軍少㉙，意甚易之。河通巢湖，闊二丈餘。錡命軍士曳薪疊橋，須臾而成，遣甲軍數隊過橋，皆卧槍而坐。會沂中、德、師中、子蓋之軍俱至。翌日，虜將邢王與鎮國大將軍韓常等㉚，以鐵騎十餘萬，分爲兩隅，夾道而陳。趙甡之遺史、熊克小曆皆稱「兀朮以鐵騎十餘萬，夾道而陳」。按，三宣撫所申，止稱邢王、韓將軍、五太子大兵及自廬州前來，無兀朮軍馬㉛。蓋兀朮自廬州濟師，非其親出也。甡之、克小誤。沂中自上流涉淺徑進，官軍不利，統制官輔逵中目，騎兵有稍却者。德曰：「賊右隅皆勁騎，吾將先破之。」乃與師中麾兵渡橋，薄其右隅。虜陣動㉜，有一帥被甲躍馬，指畫陣隊。德引弓一發，帥應弦墜馬。德乘勢大呼馳擊，諸軍皆鼓譟。金人以拐子馬兩翼而進，德率衆鏖戰。沂中曰：「敵便習在弓矢，當有以屈其技。」乃令萬兵各持長斧，堵而前，奮鋭擊之。金人大敗，退屯紫金山。德等尾擊之，捕敵數百人，馬馱數百。而錡以步兵甲重，不能奔馳，下令無所取，故無俘獲焉。是役也，將官拱衛大夫、武勝軍承宣使姚端已下死敵者百九十人㉝，而敵之死者甚衆。錡謂德曰：「昔聞公威略如神，今果見之，請以兄禮事公。」張俊之愛妾章氏，即杭妓張穠也，頗知書。柘臯之役，俊貽書，囑以家事，章答書引霍去病、趙雲不問家事爲言，令勉報國。俊以其書進，上大喜，親書奬諭賜之。章氏事，以趙甡之遺史修入。甡之又云：「章氏加封雍國夫人。」恐誤。按程敦厚外制集，章氏明年方自淑人進封郡夫人。

14 己丑，官軍復廬州。金人之犯淮也㉞，資政殿大學士、江東安撫制置大使、知建康府葉夢得團結沿江軍民數萬，分據江津，遣其子書寫安撫司機宜文字模，將千人守馬家渡。及是，宗弼、酈瓊以輕兵來犯，不得渡而還。

15 庚寅，上謂宰執曰：「自虜犯邊㉟，報至，人言非一㊱，朕惟静坐一室中，思所以應敵之方，自然利害皆見。蓋人情方擾，惟當鎮之以静。若隨物所轉，胸中不定，則何以應變也？」

是日，張俊、楊沂中、劉錡皆至廬州之城外。

16 壬辰，柘皐捷奏至。

17 癸巳，起復武功大夫、英州刺史、知滁州趙時降三官，令葺理本州自效。

18 乙未，賜劉光世、韓世忠、張俊、岳飛、楊沂中、劉錡詔書：「以捷書累至，軍聲大張，蓋自軍興以來，未有今日之盛。仍戒以尚思困獸之鬬，務保全功。」其詞，給事中兼直學士院林待聘所草也。上又遣入内内侍省都知陳永錫乘傳往淮西勞軍，歷視戰地，宣勞甚渥。中興聖政、何俌龜鑑曰：「敵之戰於柘皐也，十萬鐵騎，夾道而陳，其勢豈可當哉？張俊、楊沂中等主之，覘其晝夜疾馳，聲援相接，民兵圖結，分據江津。或守馬家渡，以示吾之有備。或據和州，以遏敵之要衝。卒使諸將捷書繼至，而軍聲大振矣。是役也，蓋自兵興以來，未有今日之盛，又豈偶然之故哉？」

是日，節制陝西諸路軍馬郭浩言，已復商州。

19 丙申，江東制置大使葉夢得上奏稱賀，詔嘉獎。初，建康屯重兵，歲費錢八百萬緡，米八十萬斛，榷貨務所入不足以贍，至是，禁旅與諸道之師皆至，夢得被命兼總四路漕計，以給饋餉，軍用不乏，故諸將得悉力以戰，由是朝廷益嘉之。

20 己亥，上曰：「敵退，便當措置淮南，如移隸州縣，併省官吏，修築城壁，要當事事有備，常爲敵至之防也。」中興聖政、何俌龜鑑曰：「文事必有武備。我高宗未嘗專事於文，而浸忘乎武也。吾觀講和之後，吾國君臣，蒐儆申訓，嘗若寇至之無日㊲。八年六月㊳，上曰：『有備無患，縱使和議已成，亦不可弛兵備。』而張戒數論邊事，謂當以和爲表，以備爲裏，以戰爲不得已。上亦諭曰：『此極當之論也。』九年，上謂大臣曰：『敵雖講和，戰守之備，何可必弛㊴？朕方復置茶馬司，乘此閒暇，廣武備以戒不虞。』十年，陳淵謂和戰二議，不可偏執。上謂淵曰：『今日之和，非惟不可偏執，自當以戰爲主。』十一年，上曰：『虜退便當措置淮南㊵，修築城壁，要當事事有備，常爲敵至之防。』則知高宗之所以開紹中興者，其自治之事，蓋已先定也。」

1 三月庚子朔，觀文殿大學士、左宣奉大夫、福建路安撫大使、知福州張浚言：「朝廷調發大軍，用度至廣。臣至州，措置出賣官田，及以誘寺院變易度牒，共得六十三萬緡，節次起發，少助國用。」詔浚一意體國，識大臣體，令學士院降詔獎諭。

2 癸卯，張浚復特進。

言者請：「兩淮控扼去處㊶，其守臣並易以武臣，餘州見任人不可倚仗者㊷，並別與差遣。」從之㊸。

是日，金人圍濠州。初，金人自柘皋退軍於紫金山也，濠州守臣王進發書告急，日已再四，而通判州事張綱以邊機事請赴行朝，遂泛舟而去。一日，趙榮以數百騎至城下，進登城望之，榮語進曰：「大金以精兵三十萬，旦暮臨城，勢不可敵。公宜開門，縱民出城，爲避地計。且淮岸舟船頗多，若水陸從便，傾城而去，不三兩日，可以獲安。方今滿城生靈，性命在足下，足下宜念之。」進怒曰：「趙榮，汝不能全節於朝廷，乃爲北軍游説耶？」使勁弩射之，榮大怒，稍退，駡進良久而去。州人聞之，以避地之謀力請於進，進不從。至是，北軍自延陵浮梁渡淮，翌日以兵數萬列於東門之外，旌旗蔽野。是時進有兵千餘，又有宣撫司兵數百在城中。北軍謂樓櫓皆腐爛，攻之必破，乃使人至城下招降，守陴者怒駡之。

3 甲辰，淮西宣撫使張俊、淮北宣撫副使楊沂中、判官劉錡會議班師。俊與沂中爲腹心，而與錡有隙，故柘臯之戰，奏賞諸軍，錡獨不預。時朝廷雖命三帥各軍不相節制，然諸軍進退，多出於俊，而錡以順昌之功驟貴，諸將亦頗嫉之。方金人之初退，虛實未明，三軍相視，猶豫無決。但聞俊、沂中議，欲棄壽春，而移廬州於巢縣，復以廬州爲合肥。而濠州自金人侵犯，圍閉城守，日夜遣人至軍前求援㊹。至是，有被虜人民自淮上竄歸者，皆言金人渡淮去已遠，而濠路又通。翌日，俊因會飲，謂錡曰：「公步人久戰，可自此先回，徑取采石，歸太平。吾欲與楊太尉至濠州，耀兵淮上，安撫濠梁之民，而吾軍取宣化以歸金陵，楊太尉渡瓜洲以歸臨安。庶道路次舍，樵爨不相妨。」軍之始行也，有詔淮東西漕臣胡紡、李仲孺、江東漕臣陳敏識隨軍饋運，又遣兩浙漕臣張滙繼至，會集於軍前。俊命諸漕備十日糧，諸漕以水路止於廬州，陸路無夫搬運，遂議給軍士錢人一千，使之附帶。又令敏識搬水路綱運入滁州，以接濟二軍。夜，二軍進發，遲明，軍馬盡入去，獨俊留兵數百未行。

4 乙巳，權禮部尚書兼資善堂翊善蘇符兼侍讀，中書舍人李易兼侍講。

直徽猷閣、知邵武軍王洋言：「宣和二年，布衣吕堂乞生子之家，量給義倉米，朝廷不曾施行。近蒙恩詔，貧乏之室，生男女而不能養贍者，人於免役寬剩錢内支四千，可謂仁德甚厚矣。然免役寬剩，州縣所收甚微，勢不可久。乞鄉村之人，無問貧富，凡孕婦五月，至經保申縣，專委縣丞注籍，其夫免雜色差役一年。候生子日，無問男女，第三等已下，給義倉米一斛，縣丞月給食錢十千，專掌附籍。所掌萬户已上，歲及千人，便與改官。蓋義倉米本不出糶，今州郡尚有紅腐去處。一郡歲發萬斛，可活萬人。通數路計之，不知所活其幾何也。又縣尉終任獲强盜七人，便許改官[45]，今使縣丞終任，活一二千人，俾之改官，亦豈爲過？又義倉之米，若有不繼，逐年隨苗量添升斗，積以活民，民自樂從。再三審度，實可經久。」上覽奏曰：「愚民無知，迫於貧困，不能育，故生子而殺之。官給錢物使之有以育，則不忍殺矣。朕爲民父母，但欲民蕃衍，豈惜小費也？」乃詔户部措置。十五年五月戊午，改給義倉米。

是日平旦，楊沂中赴張俊帳會食已，二帥俱去。行數里，諜報敵攻濠州甚急，俊茫然失色，復馳騎邀劉錡。錡遽命軍中持十日糧，繼二軍而行。

5 丙午，德音：「釋壽春府、宣、和、舒州、無爲軍管内雜犯死罪已下囚。」

是日，京東淮東宣撫處置使韓世忠舟師至昭信縣。夜，世忠以騎兵遇金人於聞賢坡，敗之。

6 丁未，遣樞密都承旨周聿往沿江點檢措置事務，且存撫淮民之失業者。

是日，金人陷濠州。武功大夫、忠州刺史、知州事王進爲所執，兵馬鈐轄、武功郎、閤門宣贊舍人邵青巷戰死之。前一日，敵薄城下，以雲車衝梯之屬攻城，城土與屋瓦皆震，矢石如雨。進所部皆閩人，未嘗經戰守。或告以州之民兵，皆百戰之餘，可以捍敵。進不從。翌日，兵馬鈐轄邵宏縋城投拜，告以城中虚實。敵益兵東南隅，乘風縱火，焚其樓櫓，倏忽皆盡，敵乘勢登城，進奔馬入郡城，朝服坐於廳事，遂就執。金人縱兵焚掠，夷其城而去㊻。熊克小曆云：「濠州陷，王進被殺。」此據淮西隨軍記所云也。按紹興講和録兀朮第六書云：「濠梁之破，守臣王進既已貸其生命。」則進固不死。趙甡之遺史，稱進被執，與兀朮書同。今從之。

7 戊申，張浚、楊沂中、劉錡至黄連埠，去濠州六十里，而聞城陷。浚乃召沂中、錡謀之，錡謂沂中曰：「兩府何以處？」沂中曰：「厮殺耳。相公與太尉在後，沂中當居前，有進無退。」錡曰：「有制之兵，無能之將可御。有利害之兵，有能之將，不可御也。今我軍雖鋭，未爲有制。且軍士被甲荷糧而趨，今已數日。本救援濠州，濠州既失，進無所投，人懷歸心，勝氣已索。又糧食將盡，散處迥野，此危道也。敵人雖詭計莫測，不若據險下塞，塹地栽木，使根本可恃，然後出兵襲之。若其引去，徐爲後圖，此全師保勝之道，願相協圖之。」諸將皆曰：「善。」於是，鼎足以爲營，仍約逐軍選募精鋭，旦日入濠州。浚遣斥堠數輩還，俱言濠州無金人。或謂金人破城之後，無所籍，又畏大軍之來，尋已去矣。乃再遣騎數百往探，皆無所見。浚遣將官王某謂錡曰：「已不須太尉人去。」錡乃不行，惟沂中與王德領二千餘騎而往，以兩軍所選精鋭策應之。四更起黄連，午時騎兵先至濠州城西嶺上，列陣未定，有金人伏甲騎萬餘於城兩邊，須臾煙舉於城上，伏騎分兩翼而出。沂中謂德曰：「如何？」德知其勢不可，乃曰：「德統制官也，安敢預事？太尉爲宣撫，利害當處之。」沂中皇遽以策麾其軍曰：「那回。」諸軍聞之，以爲令其走爾，散亂南奔，無復紀律。其步人見騎軍走，謂其已敗，皆散。金人追及，步人多不得脱，殺傷甚衆。此據淮西從軍記修入，蓋其在軍中所目擊也。王曮撰沂中神道碑云：「兀朮復遣三十萬衆至濠梁，敵議欲擣山陽，窺廣陵，絶江而南。王慮深入難制，即以輕騎逆之，據其衝，敵抑不得展，遂乘勢擊之於州梁橋。敵勢崩壞，戰屢却，王謂衆曰：吾士氣方張，視此餘孽，猶几上肉耳。若痛剿絶之，可使二十年不敢復窺淮涘。今橋闊岸峻㊼，河流激深，東西際林木陰翳，可以拒敵。於是奪橋爲隘，鼓衆而出。於是敵三路並至，王忠勇奮發，示士以必死。進所敵營，自午巳鏖戰至夜鼓動，凡數十合。士皆殊死鬭，敵復大衄，流血成河，兀朮斷橋以遁。獲所遺甲器資儲以億億計。」按此所云，與林泉野記等諸書全不同。蓋曮緣飾言之，今不取。

8 己酉，韓世忠引兵至濠州。日曆，世忠申初十日，與賊接戰。至三日以來，賊馬衮墜，直過淮北，世忠亦據濠州。趙雄撰世忠神道碑云：「敵別將數萬屯定遠，王遣成閔以輕騎追之㊽，轉戰數日。兀朮中克敵弓以走，其衆大潰，遂奪鍾離。」以諸書參考，兀朮此時不在濠州，又金人既破濠州，即焚掠而去，不待官軍收復也。碑之所云，皆非其實。

9 庚戌，秦檜奏：「近報，韓世忠距濠三十里，張俊等亦至濠州五十里。又岳飛已離池州，渡江去會師矣。」上曰：「首禍者惟兀朮，戒諸將無務多殺，惟取兀朮可也。澶淵之役，撻覽既死，真宗詔諸將按兵縱契丹，勿邀其歸路，此朕家法也。朕兼愛南北之民，豈忍以多殺爲意乎？」

初，虜之入寇也㊾，上命飛以兵來援。飛念前此每勝，復被詔還，乃以乏糧爲辭。最後上御劄付飛云：「社稷存亡，在卿此舉。」飛奉詔移兵三十里而止。及濠州已破，飛始以兵至舒、蘄境上，故張俊與秦檜皆恨之。御劄以王次翁叙紀所載修入。

10 辛亥，韓世忠與金人戰於淮岸，夜遣游奕軍統制劉寶率舟師泝流，欲劫金人於濠州。金人覺之，先遣人於下流赤龍洲伐木，以扼其歸。有自岸呼曰：「赤龍洲水淺可涉，大金已遣人伐木，欲塞河扼舟船，請宣撫速歸，我趙榮也。」諸軍聞之，皆以其言有理。世忠亦命速歸[50]，而金人以鐵騎追至沿淮岸，且射且行。於是矢着舟如蝟毛，至赤龍洲，金人果伐木漸運至淮岸，未及扼淮，而舟師已去。金人復歸黄連埠。此據趙甡之遺史附入。據日曆載世忠申狀乃云：「十二日三更後，遣劉寶泝流再往濠州兩岸，攻擾賊寨。至十三日，終日接戰，萬户以下共折萬餘人，馬數千疋。」與甡之所云全不同，不知何也。

是日，楊沂中自宣化渡江歸行在。初，張俊以諸軍至黄連埠，士皆乏食。乃遣事務官辛永宗還建康督糧，永宗至江皐，不肯渡，坐於民舍，呼邏卒採藤花食。建康盡刷老弱，及上元、江寧二縣民夫運糧，人持六斗米。會俊等班師，軍民皆棄所負之米於道側而去[51]。

11 壬子，金人自渦口渡淮北歸[52]。敵之始入也，上以御劄賜三京招撫司都統制李顯忠，令將所部與張俊會合，如立奇功，當建節鉞。比敵退，顯忠尾之至孔城而歸。

12 癸丑，張俊引兵渡江歸建康府。

是日，朝廷得俊與楊沂中報言：「初八日，王進與蕃賊力戰[53]，大獲勝捷。」初八日丁未，即濠州陷之日。

13 丁巳，劉錡自和州引兵渡江歸太平州[54]。

楊沂中之敗於濠梁也，張俊自黄連拔寨徑去。錡乃按部伍，整旌旗，最後徐行，金人亦不復追。錡至歷陽駐軍，具奏聽旨，然後班師。由是，俊與沂中皆恨。

14 戊午，宰執奏御史中丞何鑄論牧馬地事。上曰：「已優支地價，或有移屋，又支竹木之費，朕恤民可謂至矣。況湖上地，半是冒佃，不納租稅，可令臨安索契而驗。凡無契冒佃者，明言其罪而恕之，非特免罪，更給公據，及優支所費，使民曉然知朕心也。」

15 庚申，詔中亮大夫、康州防禦使、右護軍右部同統制程俊旌表門閭。俊之少也，其母邵氏陷於夏國[55]，俊朝夕號泣，願以財贖之。遇奏薦則先其諸弟，又聚族百餘人而養之。成州守臣王彥上其孝行於朝，故有是命。

直秘閣、新知常州秦梓知湖州。

16 辛酉，左朝請郎魏矼充集英殿修撰，知宣州。矼初免喪，乃命出守。

17 甲子，行營右護軍前部統制張彥與金人遇汧陽之劉坊寨，武節大夫、秦鳳路第八將張宏戰死。宏初以僞命補官[56]，歸朝屢有戰績。事聞，贈右武大夫、忠州刺史。宏贈官在是月丁丑。

18 丁卯，右宣教郎宋汝爲添差通判處州[57]。先是，汝爲自北境間行投岳飛軍中，飛遣赴行在。汝爲具言金人情僞，且曰：「今和好雖定，計必背盟，不可遽弛武備。」秦檜聞之不樂[58]。至是，權禮部尚書蘇符力言於上，乃有是命。既而上憐其忠，遷右通直郎。

校勘記

① 紹興十有一年　「一」，原作「三」，據叢書本改。

②今卿所管兵　「管」，原作「營」，據叢書本改。

③萊州防禦使淮東宣撫司游奕軍統制劉寶爲江州觀察使　「寶」，原作「實」，據叢書及本書卷一四〇有「江州觀察使劉寶」之記事改。

④木瓜美齊威公　「威」，應作「桓」，宋人避欽宗諱所改。

⑤「上曰」至此原在「中興聖政」之後，爲小注，今依前例改作正文。

⑥乃冒雨與師古率衆而南　「與」，原闕，據叢書本補。

⑦止緣糧盡　「盡」，原闕，據叢書本補。

⑧今欲將興元府洋成州等處　「處」，原闕，據叢書本補。

⑨昨來鶻眼與王俊於東洛谷相拒　「東洛谷」，原作「東路浴口」。本書卷一三七有「金將鶻眼引兵攻盩厔縣，永興軍路經略副使王俊逆戰於東洛谷」等語，因據改。

⑩王俊糧盡自入川去　「川」，原作「州」，據叢書本改。

⑪自金人侵犯以來　「金」，原作「京」，據叢書本改。

⑫然亦不住有興販米麪之人　「米」，原闕，據叢書本補。

⑬將銀絹錢引二十餘緡　「二十餘」，叢書本作「二十萬」。按：胡世將收購鳳翔百姓所販賣米麪，二十餘緡數少，二十萬緡數大，疑「十」或爲「千」之誤，以無他本校正，姑存原文。

⑭見本人説帶來正軍傔軍保甲共五萬餘人　「甲」，原闕，據叢書本改。

⑮起復通侍大夫華州觀察使知思州充夔州路兵馬鈐轄兼思珍州南平軍沿邊巡檢使田祐恭陞領奉寧軍承宣使　「恭」，原作「轉」，據本書卷一九「通侍大夫華州觀察使知思州兼夔州路兵馬鈐轄田祐恭令再任」之記事及叢書本改。

⑯離和州五里殺馬　「里」，原作「日」，叢書本同，據文津閣本改。

⑰皆退　「退」，原作「和」，據叢書本改。

⑱俊奏捷狀亦止稱龍虎大王韓將軍三路都統等前來侵犯　「王」，原作「臣」，叢書本同。按：本書卷一三五已稱龍虎大王，據改。

⑲以虜逼江爲憂　「虜」，原作「敵」，據皇朝中興繫年要録節要卷一一改。下同。

⑳今雖虛鎮江一路　「雖」原闕，據皇朝中興繫年要録節要補。

㉑元祐右諫議大夫　「元祐」，「元」原闕，「祐」作「佑」，據叢書本補改。

㉒黨籍待制已上第十九人　「黨」，原作「宣」，據叢書本改。

㉓左朝散大夫蔡伸知和州　「和州」，原作「知州」，據叢書本改。

㉔太常謚故瀘川軍節度使劉仲武曰威肅　「川」，原作「州」，據叢書本改。

㉕金人分兵犯滁州濠州　「分」，原作「方」，據叢書本改。

㉖俊已在和州竭力措置　「和州」，原作「知州」，據叢書本改。

㉗劉錡自東關引兵出清溪　「關」，原作「閣」，叢書本同，據宋史卷三六六劉錡傳改。

㉘天大雨　「大」，原作「下」，據叢書本改。

㉙且見錡軍少　「錡」，原作「騎」，據叢書本改。

㉚虜將邢王與鎮國大將軍韓常等　「虜」，原作「敵」，據皇朝中興繫年要録節要改。

㉛止稱邢王韓將軍五太子大兵及自盧州前來兀朮軍馬　「五」，原作「王」。宋會要輯稿兵一四之三四載張俊、楊沂中言稱：「又逢五太子生兵及自盧州前來兀朮賊馬。」因據改。

㉜虜陣動　「虜」，原作「敵」，據叢書本改。

㉝百九十人　叢書本作「九百三人」，本書卷一四一亦載：「張俊上從軍死事將校姚端等九百三人。」此處疑誤。

㉞金人之犯淮也　「犯」，原作「至」，據叢書本改。

㉟自虜犯邊　「虜」，原作「敵」，據皇朝中興繫年要録節要改。

㊱人言非一　「言」，原闕，叢書本同，據皇朝中興紀事本末卷五五、宋史全文卷二一上補。

㊲嘗若寇至之無日　「寇」，原作「敵」，據叢書本改。

㊳八年六月　原作「八月六日」，本書卷一二〇有記事載：「上曰：『雖然，有備無患。縱使和議已成，亦不可弛兵備。』」其時正爲紹興八年六月，故據改。

㊴何可必弛　「可」，原闕，據叢書本補。

㊵虜退便當措置淮南　「虜」原作「敵」，「便」原作「使」，均據叢書本改。

㊶言者請兩淮控扼去處　此句前有「其」字，據叢書本删。

㊷餘州見任人不可倚仗者　「任」，原作「仁」，據叢書本改。

㊸從之　「從」，原作「去」，據叢書本改。

㊹日夜遣人至軍前求援　「求」，原作「來」，據叢書本改。

㊺計之不知所活其幾何也又縣尉終任獲强盜七人便許改官　「許改官」之前二十一字，原本俱闕，據叢書本補。

㊻夷其城而去　「夷」，原作「謀」，據叢書本改。

㊼今橋闊岸峻　「峻」，原作「領」，據叢書本改。

㊽王遺成閔以輕騎追之　「閔」，原作「功」，據叢書本改。

㊾虜之入寇也　「虜」原作「敵」，「寇」原作「犯」，均據皇朝中興繫年要録節要改。

㊿世忠亦命速歸　「歸」，原作「追」，據叢書本改。

51軍民皆棄所負之米於道側而去　「所負之米」，原作「戈負之采」，據叢書本改。

52金人自渦口渡淮北歸　「渡」，原作「波」，據叢書本改。

53王進與蕃賊力戰　「蕃賊」，原作「敵人」，據叢書本改。

54劉錡自和州引兵渡江歸太平州　「和」，原作「知」，據叢書本改。

55其母邵氏陷於夏國　「邵」，原作「郡」。「夏」，原作「憂」。均據叢書本改。

56宏初以僞命補官　「僞」，原作「爲」，據叢書本改。

57右宣教郎宋汝爲添差通判處州　「宋」，原作「宗」，據叢書本改。本書卷一五六有「右奉議郎通判處州宋汝爲既渡海來歸」云云記事，可佐證。

58秦檜聞之不樂　「秦」，原作「奏」，據叢書本改。

建炎以來繫年要録卷一百四十

1 紹興十有一年夏四月己巳朔，四川轉運副使、左中奉大夫、直徽猷閣李唐孺特進一官，右中散大夫井度直秘閣，録餉軍之勞也。

2 壬申，御史中丞何鑄言：「御前軍器所既屬工部，即合隸臺察。又匠工四千五百餘人，内二千九百餘人係諸郡差到，乞揀退其老弱不堪者。」從之。

3 癸酉，宿州觀察使、帶御器械鄭藻知閤門事。

4 乙亥，鎮潼軍節度使、開府儀同三司、判婺州、信安郡王孟忠厚判紹興府，兼照管昭慈聖獻皇后欑宮。照管欑宮繫銜，此似因向者劉一止論列之故。去年高世則判温州，帶景靈宮使入銜，前亦未有例也。

國學免解進士張竑上書言：「四川之利，其興未盡者有二：鄉兵不可不盡教，軍粮不可不廣糴。」大略欲教民兵於内郡，而令五等户粮納夫錢，漕司差官於豐穰之郡買粮，則不患不足。又言：「州縣官擾民，及隔槽破産，科舉徇私，入粟之人居官貪墨等凡十三害。」詔胡世將、張燾相度。按燾爲路帥，而兵財之事，與宣司同相度，此所謂四川事盡委卿也。

5 丙子，詔諸州縣量收免行錢。自宣和間，始復熙寧舊法，罷行户而令輸錢，至靖康初又罷①。紹興初，元年三月。雖令現任官市買方物，悉如民間之價，而污吏猶虧其直，議者以爲不便。會軍興用乏②，遂復令免行。仍詔公私和買物色，並依市直，違者以自盜論。日曆無此指揮，今以紹興十二年七月二十四日户、工部看詳狀收入。

6 己卯，參知政事兼權同知樞密院事孫近充資政殿學士，提舉臨安府洞霄宮。金人之犯淮西也，近請召張浚都督諸軍，秦檜大惡之。及敵退，御史中丞何鑄乃論：「近本無體國之忠，但有謀身之計，乞行罷黜。」近聞，引疾求去，上未許。鑄又劾近懷私立異。殿中侍御史羅汝檝因交章論近：「於君父之前，則繆爲將順，而多所面從。對士大夫之前，則退有後言，而惟知掠美。」乃有是命。

7 癸未，太府少卿沈昭遠守尚書右司員外郎。司農寺丞李椿年爲尚書度支員外郎。

8 乙酉，太尉、慶遠軍節度使、知鎮江府郭仲荀爲醴泉觀使，免奉朝請。仲荀引疾求去，故有是命。

9 戊子，上曰：「陣亡士卒多寡之數，人言不同，恐有漏落，則忠魂義魄，或不蒙贈典。莫若出榜，使死事之家得以自陳，則實數見矣。」

右承事郎張子顔、右承務郎張子正並直秘閣，賜六品服。二人皆俊子③，時俊自建康來朝，既對，遂有是命。自是大將子孫率多除職焉。

10 庚寅，復置將作、軍器監，長貳各一員。

詔祖宗時，樞密院無計議官，可罷之。

顯謨閣待制、樞密都承旨周聿沿江點檢措置防守還，入見。

右宣議郎、樞密院計議官王湛直秘閣，充節制陝西諸路軍馬，兼措置河東忠義軍馬司參議官。

右文殿修撰、湖北京西宣撫司參謀官朱芾充敷文閣待制，知鎮江府。司農卿李若虚充秘閣修撰，知宣州。二人皆岳飛幕客也。自軍中隨飛赴行在，上將罷飛兵柄，故先出之。

11 辛卯，詔給事中、直學士院范同令入對。初，張浚在相位，以諸大將久握重兵難制，欲漸取其兵屬督府，而以儒臣將之。會淮西軍叛，浚坐謫去，趙鼎繼相，王庶在樞府，復議用偏裨，以分其勢。張俊覺之，然亦終不能得其柄。至是，同獻計於秦檜，請皆除樞府而罷其兵權。檜納之，乃密奏於上。以柘皋之捷，召韓世忠、張俊、岳飛並赴行在，論功行賞。時世忠、俊已至，而飛獨後。檜與參知政事王次翁憂之，謀以明日，率三大將置酒湖上，欲出，則語直省官曰：「姑待岳少保來。」益令堂厨豐其燕具。如此展期以待，至六七日。及是，飛乃至，上即召同入對，諭旨，令其與給事中兼直學士院林待聘分草三制。是夕鎖院。

12 壬辰，揚武翊運功臣太保京東淮東宣撫處置使兼河南北諸路招討使節制鎮江府英國公韓世忠、安民靜難功臣少師淮南西路宣撫使兼河南北諸路招討使濟國公張俊，並爲樞密使。少保、湖北京西路宣撫使兼河南北諸路招討使岳飛，爲樞密副使。並宣押赴本院治事。世忠既拜，乃製一字巾，入都堂則裹之，出則以親兵自衛，檜頗不喜。飛披襟作雍容狀，檜亦忌之。中興聖政、何俌龜鑑曰：「謬哉，范同之爲檜畫計也。同之議曰：『諸將俱握重兵，必甚難制，莫若皆除樞密而罷其兵權。』此范同但求以助和議而然也，檜乃用之，詔罷宣撫兵隸樞院，附和則保富貴。是故張俊先至，則除美官。韓世忠、劉錡不言和，則傷於讒。岳飛最後至，被禍最慘矣。」

詔三省樞密院官依東京舊例，分班奏事。

13 癸巳，詔參知政事王次翁序位在岳飛之下。以飛階官爲少保故也。飛請班次翁之下，不許。上謂大臣曰：「昔三宣撫之兵分爲三軍，故有此軍作過而往投彼軍者，今合爲一，則前日之弊革矣。」

監察御史祝師龍試太府少卿。

大理寺丞王師心爲將作少監。

軍器監丞鮑琚爲軍器少監，填復置闕。師心與祝師龍皆自廣州鞫獄還，故有是命。

14 乙未，樞密使張俊言：「臣已到院治事，見管軍馬，伏望撥屬御前使喚。」時俊與秦檜意合，故力贊議和，且覺朝廷欲罷兵權，即首納所統兵。上從其請，復召范同入對，命林待聘草詔書奬諭。詔詞略曰：「李、郭在唐，俱稱名將，有大功於王室。然光弼負不釋位之釁，陷於嫌隙，而子儀聞命就道，以勳名福禄自終。是則功臣去就趨舍之際，是非利害之端，豈不較然著明？」意蓋有所指也。上謂韓世忠、張俊、岳飛曰：「朕昔付卿等以一路宣撫之權尚小，今付卿等以樞府本兵之權甚大。卿等宜各爲一心，勿分彼此，則兵力全而莫之能禦，顧如兀朮，何足掃除乎？」

是日，詔：「宣撫司並罷，遇出師臨時取旨。逐司統制官已下，各帶御前字入銜，令有司鑄印給付，且依舊駐劄。將來調發，並三省樞密院取旨施行。」仍令統制官等，各以職次高下，輪替入見。王伯庠撰王次翁叙記云：「紹興辛酉，敵人有飲馬大江之謀。大將張俊、韓世忠皆欲先事深入，惟岳飛駐兵淮西不肯動。上以親劄促其行者凡十有七，飛偃蹇如故。最後又降親劄曰：『社稷存亡，在卿此舉。』飛奉詔，移軍三十里而止④，上始有誅飛意。又世忠軍中親校温濟者，以世忠陰事來告，朝廷置濟於湖南。世忠連上章，乞遣濟至軍中，語甚不遜。是時，三大將皆握重兵，輕視朝廷。其年，柘皋之捷，有旨，令大將入朝論功行賞。俊、世忠已到，而飛獨未來。秦檜爲相，先臣參知政事，大臣止二人。檜憂之甚，先臣爲之謀，以明日率三大將置酒湖上，欲出，則語直省官曰：『姑待岳少保來。』益令堂厨，豐其燕具。如此展期以待者六七日。飛既到，以明日鎖院⑤，皆除樞密使，趣命入院供職，罷其兵柄。晡時有旨，鎖院，明日宣麻。是夜半，復以制分命三大帥軍中列校，使各統所部，自爲一軍，更其銜曰統制御前軍馬。凡其所統，陞黜賞罰，得專達之。諸校喜於自便，莫不欣然受命。明日，三大帥入授元樞之制既出，則其所部皆已散去，導從盡以密院之人。上之此謀，惟先臣與秦檜預之，天下歎服。三帥既罷兵柄，先臣語伯庠曰：『吾與秦相謀之久矣，雖外示閒暇，而終夕未嘗交睫，脱致紛紜，滅族非所憂，所憂宗社而已。事幸而成，上之英斷，與天合也，吾何力之有？』按此所云，夜半以制分命列校，更其銜爲統制御前軍馬一節，與日曆所書不同。日曆鎖院在辛卯，降制在壬辰。張俊歸部曲，及諸將帶御前字，在乙未。前後凡五日，不知伯庠何以云然。姑附此，更須詳考。

於是，禮部侍郎鄭剛中言於檜曰：「前所共憂者，一旦變爲平安之道。廟堂不動聲色，而三大將惟恐奉上兵籍之不先。彼曲士不通世務，挾口舌以議政者，已皆言塞意順，謂此非常之舉。」因爲檜陳善後之策，凡七事。大概以沿邊倚兵爲重，今大帥去則人心懼。昔日三帥兵律不同，今合而用之，固有以更易爲便，亦有念舊而不能忘者。又三帥分地而守，各任其責，今統制官在外，有如塵蒿，使誰糾合？又諸軍係宣司，按月勘請，今既罷，合漸立法，庶無冒請之弊。傳曰：「平亂責武臣。」望以數事，悉付右府，俾經畫之，而酌其可否。他日攻守進退，彼不得爲言矣。

右正言万俟卨試右諫議大夫。

15 丙申，詔三宣撫司官屬並優與陞等差遣。

是月，慕容洧破新泉寨，又攻會州，將官朱勇拒戰破之。洧憤，將益兵入寇川陝，宣撫副使胡世將遺洧書，勉以忠義。且言：「金人欲髡五路之人，太尉抗論以爲不可，人心積怒金人，而歸恩太尉，誠乘此時，料簡精鋭，保據險阻，儲積糧食，繕治甲兵，拒此殘敵，爲持久計。敵必舉兵以攻太尉，據險以待。世將當出兵岐隴，共乘其弊。如此，則太尉今日之舉，乃吴公和尚原之舉也。吴公之勳業寵禄，不再見於太尉焉往哉？比聞金人有疑太尉心，而置同帥於山後，事危矣，計不早定，禍必中發⑥。先發者制人，不易之論也，惟太尉圖之。」洧自是不復侵邊。勇本洛城人，在會州嘗與夏人戰，擒其驍將，由是知名。

1 五月戊戌朔，故武節郎、殿前司統制官鄭滋等六人贈官，録子孫有差，以淮西戰歿故也。

2 己亥，給事中兼直學士院實録院修撰范同爲翰林學士。

是日，柔福帝姬薨於五國城。此據十二年九月僞公主案欵修入。

3 庚子，賜三宣撫司統制官以下詔書：「朕延登秉鉞之元勳，並任本兵之大計。凡爾有衆，朕親統臨。肆其偏裨，咸得專達。尚慮令行之始，或墮素習之規。其各勵於乃心，以務肅於所部。」詔林待聘所草也。

4 辛丑，直秘閣、淮東轉運副使胡紡爲司農少卿，總領淮東軍馬錢糧，置司楚州。尚書度支員外郎、總領提舉大軍錢糧等事吴彦璋爲太府少卿，總領淮西江東軍馬錢糧，置司建康府。太府少卿、總領湖廣江西財賦曾慥爲太府卿，總領湖廣江西財賦、京湖軍馬錢糧，置司鄂州。各專一報發御前軍馬文字，諸軍並聽節制。蓋使之與聞軍事，不獨職餽餉云。總領官正名，自此始。

5 壬寅，右文殿修撰陳桷充敷文閣待制，知池州。

蘄州防禦使辛永宗爲明州觀察使，提舉亳州明道宮。右武大夫、欽州刺史王敏求爲左武大夫，添差兩浙西路兵馬鈐轄，仍釐務。桷，韓世忠幕客。永宗、敏求，張俊、岳飛親校也。以罷從軍，故遷之。

詔親衛大夫、利州觀察使、荆湖南路馬步軍副總管馬擴累乞宮觀，特依所乞。

6 癸卯，御前統制昭信軍承宣使王勝、江州觀察使劉寶並加龍神衛四廂都指揮使。磁州團練使成閔爲棣州防禦使。中亮大夫、果州觀察使岳超領武勝軍承宣使。四人皆韓世忠部曲也。

成州言：「同谷縣民王澤六世同居，行義異常。宅前後有二柳，皆同根，榦中分二股，上復長合，實爲奇異[7]。」詔旌表門閭。

7 甲辰，顯謨閣待制、樞密都承旨周聿試尚書刑部侍郎。

試尚書禮部侍郎鄭剛中爲寶文閣直學士、樞密都承旨。

御前統制、武功大夫、通州團練使兼閤門宣贊舍人李捧落階官，爲岷州團練使。敦武郎顧暉爲武翼大夫、忠州刺史。二人皆張俊部曲也。

8 乙巳，樞密使韓世忠獻西馬五百匹在楚州諸軍者，詔收入帳。

9 丙午，詔文臣封敘，並許帶左右字。

10 丁未，詔韓世忠聽候御前委使，張俊、岳飛帶本職前去按閱御前軍馬，專一措置戰守。時秦檜將議和，故遣俊、飛往楚州，總淮東一路全軍⑧，還駐鎮江府。二樞密出使，未見降旨之日。今年六月二十日，耿著欵狀云：「五月上旬有指揮，韓世忠聽候御前委使，張俊、岳飛出外按閱軍馬。」丁未，初十日也，故附於此日。又按日曆，此月十一日戊申，韓世忠獻錢粮之在楚州者，宜與此相關，權附此，須求他書參考本日。

11 戊申，樞密使韓世忠言：「自提兵以來，有回易利息，及收簇趲積軍須，見在錢一百萬貫，排垛楚州前軍，軍中耕種並椿管米九十萬石，見在楚州封椿，及鎮江府、揚、楚、真州、高郵縣、江口、瓜洲鎮正賜公使回易激賞等酒庫一十五⑨，合行進納，望下所屬交收。」詔嘉奬。

尚書右司員外郎沈昭遠權户部侍郎。時命昭遠措置津發般運楚州錢米，故有是命。後三日，昭遠辭行。

太常少卿陳桷權尚書禮部侍郎。

尚書左司郎中施坰守太常少卿。

左武大夫忠州刺史王剛、武功大夫果州團練使知襄陽府御前遊奕軍統制武糾並進横行一官，二人皆岳飛部曲也。

12 己酉，尚書右司員外郎錢葉、太府少卿李公懋並爲左司員外郎。司封員外郎楊愿、司勳員外郎莊必强並爲右司員外郎。

13 庚戌，龍神衛四廂指揮使、福州觀察使韓世良爲奉國軍承宣使，提舉醴泉觀。世忠之使樞密也，世良自權主管步軍司公事引嫌罷軍職，故遷之。

14 辛亥，御前統制、相州觀察使王德爲興寧軍承宣使。廬州觀察使田師中爲保寧軍承宣使。協中大夫武勝軍承宣使劉寶、翊衛大夫武勝軍承宣使李横並爲正任觀察使。新州刺史馬立爲正任防禦使。翊衛大夫、楚州團練使張淵落階官。德仍充侍衛視軍馬軍都虞候，師中、立並充龍神衛四廂都指揮使。六人皆張俊部曲，以宿、亳功，依所擬定也。

15 壬子，上謂宰執曰：「士大夫言恢復者皆虚辭，非實用也。用兵自有次第，朕比遣二樞使按閲軍馬，措置戰守[10]，蓋按閲於先，則兵皆可戰，兵既可戰，則能守矣。待彼有釁，然後可進討以圖恢復，此用兵之序也。」

16 甲寅，詔樞密行府於鎮江府置司，仍令遍行巡歷措置。

直秘閣、知泰州王喚爲淮南東路轉運副使。

17 丙辰，罷三樞密府承受文字官員[11]，以御史中丞何鑄言：「韓世忠等既已除樞密使副，稽之典故，大臣投進文字，自有通進司，欲望減罷承受文字官。」故有是命。

中書舍人程克俊淮南幹事還，入見。

檢校少傅、保信軍節度使、提舉臨安府洞霄宫汪伯彦薨，年七十三。上悼之，後九日降制，除開府儀同三司致仕[12]。訃聞，贈少師，賜其家田十頃，銀帛千疋兩，官給葬事。又官其親屬二人於饒州。後謚忠定。熊克小曆稱是日開府儀同三司汪伯彦卒於饒州。伯彦除儀同在此月乙丑，方薨時[13]，第以檢校官爲節度使也。

18 庚申，太尉、保成軍節度使、充殿前副指揮使主管都指揮使公事楊沂中爲檢校少保、開府儀同三司，賞柘臯之捷也。林泉野記云：「楊沂中濠州敗績，殿前司兵幾盡。秦檜利其繆，加沂中開府儀同三司，以慢軍勢。」

資政殿學士、知泉州富直柔提舉臨安府洞霄宮。先是，州之録事參軍誤以流罪囚陳翁進爲死罪囚，陳進哥既論決矣⑭，直柔乃自劾，上以大臣不問，但劾其官吏。直柔慚懼，力請奉祠，言者論之，詔提刑司取勘。

右朝議大夫、直敷文閣、江西轉運副使李仲孺⑮，以淮西餽運之勞，特轉行一官。

左武大夫耿著遥郡刺史，添差荆湖南路兵馬都監。著，韓世忠親校也。於是，世忠官屬十五人並進秩一等，選人改合入官。

徽猷閣待制、提舉江州太平觀勾濤卒於秀州。濤奉祠退居，上歲賜以金帛茶藥，恩禮優異。嘗除知潭州，不赴，比訃聞，上顧近臣曰：「勾濤死矣。」悼惜久之。

19 辛酉，布衣虞宰獻樂曲詩。上謂大臣曰⑯：「士大夫所進文字，朕詳覽熟思，蓋欲知民之利病，政之臧否，朕躬之失耳⑰。若溢美之言，實不欲聞，可令還之。」乃詔檢鼓院自今獻無益之言，不干政體者，勿受。

20 癸亥，左朝請大夫、直秘閣劉阜民充秘閣修撰，知秀州，以淮東宣撫司結局推恩也。

饒州童子江安國九歲，其弟定國七歲，皆能誦經子書，詔免解一次。

21 甲子，侍衛親軍馬軍都虞候、興寧軍承宣使、熙河蘭鞏路馬步軍副都總管、御前統制王德爲清遠軍節度使，賞柘臯之捷也。龍神衛四廂都指揮使、保寧軍承宣使、秦鳳路馬步軍副都總管、御前統制田師中爲平江軍節度使，亦賞柘皋之捷也。初，張俊之長子早卒，其婦更嫁師中，因呼俊爲阿父，事之如子姓，故每戰必有奇功，而天下之人，不信其果戰也。至是，與王德並建節鉞⑱，人無愚智，皆以德爲當，而不稱師中。此並據徐夢莘所編附入。

詔丁憂人前左奉議郎張九成令在家持服，候服闋日取旨。初，徑山僧宗杲聚徒千餘⑲，士大夫從之游者甚衆，而九成亦往來其間。秦檜疑其議己，言者即奏：「近者朝廷延登功臣，寘之樞筦，而異意之人，不顧安危，鼓倡浮言，誑惑衆聽。如九成者，實爲之首，宗杲從而和之，恣行誹訕，務欲摇動軍政，以快其私。伏望嚴賜處分。」詔宗杲特還俗，送衡州編管，而九成有是命。

左朝散大夫王燾落致仕。燾守象州，年五十九歲而告老。至是，顯謨閣學士梁揚祖等三人薦其才，故復令出仕。言者論：「燾頃以受賕事露，爲部使者按治，遽稱疾休致，不可再齒搢紳。」乃罷之。

22 丙寅，左中大夫、直秘閣、淮東轉運副使王晚陞直龍圖閣。以晚往在單州，嘗應副元帥府錢糧，礙止法，未得遷故也。

詔：「汀州編管人范濚免監管，令赴貶所。」濚守鄂州，坐故縱郝抃，爲韓世忠所劾抵罪。至是，用世忠請而釋之。事初見紹興九年正月。

1 六月戊辰朔，責授單州團練副使劉子羽復右朝請大夫、知鎮江府，兼沿江安撫使。初，樞密使張俊嘗爲子羽之父韐部曲，韐器之。俊薦其才，故復用。俊晚年主和議，與秦檜意合，上眷之厚，凡所言，朝廷無不從，薦人爲監司郡守，帶職名者甚衆。自俊晚年主和議已下，並據林泉野記附入。

2 辛未，上謂大臣曰：「外國不可責以中國之禮。朕觀三代以後，惟漢文帝待匈奴最爲得體，彼書辭倨傲，則受而勿較，彼軍旅侵犯，則禦而勿逐[20]。謹守吾中國之禮，而不以責外國，此最爲得體也。」

權尚書工部侍郎晁謙之充敷文閣待制，提舉江州太平觀。謙之引疾乞祠，故有是命。

直秘閣、三京等路招撫處置使司參謀官陳袞爲淮南東路轉運副使。

3 壬申，户部奏贖刑文字。上曰：「朕謂凡爲政之本，必抑强扶弱，民乃能立。今使富者犯死，法得以金自贖，則貧無金者，豈能獨立乎？贖刑既非祖宗法[21]，似未可用也。」

太府卿、總領湖廣江西財賦曾慥充秘閣修撰，提舉洪州玉隆觀，以疾自請也。

左朝請郎林大聲爲尚書度支員外郎，總領湖廣江西財賦、湖北京西軍馬錢糧。大聲，侯官人。初爲永嘉丞，用章誼薦，擢守建昌。秦檜寓居永嘉，與之厚，遂驟用之。

4 癸酉，分行在省倉爲三界，界百五十萬斛。凡民户白苗米，南倉受之，以廩宗室百官，爲上界。次苗米[22]，北倉受之，以給衛士及五軍，爲中界。糧米，東倉受之，以備諸軍月糧，爲下界。

5 甲戌，上謂宰執曰：「中興自有天命。光武以數千破尋、邑百萬，豈人力所能乎？朕在宫中，聲色之奉，未嘗經心，只是静坐内省，求所以合天意者。」秦檜曰：「陛下聖德，畏天如此，中興可必也。」

6 乙亥，左光禄大夫、守尚書右僕射、同中書門下平章事兼樞密使、華國公秦檜爲特進、尚書左僕射，封慶國公。宣制畢，上臨軒再坐，引檜入見，命坐賜茶。

詔有司造尅敵弩，韓世忠所獻也。上謂宰執曰：「世忠宣撫淮東，日與敵戰，常以此弩勝金。朕取觀之，誠工巧，然猶未盡善。朕籌累日，乃少更之，遂增二石之力，而減數斤之重。今方盡善，後雖有作者，無以加矣。」乃命殿前司閱習，將士有能貫甲踰三石力，弩施三十矢者，進秩一等。三石五斗力者，倍之。賞格在七月丁巳。

7 辛巳，右宣教郎、主管台州崇道觀趙慶孫等六人並停官，永不得與堂除，以言者論其不孝也。或曰慶孫嘗爲趙鼎所薦，故秦檜斥之。

8 壬午，布衣吳曾特補右迪功郎。曾，臨川人，獻所著左氏發揮而有是命。

9 癸未，資政殿大學士、江南東路制置大使兼知建康府葉夢得陞觀文殿學士。徽猷閣待制、知明州兼浙東沿海制置使仇悆與寶文閣直學士、知平江府兼浙西沿海制置使梁汝嘉兩易。悆爲人刻急[23]，軍士頗不安之。

僧王法恩因與軍民施宥、鄒子明等陰謀爲變。法恩者，以持穢迹咒著驗，郡人頗神之。不逞之徒，因以是幸富貴，約以是月庚寅奉法恩爲主，舉兵盡戕官吏及巨室，然後掃衆趨臨安，不得志則逃入海。悆改命後六日，其徒書法恩甲子，詣卜者包大常問休咎，俄而沓至，所問命皆同。大常疑焉，紿最後至者曰[24]：「此非君五行，在五術中，有不可言之貴，其人安在？我當自與言，不敢泄諸人也。」法恩至其肆，大常遽拜之，導以入，俾妻子拜舞，奉觴爲壽。良久，大常詐爲市殽饌，密詣直徽猷閣、通判、權州事高世定告之，世定亟遣兵官掩捕，得法恩與其徒數十人，皆論如法。以大常爲保義郎。據浙東提刑司所申，大常以六月二十二日告變，僉以十六日改除，相去六日。大常八月補官，今併書之。

是日，張俊、岳飛至楚州。飛居城中，俊居於城外。中軍統制王勝引甲軍而來，或告俊曰：「王勝有害樞使意。」俊父名密，四月甲午得旨，以樞使稱呼。俊亦懼，問何故擐甲。勝曰：「樞使來點軍，不敢不貫甲耳。」俊乃命卸甲，然終憾之。飛視兵籍，始知韓世忠止有衆三萬，而在楚州十餘年，金人不敢犯，猶有餘力，以侵山東，可謂奇特之士也。時統制河北軍馬李寶戍海州㉕，飛呼至山陽，慰勞甚悉，使下海往山東牽制。寶焚登州及文登縣而還。俊以海州在淮北，恐爲金人所得，因命毀其城，遷其民於鎮江府。人不樂遷，莫不垂涕。俊遂總世忠之軍還鎮江，惟背嵬一軍赴行在。

10 甲申，右武大夫、忠州團練使、知河南府李興以所部至鄂州。興據白馬山，與李成相拒，凡數月。朝廷以興糧餉道梗，孤軍難守，乃命班師。興率軍民僅萬人南歸。至大章谷，遇金人數千要路，興擊退之。至鄂州，都統制王貴言於朝，遂以興爲左軍同統制。

11 辛卯，武經郎、吉陽軍使楊雍言：「徽宗御製叙述宣和内禪事因及罪己奏天密表真本見在萬安軍蔡攸子孫家。」詔藏敷文閣。

12 壬辰，太保、三京等路招撫處置使、雍國公劉光世罷爲萬壽觀使。金人始渝盟，光世嘗請以舒、蘄等五州爲一司，選置將吏，宿兵其中，爲藩籬之衛。諫官万俟卨言：「光世欲以五州爲根本，將斥旁近地自廣，以襲唐李藩鎮之蹟，不可許也。」及是，三大將既罷，光世入朝，因引疾丐祠。上謂大臣曰：「光世勳臣，朕未嘗忘。聞其疾中無聊，昨日以玩好物數種賜之，光世大喜，秉燭夜觀，幾至四更。朕於宮中，凡玩好之物，未嘗經目，止須賜勳舊賢勞耳。」光世既罷，遂寓居永嘉焉。光世乞五州爲一司，據孫覿撰卨墓誌云耳，而不得其年月。熊克小曆附之去年六月。按卨去年閏六月，始自湖北提刑還朝，除湖南運判㉖，又除監察御史，八月方除右正言。克蓋甚誤，今權附此，當求其本日。

13 丙申，金州言：「免解進士蔣舉，宣和初丁母憂，廬墓，墳生芝草。」詔旌表門閭。

是月，川陜宣撫副使胡世將言：

敵人自聞兀朮大敗之後，其跳梁之勢，比之前日稍衰。此廟堂制勝，將士協和，大挫凶威，福及遐邇，天下幸甚。撒離喝在長安，猶敢揭榜諸處，自謂東南獲捷，以安人心。衆不可欺，往往唾罵。三月二十二日，長安白日昏暗，至舉燈燭。又鋒刃之端，悉皆有火。議者謂白日昏暗，陰太盛也。鋒刃有火，將自焚也。敵方肆其貪暴，結怨士民，其滅亡固可待矣。

近差往長安幹事官吳名世申，金人累經敗衄，可以乘勢出兵。緣金人重兵多在岐、隴一帶，不住探得練兵聚糧，欲來侵犯。又各增城濬濠，爲自保之計。度其勢，固未能動，止恐別有包藏。臣見今精審間探，密結土豪，多方以圖之，非十分得便，豈敢輕舉？向蒙朝廷指揮，令招諭慕容洧，此最今日所宜先者。本司節次遣人入僞地，先次結約到環慶路都監屈元等，又令幹事官章欽并間探人王貴、張仲元等，密切前去，及聞秦弼見作僞涇原帥，近與金人有隙，亦令齎書，諭以朝廷德意，冀其改圖。自餘忠義軍民，在陝西結集者甚多，一一推誠撫納。仍令各先占地利，可以保聚，俟有機便，則内外相應。並據前後探報，計算元帶過河甲軍從軍約五萬人，自去年五月至今，諸將獲捷大小五十次，殺傷及招收敵軍約三萬人。若陝右忠義保聚得數處，稍能自立，則敵勢必分，其弊可乘，當與諸帥共圖進擊，或見機便，不敢遺力。

徽猷閣待制洪皓在敵中，求得皇太后書，是夏，遣邵武布衣李微齎來。上大喜，因御經筵，謂講讀官曰：「不知太母寧否幾二十年，雖遣使百輩，不如此一書。」遂命微以官。此據洪皓行述。

校勘記

① 至靖康初又罷　「罷」原闕，據宋史全文卷二一上補。

② 會軍興用乏　「軍興」，原作「興軍」，據宋史全文卷二一上乙正。

③ 二人皆俊子　「俊」，原作「浚」，據叢書本改。下同。據宋史張俊本傳，張俊有五子，子顔、子正是其二。

④ 上以親札促其行者凡十有七飛偃蹇如故最後又降親札曰社稷存亡在卿此舉飛奉詔移軍三十里而止　以上四十二字，原俱闕，據叢書本補。又其中「三」字，原作「二」，據金佗稡編卷二三、宋名臣言行録别集下卷八岳飛所引叙記改。

⑤ 以明日鎖院　「鎖」，原作「鎮」，據叢書本改。

⑥ 禍必中發　「禍」，原作「計」，據叢書本改。

⑦ 實爲奇異　「異」，原闕，據叢書本補。

⑧ 總淮東一路全軍　「路」，原闕，據叢書本補。

⑨ 瓜洲鎮正賜公使回易激賞等酒庫一十五　「洲」，原作「州」，逕改。

⑩ 措置戰守　「措」，原作「指」，據叢書本改。

⑪ 罷三樞密府承受文字官員　「官」，原作「宦者」，據叢書本删改。按：下文既謂「減罷承受文字官員」，不涉及宦者，知爲筆誤也。

⑫ 除開府儀同三司致仕　「致」，原作「到」，據叢書本改。

⑬ 方薨時　「薨」，原作「囊」，據叢書本改。

⑭ 州之録事參軍誤以流罪囚陳翁進爲死罪囚陳進哥既論決矣　「進哥」，叢書本作「翁進」。按：文獻通考卷一六七刑制載：「大理寺丞石邦哲上疏曰：『如泉州獄案已成，陳翁進合決配，陳進哥合決重杖。姓名略同而罪犯迥別，臨決遣之日，乃誤以陳四閑爲陳四，以陳翁進爲陳進哥，皆已配而事方發。』」知原本爲二人不誤，然謂陳進哥已決死，則與通考記事不合。而叢書本以意改進哥爲翁進，更於事實不合也。

⑮ 右朝議大夫直敷文閣江西轉運副使李仲孺　「孺」，原作「儒」，據叢書本改。

⑯ 上謂大臣曰　「謂」，原作「頌」，據叢書本改。

⑰ 朕躬之失耳　「失」字前原有「得」字，據皇朝中興繫年要録節要删。

⑱與王德並建節鉞　「與」，原闕，據叢書本補。

⑲徑山僧宗杲聚徒千餘　「僧」，原作「僧」，據叢書本改。「千」，原作「十」，叢書本同。按：皇朝中興紀事本末卷七一載：「秘閣修撰張九成與徑山主僧宗杲爲莫逆交。時緇流之赴宗杲者，皆百舍重趼，凡二千餘衆。徑山雖巨刹，至無所容。宗杲更敞千僧閣以居之。」宋名臣言行録別集下卷九張九成所載亦同，咸淳臨安志卷七〇則作「法席學徒一千七百人，來者猶未已」，故據改。

⑳彼書辭倨傲則受而勿較彼軍旅侵犯則禦而勿逐　二「勿」字原闕，據叢書本補。

㉑贖刑既非祖宗法　「既」，原作「即」，據皇朝中興繫年要録節要改。

㉒次苗米　「米」，原作「次」，據叢書本改。

㉓悆爲人刻急　「刻」，原作「劾」，據叢書本改。

㉔紿最後至者曰　「紿」，原作「始」，據叢書本改。

㉕時統制河北軍馬李寶戍海州　「海州」，原作「海外」，據文津閣本改。

㉖除湖南運判　「除」，原作「附」，據叢書本改。

建炎以來繫年要録卷一百四十一

1 紹興十有一年秋七月丁酉朔，鎮潼軍節度使、開府儀同三司、判紹興府、信安郡王孟忠厚爲少保。

2 戊戌，實録院進呈徽宗皇帝實録六十卷，自元符三年至大觀四年。

3 庚子，上以臨安旱，蔬食請禱，決滯獄，出繫囚。後二十四日，大雨。

翰林學士兼實録院修撰范同爲參知政事。

4 辛丑，司農少卿高穎罷，以言者論其卑凡也。自此，諸大將之客稍稍被罪矣。

5 壬寅，新福建路轉運判官董將、江西路轉運判官孫邦並罷。以言者論：「將、邦皆孫近之死黨。自近罷政，而二人者陰懷怨望，至於鼓飾浮言，撼摇軍政。」故斥之。

給事中兼侍講兼權直學士院林待聘兼直學士院。

中書舍人兼侍講程克俊試給事中。

起居舍人兼實録院檢討官朱翌試中書舍人兼實録院修撰。

侍衛親軍馬軍都虞候、武泰軍節度使劉錡乞宫觀。詔錡疾速赴行在奏事。

左武大夫耿著杖脊刺配吉陽軍牢城。先是，韓世忠既罷兵，遣著先之山陽，著與總領財賦官胡紡有舊，爲紡言：「朝廷令二樞密來分撥軍馬。」紡言：「嘗與諸軍議，欲開落走死逃亡之在籍者。」著又言：「軍中弊倖，雖郭子儀、李光弼不能無。若一日頓革，未必不生事。呂祉之戒，不可不慮。」紡奏著鼓惑衆聽，事下大理，故有是命。紡始媚事著等，故亟爲世忠所薦，及世忠罷，紡首訐其過焉。

初，天聖間立川交子法，三歲一易，令民户輸紙墨費三十錢。至是，詔增爲六十四。每界亡慮一百七十萬緡，其更易不盡者，亦二十餘萬緡，號水火不到錢。悉令計司取之，以備邊用。

6 癸卯，言者論：

旱魃爲虐，蓋州縣之間有傷和氣者七事。昨降指揮，許江、浙折帛錢以十分爲率，紬折六分，絹折三分，綿折五分，紬絹疋八千，綿每兩五百，皆所以寬民力也，而州縣乃盡令折錢一也。民間積欠税物，比令分四科隨税帶納，而州縣應民間七年、八年、九年積税，盡令一併送納，二也。諸州軍匠，盡赴軍器所充役，逃病死亡，殆無虚日，三也。此項今年四月壬申已得旨減退，不知何以如舊。頃者，鎮江府起蓋倉屋二百餘間，計其費不下十餘萬緡，皆民之脂膏，四也。頃以國公出閤，勳臣還朝，修建府宅，又興立營寨，爲諸軍老幼歸宿之地，雖不得已，豈免怨咨？五也。頃者，復免行錢，既兼收於貧弱下户，後連及於鄉村下店，民有肩鋪而廢業者，六也。獄者人命所繫，長吏或誤殺人，巡尉執平民以爲寇，七也。望特降睿旨，督諸路憲漕，求所以更張蠲免裁減而禁戢之，勿爲文具，以召和氣。

詔分送合屬去處，條具申尚書省。

直秘閣、陝西節制司參議官王湛入辭，上以御劄賜川陝宣撫副使胡世將曰：「已降詔旨，委卿宣諭諸將，保捍關隘，極力戰守。如有建立奇功，當加不次之賞。今遣湛申諭朕意，併令面飭諸將。」又賜知金州兼節制陝西軍馬郭浩詔書，俾遍諭諸路舊臣，使爲内應。詔林待聘所草。

7 甲辰，直顯謨閣、提舉川陝茶馬馮康國奏：「近聞敵在長安，三月二十三日，晝晦，油酒變色皆白，兵刃出光焰。涇州雨沙，旱災相仍，赤地千里。」上曰：「景象異甚，天變示人，殆不虚也。自古無文德而有武功，往往非國家之福。而敵好兵嗜殺，肆爲無道，不畏天，不恤人，其能久乎？朕當修人事以待之耳。」

御史中丞何鑄入對，復論資政殿學士孫近之罪，以爲：「近自罷政以來，每對客談，即云：『緣與陛下與秦檜議邊事不合，遂致丐祠而去。』一時好事之人，往往傳爲口實。且如兹者延登勳臣，置在樞筦，此皆成算素定，億姓均懽，顧近何爲而云不合？揆近之意，不過掠虚美於一己，嫁實怨於君上。欲望將臣日所論近章，亟行頒降，使天下之人，知近果爲懷私異議而去，初不爲陛下與秦檜議邊事不合而去也，則天下之所以爲觀聽者勿惑矣。」從之。

尚書兵部侍郎張宗元充寶文閣直學士、知平江府兼浙西沿海制置使，代仇悆也。朝廷始聞王法恩事，故亟罷之，悆亦乞奉祠，改提舉江州太平觀。悆得祠在是月己酉。

樞密使張俊上從軍死事將校姚端等九百三人，其七百四十七人共官其子孫九百六十四，餘一百五十六人①，各賜其家帛二十疋。自端至李青等三百三十人，仍各贈八官至一官。並從之。

8 乙巳，左朝散大夫、提舉江州太平觀劉岑責授單州團練副使，全州安置。先是，度支員外郎李椿年審究岑三郡妄支之數，爲錢六十七萬餘緡，其間有市馬及銀器供張帟物之歸己者，故有是命。

9 丁未，特進、尚書左僕射、同中書門下平章事、提舉實録院、慶國公秦檜以進書恩遷少保，封冀國公。

10 戊申，萬安軍編管人温濟量移潭州，用韓世忠奏也。濟始以告耿著得罪，著既敗，世忠乃請遷之。事初見九年九月戊戌。

11 己酉，命參知政事范同兼修實録。

12 庚戌，詔實録院修撰官以下，各轉行一官。於是，延福宫使、慶遠軍承宣使、入内内侍省都知、都大提舉諸司梁邦彦落階官，提舉江州太平觀。靖康後，宦者除正任，自此始。邦彦除正任，日曆不書。林待聘内制集有除充詔書云：「屬者祇嚴寶册，勒成信書。皆一時大典，而爾庀職其間，咸有績用。」蓋即此賞也。答詔在張俊辭太傅、胡世將乞奉親、孟忠厚辭少保之後，岳飛乞罷樞副、張中孚辭起復之前。以日曆考之，忠厚除少保在此月丁酉。世將乞奉親在丁未。俊除太傅在己未。中孚起復在八月戊辰。飛罷樞副在甲戌。則邦彦除命，必在此時。今併附降旨之日，俟考。

13 壬子，右諫議大夫万俟卨言：「伏見樞密副使岳飛，爵高禄厚，志滿意得。平昔功名之念，日以頹墮。今春，虜寇大入[2]，疆埸騷然。陛下趣飛出師，以爲犄角。璽書絡繹，使者相繼於道，而乃稽違詔旨，不以時發。久之，一至舒、蘄，匆卒復還。所幸諸帥兵力，自能却賊[3]，不然，則其敗撓國事，可勝言哉？比與同列按兵淮上，公對將佐，謂山陽爲不可守，沮喪士氣，動摇民心，遠近聞之，無不失望。伏望免飛副樞職事，出之於外，以伸邦憲。」

14 癸丑，上謂大臣曰：「山陽要地，屏蔽淮東。無山陽則通、泰不能固，賊來徑趨蘇、常，豈不搖動？其事甚明。比遣張俊、岳飛往彼措置戰守，二人登城行視，飛於衆中倡言：『楚不可守，城安用修？』蓋將士戍山陽厭久，欲棄而之他，飛意在附下以要譽，故其言如此，朕何賴焉？」秦檜曰：「飛對人之言乃至是，中外或未知也。」先是，飛數言和議非計，檜大惡之。岳侯傳云：「紹興十一年，大金約和，上令議和事便與不便，侯奏曰：『金人無故約和，必探我國之虛實。如年前正約和間，併兵盡舉，張俊不能迎遏，其軍大潰，失陷川、陝。兀朮、韓常重兵攻淮西，是時韓世忠在楚州，亦無所措，遂求救於朝廷。後無旬日，盡失淮、楚，退兵回住鎮江，以拒江爲險，更無前進之意。大概行兵無方略，料敵無智勝，賞罰不明，信令不行，兵無鬬志，是以戰之不尅，攻之不拔，則敗之由也。如臣提兵深入敵境，潁昌之戰，我兵大捷，敵衆奔潰，前入汴京。當時戮力齊心，上下相副，併兵一舉，大事可成。今日兀朮見我班師，有何懼而來約和？豈不爲詐？據臣所見，爲害不爲利也。』」此奏不見於他書。按飛自郾城歸後，兀朮未嘗求和，又其詞拙樸，疑亦未真。姑附著於此，存其意可也。及是，飛自楚州歸，乃令禼論其罪，始有殺飛意矣。熊克小曆稱禼言：「飛倡言棄兩淮以動朝廷，此不臣之漸也。」蓋孫覿撰禼墓誌云耳。今日曆載禼三章，乃無此語，克又不考，而遂因之。今仍載其本文，庶不失實。

詔權尚書吏部侍郎張宦與外任。宦乞奉祠，乃以爲集英殿修撰，提舉江州太平觀。

寶文閣直學士、新知明州梁汝嘉落「直」字。

15 甲寅，侍衛親軍馬軍都虞候、武泰軍節度使劉錡知荊南府，罷其兵。張俊深忌錡與岳飛，每言飛赴援遲，而錡戰不力也。飛請留錡掌兵，不許。時有處士孫元濟者，聞除錡荊南，竊謂：「比之弈碁，此最高着也。」人問其故，元濟曰：「陝、蜀諸軍，但知吴氏。襄、漢諸軍，尚思岳家。江陵在蜀、漢之間，而錡有威名，爲諸將所服。且聞有詔，或遇緩急，旁郡之兵許之調發。銷患未形，此廟算也。非吾君大聖，其孰能與此？」元濟，江陰人也。

中書門下省檢正諸房公事魏良臣權尚書吏部侍郎。

右奉議郎宋貺爲軍器監主簿。

昭慶軍節度使、開府儀同三司、萬壽觀使韋淵乞從便往外郡，尋訪醫藥。許之。

16 乙卯，詔階、成、岷、鳳、金、商、秦、隴州、永興軍、鳳翔府州縣官，並依光州已得旨，到任半年，減二年磨勘，任滿遷一官。以極邊故也。

17 己未，少師、樞密使、濟國公張俊爲太傅，進封廣國公，賜玉帶。以俊首抗封章，請歸部曲也。俊請：「離軍將佐，並與添差差遣。」從之。其後，大爲州郡之患。

18 庚申，詔文武官陳乞致仕、身亡，雖在給敕之前，並聽蔭補。用考功員外郎游損請也。上謂大臣曰：「士風陵夷，以一官之故，父死匿喪以俟命，蓋立法有未盡也。朕謂濫與人官，雖害法，其體猶輕。若風教不立，使人飾詐苟得，棄滅天理，其害甚大，況在法所當得乎？」損，酢子也。

19 辛酉，尚書禮部郎中張擴守起居舍人。王明清揮麈録云：「張彦實爲著作郎，秦檜當軸，其兄楚材爲秘書少監，約彦實觀梅於西湖。楚材、彦實次其韵。檜見之，大稱賞曰：『旦夕當以文字官相處。』遂擢左史，再遷而掌外制。」按廣紹興九年五月自著作佐郎遷祠部員外郎，十年四月遷禮部，又陞郎中。今年七月，遷起居舍人。十二月，秦梓方除秘書少監。明年正月，廣遷起居郎。明清蓋小誤也。

20 癸亥，秘閣修撰、知臨安府俞俟陞敷文閣待制。

是日，大雨。翌日，輔臣稱賀。上曰：「朕日來卧不安席，夜半猶未交睫，懼德不類，或政有闕失，每事循省殆遍，恐旱災必有致之之由。若乃祈禱之禮，但循其文耳。」

是月，樞密使張俊復往鎮江措置事務。副使岳飛留行在，以二人議事不叶故也。俊因奏事，乞趣淮西之賞。上曰：「功賞後時在將帥，不在朝廷。」俊問所以然，上曰：「軍士有出戰者，有輜重及守營者，凡所謂戰功，皆戰士也。今更不分，全軍皆要推賞，動數萬人，朝廷何以行之？」俊曰：「誠如聖諭。初因一軍如此，故諸軍效之。臣今蒙專任，當誡諸統制官，只保明實出戰者，庶可漸革前弊。」

端明殿學士、提舉臨安府洞霄宮徐俯薨於饒州。

1 八月丙寅朔，劉錡入辭，命坐賜茶。

武功大夫、榮州團練使兼閤門宣贊舍人、知泗州劉綱知揚州，主管淮東安撫司公事，總領節制本路諸州水寨民兵。先是，淮東轉運副使陳袞劾帥臣劉光遠[4]，歷守真、揚二州，移用公私錢斛金銀雜物十餘萬貫石匹兩，收支不明。詔浙西提刑司劾治，故命綱代之。光遠之劾，日曆不書。今以十月二日陳袞乞移差遣狀修入。

左武大夫、添差江南西路兵馬都監樊序知楚州。

2 戊辰，前檢校少傅寧國軍節度使醴泉觀使張中孚[5]、前龍神衛四廂都指揮使清遠軍承宣使張中彦，並特起復。中孚添差兩浙東路馬步軍副都總管，中彦添差福建路馬步軍副都總管，以其丁内艱故也。中孚等力辭，乞依前行在宮觀。許之。中孚等奉祠，在十二月丁卯。

中書舍人兼實録院修撰朱翌乞：「祀韓厥於作德廟，仍就行在所權創祠宇。」詔禮部討論，如所奏。

3 辛未，尚書吏部郎中李鞈試將作監。吏部員外郎劉才邵守軍器監。始除也，上覽除目曰：「凡事必謹始。館職寺監丞，乃郎官卿監之選也。郎官卿監，乃侍從之選也。凡除館職寺監丞，必擇他日可補郎官卿監之闕者。凡除郎官卿監，必擇他日可補侍從之闕者。如此，則士安分守，而奔競之風息矣。若不謹始，用非其才，久而不遷，則士有留滯之歎。以序遷之，又有不稱職之誚，不可不謹。」

尚書都官員外郎施鉅爲吏部員外郎。

4 壬申，資政殿學士顏岐薨於福州。

5 癸酉，左承議郎高穎添差福建路安撫大使司參議官，限三日之任。令湖廣總領官林大聲優與津發。

6 甲戌，少保、樞密副使岳飛復爲武勝定國軍節度使，充萬壽觀使。右諫議大夫万俟卨既劾飛罪，未報。御史中丞何鑄、殿中侍御史羅汝楫復交疏論之。大略謂：「飛被旨起兵，則略至龍舒而不進。銜命出使，則欲棄山陽而不守。以飛平日，不應至是，豈非忠衰於君邪？自登樞筦，鬱鬱不樂，日謀引去。嘗對人言：『此官職，數年前執政欲除某，而某不願爲者。』妄自尊大，略無忌憚。近嘗倡言：『山陽之不可守。』軍民搖惑。使飛言遂行，則幾失山陽，後雖斬飛何益？伏祈速賜處分，俾就閑祠，以爲不忠之戒。」卨章四上，又録其副示之，飛乃丐免，故有是命。熊克小曆云：「張俊、岳飛皆在鎮江府，而万俟卨等論飛罪。於是，飛上章丐罷，以爲萬壽觀使。飛既罷，而俊獨留鎮江爲備。」按趙甡之遺史，今年七月初，俊、飛自楚州俱還。而本月俊再出使，飛不行。故此月己卯，諫疏有云：「岳飛官屬盡辟充行府差遣，飛既不行，遂各請宮祠。平居無事，聚於門下。比緣臺諫繳納副本，一夕散去。」以此考之，益知飛不在鎮江無疑也。克實甚誤。

7 乙亥，詔諸王之後，各以最長一人權主奉祠事，不改環衛官。先是，諸王官教授兼親賢宅講書石延慶援故事，請襲封。事下禮官，而有是命。延慶，新昌人也。

8 丙子，保成軍承宣使、知南外宗正事仲彌卒於泉州，贈開府儀同三司，追封國公。

9 丁丑，徽猷閣待制、知廣州陳橐貶秩一等。初，宜章盜駱科既爲官軍所破，其黨鄧寧、李定、鄺郃等復羣聚爲寇，詔廣西經略使胡舜陟節制湖廣三路之兵討之。時選鋒軍統制韓京駐廣東，橐奏留京，乞令免聽舜陟節制。朝論以橐稽留制書，故有是命。

10 己卯，右朝議大夫、直秘閣于鵬爲廣南東路安撫司參議官，右奉議郎党尚友爲廣南西路安撫司參議官，右朝奉郎孔戌爲江南西路安撫司參議官，左朝散郎孫革通判興化軍，左宣教郎張節夫通判南劍州。岳飛之罷也，鵬等十一人皆奉祠居行在。及臺諫以劾疏遺飛，鵬等聞之，一夕散去。事聞，詔並添差江、湖、閩、廣諸州，趣令之任。言者論：「湖南米斗百錢，請令漕司廣行收糴。」時已令度支員外郎李椿年拘收岳飛軍中錢物，乃詔以上供經制錢收糴，俟椿年拘到撥還。

詔路允迪家屬量移衡州居住。以其家言：「允迪不受金人職事，今被拘囚，與孟庾事體不同。」故有是命。

11 庚辰，故武功郎、閤門宣贊舍人、濠州兵馬鈐轄統領水戰人船邵青贈武顯大夫，官其家二人，以死事故也。

12 甲申，上曰：「水旱有數，雖堯、湯不能免。艱難以來，十餘年間，未嘗無歲，此天祐也。然不可恃此不爲之備。祖宗置義倉以待水旱，最爲良法，而州縣奉行不虔，妄有支用，寖失本意。或遇水旱，何以賑之？可令監司視其實數，或有侵失，嚴責補還。義倉充實，則雖遇水旱，或無饑病矣。」

13 戊子，殿中侍御史羅汝檝守起居郎。

14 癸巳，上謂宰執曰：「監司郡守，朝廷委任之意，未嘗有異。而近來妄分彼此，莫相協和。州郡或有闕乏，監司不肯移那⑥；監司或有措置，州郡不肯應副。如此，何以濟國事也？」

川陝宣撫副使胡世將特起復。世將方與諸將議出師進討，而其母秦國太夫人康氏卒於晉陵。上聞之，詔：「軍旅事重，不拘常制，日下供職，不許辭避。」翌日，又詔世將弟彥博起復，依舊添差提舉兩浙市舶，官給葬事。時金人統軍胡盞、習不祝合軍五萬餘⑦，屯劉家圈。右護軍都統制吳璘、川陝宣撫司都統制楊政、樞密院都統制郭浩皆會於仙人原。世將授璘以攻取之策，璘乞精兵三萬人，破此兩寇，收復秦隴，事若不捷，誓以必死。世將以二萬八千人與之，仍命政出和尚原，浩出商州，以爲聲援。璘閱兵河池，以新戰陣之法：每戰以長槍居前，坐不得起；次最强弓；次强弓，跪膝以俟；次神臂弓。約賊相搏至百步內⑧，則神臂先發。七十步，强弓併發，次陣如之。凡陣以拒馬爲限，鐵鈎相連，俟其傷，則更替之。遇更替，則以鼓爲之節。騎出兩翼，以蔽於前，陣成而騎兵退，謂之疊陣。諸將竊議曰：「軍其殲於此乎？」璘曰：「古之束伍令也。軍法有之，諸君不識爾！得車戰餘意，無過於此。戰士心定，則能持滿。敵雖鋭，不能當也。房琯知車戰之利，可用於平原曠野之間，而不得車戰之法，其敗固宜。敵騎長於奔衝，不爾，無有能抗之者。」

15 甲午，上曰：「省刑罰，薄税斂，王道之本。國步方艱，未能弭兵⑨，斯民税斂，無術可以薄之，朕心實不足。至於刑罰，豈可不省？而獄繫淹延，或至踰歲，何也？可令提刑司覺察州縣，提刑失職，令御史臺彈奏，務要訟平刑清，以副朕意。」

1 九月按是月丙申朔。丁酉，太常博士王普爲尚書都官員外郎。

2 己亥，秉義郎韋誼爲武德郎、閤門宣贊舍人。誼，淵少子也。

3 辛丑，宿州觀察使、知閤門事鄭藻以解帶恩，陞瀛海軍承宣使。

4 癸卯，命軍器少監鮑琚往鄂州，根括宣撫司錢物。先是，湖北轉運判官汪叔詹以書白秦檜言⑩：「岳飛頃於鄂渚置酒庫，日售數百緡。襄陽置通貨場，利復不貲。自飛罷，未有所付。乞令副都統制張憲主之，庶杜欺弊。」前二日，詔都統制王貴與憲同掌。上謂檜：「聞飛軍中有錢二千萬緡，昨遣人問之，飛對所有之數，蓋十之九，人言固不妄也。今遣琚往，縱不能盡，若得其半，亦不少矣。又歲計所入，供軍之餘，小約亦數百萬緡，比之頭會箕斂，不知幾多民力，何以辦此？」檜曰：「軍興以來，間有取於民者，皆非得已。今無横賦，而上朝夕軫念，蓋務稍廣儲蓄⑪，以備緩急，不待取於民而自足耳。」叔詹，婺源人也。熊克小曆：時有上殿官鮑琚頗疏通，上因命琚往軍前，根括錢物⑫，歲入幾何？諸路月樁，以贍本軍，有名無實，而斂於民者幾何？當議省之。按琚紹興九年十二月除軍器監丞，去年四月遷少監。克謂之上殿官，蓋不審也。考之日曆，据是行專爲根括岳飛軍中現在錢物。詳見十二年三月庚戌。

是日，鄂州前軍副統制王俊詣都統制王貴⑬，告副都統張憲謀據襄陽爲變。先是，朝廷命諸將更朝行在，憲懼不得還，乃妄言金人侵犯上流⑭，冀朝廷還岳飛復掌兵，而己爲之副。會憲詣樞密行府白事，俊具所謀告之，以統制官傅選爲證，貴即日以聞。張俊在行府聞之，遂收憲屬吏。俊，東平人，初爲雄威卒，後從范瓊爲右軍統制者是也。王俊首狀全文，見今年十二月癸巳注，此不別出。趙甡之遺史云：「張憲以軍前統制爲提舉一行事務，得岳飛之子雲書，遂欲劫諸軍爲辭，且曰：『率諸軍徑赴行在，乞岳少保復統軍。』或曰：『不若渡江往京西，朝廷必遣岳少保來撫諭。得岳少保復統軍，則無事。』語漸漏露，百姓皆晝夜不安，官司亦無所措置，惟憂懼而已。都統制王貴赴鎮江府，詣樞密行府稟議，方回到鄂州。前軍副統制王俊以其事告之，貴大驚。諸統制入謁貴，貴遂就執憲，送於行府。張俊令就行府取劾。獄成，送大理寺。俊，濟南人，范瓊領兵在京東，俊爲劊子。」此所云差不同。按俊首狀稱：「九月初一日，張太尉起發赴樞密行府。」則憲此時固不在鄂州。甡之小誤也。王明清揮麈後録云：「榮茂世薿爲湖北漕，置司鄂州。有都統司統制官王俊以其舊主帥岳飛不軌狀詣茂世陳首。茂世云：『我職掌漕計，他無所預。』却之，俊遂從總領汪叔詹陳其事，汪即日上聞。秦檜得之，藉以興羅織之獄，殺岳飛父子。知茂世不受理⑮，深怨之。而高宗於茂世有霸府之舊，秦屢加害而不從。秦死，榮竟登從班。汪許岳之後，獄方竟而殂，豈非命歟？」按叔詹此時與薿同爲湖北漕，或是新除總領林大聲未到而暫權也。姑附此，當考。

5 甲辰，詔宗室緦麻親任環衛官身亡者，賜錢三百千，袒免減三之一。自軍興財匱⑯，宗室近臣，吉凶賜予皆罷之。及是，皇叔祖右監門衛大將軍、利州刺史仲岳卒，至無以斂。判大宗正事、齊安郡王士㒟請於朝，故有是旨。

6 戊申，泗州言：「奉使官工部侍郎莫將、知閤門事韓恕歸至本州。」上諭大臣曰：「此殆上天悔禍，敵有休兵之意爾。朕料所以致此者有二，今春兀朮提兵南來，謂我可陵，而淮西濠梁之敗，有所懲創，一也。始謂將帥各自爲家，莫相統一，今聞盡歸朝廷，紀綱既立，軍政必修，望風畏慴，二也。朕每欲與講和，非憚之也。重念祖宗有天下二百年，愛養生靈，惟恐傷之。而日尋干戈，使南北之民肝腦塗地，所願天心矜惻，消弭用兵之禍耳。」秦檜曰：「每恨敵情難保，未能仰副陛下憫亂之意。」先是，將、恕至涿州，爲金人所執。至是，都元帥、越國王宗弼將與本朝議和，故縱之歸報焉。既而宗弼引兵犯泗州，破之，淮南大震。

右護軍都統制吴璘引兵至秦州城下。川陝宣撫司都統制楊政夜引兵入隴州界，徑趨吴山，與金人對壘。是日，川陝宣撫副使胡世將始聞起復之命，遂解官持喪。惟軍事權行與決，令簽廳行遣奏乞，遣官交割宣撫司職事。不許。

7 己酉，秘書省著作佐郎鄧名世罷。以言者論「名世初本無官，緣諂事劉大中，遂力薦之於朝。自入館以來，蔑視同列，竊議時政」故也。

8 庚戌，御史中丞何鑄言：「直秘閣、潼川府路轉運副使喻汝礪輕鋭狂妄，爲門僧報怨，興起大獄，旁及無辜甚衆。」詔罷之。先是，廣安僧慧鑾淫穢不法，汝礪治其罪。士大夫多爲之請，不聽，卒杖而黥之，且劾守臣滕褕於朝，不報。鑄又以爲言，汝礪遂罷。汝礪爲漕時，本路當運米三十八萬石至利州。舊例，都漕司畀以水脚錢四十八萬緡[17]，而不時與。汝礪遣宣撫副使胡世將書言：「事有四難，米價增長，糴之難。脚直空乏，請之難。舟子凋零，雇之難。江流乾淤，運之難。」先是，宣撫司取對糴米於四川民户[18]，而潼、遂、果、合諸郡絶少稻田，自軍興，聽輸以粟。至是，都漕司責令輸粳，其已津運者，皆却還之。汝礪力争，言其不便者五：「東川鹽舊行於劍外，近歲階、成鹽通入利路，而客販始衰。都漕司又置通貨場於興元府及閬州，凡商人以鹽至二郡者，皆拘入之，必盡鬻於官，乃償其直。商人不能伺，則每百斤令輸通貨錢三引或二引，然後聽其他之，貨日以壅。」汝礪爲世將言：「四川一家，潼、利一民，本路歲發折估錢五百五十萬緡，以階、成鹽稅及通貨所取言之，算計見效，恐未足以當本路鹽井折估之直。著通而一之，取其大而略其小可也。」又言：「鹽鹺榷酤之利，此二物者，今日四川之司命，知所以張之，而不知所以弛之。知所以用其利，而不知所以救其弊。誅求不已，無以爲持久之策矣。」此並據汝礪文集修入，詳著之，以見四川財穀事。宣司之從違，當考。

閤門宣贊舍人、知濠州王萃罷，以樞密使張俊言萃並無措畫故也。

閤門宣贊舍人寇宏知濠州。

8 辛亥，吴璘急攻秦州，拔之。守將武誼、將官邵于、成紀、知縣荔諫等皆降。吴璘復秦州，日曆不載。而熊克繫之去年九月，實甚誤也。以王曮所撰吴璘神道碑、趙甡之遺史、費士戣蜀口用兵録考之，皆在此年。克已於去年九月書之，而今年八月末，又書秦、隴二州，蓋重疊差誤耳。

徽猷閣待制、提舉亳州明道宫歐陽懋卒於衢州。

10 癸丑，詔歸朝官選人嘗以賞循轉者，並十五考改京官。事祖見紹興五年十一月。

11 甲寅，以皇太后生辰，預即官中啓建祝聖壽道場。自是爲例。

工部侍郎莫將等還至近郊。上曰：「將等來，敵意未可知。但敕諸軍嚴爲之備，彼若議和，何傷於好？如懷姦詐，初無失策。昨張俊奏事，嘗與議及此。俊亦深曉云：『兵交，使在其間，和與戰自不相妨也。』」

是日，建康府火，燔公私室廬甚衆。

12 乙卯，詔左武大夫、忠州團練使劉光遠令赴行在奏事，仰秀州守臣方滋不移時刻津遣，須管來晚到行在。時金國都元帥、越國王宗弼以書來⑲。金國書，日曆不載。紹興講和録有之，今附於此。或謂金書夸大，不當具載。臣謂此猶匈奴單于遺漢文嫚書之比，無足隱者，當稍删削，而具存之，以見一時議論之實。紹興講和録金國都元帥上皇朝書：「皇統元年九月日，皇叔尚書左丞相兼侍中都元帥領行臺尚書省致書云云。去歲使至，遠沐書翰，良認勤意。爾後袞袞，頗疎嗣音。即日動静之間，茂惟神介休祉。爰念日者，國家推不世之恩，興滅繼絶，全畀濁河之外，使專撫治。本期偃息兵民，永圖康乂⑳。豈謂畫封之始，情不由衷。其餘詳悉條目，朝廷已嘗諄諭藍公佐輩。厥後莫將之來，輒申慢詞，背我大施，尋奉聖訓，盡復賜土，謂宜自省，乃復摇蕩邊鄙，致稽來使，久之未發。而比間至於分遣不逞之徒，冒越河海，剽攘郡邑。考之載籍，蓋亦未有執迷至於此者。今兹降天威，問罪江表。已會諸道大軍，水陸並進。師行之期，近在朝夕。義當先事以告，因遣莫將等回，惟熟慮而善圖之。餘冀以時善衛生理，專奉書，披達不宣。」此書削去四十八字。朝議遣光遠往聘，而光遠方以贓罪爲監司所按，故趣召之。翌日，光遠至行在㉑，上面諭以前罪一切不問，遂以爲拱衛大夫、利州觀察使，而左武大夫、吉州刺史曹勛亦遷拱衛大夫、忠州防禦使㉒，令與光遠偕行。

13 丙辰，右護軍都統制吴璘及金國統軍胡盞戰於剡家灣，敗之。初，胡盞與習不祝合軍劉家圈，胡盞善戰，習不祝善謀，二人皆老於兵者，狃其常勝，且據險自固，前臨峻嶺，後控臈家城，進退有守，謂我軍必不敢輕犯。璘揣知其情，先一日，召諸將問何以必勝，統制官姚仲曰：「戰於原上則勝。」璘以爲然，諸將議不同。璘曰：「諸將所以不同，憚辭勞苦，不欲攻原上耳。若金人乘勢而下，我兵敗矣。」卒如仲議。璘既相視其地，乃遣人告敵曰：「明日請戰。」敵聞之皆笑，愈益不疑。夜半，璘遣仲與鄜延經略使兼知成州王彥率所部銜枚直進，渡河陟峻嶺，截坡上，出其不意，約與敵對柵，然後發火。又遣將張士廉等取間道以兵控臈家城，戒曰：「敵根本在彼，若敗，必趨入城。汝等截門，勿縱一騎入。」二將所部軍行，寂無人聲。又天大陰霧，既上嶺，列柵乃發火。敵大駭，倉卒備戰，我軍已畢列。游騎有聞敵帥以馬檛敲鐙者曰：「吾事敗矣。」我軍氣益振。璘策習不祝有謀，必謂我趣戰欲速，不肯徑出。胡盞恃其百戰百勝，與習不祝異議，宜可挑取。已而遣輕兵嘗敵，果胡盞勒兵已出，與我軍合。鏖擊數十，更休迭戰。敵及三陣，戰急，大將有請曰：「敵居高臨下，我戰地不利，宜少就平曠，以致其師，宜可勝。」璘叱曰：「如此，則我走敵遂勝矣。敵已潰，毋自怯。」璘輕裘駐馬陣前，麾軍亟戰。我師皆殊死鬭，金人大敗遁去。騎兵追襲，斬首三千六百[23]，生擒七百人。騎將楊萬膂力過人，生擒一千户返。璘曰：「萬可斬也，戰方急，豈可得一賊而遽返邪？」萬投千户於地，倉遽復上馬入陣。騎將馬擴者，所部號八字軍，察敵將潰，越陣挑逐，既而大靡，俘馘人馬數千。僞兵降者萬餘人，璘悉釋之，聽其自便。敵殘兵果趨城走，張士廉違節制後期，二帥僅以身入城。翌日，第賞，馬擴者獨不及，反將誅之，曰：「此違約束輕犯令者也。」胡盞入城，率餘兵拒守，璘圍之。熊克小曆載剡灣之捷於去年九月庚申，蓋亦差一年也。

14 丁巳，尚書左司員外郎李公懋直寶文閣，爲福建路提點刑獄公事，從所請也。

15 戊午，劉光遠、曹勛辭於內殿，遂命持金帥報書以行。紹興講和録皇朝荅書：「某啓：季秋霜冷，伏惟太保、左丞相、侍中、都元帥、領省國公台候起居萬福。軍國任重，仰勞經畫。莫將等回，特承惠書，祇荷記存，不勝感激。某昨蒙上國皇帝推不世之恩，日夜思念，不知所以圖報。故遣使奉表，以修事大之禮。至於奏稟干請，乃是盡誠，不敢有隱。從與未從，謹以聽命。不謂上國遽起大兵，直渡濁河，遠踰淮浦。下國恐懼，莫知所措。夫貪生畏死，乃人之常情。將士臨危，致失常度，雖加誅戮，有不能禁也。今聞興問罪之師，先事以告，仰見愛念至厚，未忍棄絶。下國君臣，既畏且感，專遣廣州觀察使武功縣開國子食邑五百户劉光遠㉔、成州團練使武功縣開國子曹勛往布情懇，望太保、左丞相、侍中、都元帥、領省國公㉕，特爲敷奏，曲加寬宥，許遣使人請命闕下，生靈之幸，下國之願，非所敢望也。惟祈留神加察，幸甚。向寒切冀保重，有少禮物，具於別封，伏乞容納。不宣。」

左正議大夫、尚書兵部侍郎趙彬卒，贈左金紫光禄大夫。

16 己未，右通直郎、直秘閣何麒特賜同進士出身。麒，青城人，常守蜀郡。用薦者除職，提點湖南刑獄。未上，復召對，遂命爲夔州路提點刑獄公事。

17 癸亥，言者乞：「令有官人銓試，並兼習兩場。」故事，銓試有官人分五場，曰經義，曰詩賦，曰時義，曰斷案，曰律義。願試一場者聽。議者謂：「試之以經義、詩賦、時義者，欲使之通古今。試之以刑統義、斷案者，欲使之明法令。乞令二者各兼一場，庶使人人明古今，通法令，而無一偏之失。」事下吏部，乃命任子如所請。十一月壬寅降旨。

右護軍都統制吴璘自臈家城班師。初，金統軍胡盞在城中，璘急攻之。城且破，朝廷以驛書，命璘遂歸。宣撫副使胡世將聞之，歎曰：「何不降金字牌，且來世將處耶？」世將以金人之俘三千人獻於行在，命利路轉運判官郭游卿就俘護中，以聲音形貌，驗得女真四百五十人，同日斬於嘉陵江上，斂其屍以爲京觀。餘皆湼其面，於界上放還。敵氣大沮。胡盞之受圍也，追涇原經略使秦弼策應不至，胡盞歸，遂罷弼。

是日，武顯大夫、西和州巡檢元成與金人戰死。時宣撫司命成以所部牽制熙河敵兵，行至鞏川樸麻，與敵遇，自度必死，南向而哭曰：「長於行陣，死於兵戎，竟不得見吾君矣。」遂自剄而死。

18 乙丑，宰執奏事，秦檜曰：「山陽所以捍淮東，東關扼淮西水路，又歷陽、六合皆近江，形勢之地，嚴備此數處，然後江、淮安。」上曰：「山陽、東關已降處分，更令張俊益修守備。今莫將還，雖遣報使，然勿以議和爲意，但當作不講和處之耳。」

詔：「將作軍器監如諸寺長貳例，舉本屬人充京官，三員以上歲舉一員，六員以上舉三員。」用吏部請也。

是日，商州管内安撫使邵隆及僞知虢州賈澤戰，敗之，復虢州。

校勘記

① 樞密使張俊上從軍死事將校姚端等九百三人其七百四十七人共官其子孫九百六十四餘一百五十六人 「一百五十六」，原作「一百五十八」。按：九百零三人中，已官七百四十七人，餘者應爲一百五十六。叢書本即作「一百五十六人」，因據改。

② 虜寇大入 「虜」，原作「敵」，據皇朝中興繫年要録節要改。

③ 自能却賊 「賊」，原作「敵」，據叢書本改。

④淮東轉運副使陳袞劾帥臣劉光遠　「帥」，原作「師」，據叢書本改。
⑤前檢校少傅寧國軍節度使醴泉觀使張中孚　「中」，原作「仲」，據叢書本及下文改。
⑥監司不肯移那　「司」，原作「試」，據叢書本改。下同。
⑦時金人統軍胡盞習不祝合軍五萬餘　「胡盞」，原作「和珍」，叢書本作「罕札」。「習不祝」，原作「希卜蘇」，叢書本同。均據金人地名考證改。
⑧約賊相搏至百步内　「賊」，原作「敵」，據叢書本改。
⑨未能弭兵　「兵」，原作「去」，據皇朝中興繫年要録節要改。
⑩湖北轉運判官汪叔詹以書白奏檜言　「叔」，原作「叙」，據下文改。
⑪蓋務稍廣儲蓄　「儲」，原作「諸」，據叢書本改。
⑫根括錢物　「錢」，原作「前」，據叢書本改。
⑬鄂州前軍副統制王俊詣都統制王貴　「副」後原有「都」字，叢書本同。按：宋史卷二九高宗紀六、宋史全文卷二一上、三朝北盟會編卷二〇六、揮麈餘話卷二均謂王俊爲鄂州前軍副統制，非副都統制，故據删。
⑭乃妄言金人侵犯上流　「言」，原作「用」，據叢書本改。
⑮知茂世不受理　「茂世」，原作「世茂」，據叢書本乙正。
⑯自軍興財匱　「自」，原作「白」，據叢書本改。
⑰都漕司畀以水脚錢四十八萬緡　「畀」，原作「界」，據叢書本改。

⑱宣撫司取對糴米於四川民户　「民」，原作「至」，據叢書本改。

⑲時金國都元帥越國王宗弼以書來　「越國」字原闕，據叢書本補。

⑳永圖康乂　「乂」，原作「又」，據叢書本改。

㉑光遠至行在　「至」，原作「王」，據叢書本改。

㉒而左武大夫吉州刺史曹勛亦遷拱衛大夫忠州防禦使　「遷」，原作「遣」，據叢書本改。

㉓斬首三千六百　叢書本「六百」後有「三十」二字。

㉔專遣廣州觀察使武功縣開國子食邑五百户劉光遠　「廣州觀察使」，本卷上文乙卯條作「利州觀察使」。

㉕望太保左丞相侍中都元帥領省國公　「省」，原作「首」，據叢書本改。

建炎以來繫年要録卷一百四十二

1 紹興十有一年冬十月丙寅朔，上謂大臣曰：「人主之權，在乎獨斷。金國之主幼而無斷，權歸臣下。往年之和，出於撻懶。今年之戰，出於兀朮①。或和或戰，國之大事，而皆不出於人主，無斷如此，何以立國？知不足畏矣。」

2 丁卯，寶文閣直學士、樞密都承旨鄭剛中爲川陜宣諭使，落「直」字，賜銀帛二百匹兩。秦檜將罷兵，故遣剛中至西師，諭指諸將。

入内侍省都知陳永錫提舉江州太平觀②。劉光遠之被劾也，永錫與内侍康謂多受光遠金錢，爲之營救。右諫議大夫万俟卨言：「赦過宥罪，人主之渥澤，而二人乃私布懇悃，以誣公上。望賜罷責，以清宫掖。」乃詔永錫與宫觀，謂送吏部。

是日，右朝奉大夫通判揚州趙畋、右朝散郎通判揚州湯廣年棄城保瓜洲鎮。先是，安撫使劉剛以措置興化鎮水寨爲辭而去，畋等聞敵且至，遂遁。官吏軍民皆散，城市一空。事聞，二人坐貶秩三等。廣年，東野子也。畋、廣年是月辛巳降官。

3 戊辰，詔川陜宣諭使許舉選人改官七員，職令十員。

川陝宣撫司都統制楊政及金國萬户通檢戰於寶雞，敗之。時通檢屯渭北，政欲攻拔其城。是日黎明，通檢將精甲萬衆出戰，政賈勇士鏖戰縣旁，至日晡，五十餘合，勢未分。政遣裨將將騎突出陣後山上，執幟以招，陽爲麾軍。敵望見大呼曰：「伏兵發矣！」乃驚而潰。政乘勝掩殺，通檢至城門，而橋已絶，乃擒之。

4 己巳，劉光遠等至敵軍。

5 庚午，秦檜奏上流守備，上曰：「艱難以來，將士分隸主帥，歲久未嘗遷動，使植根深固，豈是長策？嘗令互易，如臂指可以運掉。纔過防秋，便當爲此，則人人可以指蹤號令矣。」上又曰：「敵人議和，熟思所以應之。若彼我之勢强弱相等，如是而和者，彼有休兵之意。我强彼弱，足以制其命，如是而和者，彼有懼我之意也。是二者於和爲易。若乃彼强我弱，壓以重兵，要盟而和，則必有難從之事，邀我以逞，當思所以應之者。可預戒諸將，厲兵秣馬，以爲待敵之具。事或難從，豈得避戰也？」

6 壬申，言者論：「近聞楚州、建康二郡有回禄之災，延燒甚廣。臣竊謂今近邊州縣，當此軍旅之際，各宜謹察姦人，恐有乘風縱燎，如帑廪儲積，一或有失，則爲害不細。况其間陰謀詭計，有不可測知者。且如逆豫嘗遣人於太平州放火，既歸言功，遂得補官，明書僞告，頃聞吏部有直携此告乞换給者，其已然之明驗如此，安可略而不察？」詔送樞密行府措置。

左承議郎、知萬州馮時行罷，仍疾速取勘。以夔路轉運判官李坰言：「時行招置刺虎一軍五百人，以爲自衛之計，顯屬跋扈故也。」坰暴起新視事③，方謀痛征屬州，詭爲羡財，以獻於朝，市恩寵。聞知萬州有積錢，風取之。時行獨不可，曰：「州之地不宜稻，而官出鹽爲直，俾歲糴六千斛輸之夔，豈忍如異時吏，私其直而斂於民，鬻鹽爲錢而自爲糴，令將以是奉上官乎？」垌大怒，劾於朝，故黜。

7 乙亥，增五品已下官綾紙錢。

虔州免解進士李珙特封養素處士。珙，贛縣人，朴從子也。行義修潔，該通典故，秘閣校理孔平仲以其子妻之。江西諸司上其行義於朝，故有是命。

是日，金國都元帥宗弼遣劉光遠等還。宗弼之入犯也，首破泗、楚二郡。樞密使張俊在鎮江，遣其侄統制官子蓋以輕兵於維揚，盱眙之間，伺敵進止。俊不以兵渡江，恐妨和議，謂人曰：「南北將和，敵謂吾怠，欲攄柘臯之忿爾。勿與交鋒，則敵當自退。」時右諫議大夫、知鎮江府兼沿江安撫使劉子羽建議清野，盡徙淮之人於鎮江，兵民雜居。子羽撫以恩信，無敢相侵擾者，境内帖然。既而敵騎久不至，俊以問子羽，子羽曰：「此敵異時入犯，飄如風雨。今更遲回，是必有他意。」至是，宗弼遣光遠等還報，大略言：「當遣尊官右職，名望夙著者持節而來。」蓋金欲速和故也。紹興講和録敵元帥上第二書：「皇統元年十月十日，具位致書云云。今月四日，劉光遠等來，得書，審承動静之詳爲慰。所請有可疑者，試爲言之。自割地河南之後，背惠食言，自作兵端，前後非一，遂致今日鳴鐘伐鼓，問罪江淮之上。故先遣莫將回，具以此告，而殊不見答，反有遽起大兵，直渡濁河之説，不知何故？雖行人對面之語，深切勤至，惟曰閫外之命是聽。其書詞脱略，甚不類。如果能知前日之非而自訟，則當遣尊官右職，名望夙著者，持節而來。及所齎緘牘，敷陳畫一，庶幾其可及也。薄寒，切冀對時慎重，專奉書披答。不宣。」此書删十二字④。

8 丙子，左朝奉郎幹辦諸司審計司胡汝明、御史臺檢發官陳士舉並爲監察御史。汝明，黟縣人，上召對而有是命。

9 戊寅，宗正丞邵大受言：「宗正舊有四書，曰玉牒，曰仙源積慶圖，曰宗藩慶系録，曰宗枝屬籍。建炎南渡，寺官失職，舉四書而逸於江滸。陛下比命重修仙源慶系屬籍總要，乃合三者而一之，固已無愧於昔。獨玉牒未修，望詔有司討論一書，以備中興之盛典。」從之。大受，建德人也。熊克小曆繫此事於丙子，今從日曆。

少保、醴泉觀使岳飛下大理寺。先是，樞密使張俊言：「張憲供通爲收岳飛處文字後謀反，行府已有供到文狀。」左僕射秦檜乘此欲誅飛，乃送飛父子於大理獄，命御史中丞何鑄、大理卿周三畏鞫之。岳侯傳云：「秦檜密遣王俊同王貴前去謀陷侯。王俊、王貴等覷望，奏張憲、岳雲欲謀反等事⑤。俄將憲、岳雲俱杻械送大理寺根勘。上聞，驚駭。秦檜奏乞將張憲、岳雲與飛同白其事。是時，侯尚不知。良久，秦檜密遣左右傳宣：『請相公略到朝廷，別聽聖旨。』侯既聞宣詔，即時前去，却引到大理寺。侯駭然曰：『吾何到此？』纔入門，到廳下轎，不見一人，止見四面垂簾，纔坐少時，忽見官吏數人向前云：『這裏不是相公坐處。後面有中丞請相公略來照對數事。』相公點頭云：『吾與國家宣力，今日到此何也？』道罷，隨獄吏行至一處，見張憲、岳雲露頭赤體，各人杻械，渾身盡皆血染，痛苦呻吟。又見羅振等將王俊、王貴首張憲、岳雲并侯反狀罪文前來云：『國家有何虧負你三人，却要反背？』侯向万俟卨、羅振曰：『對天盟誓，吾無所負國家。汝等既掌正法，且不可陷忠臣。吾到冥司，與汝等面對不休。』衆聞其說，羅振并御史中丞万俟卨等曰：『相公既不反，記得遊天竺日壁上留題曰：寒門何載富貴乎？』衆人曰：『既出此題，豈不是反也？』侯知衆人皆是秦檜門下⑥，既見不容理訴，長吁一聲云：『吾方知已落秦檜國賊之手，使吾爲國忠心，一旦都休。』道罷，合眼，任其考掠。」按此時羅汝檝已不爲御史，万俟卨亦未爲中丞。其後卨遷中司，汝檝遷諫議。然汝檝不與此獄，傳所云恐誤。姑附此，更須詳之。

資政殿學士、提舉臨安府洞霄宮翟汝文薨於平江府私第，謚忠惠⑦。

10己卯，上曰：「凡事必謹於微，若事已成則難改，故書言『制治於未亂，保邦於未危』。荆襄守臣辟差者，勿令久任，以漸易之。非特謹微，亦所以保全之也。」

11壬午，權尚書吏部侍郎魏良臣落「權」字，充大金軍前通問使。翊衛大夫、保信軍承宣使、知閤門事王公亮落階官，爲福州觀察使副之。國書但使之斂兵，徐議餘事。紹興講和録皇朝答書：「某啓。孟冬漸寒，伏惟太保、丞相、侍中、都元帥、領省國公鈞候起居萬福。軍國重任，委勤籌畫。劉光遠、曹勛等回，特承惠示書翰，不勝忻感。竊自念昨蒙上國皇帝割賜河南之地⑧，德厚恩深，莫可倫擬。而愚識淺慮，處事乖錯，自貽罪戾，雖悔何及？今者太保、左丞相、侍中、都元帥、領省國公奉命征討敝邑，恐懼不知所圖。乃蒙仁慈，先遣莫將、韓恕明以見告，今又按甲頓兵，發回劉光遠、曹勛，惠書之外，將以幣帛，仰承寬貸未忍棄絶之意，益深慙荷。今再遣左正議大夫尚書吏部侍郎文安郡開國侯食邑一千户魏良臣、保信軍承宣使知閤門事兼客省四方館事武功縣開國伯食邑七百户王公亮充稟議使副，伏蒙訓諭，令敷陳畫一。切惟上令下從，乃分之常，豈敢輒有指述，重蹈僭越之罪？專令良臣等聽取鈞誨，顧力可遵稟者，敢不罄竭，以答再造？仰祈鈞慈，時賜敷奏。乞先斂兵，許敝邑遣使拜表闕下，恭聽聖訓。向寒，伏冀倍深鈞重。有少禮物，具於别封，切冀容留。不宣。」上曰：「良臣往軍前禮物，不必用上等，蓋禮有等威，不可不嚴。苟兀朮禮物用上等，而却以中下等奉其國主，則在我者，禮不至矣，何以待外國乎？上等物，留以待其國主。」上又曰：「恐左藏庫無佳帛，朕處有之。向張浚在川陜，每歲進奉擣蒲綾帛等皆在，朕未嘗用一匹。」檜曰：「陛下恭儉如此，中興可必也。」

12癸未，監察御史陳膏、梅充實、吴傳並罷。膏守太府少卿，充實行尚書吏部員外郎。

13甲申，度支員外郎李椿年自鄂州還行在。右武郎吴拱爲涇原路兵馬都監。

婺州觀察使、充兩浙西路馬步軍副都總管、權知閤門事韓恕令之任，從所乞也。

徽猷閣待制、提舉江州太平觀盧知原卒。

14 乙酉，虚恨蠻王歷階詣嘉州乞降。歷階既犯邊，獲寨將茹大猷以去。提刑司調兵防扼，所費不貲，連年不能討。大猷因以利啗之。去年春，歷階款塞求降，不許。至是，復申前請。守臣邵博言於宣撫司，以便宜補歷階進武校尉，令還大猷等，且遺以包帶茶綵，命王士安者往促之。歷階遣其子阿帕蠻、將軍葉遇等，送大猷歸州。令右宣教郎、知峨眉縣梁端，即境上波恩神祠折箭歃血，與盟而去。歷階歸，其出没抄掠如故。熊克小曆稱知峨眉縣梁端修，誤也。蓋日曆載嘉州所申，尋牒知峨眉縣梁端、修武郎權知中鎮寨曹慎修示以恩威。而克誤以梁端爲端修耳。

15 丁亥，江西兵馬都監程師回引兵至桂陽監之臨武峒，討賊徒歐幼四等，破之。先是，宜章峒民駱科反，事見去年十一月。朝廷命統制官郝晸以所部討科，降之。其徒歐幼四復率餘黨數千人，據藍山縣，掠連、道二州。樞密行府遣參議官史愿將師回往捕，至是始平。

16 戊子，監察御史胡汝明爲殿中侍御史。

魏良臣等辭行。

17 庚寅，上謂宰執曰：「凡事必熟思而後行。朕今三十五歲，而髮大半白，蓋勞心之所致也。」秦檜等曰：「陛下聖明天縱，而又審思若此，必無過舉矣。」

右從事郎徐百禄，秉哲子也，嘗爲海鹽縣令，上以秉哲故黜之。至是，資政殿大學士張守、資政殿學士李光等六人舉百禄改京官。吏部奏百禄嘗犯私罪笞，取旨。詔皇族未歸，秉哲之子百禄勿令出官。

18 辛卯，龍神衛四廂都指揮使、瀘川軍承宣使、御前統制劉寶卒⑨。按此乃淮東軍中劉寶也。上聞其死，爲之一日不食。特贈檢校少保、寧武軍節度使。寶加贈在二年五月丁巳。

19 癸巳，揚武翊運功臣、太保、樞密使、英國公韓世忠罷爲横海武寧安化軍節度使，充醴泉觀使，奉朝請，進封福國公。世忠既不以和議爲然，由是爲秦檜所抑。至是，魏良臣等復行，世忠乃諫，以爲：「中原士民，迫不得已，淪於域外，其間豪傑莫不延頸以俟弔伐。若自此與和，日月侵尋，人情銷弱，國勢委靡，誰復振乎？」又乞俟北使之來，與之面議。優詔不許。世忠再上章，力陳秦檜誤國，詞意剴切。檜由是深怨世忠。據趙雄撰世忠神道碑增入。碑在除樞密使之前，誤也。自敵渝盟之後，未嘗有使到，今移於此，庶不牴牾也。言者因奏其罪，上留章不出。世忠亦懼檜陰謀，乃力求閒退，遂有是命。世忠自此杜門謝客，絶口不言兵。時跨驢携酒，從一二童奴，游西湖以自樂，平時將佐罕得見其面云。熊克小曆於此又書韓世良罷管軍，奉祠，加承宣使。此事在今年四月，克蓋誤也。

右朝奉郎、幹辦行在諸軍審計司周公彦爲監察御史。

是月，金人陷濠州。

商州安撫使邵隆及金人所命知陝州鄭賦戰，克之，復陝州。

起復川陝宣撫使胡世將圖上右護軍都統制吴璘剡灣克捷之狀，且言：「臣詢究衆論，皆謂璘之此戰，比和尚原、殺金平，論以主客之勢，險易之形，功力數倍。據捉到蕃人供，金國中稱璘有勇似其兄之語。臣猥以書生，誤膺重寄，不習弓馬，不諳行陣，上賴朝廷指授。璘等爲國宣力，川陝用兵以來，未有如此之勝，臣不敢緘默，伏望聖慈察璘智勇冠軍，優與遷擢，以爲盡忠許國之勸。」又奏：「本司都統制楊政焚蕩敵寨十餘處，親率勁兵，與撒離喝迎敵。敵衆敗去，致不敢併力熙、秦，委是宣力。樞密院都統制郭浩於陝、虢等處攻却敵寨，並皆獲捷，牽制敵軍，不致併力秦鳳。並乞優異推恩。」乃賜璘等詔書奬諭，密賜世將黄金二百兩，茶藥有差。初，三將之並出也，璘復秦州，捷剡灣，政下隴州，破岐下諸屯，浩取華、虢二州，入陝府，有破竹之勢。世將亦遣要約陝西、河東忠義首領數十，願爲内應。而金虜約和於朝廷⑩，秦、晉之人殊惜之。三將歸，解嚴第功。於是統制官姚仲、王彦、向起各落階官。仲、彦爲華、虢兩州觀察使，起爲邵州防禦使。

1 十有一月按是月乙未朔。丙申，權吏部尚書兼侍讀、資善堂翊善吴表臣落「權」字。

中書舍人兼實録院修撰朱翌罷。以言者論「翌頃以諂事吕本中，薦之趙鼎，若以翌爲可恕，則小人之黨日熾」故也。

右諫議大夫万俟卨言：「宗正丞邵大受禀性陰險，每聞朝廷一有除擢，則怒形於色。浮言無稽，短毀百出。」詔罷之。

右中散大夫、提舉江州太平觀李迨復龍圖閣待制，知洪州。上覽除目曰：「迨能吏，肯以身任怨，不恤人毀譽，朕深知之。但此州寄居多⑪，必有造謗者，不可不察也。治道無他，但不以毀譽爲賢否，常核實以行賞罰，則治道成矣。齊威王封即墨而烹阿，齊大治。蓋知核實僞，而不徇毀譽空言也。」

2 丁酉，上曰：「唐太宗除亂比湯武，致治幾成康，可謂賢君矣。然誇大而好名，雖聽言納諫，然不若漢文帝之至誠也。人君惟至誠臨下，何患治道之不成哉？」秦檜曰：「文帝雖至誠而少學，太宗雖問學而未誠，猶可以揚名於後。今陛下至誠問學，度越二君，則堯、舜、三代，何遠之有？」

3 戊戌，言者請：「補試州縣小吏，仍許告吏罪，使補其闕，以懲吏强官弱之弊。」上謂宰執曰：「此説若用，則相告訐，而州縣擾矣。治天下當以清静鎮之，若妄作生事，乃亂天下，非治天下也。昔人有言，省官不如省事，省事不如清心。朕嘗躬行此語。」顧謂秦檜曰：「邊事既息，可以弭兵。卿爲相，亦當效曹參之清静也。」

拱衛大夫、忠州防禦使曹勛知閤門事。

左奉議郎、新通判利州程敦厚召試館職，以其上書言事故也。敦厚之書曰：「臣聞建大功者，不謀於俗。排大難者，不計以時。夫大功非達權而不能濟，大難非欲速而可以平。昔之執事者，苟不達權，則勸陛下正名弗屈，而不恤其禍；苟爲欲速，則勸陛下長驅疾戰，而不量其力。否則，首鼠畏避，徇羣枉而昧至當，則又莫爲陛下毅然出身以任其責。今陛下除驕抗之害而疆埸肅，致安靖之福而朝廷尊⑫。制兵之命在我，而悉收其用；欲和之利在敵，而決保其成。有四可爲之勢，顧陛下應之以定，而不回奪於俗；持之以久，而不促迫於時。則大功立矣。」敦厚又遺秦檜書，言檜見幾似顏子，任重似伊尹。檜大喜之，令赴都堂審察。遂召試，以爲秘書省校書郎。敦厚先見紹興七年二月，其除校書郎在今年十二月己巳，今併書之。

4 己亥，左太中大夫、參知政事兼修實録范同罷。同始贊和議，爲秦檜所引。及在政府，或自奏事。檜忌之，右諫議大夫万俟卨因論：「同貳政之初，首爲遷葬之議。自信州至建康，調夫治道，怨嗟藉藉。近朝廷收天下兵柄，歸之宥密。而同輒於稠人之中，貪天之功以爲己有。望罷其機務。」詔同以本官提舉西京嵩山崇福宫。

資政殿學士、提舉臨安府洞霄宫李光責授建寧軍節度副使，藤州安置。言者論：「乃者二使之還，敵示欲和之意，於國體無損，而光乃陰懷怨望，鼓倡萬端，致會稽之民，扶老携幼，轉徙道路，連日不止。乘時誹訕，罪不可赦。」秦檜進呈，上曰：「司馬光言政之大本在於賞刑。朕於光輩，聞其虚名而用之，見其不才而罷之，逮其有罪而責之，皆彼自取，朕未嘗有心也。若用虚名而不治其罪，則有賞無刑，政何以成？譬之四時，有陽無陰，豈能成歲乎？」乃謫光嶺表，令紹興府日下遣發，樞密院差使臣一員伴送。

5 辛丑，中書舍人王鉌兼實録院修撰。

尚書倉部員外郎閻彦昭罷。以右諫議大夫万俟卨言近朱翌、邵大受被黜，彦昭馳書密報范同故也。

是日，金國都元帥宗弼遣魏良臣等還，許以淮水爲界，歲幣銀帛各二十五萬匹兩。又欲割唐、鄧二州，因遣其行臺户部侍郎蕭毅、翰林待制同知制誥邢具瞻審定可否。紹興講和録金元帥上第三書：「皇統元年十一月七日，皇叔、太保、尚書左丞相兼侍中、都元帥、領行臺尚書省魏國公致書：時寒，想惟安善。近魏良臣至，伏辱惠書，語意慇懃，惟命是聽，良見高懷。昨離闕時⑬，親奉聖訓，許以便宜從事，故可成就此計也。本擬上自襄江，下至於海以爲界。重念江南凋弊日久，如不得淮南相爲表裏之資，恐不能國。兼來使再三叩頭，哀求甚切，於情可憐。遂以淮水爲界，西有唐、鄧二州，以地勢觀之，亦是淮水北，在所割之數。來使云：『歲貢銀絹二十五萬兩四。』既能盡以小事大之禮，貨利又何足道？止以所乞爲定。」又云：「淮北、京西、陝西、河東、河北自來流寓在南者，願歸則聽之。理雖未安，亦從所乞。外有燕以北逋逃，及因兵火隔絶之人，並請早爲起發。今遣昭武大將軍行臺尚書户部兼工部侍郎兼左司郎中上輕車都尉蘭陵縣開國伯食邑七百户蕭毅、中憲大夫充翰林待制同知制誥兼右諫議大夫河間縣開國子食邑五百户邢具瞻等奉使江南，審可否。其間有不盡言者，一一口授，惟詳之。既盟之後，即當聞於朝廷。其如封建大賜，又何疑焉？少禮物具於别副。隆冬，切冀順天，慎衛眠食，專持書奉答。不宣。」先是，有舉人獻策於宗弼者，宗弼用之，盱眙、龜山造舟爲梁，引兵深入，東過臨淮，南至六合，西臨昭信，晝夜不絶。至是，軍食不繼，士皆饑苦。又聞王師將涉江而北，宗弼大懼，乃遣毅等與良臣偕來焉。李大諒征蒙記云：「皇統元年，副元帥兀朮誅都元帥撻懶，以割河南還大宋，有逆謀，提師過江，復取河南。四年回師，謂南北行府三帥曰：『吾近因國有叛臣，結連南宋，自領兵東伐，問罪宋國。大軍至亳郡，由廬越淮，橋道阻遏車騎。吾心熒惑未決。忽淮陰二進士遠來⑭，獻陳平宋國策。時吾急遣龍虎、阿魯保二帥探路先行⑮，韓常、周棨騎兵至淮上，吾入盱眙。疑有重兵把路，龍虎遣使報曰：淮南無一人一騎爲備，已遣五千騎越淮，分守盱眙龜山，把截水陸兩勢造橋。吾大喜，晝夜兼行。至淮上，果橋成六座，分步騎徑濟淮源。上據運河，擺布斥堠，細觀南耗。東過淮陰，南至六合，西臨昭信，晝夜不絶。吾因觀宋室，新立龜山城寨，臨淮之勢，就山爲隘。若此聚糧屯兵，此地據守，吾雖鐵心，未可輕舉。但見空壁，吾心自持：宋室空有建城立勢之心，而無聚糧據守之法。又觀二進士所陳圖策，淮南路盱眙之楚州，行路窄隘。左有長淮，右臨河渠，糧道遥遠。有過邵伯至山陽人騎回，惟是獲到菱實、雞頭、蓮子，聞諸軍不避寒酷，踏泥打凍，决池涸港，掘藕拾菱，尋魚摸蚌。又宰殺騾驢，相兼爲食。諸軍饑苦之聲不忍聞，但虚心寬諭而已。又諸將士云：輜重俱盡，有食奴婢者。又多言：南軍不測，要回淮上。惟吾心所料，南宋既修起盱眙，此乃據山臨水大利之勢，尚無守法措置，安有智謀就吾敵也？决無渡江之理。吾獨與蕭平章計議⑯，大言檄書於宋：若從此約，請詣轅門計議。如敢違拒，水陸星電越江。蕭平章南去，吾視諸軍饑心嗷嗷，忘失晝夜。龍虎、阿魯保言：若南宋受檄，猶得半軍回。若宋軍渡江，不擊自潰。王曰：爾論正與吾心同。吾西望糧音，南聽蕭信，心神不寧。如此月餘，忽蕭平章躍騎走報，不覺喜感天神。與南使同來，議止淮爲界。誓約已定，南使回，吾班師回泗。集軍馬、輜重、騾馬依稀四分，奴婢十中無六。惜哉，軍機至此而不能決，若能決，無一人一騎得回也。吾私心用智，但一檄書下，遂取捷，乃萬世不傳之上策。』」按大諒所云，可見金人勢窮力竭之實。今並附此，庶幾可考。

6 壬寅，詔以四立日就行在權宜設位，祭五福太一。用禮官請也。先是，議者欲建太一之祠，禮官難之，乃有是議焉。

尚書吏部員外郎施鉅、秘書郎李益並爲監察御史。益，長沙人，與鉅皆中丞何鑄所薦也。

7 乙巳，拱衛大夫、貴州團練使顔孝恭知隨州。

詔吏部侍郎魏良臣就充接伴使。以中書言金使蕭毅已過界也。毅等過江，揭旗於舟，大書江南撫諭。右朝散大夫、知鎮江府劉子羽見之怒，夜以他旗易之。翼日，良臣見旗有異，大懼，力索之，且以語脅子羽。子羽曰：「吾爲守臣，朝論無所預。然欲揭此於吾之境，則吾有死而已。」請不已，出境乃還之。此據張栻撰子羽墓誌附入。

8 丙午，詔：「通問副使王公亮先赴行在奏事。拱衛大夫、忠州防禦使、知閤門事曹勛充接伴副使。」

9 丁未，給事中程克俊兼權直學士院。

左太中大夫范同責授左朝奉郎、秘書少監，筠州居住。時右諫議大夫万俟卨論：「近會稽之民，以李光鼓惑，遂至於紛擾者累日。今聞同與朱翌、邵大受等，又往家焉。竊恐浮言橫議，又益數光。萬一會稽藩輔，爲之震動，則遠方聞之將如何？伏望將此三人，重賜施行，天下幸甚。」詔：「左承議郎朱翌責授左承事郎、將作少監，韶州居住。左奉議郎邵大受除名勒停，化州編管。」

光山軍節度使、開府儀同三司、判大宗正事、齊安郡王士㒟提舉西京嵩山崇福宫，放謝辭。士㒟數言事，秦檜忌之。岳飛之下吏也，士㒟草奏欲救之。語泄，檜乃使言者論：「頃岳飛進兵於陳、蔡之間，乃密通書士㒟。㒟叙其悃愊，蹤跡詭秘。范同頃爲浙東憲，與士㒟通家往還。或以他故，數日不克見，則必遣其屬邵大受往傳導言語，窺伺國事。士㒟身爲近屬，在外則交結將帥，在内則交結執政，事有切於聖躬，望罷其宗司職事，庶幾助成中興之業。」故有是命。仍令刑部檢會宗室戚里不得出謁接見賓客條法，申嚴行下。士㒟將行，上賜手劄勞問，且以白金千兩賜之。

光山軍承宣使、同知大宗正事士樽提舉亳州明道宫。以言者論其「每與朝士結爲朋黨，兄弟二人，更唱迭和，非朝廷之福」故也。

保慶軍承宣使、同知大宗正事士夽知大宗正事。

10 庚戌，日南至，上望拜皇太后於禁中，宰相率百官遥拜皇太后、淵聖皇帝於行宫北門外。

11 壬子，金國審議使行臺户部兼工部侍郎蕭毅、翰林待制同知制誥邢具瞻等入見。毅等至館，上命工部侍郎莫將館伴。時殿陛之儀，議猶未決。議者以爲：「兵衛單弱，則非所以隆國體，欲設仗衛，恐駭敵情。」秦檜與知閤門事鄭藻謀之，藻請設黄麾仗千五百人於殿廊，蔽以帟幕，班定徹帷。檜然之。自是以爲定制。

時檜奏：「誓書事，以爲自古盟會，各出意以爲之誓，未有意自彼出，而反覆更易，必欲如其所要者。」上曰：「朕固知之。然朕有天下而養不及親，徽宗既無及矣，太后年踰六十，日夜痛心。今雖與之立誓，當奏告天地宗廟社稷，明言若歸我太后，朕不憚屈己與之和。如其不然，則此要盟，神固不聽，朕亦不憚用兵也。」

12 乙卯，御史中丞何鑄充端明殿學士、簽書樞密院事，充大金報謝使。右諫議大夫万俟卨試御史中丞，起居郎羅汝檝爲右諫議大夫。

13 丁巳，拱衛大夫、利州觀察使、知閤門事曹勛落階官，爲容州觀察使，充報謝副。何鑄入辭，上諭鑄：「委曲致詞，事在必濟。」又召勛至内殿，諭之曰：「朕北望庭闈踰十五年，幾於無淚可揮，無腸可斷。所以頻遣使指，又屈己奉幣者，皆以此也，竊計上天亦默相之。」言已淚下，左右皆掩泣。上曰：「汝見金主，當以朕意與之言曰：『惟親若族，久賴安存，朕知之矣。然閲歲滋久，爲人之子，深不自安。況亡者未葬，存者亦老。兄弟族屬，見餘無幾。每歲時節物，未嘗不北首流涕。若大國念之，使父兄子母如初，則此恩當子孫千萬年不忘也。且慈親之在上國，一尋常老人爾，在本國則所繫甚重。』往用此意，以天性至誠説之，彼亦當感動也。」紹興講和録皇朝答書：「仲冬嚴寒，伏惟太保、左丞相、侍中、都元帥、魏國公，鈞候起居萬福。軍國重寄，悉勞籌畫。特蒙專遣信使，惠以書翰。良馬厚幣，禮意勤腆。鄙情感激，已難具陳。至許成就大計，最爲重恩。自惟孤危，何以得此？又如逐件事目，一一曲荷開諭，雖甚愚暗，豈不省會？即奉鈞諭，逐項遵承。再惟大計已定，其間不免少有懇告。如墳域所在，至甚緊切，計鈞鑒處之，必是不錯。上國方以孝理天下，若使祖宗不闕祭享，是爲至望。歲貢銀絹，見排辦來年數目，先次發納。已差端明殿學士朝奉大夫簽書樞密院事文安郡開國侯食邑一千户賜紫金魚袋何鑄、容州觀察使知閤門事兼客省四方館事武功縣開國子食邑五百户曹勛充報謝進誓表使副，專附此書，叙謝鈞造。益寒，敢冀曲加保重。有少禮物，具於別封，惟幸容納。不宣。」

14 戊午，金國審議使蕭毅等辭行。時朝廷許割唐、鄧二州，餘以淮水中流爲界。毅辭，上諭曰：「若今歲太后果還，自當謹守誓約。如今歲未也，則誓文爲虚設。」

是日，詔大金國已遣使通和，自今官司文字，並稱大金，不得指斥。

15 己未，詔何鑄、曹勛並與恩澤二資。

16 庚申，命宰執及議誓撰文官告，祭天地、宗廟、社稷。紹興講和録皇朝講和誓書節文：「竊以休兵息民，帝王之大德；體方述職，邦國之永圖。顧惟孤藐之蹤，猥荷矜存之賜。敢望自竭，仰答殊恩。事既繫於宗祧，理蓋昭於誓約。契勘今來畫疆，合以淮水中流爲界。西有唐、鄧二州，割屬上國。自鄧州南四十里，西南四十里爲界，屬鄧州。其四十里外，南併西南，盡屬光化軍，爲敝邑沿邊州軍。生辰并正旦，遣使稱賀不絶。所有歲貢銀絹二十五萬匹兩，自壬戌年爲首，每春季差人般送至泗州交納。淮北、京東西、陝西、河北自來流移在南之人，經官陳理，願歸鄉者，更不禁約。其自燕以北人，見行節次遣發。今後上國逋亡之人，無敢容隱。寸土匹夫，無敢侵掠。其或叛亡之人，入上國之境者，不得進兵襲逐，但移文收捕。沿邊州城，除自來合該置射糧軍數并巡尉等外，不得屯軍戍守。上國云云。敝邑亦乞並用此約。既盟之後，必務遵承。有渝此盟，神明是殛，墜命亡氏，踣其國家。」按此誓書，日曆不載，然其間有北人願歸鄉者更不禁約之類，宣諭聖語，蓋常及之。今刪取附注，以備參考。

17 辛酉，特進、觀文殿大學士、福建安撫大使兼知福州張浚爲檢校少傅、崇信軍節度使，充萬壽觀使，免奉朝請。秦檜將議和，遣工部員外郎蓋諒因事至閩中，風浚使附其議，當引爲樞密使。浚答書言：「虜不可縱⑰，和不可成。」檜不悦。會浚以母老乞祠，乃有是命。先是，責授清遠軍節度副使趙鼎在會稽，嘗語其客方疇曰：「張德遠建炎復辟之功，豈可忘也？上待臣下有恩，想必講求矣。」疇曰：「今日擔子極重，秦相欲獨負之，恐難也。不知故相中，誰可辨者？」時李綱、朱勝非皆在。鼎曰：「伯紀、藏一皆不濟事，惟德遠可爾。第恐不容復來。」至是，卒如所料。

左承議郎、新福建安撫大使司參議官高穎除名，象州編管。以言者論春間敵騎犯邊，穎自軍前造朝，反爲張皇之説，以惑流俗故也。穎陷僞十年，固窮守節，故驟用之。及是，以從岳飛被斥。

18 壬戌，左朝奉大夫、荆湖北路轉運判官汪叔詹直秘閣，知鄂州。右朝請大夫、知韶州邵相爲荆湖北路轉運判官，兼京西路轉運、提刑、提舉茶鹽公事。王俊之告變也，叔詹與聞之。此據王明清揮麈後録。相嘗爲岳飛所劾，此據洪邁夷堅志。謫嶺南。至是復起。

是月，詔：「大金已遣使通和，令川陝宣撫司照會保守見存疆界，不得出兵生事，招納叛亡。」此據蜀口用兵録，日曆無之。

校勘記

① 往年之和出於撻懶今年之戰出於兀朮　「兀朮」與「撻懶」原互錯簡，叢書本同，據宋史全文卷二一上乙正。

② 入内侍省都知陳永錫提舉江州太平觀　「提舉」，原作「提舉舉」，據叢書本删一「舉」字。

③ 垧暴起新視事　「垧」原闕，據叢書本補。

④ 此書删十二字　此六字原闕，據叢書本補。

⑤ 奏張憲岳雲欲謀反等事　「奏」，原作「秦」，據叢書本改。

⑥ 俟知衆人皆是秦檜門下　「知」，原作「和」，據叢書本改。

⑦ 資政殿學士提舉臨安府洞霄宮翟汝文薨於平江府私第謚忠惠　按：本書卷一三八紹興十年十月底已書「資政殿學士翟汝文薨，賜謚忠惠」。此復載之，均誤。查翟汝文忠惠集附録孫繁重刊翟氏公巽埋銘：「公翟氏，名汝文，字公巽，潤之丹陽人。……紹興辛酉八月二十九日，薨於平江府常熟縣寓舍，享年六十有六。」辛酉，乃紹興十一年也。知此條本應出上卷中，今重出卷一三八及本卷，殆作者之誤，故兩存之，而載此以明其誤。

⑧ 竊自念昨蒙上國皇帝割賜河南之地　「國」原闕，據三朝北盟會編卷二〇六補。

⑨ 龍神衛四廂都指揮使瀘川軍承宣使御前統制劉寶卒　「使」原闕，逕補。「川」，原作「州」，逕改。

⑩ 金虜約和於朝廷　「虜」，原作「人」，據皇朝中興繫年要録節要改。

⑪ 但此州寄居多　「此」，原作「北」，叢書本同。據皇朝中興紀事本末卷五八、宋史全文卷二一上改。

⑫ 而朝廷尊　「尊」，原作「遵」，據叢書本改。

⑬ 昨離闕時　「時」，原作「書」，據三朝北盟會編卷二〇六改。

⑭ 忽淮陰二進士遠來　「二」，叢書本作「三」。

⑮ 時吾急遣龍虎阿魯保二帥探路先行　「阿魯保」，原作「阿勒巴」，據三朝北盟會編改。

⑯ 吾獨與蕭平章計議　「議」，原作「義」，據叢書本改。

⑰ 虜不可縱　「虜」，原作「敵」，據皇朝中興繫年要録節要改。

建炎以來繫年要録卷一百四十三

1 紹興十有一年十有二月乙丑朔，上謂秦檜曰：「和議已成，軍備尤不可弛。宜於沿江築堡駐兵，令軍中自爲營田，則斂不及民而軍食常足，可以久也。仍修建康爲定都之計，先宗廟，次太學，而後宫室。」

2 丙寅，上謂大臣曰：「三代之世，士大夫盡心禮法，鮮有異端之惑。自漢明帝金人之夢，佛法流入中國，士大夫靡然從之。其上者惑於清静之説，而下者惑於禍福之報。殊不知六經廣大，靡不周盡。如易『無思無爲，寂然不動，感而遂通天下之故』，與禮『正心誠意』者，佛氏清静之説，果有以勝之乎？至若『積善之家，必有餘慶；積不善之家，必有餘殃』，與夫『作善降之百祥，作不善降之百殃』者，即佛氏禍福之報也。士大夫不師六經，而盡心佛説，殊爲可笑。」

3 丁卯，徽猷閣待制、提舉江州太平觀劉洪道責授濠州團練副使，柳州安置。御史中丞万俟卨論①：「洪道污穢貪墨。岳飛初爲制置使，洪道足恭以媚之。飛罷宣撫使，命下之日，洪道聞之失色，頓足抵掌，淚閣眼眶。倡爲浮言，簧鼓將士，幾至變生。」故有是命。於是，洪道得罪，而終身不復。

4 庚午，右承奉郎、直秘閣、主管台州崇道觀、賜緋魚袋韓彦直特遷右奉議郎、直敷文閣②，以世忠罷政推恩也。右奉議郎鄧名世特勒停，坐擅寫日曆故也。久之，卒於家。

5 壬申，上謂宰執曰：「晉平吳之後，天下混一。武帝又勤於政事，宜若可見太平，而旋致禍亂，天地分裂，何也？」秦檜等方思所以對。上曰：「禮可以立國。君臣上下，如天地定位，不可少亂。武帝字呼羣臣，又以珊瑚株助臣下以侈靡相勝。廢禮如此，其能國乎？」

6 癸酉，秦檜言：「考之經傳，人君莫難於聽納。」上曰：「朕觀自古人君不肯聽納者，皆因有心，或好大喜功，或窮奢極欲。一實其衷，則凡拂心之言，皆不能入矣。若清心寡欲，豈有不聽納乎？朕於宮中觀書寫字之外，並無嗜好。凡事無心，故羣臣之言是則從，非則否，未嘗惑也。」

試尚書工部侍郎莫將權本部尚書，往唐、鄧州分畫地界。先是，詔：「刑部侍郎周聿充京西路分畫地界官，應干指置。委樞密都承旨鄭剛中充陝西路分畫地界官③，應干措置④。委川陝宣撫司照南北誓書文字，子細分畫，不得差錯生事⑤。」此指揮據蜀口用兵録修入，日曆無之。至是，又遣將焉。

7 甲戌，川陝宣撫副使胡世將言：「竊聞朝廷見與金國議和，邊事漸向寧息，所有元降便宜黜陟指揮，伏望收還。」從之。

8 乙亥，簽書樞密院事、充大金報謝使何鑄等至軍前，金國都元帥宗弼遣鑄往會寧，且以書來索北人之在南者，因趣割陝西餘地。紹興講和録金帥上第四書：「冬深，想惟動止萬福。今月十一日，使來。伏承手削，且聞事大之勤，良可嘉尚。所進誓表，即時津發赴闕。今茲大事已定，然而其間有一二未究者，須至廑浼。表云：『北人見行發遣北來三十五人，止是近日因渡淮樵牧偶被掠者，殊非昔年逃亡及兵火隔絶之人。』恐是有司姑徇人情，尚爲濡滯也。審議使副蕭毅等在江南時，已蒙定論。據諸路所有北人，各於逐處沿邊州城，就近交割。望早爲依應所諭，盡數敎遣過界。唐、鄧二州，想已差官，趁此月下旬，到彼以備交割⑥，此外據陝西地界，其間或有犬牙相攙處，亦請依元約，於明年正月下旬，差官於本朝合干人員，至鳳翔府會合，以憑同去行踏，至日別有計議。自今日以往，既盟之後，固當使民各安其業，已遣濠州、招信、盱眙等縣新附口數千，連其家貲，並復本土外，有未曾發遣人數，今已盡分付去人。應江南商賈隔在淮以北者，已指揮所屬刷會，候供到人數，亦便發歸。所有海州、泗州并漣水軍，今歲流移在南百姓⑦，比及新正，切望發過淮北，庶不廢一年耕作之計。惟裁之所有淮上大軍，使之自諸道班還。昨以吴璘竊窺關、陝，以此有副元帥提兵鎮撫，亦專人使之斂退。恐欲聞知。時寒，切冀慎重。專此布聞。不宣。」

是日，朝廷亦遣莫將、周聿往劃唐、鄧，又命鄭剛中分劃陝西，以劉豫、吴玠元管地界爲準。紹興講和録皇朝答書：「季冬極寒，伏惟鈞候起居萬福。整軍安民，悉賴全德。特承惠書，佩荷記存。垂諭大事已定，若國公以生靈爲念，他人豈能辨？天下幸甚。北人敢不如命？今就先次津發耶律温等，餘當節次發遣。唐、鄧二州，已遣尚書莫將、侍郎周聿於前月十一日星夜前去交割。陝西地界，亦已差樞密都承旨鄭剛中同宣撫司官前去。趁明年正月下旬計議，海州、泗州、漣水軍在南百姓，見令根刷發過淮北，先蒙遣還濠州、楚州、招信、盱眙等縣户口⑧。又許根刷應江南商賈隔在淮北者，亦便發歸。卑情豈勝感激？恐遣人在路遲滯，今專發書，計會泗州差走馬人傳到府下，伏冀照察。向春候漸和，切望倍保鈞重。不宣。」

9 己卯，上謂大臣曰：「有帝王之學，有士大夫之學。朕在宫中，無一日廢學。然但究前古治道有宜於今者，要施行耳，不必指摘章句，以爲文也。士大夫之學，則異於此。須用論辯古今以爲文，最不可志於利。學而志於利，則上下交征，未有不危國者。」

詔：「監當資序人勿除郡守。其已除未上者，令吏部具名罷。即嘗任監察御史以上者聽。」時秘閣修撰劉阜民新知秀州⑨，吏部言阜民故從官，許之任。

10 戊子，直秘閣、新知温州秦梓試秘書少監，兼崇政殿説書。梓、檜皆引嫌辭，上不許。

右承務郎韓彦質、彦樸並直秘閣。二人皆世忠子也。

11 癸巳，岳飛賜死於大理寺。飛既屬吏，何鑄以中執法與大理卿周三畏同鞫之。飛久不伏，因不食求死，命其子閤門祗候雷視之。至是，万俟卨入臺月餘，獄遂上。及聚斷，大理寺丞李若樸、何彦猷言：「飛不應死。」衆不從。於是飛以衆證，坐嘗自言己與太祖俱以三十歲除節度使，爲指斥乘輿，情理切害；及敵犯淮西，前後親受札十三次，不即策應，爲擁兵逗遛。當斬。閬州觀察使、御前前軍統制權副都統張憲，坐收飛子雲書[10]，謀以襄陽叛，當絞。飛長子左武大夫、忠州防禦使、提舉醴泉觀雲，坐與憲書，稱可與得心腹兵官商議，爲傳報朝廷機密事，當追一官罰金。詔：「飛賜死。命領殿前都指揮使職事楊沂中莅其刑。誅憲、雲於都市。參議官、直秘閣于鵬除名，送萬安軍，右朝散郎孫革送尋州，並編管，仍籍其貲，流家屬於嶺南。」天下冤之。飛死年三十九[11]。

初，獄之成也，太傅、醴泉觀使韓世忠不能平，以問秦檜。檜曰：「飛子雲與張憲書雖不明，其事體莫須有[12]。」世忠怫然曰：「相公莫須有三字，何以服天下乎[13]？」飛知書善待士，且濟人之貧。用兵秋毫無犯，民皆安堵，不知有軍，至今號爲賢將。何鑄紹興十二年八月丙寅，周三畏三十年三月庚子，李若樸、何彦猷十二年正月戊申，皆得罪。飛三十二年十月戊申追復元官[14]，謚忠愍，又改武穆。嘉泰四年五月癸未，追封鄂王。並各見本年月。王俊首狀、大理寺案欵今具載之：

左武大夫、果州防禦使、差充京東東路兵馬鈐轄、御前前軍副統制王俊。

右俊於八月二十二日夜二更以來⑮，張太尉使奴廝兒慶童來請俊去説話。俊到張太尉衙，令虞候報覆，請俊入宅，在蓮花池東面一亭子上，張太尉先與一和尚澤一，點著燭，對面坐地説話。俊到時，澤一更不與俊相揖，便起向燈影黑處潛去。俊於張太尉面前唱喏，坐間，張太尉不作聲，良久問道：「你早睡也，那你睡得著？」俊道：「太尉有甚事睡不著？」張太尉道：「你不知自家相公得出也。」俊道：「相公得出那裏去？」張太尉道：「得衢、婺州。」俊道：「既得衢州，則無事也，有甚煩惱？」張太尉道：「恐有後命。」俊道：「有後命如何？」張太尉道：「你理會不得。我與相公從微相隨，朝廷必疑我也。朝廷交更番朝見，我去則必不來也。」俊道：「向日范將軍被朝廷賜死，俊與范將軍從微相隨，俊元是雄威副都頭，轉至正使，皆是范將軍兼係右軍統制同提舉一行事務，心懷忠義，到今朝廷何曾賜罪？太尉不須別生疑慮。」張太尉道：「更説與你，我相公處有人來，交我救他。」俊道：「如何救他？」張太尉道：「我這人馬動，則便是救他也。」俊道：「動後甚意思？」張太尉道：「這裏將人馬老小，盡底移去襄陽府不動，只在那駐劄，朝廷知，必使我相公來彈壓撫諭。」俊道：「太尉不可動人馬，若太尉動人馬，朝廷必疑岳相公，越被罪也。」張太尉道：「你理會不得。若朝廷使岳相公來時，便是我救他也。若朝廷不肯交相公來時，我將人馬分布，自據襄陽府。」俊道：「諸軍人馬如何起發得？」張太尉道：「我劫掠舟船，盡裝載步人老小，令馬軍便陸路前去⑯。」俊道：「且看國家患難之際，且更消停。」張太尉道：「我待做，你安排著，待我交你下手做時，你便聽我言語。」俊道：「恐軍不伏者多。」張太尉道：「誰敢不伏？傅選道我不伏⑰？」俊道：「傅統制慷慨之人，丈夫剛氣，必不肯伏⑱。」張太尉道：「有不伏者剿殺。」俊道：「這軍馬做甚名日起發？」張太尉道：「你問得我是，假做一件朝廷文字起發，我須交人不疑。」俊道：「太尉去襄陽府，後面張相公遣人馬來追襲，如何？」張太尉道：「必不敢來趕我。設他人馬來到這裏時，我已到襄陽了也。」俊道：「且如到襄陽府⑲，張相公必不肯休，繼續前來收捕，如何？」張太尉道：「我有何懼？」俊道：「若蕃人探得知，必來夾攻。太尉南面有張相公人馬，北面有蕃人，太尉如何處置？」張太尉冷笑：「我則有道理。待我這裏兵才動，先使人將文字去與蕃人，萬一枝梧不前，交蕃人發人馬助我。」俊道：「諸軍人馬老小數十萬，襄陽糧少，如何？」張太尉道：

「這裏糧盡數著船，裝載前去。鄂州也有糧，襄陽也有糧，可喫得一年。」俊道：「如何這裏數路應副錢糧，尚有不前，那裏些少糧⑳，一年以後無糧，如何？」張太尉道：「我那裏一年已外，不別做轉動？我那裏不一年，交蕃人必退。我遲則遲動，疾則疾動，你安排著。」張太尉又道：「我如今動後，背嵬、遊奕伏我不伏？」俊道：「不伏底多。」又道：「遊奕姚觀察、背嵬王剛、張應、李璋伏不伏？」俊道：「不知如何。」張太尉道：「明日聚廳時，你請姚觀察、王剛、張應、李璋去你衙裏喫飯，説與我這言語。説道張太尉一夜不曾得睡，知得相公得出，恐有後命。今自家懣都出岳相公門下，若諸軍人馬有語言，交我怎生制御？我東西隨人，我又不是都統制，朝廷又不曾有文字交我管他們，有事都不能管得。」

至三更後㉑，俊歸來本家。次日天曉，二十三日早，衆統制官至張太尉衙前。張太尉未坐衙，俊叫起姚觀察於教場亭子西邊坐地。姚觀察道：「有甚事，大哥？」俊道：「張太尉一夜不睡，知得相公得出，太尉煩惱，道破言語，交俊來問觀察如何。」姚觀察道：「既相公不來時，張太尉管軍，事節都在張太尉也。」俊問：「觀察道將來諸軍亂後，如何？」姚觀察道：「與他彈壓，不可交亂，恐壞了這軍人馬。你做我覆知太尉，緩緩地，且看國家患難面。」道罷，各散去，更不曾説張太尉所言事節。俊去，見張太尉唱喏，張太尉道：「夜來所言事，如何？」俊道：「不曾去請王剛等，只與姚觀察説話，交來覆太尉道：恐兵亂後，不可不彈壓。我遊奕一軍，鈐束得整齊，必不致得生事。」張太尉道：「既姚觀察賣弄道他人馬整齊，我做得尤穩也。你安排著。」俊便唱喏出來，自後不曾説話。

九月初一日，張太尉起發赴樞密行府。俊去辭，張太尉道：「王統制，你後面粗重物事轉換了著，我去後，將來必共將這懣一處，你收拾，等我叫你。」

重念俊元係東平府雄威第八長行日，本府闕糧，諸營軍兵呼千等結連俊，欲劫東平府作過。當時俊食禄本營，不敢負於國家，又不忍棄老母，遂經安撫司告首。奉聖旨，補本營副都頭。後來即遇金人侵犯中原，俊自靖康元年，首從軍旅，於京城下與金人相敵，斬首，及俊口内中箭，射落二齒。奉聖旨，特换成忠郎。後來並係立戰功，轉今來官資。俊盡節仰報朝廷，今來張太尉結連俊别起事，俊不敢負於國家，欲伺候將來赴樞密行府日，面詣張相公前告首㉒，又恐都統王太尉別有出入，張太尉後面別起事背叛，臨時力所不及，使俊陷於不義。俊已於初七日面覆都統王太尉訖，今月初八日納狀告首。如有一事一件分毫不實，乞依軍法施行。兼俊自出官以來，立戰功轉至今來官資，即不曾有分毫過犯。所有俊應干告敕宣劄，在家收存外，有告首呼千等補副都宣繳申外，庶曉俊忠義㉓，不曾作過，不敢負於國家。謹具狀披告，伏候指揮。

刑部、大理寺狀：準尚書省劄子：「張俊奏張憲供通，爲收岳飛處文字後謀反㉔，行府已有供到文狀。」奉聖旨：「就大理寺置司根勘聞奏。」今勘到龍神衛四廂都指揮使、閬州觀察使高陽關路馬步軍副都總管御前前軍統制權副都統節制鄂州軍馬張憲，僧澤一，右朝議大夫直秘閣添差廣南東路安撫司參議官于鵬，右朝散郎添差通判興化軍孫革，左武大夫忠州防禦使提舉醴泉觀岳雲，有蔭人智浹，承節郎進奏官王處仁，從議郎授福州專管巡捉私鹽蔣世雄，及勘證得前少保武勝定國軍節度使充萬壽觀使岳飛所犯，內岳飛爲因探報得金人侵擾淮南，前後一十五次受親劄指揮，令策應措置㉕，坐觀勝負，逗遛不進。及因董先、張憲問：「張俊軍馬怎生地？」言道：「都敗了回去。」便指斥乘輿。及向張憲、董先道：「張家、韓家人馬，你將一萬人蹉踏了。」及因罷兵權後，令孫革寫書與張憲㉖，令措置別作擘畫，令看訖焚之。及令張憲虛申探得四太子大兵前來侵犯上流。自後張憲商議，待反背據守襄陽，及把截江兩頭，盡劫官私舟船。又累次令孫革奏報不實，及制勘虛妄等罪。除罪輕外，法寺稱：「律，臨軍征討，稽期三日斬。及指斥乘輿，情理切害者斬。係罪重。其岳飛合於斬刑私罪上定斷㉗，合決重杖處死。」看詳：岳飛坐擁重兵，於兩軍未解之間，十五次被受御筆，並遣中使督兵，逗遛不進。及於此時，輒對張憲、董先指斥乘輿，情理切害。又說與張憲、董先要蹉踏張俊、韓世忠人馬，及移書張憲，令措置別作擘畫，致張憲意待謀反，據守襄陽等處作過，委是情理深重。敕：「罪人情重法輕，奏裁。」張憲爲收岳雲書，令憲別作擘畫，因此張憲謀反，要提兵僭據襄陽，投拜金人。因王俊不允順，方有無意作過之言㉘。并知岳飛指斥切害，不敢陳首，并依隨岳飛虛申無糧進兵不得，及依于鵬書申岳飛之意，令妄申探報不實，及制勘虛妄，除罪輕外，法寺稱：「律，謀叛絞。其張憲合依絞刑私罪上定斷，合決重杖處死。仍合依例追毀出身以來告敕文字，除名，本人犯私罪絞。舉官見行取會，候到別具施行。」岳雲爲寫諮目與張憲，稱可與得心腹兵官商議擘畫，因此致張憲叛。除罪輕及等外，法寺稱：「敕，傳報朝廷機密事，流二千五百里，配千里，不以蔭論赦，刺配比徒三年。本罪徒以上通比，滿六年比加役流。律，官五品，犯流以下減一等。其岳雲合比加役流私罪斷，官減外，徒三年，追一官，罰銅二十斤，入官勒停。」看詳：岳雲因父罷兵權，輒敢交通主兵官張憲，節次催令得腹心兵官擘畫，致張憲因此要提兵謀叛。又傳報朝廷機密，惑亂軍衆，情重奏裁。岳雲犯私罪徒，舉官見行會問，候到別具施行。于鵬爲犯虚妄，并依隨岳飛寫諮目與張憲等，妄説岳飛出使事，并令張憲妄供探報。除罪輕外，法寺稱：「敕，爲從配律，五品犯流罪減一等。其于鵬合徒三年，私罪官減外，徒二年半，追一官，罰銅十斤，入官勒停，情重奏裁。于鵬犯私罪徒，舉官見行取會，候到別其施行。孫革爲依隨岳飛，寫諮目與張憲，稱措置擘畫等語言，并節次依隨岳飛，申奏朝廷不實。除罪輕外，法寺稱：「律，奏事不實，以違制論，徒二年。律，供犯罪徒減一等。其孫革合徒一年，合追見任朝散郎一官官告文字，當徒一年，勒停。情重奏裁。孫革犯私罪徒，舉官見行會問，候到別具施行。」王處仁，爲知王貴申朝廷，張憲背叛，漏泄供申岳飛，并説與蔣世雄。法寺稱：「敕，傳報漏泄朝廷機密事，流二千五百里，配千里。應比罪敕配，比徒三年，本罪徒以上通比，滿六年比加役流，官當準六年。王處仁合於比加役流私罪上斷，合追見任承節郎，並歷任承信郎共兩官官告文字。當徒二年。據按別無官當，更合罰銅八十斤，入官勒停，情重奏裁。王處仁犯私罪流，舉官見行會問，候到別具施行。」蔣世雄爲見王處仁，説王貴申朝廷張憲背叛事於岳飛處覆，除罪輕外，法寺稱：「傳報漏泄朝廷機密事，流二千五百里，從減一等。其蔣世雄合徒三年私罪上斷。官減外，徒二年半，合追從義郎、秉義郎兩官官告文字，當徒二年，餘徒二年，更罰銅十斤。入官勒停，情重奏裁。」蔣世雄犯私罪，從舉官見行會問，候到別具施行。僧澤一爲制勘虚妄，并見張憲等待背叛，向張憲言：「不如先差兩隊甲軍防守總領運使衙㉙。」并欲爲張憲詐作樞密院劄子，發兵過江，及要摹搨樞密院印文㉚。除罪輕外，法寺稱：「律，謀叛者絞，從減一等。其僧澤一，合流三千里，私罪斷，合決脊杖二十，本處居作一年，役滿日，仍合下本處照僧人犯私罪流還俗條施行。情重奏裁。」智浹爲承岳雲使令，要將書與張憲等，並受岳雲金茶馬，令智浹將書與張憲等，共估錢三百二貫足。除罪輕外，法寺稱：「律，坐贓致罪十匹，加一等，罪止徒三年。爲非監臨主司，因事受財，七品官子孫犯流罪以下，聽贖。其智浹合徒三年，贓罪贖銅六十斤，情重奏裁。」

小貼子，據貼黄稱：契勘岳飛次男岳雷，係同岳飛一處送下。今來照證得岳雷别無干涉罪犯，緣爲岳飛故節飲食成病，合依條召家人入侍，就令岳雷入侍看覰。候斷下案内人目，所有岳雷，亦乞一就處分降下。小貼子稱，所有僧澤一合下本處依條施行。又小貼子稱，契勘數内于鵬，見行下湖北轉運司根究銀絹等四百萬，合下所屬照會，候根究見歸著日，即乞依今來所斷指揮施行。

又小貼子稱：看詳岳飛、張憲所犯情重，逐人家業并家屬，合取自朝廷指揮，拘籍施行。看詳岳飛等所犯内，岳飛私罪斬，張憲私罪絞，並係情重。王處仁私罪流，岳雲私罪徒，並係情重。蔣世雄、孫革、于鵬並私罪徒，並係情理稍重，無一般例。兼奉聖旨根勘，合取旨裁斷。

有旨：岳飛特賜死，張憲、岳雲並依軍法施行。令楊沂中監斬，仍多差將兵防護。餘並依斷。于鵬、孫革、王處仁、蔣世雄除名。内于鵬、孫革永不收叙。于鵬送萬安軍，孫革送潯州，王處仁送連州㉛，蔣世雄送梧州，並編管。僧澤一決脊杖二十，刺面，配三千里外州軍牢城小分收管㉜。智浹決臀杖二十，送二千里外州軍編管。岳飛、張憲家屬，分送廣南、福建路州軍拘管，月具存亡聞奏。編配人并岳飛家屬，并令楊沂中、俞俟，其張憲家屬，令王貴、汪叔詹多差得力人兵，防送前去，不得一并上路。岳飛、張憲家業，籍没入官。委俞俟、汪叔詹逐一抄劄，具數申尚書省。餘依大理寺所申，並小貼子内事理施行，出榜曉諭。應緣上件公事干涉之人，一切不問，亦不許人陳告，官司不得受理。」

王明清揮麈録餘話云：明清壬子歲仕寧國㉝，得王俊所首岳侯狀於其家。次年，明清入朝，始得詔獄全案觀之。岳侯之坐死，迺嘗以自言與太祖俱以三十歲爲節度使，以爲指斥乘輿，情理切害。及握兵之日，受庚牌不即出師者凡十五次，以爲抗拒詔命。初不究將在軍，君命有所不受之義。

又云：岳飛與張憲書，通謀爲亂。所供雖嘗移緘，即不曾達，繼復焚之。亦不知其詞云何，且與原首狀了無干涉㉞。鍛錬雖極，而不得實情，的見誣罔，孰所爲據？而遽皆處極典，覽之拂膺。倘非後來詔書，湔洗追褒，則没地銜冤於無窮。所可恨者，使當時推鞫酷吏漏網，不正典刑耳。王俊者，初以小兵途中告反而轉資，晚以裨將而妄許主帥，遂饕富貴。驛卒疑奴，一時傾險，不足比數。考其終始之間，可謂怪矣。首狀雖甚爲鄙俚之言，然不可更一字也。

趙甡之遺史云：先是，飛自襄城回軍也，在一寺中，與王貴、張憲、董先、王俊夜坐，移時不語。忽作聲曰：「天下事，竟如何？」衆皆不敢應，憲徐言曰：「在相公處置耳。」既退，俊握先及貴手曰：「太尉太尉，適來聞相公之言及張太尉之對否？」先與貴曰：「然。」及俊告飛，使子雲通軍事，因言鄜地路中之語，追先赴行在。時雲與憲已伏誅矣。秦檜語先曰：「止有一句言語，要爾爲證了，只今月使可出。」仍差大理官二人，送先赴大理寺，并命證畢，就今日摘出。繇是，先下大理寺，對吏即伏。吏問飛，飛猶不伏，獄吏稍侵之。飛感動，仰天者移時，索筆著押。癸巳，飛死於獄中，梟其首。市人聞之，悽愴有墮淚者。初，獄成，丞李若樸、何彥猷謂飛罪當徒二年，白於卿周三畏，三畏逐白於中丞万俟卨，卨不應。三畏曰：「當依法，三畏豈惜大理卿耶？」有王輔者，投書於秦檜，具言飛反狀已明。檜以書付獄，卨卒致飛於死。既而卨彈若樸，以其兄若虛昔爲幕中參議，故欲黨庇之耳。彥猷傳會若樸。由是二人皆罷。此云鄜城路中之語，據俊元首狀乃無之，不知何故。又云雲、憲已伏誅，董先方下大理寺，與飛對辯，恐亦誤。今併附此，更須參考也。

何俌龜鑑：飛起於效用，平居憂國，無所不爲。征討出師，慷慨勇往。隆冬按邊，上有「非我忠臣，莫雪大恥」之諭。盛夏出師，上有「暑行勞動，朕念之不安」之語。東下赴援，而上有「委身狥國，竭節事君」之歎。力疾先馳，而上有「國爾忘身，誰如卿者」之褒。帥襄陽而克復襄陽，鎮湖北而坐制湖湘。焚蔡州之積，奪虢州之糧，而又倡率三軍，指示方略。自李寶曹州之戰，以至張憲臨潁之戰，凡五十戰，每戰必捷。敵人相告，謂撼岳飛兵難。吁，當時有如飛者數十輩，布置邊庭，是直所謂萬里長城者，而檜乃屏棄之，曾不甚惜，何耶？綸音趣覲，彼之所以逗遛不進者，蓋亦事機垂成爲可惜也。「莫須有」三字，强以傅會，欲加之罪，其無辭乎？千載而下，每念岳武穆之冤，直欲籲天而無從也。鷙鳥盡，良弓藏；狡兔死，良狗烹。此爲不能保全功臣者説也。況鷙鳥猶未盡，而狡兔猶未死者哉？

吕中大事記：飛之死，尤不厭衆心。飛忠孝出於天性，自結髮從戎，凡歷數百戰。內平劇盜，外抗强敵。其用兵也，尤善以寡勝衆。其從杜充也，以八百人破羣盜五十萬衆於南薰門外。其破曹成也㉟，以八千破其十萬衆於桂嶺。其戰兀朮也，於潁昌則以背嵬八百，於朱仙鎮則以背嵬五百，皆破其衆十餘萬。敵人所畏服，不敢以名稱，至以父呼之。自兀朮有必殺飛而後可和之言，檜之心與虜合㊱，而張俊之心又與檜合。媒孽横生，不置之死地不止。万俟卨以願備鍛鍊，自諫議而得中丞。王俊以希旨誣告，自遥防而得廉車。姚政、龐榮、傅選之徒，亦以阿附，並沐累遷之寵㊲。故傅會其事，無所不至。而「莫須有」三字，世忠終以爲無以服天下。飛死，世忠罷，中外大權盡歸於檜，於是盡逐君子用小人矣。

是月，給事中兼直學士院林待聘以母憂去位。待聘去位，後省題名在十二年十二月，蓋誤。

直秘閣、主管台州崇道觀吕抗卒。

初，從事郎傅偉文從朱弁出使，爲金人所拘，求應舉自免，金人許之。偉文屏居村落間，授徒以自給，至是卒。偉文，臨江人也。

徽猷閣待制洪皓在燕山，是冬，密奏：「虜已厭兵㊳，勢不能久。異時以婦隨軍，今不敢携矣。朝廷不知虛實，卑詞厚幣，未有成約。不若乘勝進擊，再造猶反掌耳。所取投附人，只欲守江南，歸之可也。獨不監侯景之禍乎？欲復故疆報世讎，則不宜與。胡銓封事，此或有之。彼知中國有人，益生懼心。張浚名動殊方，可惜置之散地。」並問李綱、趙鼎安否。

左太中大夫、提舉江州太平觀范沖卒於婺州。

是歲，始命川路上供羅，復輸内藏庫。其後綾紗絹悉如之。

廣西買馬，歲額一千五百匹。至是，徽猷閣待制胡舜陟爲經略使，買馬至二千四百匹。

金主亶改元皇統。按：蔣芾逸史云：「高麗日曆，壬戌年改皇統。」壬戌，紹興十二年。熊克中興小曆，改皇統元年在十四年。據紹興講和録，蕭毅所持兀朮書，已稱皇統元年。又王大觀行程録，稱皇統八年，歲次戊辰。戊辰，紹興十八年。逆數之，當以今年改元爲正。蔣、熊皆誤。

校勘記

①御史中丞万俟卨論　「中」原闕，據叢書本補。

②右承奉郎直秘閣主管台州崇道觀賜緋魚袋韓彦直特遷右奉議郎直敷文閣　「彦」，原作「産」，據叢書本改。

③委樞密都承旨鄭剛中充陝西路分畫地界官　四庫館臣於「委」後有按語：「此下當有脱文。」今删。

④應干措置　「干措」，原作「千指」，據叢書本改。

⑤不得差錯生事　「生」，原作「主」，據叢書本改。

⑥到彼以備交割　「割」，原無，據叢書本補。

⑦今歲流移在南百姓　「歲」，原作「威」，據叢書本改。

⑧先蒙遣還濠州楚州招信盱眙等縣户口　「楚州」，原作「楚川」，據叢書本改。

⑨時秘閣修撰劉阜民新知秀州　「秀」，原作「委」，據叢書本改。

⑩坐收飛子雲書　「子」，原闕，叢書本同，據宋史全文卷二一上補。按：諸書皆無飛親書與張憲事，下文亦載秦檜語，謂飛子雲與張憲書，可證也。

⑪飛死年三十九　「三」，原作「二」，據叢書本改。

⑫其事體莫須有　「莫」，此字皇朝中興紀事本末作「必」。按：熊克爲最早記載此語之人，其本末一書，成於淳熙末年，早心傳此書十七八年。莫須有即必須有，臆斷之詞也。今姑存原貌。

⑬何以服天下乎　「服」，原作「報」，據叢書本改。

⑭飛三十二年十月戊申追復元官　「三」，原作「二」，叢書本同。按：飛復官在紹興三十二年十月，時孝宗已即位，尚未改元。故逕改。

⑮右後於八月二十二日夜二更以來　「右」，原作「有」，據叢書本改。

⑯令馬軍便陸路前去　「去」，原作「付」，據叢書本改。

⑰我不伏　「伏」，原作「復」，據前後文義逕改。叢書本「伏」作「服」。前後文皆同。

⑱必不肯伏　「不」，原作「有」，據叢書本改。

⑲且如到襄陽府　「到」，原作「致」，據叢書本改。

⑳那裏些少糧　「些」，原作「此」，據叢書本改。

㉑至三更後　「至」，原作「知」，據叢書本改。

㉒面詣張相公前告首　「首」，原闕，據叢書本補。

㉓庶曉俊忠義　「曉」，原闕，據叢書本補。

㉔爲收岳飛處文字後謀反　「岳」，原作「兵」，據叢書本改。

㉕令策應措置　「措」，原作「指」，據叢書本改。

㉖令孫革寫書與張憲　「令」，原作「今」，據叢書本改。

㉗其岳飛合於斬刑私罪上定斷　「合於斬刑」，原作「坐擁重兵」。按叢書本、文津閣本及建炎以來朝野雜記乙集卷一二岳少保誣證斷案條皆作「合於斬刑」。底本蓋涉下行「坐擁重兵」四字而誤刻，今據上列各本改。

㉘方有無意作過之言　「之」，原闕，據叢書本及雜記補。

㉙不如先差兩隊甲軍防守總領運使衙　「甲」原作「申」，「運」原作「軍」，均據叢書本及雜記改。

㉚及要摹搨樞密院印文　「院」，原作「奏」，據叢書本改。

㉛王處仁送連州　「連」，原作「達」，據叢書本、建炎以來朝野雜記乙集卷一二岳少保誣證斷案條改。

㉜刺面配三千里外州軍牢城小分收管　「三」，原作「二」，據朝野雜記改。「分」，原作「心」，據叢書本、朝野雜記改。按：北宋廂軍有大小分及半分、剩員等編制。

㉝明清壬子歲仕寧國　「仕」，原作「任」，據叢書本及揮麈餘話卷二改。

㉞且與原首狀了無干涉　「了」，原作「子」，據叢書本及揮麈餘話改。

㉟其破曹成也　「成」，原作「晟」，據皇朝中興大事記講義改。

㊱檜之心與虜合　「虜」，原作「敵」，據皇朝中興大事記講義改。

㊲並沐累遷之寵　「寵」，原闕，據叢書本補。

㊳密奏虜已厭兵　「虜」，原作「敵」，據皇朝中興繫年要録節要改。

建炎以來繫年要録卷一百四十四

1 紹興十有二年歲次壬戌。金熙宗亶皇統二年。春正月按是月乙未朔。壬寅，詔建國公出外第，可依親賢宅，差提點官并都監。

直秘閣、賜緋魚袋張子顔、子正並進二官，陞直敷文閣。右承奉郎、賜緋魚袋張宗元爲右宣義郎直秘閣。宗元，樞密使俊孫也。俊自鎮江還朝，行府結局。乃乞罷機務，章四上不許。時俊所部在建康，未有所付。俊薦本軍統制清遠軍節度使王德可典軍，乃以德爲建康府駐劄御前諸軍都統制。熊克小曆於此併書田師中除鄂州都統，恐誤。師中之除在三月丁未，今別附本月日。趙甡之遺史附德正除在今年十二月壬申。按：建康一軍兵最多，不應許時無主帥。今具附此，當求他書參考。

2 癸卯，上謂大臣曰：「朕於宮中無嗜好，惟好觀書，考古人行事，以施於政。凡學必自得乃可用，第與古人點姓名，何所益也？」中興聖政：史臣曰：「稽經以出治，猶按醫以治病也。造之不深，則醫或至於殺人，而治或至於害天下。帝王之學，尤貴自得。深造之則默而識矣，左右逢原則神明生焉。」

入内内侍省押班藍珪爲内侍省副都知。

右武大夫、密州觀察使衛茂實爲昭宣使，入内内侍省押班。茂實改使銜在乙卯。

徽猷閣直學士、提舉亳州明道宫廖剛上表還政，詔進一官致仕。

樞密行府奏：「陞天長縣爲軍，割盱眙、招信兩縣隸之，仍於盱眙縣置榷場。」熊克小曆五月丙申詔於盱眙軍置榷場，誤也。蓋是日户部狀云：「近承指揮，於盱眙建置榷場。」而克誤以爲事始耳。兼盱眙升軍在五月辛丑，克重疊差誤。

3 乙巳，詔：「大理少卿薛仁輔持心不平，用法反覆。秘閣修撰、知宣州李若虚附麗罪人，好惡自口。可並罷。」仁輔之罷，必是議岳飛獄不合，當考。

4 戊申，御史中丞万俟卨、大理卿周三畏同班入對，以鞫岳飛獄畢故也。尚書省乞：「以飛獄案，令刑部鏤板，徧牒諸路。」有進士智浹者，汾州人，知書，通春秋左氏傳，好直言，飛以賓客待之。飛初下吏，浹上書訟其冤。秦檜怒，併送大理。獄成，浹坐決杖，送袁州編管云。此以趙甡之遺史參修。但甡之稱飛死，浹上書訟飛之冤，則恐誤。蓋浹與飛同結案也。今略修潤①，令不牴牾。浹降旨編管在去年十二月晦日，其行遣當在此時。今因須降獄案附書之②。

敷文閣待制知徽州朱芾、秘閣修撰李若虚並落職。芾仍罷郡右諫議大夫。羅汝檝論：「二人頃嘗爲岳飛謀議官，主帥有異志而不能諫。至於若虚，則又公肆欺罔。昨飛方用師於京西，若虚遽自軍前還朝，謂敵人不日授首矣，而所憂者，他將不相爲援③。伏望並賜黜責。」故有是命。先是，秘閣修撰、提舉洪州玉隆觀薛弼爲飛參謀官，與飛厚。秦檜之閑居永嘉也，弼舊遊其門，万俟卨又善之，繇是無一詞累及。飛之在鄂也，有左朝奉大夫王輔者，嘗知彭山縣，以贓敗，遂依飛軍中，飛亦厚待之。至是，輔遣其子孝忠上書，指飛爲姦凶，陰合檜意。檜喜，由是脱罪籍，尋擢知普州。輔，上蔡人也。

大理寺丞何彥猷、李若樸並罷。右諫議大夫羅汝檝論：「比聞岳飛之獄已具，朝廷召寺官聚斷，咸以飛之罪死有餘責，獨二人喧然，力以衆議爲非，務於從輕。」故黜之。趙甡之遺史稱何彥猷、李若樸謂飛罪當徒二年，已見去年十二月癸巳注。甡之又稱周三畏有「豈惜大理卿」之語，然獄成之後，少卿薛仁輔罷去，而三畏遷刑部侍郎，後八九年，乃始被論，則此語未必有也。更須詳考。

中書言：「專差到三省樞密院吏人六名，行遺制勘文字。參照案牘，委得平允，頗見究心。」詔各轉一官資。中書吏行遺制勘文字，前此未有，故出之。

詔陞安豐縣爲安豐軍，以壽春、霍丘、六安三縣隸之。遂以武經大夫、忠州團練使、知壽春府孫暉知軍事。

5 庚戌，詔：「建國公就外第，加檢校官郡王。令吏、禮部、太常寺討論祖宗故事，申尚書省取旨。」

右朝請大夫、知鎮江府兼沿江安撫使劉子羽復徽猷閣待制。樞密使張俊以子羽料敵及治行聞，故有是命。

6 辛亥，增福建鈔鹽錢十萬緡，以鬻鹽增羨故也。

武經大夫、御前忠鋭第五將兼樞密院提轄軍兵劉通知天長軍。通當是劉寶之弟。

7 壬子，顯謨閣學士、知洪州梁揚祖爲尚書兵部侍郎。

8 丁巳，武節郎兼閤門宣贊舍人、新兩浙東路兵馬鈐轄王安道罷。安道，繼先子，始以僥冒補轉，故殿中侍御史胡汝明論之。上曰：「艱難以來，諸路將兵尚多闕額，而見在者又不練習，止充雜役，甚非置將招兵之本意。今和議雖成，尤嚴武備④，可督諸路招填將兵。至於將官，亦須擇人。前者多以子弟及堂吏爲之，安能稱職乎？人才各有所長，子弟堂吏使子爲將，是違其所長，非用材之地也。」

9 戊午，資政殿學士、提舉臨安府洞霄宮富直柔落職，坐前守泉州，誤殺流罪囚也⑤。法寺：「富直柔係第四從官減外，罰銅十斤。」案奏，特有是命。録事、司户參軍，各追一官勒停。通判職官衝替，典史分配嶺南。事初在去年五月庚申。

屯田員外郎劉無極、秘書丞孫汝翼並罷。以御史中丞万俟卨言無極者孫近之黨，而汝翼者范同之黨。刺探時政，竊議於外，必欲近、同復用，以逞其私故也。

10 庚申，宰執奏事，上曰：「今議和既定，淮南漸可理。又須於近江種田畝，築城都，庶不爲敵資。若廣爲儲蓄，非特足以禦敵爾。」

吏部尚書兼侍讀、資善堂翊善吴表臣兼權直學士院。

起居舍人張擴守起居郎。

尚書右司員外郎楊愿試起居舍人。

將作監丞李若谷爲尚書屯田員外郎。

資政殿學士、提舉臨安府洞霄宮孫近落職。御史中丞万俟卨論：「近頃帥紹興，與士㒟交通甚密。及近執政，或得禁中密語，往往漏之。方諸帥還朝，並寘右府。近遂唱爲議論不合之詞，欲深結將帥之私恩。及聞兀朮屯泗之始，岳飛就鞫之初，則每對賓客，喜生面顔。」故有是命。

左中大夫、樞密行府參議官郗漸知宣州，尋又除直秘閣。漸除職在是月癸亥。

右奉議郎、浙東沿海制置司參議官、措置料角斥堠馮由義知和州。

11 辛酉，起居舍人楊愿兼權中書舍人。

端明殿學士、知台州胡交修卒。

12 癸亥，左通議大夫孫近責授左朝散郎、秘書少監，漳州居住。以万俟卨論其謫輕也。

左中大夫、充秘閣修撰、添差通判平江府史愿充敷文閣待制，知鼎州，右承議郎、新軍器監丞張子儀爲右朝奉郎，皆用樞密行府結局推恩也。其餘文武官屬十二人，並進一官。選人改京官。

1 二月乙丑朔，直徽猷閣、添差夔州路安撫司參議官王良存先次放罷，以嘗爲岳飛隨軍漕故也。

軍器少監鮑琚檢察拘收前湖北京西宣撫司錢物還行在，後六日，擢琚爲尚書右司員外郎。

2 丙寅，左朝奉大夫、知大宗正丞段拂行尚書祠部員外郎。以宗室士㒟薦其才識，故有是命。

3 戊辰，尚書右司郎中莊必彊、左司員外郎錢棻並罷。以言者論二人皆范同所汲引，陰懷異議，惟恐同不復用故也。

4 己巳，上謂大臣曰：「征戰之事，各有地利。北敵騎兵，雖中國所不能及，若要馳騁於江淮，恐未易得志。

孫權偏霸一方，而曹魏竭天下之力，終不能渡江。晉室微弱，而苻堅百萬之衆敗於淝水。拓拔魏雄據中原，而歷六朝衰亂，終不能奄有江表。自非大無道如孫皓者，豈能致北兵之得志乎？今但修政事，嚴武備，北兵雖强，不足畏也。」

尚書考功員外郎鄭朴爲右司員外郎。

5 庚午，婉儀張氏薨，輟視朝二日，贈賢妃，葬城外延壽院。其弟閤門宣贊舍人莘進秩三等，仍官其二侄，本閣官吏，遷官有差。初，建國公之少也，育於妃所。及是，吴婉儀收而併視之，與崇國公璩同處，雖一食必均焉。此以紹興三十二年四月丙午宣諭聖語修入。

入内西頭供奉官黄彦節除名，枷項送容州編管。彦節嘗爲岳飛軍中承受，後轉歸吏部。飛憐其貧，遺錢三千緡，且薦爲睿思殿祗候，上不許，飛死乃抵罪。

6 辛未，上謂大臣曰：「詩書所載，二帝三王之治，皆有其意，而不見其施設之詳。太祖以英武定天下，仁宗以惠愛結天下，此朕家法，其施設之詳，可見於世者也。朕當守家法而求二帝三王之意，則治道成矣。」中興聖政：秦檜等曰：「陛下英武如太祖，惠愛如仁宗，其致中興必矣。」

詔建國公瑗出外第。

初，命福建漕臣即李綱家市兩朝所賜犀玉帶。至是，綱妻越國夫人張氏，以玉帶二、通犀帶一來上。詔以錢萬緡償之。

7 丁丑，保慶軍節度使、建國公瑗爲檢校少保，進封普安郡王，時年十六。王天性忠孝，自幼育宮闈，起居飲食，未嘗離膝下，上尤所鍾愛。熊克小曆云：「上與皇后尤所鍾愛。」蓋因張闡聖德事蹟所云也。按：此時憲聖慈烈皇后初封婉儀，闡所云，乃追書之耳。克不考詳，是以小誤。今將憲聖保祐事，依宣諭聖語，先附此月庚午，更不別出。制下，日者尤若訥私謂秘書省正字張闡曰：「普乃並日二字，有合乎易所謂明兩作離之象，殆天授也。」

8 己卯，殿前都指揮使楊沂中賜名存中。

監察御史陳時舉爲尚書考功員外郎。

賜昭慶軍節度使、開府儀同三司韋淵浙西田通舊爲五十頃、臨安府房緡日二十千。先是，淵陳乞恩數二十餘事，又乞賜田五百頃，許賣酒，上皆不從。至是，有司詢故例於夔州觀察使陳仲堅，乃得其實，故有是賜焉。

是日，川陝宣諭使鄭剛中、左中大夫四川轉運判官兼宣撫司參議官李觀，與金大使鎮國上將軍沁南軍節度使烏陵贊謨、副使奉政大夫行臺尚書吏部郎中孟某相見，置酒於百家村。先是，詔宣撫副使胡世將遣近上參議官從剛中至界首，約官商議具奏。至是，剛中、觀與閤門祇候、宣撫司幹辦公事范之寧偕至鳳翔境上。贊謨等亦以檄來言：「坐都元帥府指揮，可計會江南差來官，從長相度交割。今欲自鳳州分界。」先二日，二月丁丑。之寧至寶雞縣，與贊謨議相見之地。贊謨言：「欲至鳳州相見。」之寧曰：「宣諭已過二里矣。二里在和尚原之北。」議不諧而罷。剛中檄贊謨云：「元得指揮，只是商議，仍須取旨，即無便許交割之文。竊詳交割與商議，事理大段不同。未審今來欲於何處分界？消與不消商議？」贇謨回牒：「陝西地界既未指揮，須先商議，即無便交割之理。所有該稱何處分界，亦候相見臨時計議。」至是，贇謨與剛中相見，首謂階、成、祐、鳳、商、秦六州當還上國。剛中與論久之，贇謨曰：「階、成、祐、鳳倘未見還，當先還我商、秦二州，須以大散關爲界。」剛中：「願示公文，當奏取旨。」贇謨出檄云：「已差交割官矣。」剛中持不可。贇謨曰：「講和而不退和尚原兵馬，何也？」剛中曰：「割地之旨朝下，兵晚退矣。」贇謨又欲遣人於大散關立界堠，剛中、觀不從，各上馬去。世將具奏曰：「臣竊觀和尚原及商、秦州險地之要，並係川蜀緊要門户，若爲金國所占，委有利害。已具奏陳，未準回降指揮。伏乞檢會，深賜詳酌，速降處分。臣謂撒離喝等前年冬帶領軍馬五萬，攻打和尚原，本司遣兵捍禦。撒離喝爲見有備，不敢入險，復回長安。去年春，折合孛堇萬衆侵犯商州地名洪門、芍藥等處，本司遣兵殺退。去年冬，撒離喝欲復秦州，本司遣兵捍禦，撒離喝相視秦州高險，城守嚴備，重兵在後，不敢攻打，退遁前去。以此可見和尚原、秦、商州三處，金人屢欲窺伺，終不得志，正係控扼川口必守之地，若爲金國所占，萬一有警，委難枝梧。利害至重，乞賜詳酌。」辛卯，世將奉詔，令與剛中照吴玠、劉豫所管地界分畫。世將乃言：「秦州元不係吴玠地分。合自秦州南，以吴玠元管界至分畫。商州元不係吴玠所管分，合自商州南，以吴玠元管界至分畫。和尚原、方山原兩處，昨自建炎四年係吴玠創立山寨，原不係劉豫所管地分界，至今來合行保守。臣已牒鄭剛中，照應分畫去訖。和尚原係川蜀緊要門户，比之秦、商二州所係利害尤重。臣已累具論奏，乞賜速降處分。」疏入，詔世將具兩奏不同因依。時金人必欲得和尚原，故有是命。烏陵贊謨事，以費士戣蜀口用兵録修入。張匯節要言：「烏陵思謀爲沁南軍節度使。」不知思謀即贊謨名，祐州即岷州，金避阿骨打名改之，今依國書修入。

9 壬午，輔臣進呈殿中侍御史胡汝明論監司不按吏。上曰：「朝廷分道置使，正欲譏察州縣。可申嚴行下，若州縣贓污不法，而監司不能按，致臺諫論列者，當併黜之。」中興聖政：史臣曰：「君天下者，寄耳目於臺諫，而又以其視聽之遠者寄於監司。內外相及，故能承上。後世憂州縣無狀，至乃朝出御史，暮遣觀風，以督守令。若非所督於監司者，彼何憚而不拱視哉？」

10 丙戌，上曰：「學校風化之原，不可緩也。」上又曰：「福建所買牛第二綱，可發來臨安，借與人户。朕聞民間乏牛，皆以人耕田，其勞可憫。朕令畫以人耕田之象，置於左右，庶不忘耕穡之艱難。漢文帝每下詔，必曰農者天下之本。若文帝，可謂知民事之本矣。」

龍神衛四廂都指揮使、保順軍承宣使、鎮江府駐劄御前諸軍都統制解元陞充侍衛親軍馬軍都虞候。元，韓世忠部曲也。至是，代將世忠之軍，故擢之。

11 丁亥，言者請：「自今鞫獄必差經任人。」上曰：「文學、政事，在孔門中自是兩科。今士方離科舉，未親民事，遽使之鞫獄，安能盡善也？其從之。」

12 戊子，金主亶大赦：「自來亡命，投在江南人，見行理索，候到，並行釋罪。其職官、百姓、軍人並許復故。」先是，簽書樞密院事何鑄、知閤門事曹勛至金國，見亶於春水開先殿，具陳上意，力加祈請，伏地者再。

鑄不能言，亶令起之曰：「先朝已如此行，豈可輟改？」勛反覆懇請，語甚切至。亶首肯數四。大帥傳命，使之歸館。尋有館伴張鈞來言：「皇帝及國王見使人所言甚喜，次第有恩也。」是晚，館伴耶律紹文、楊仲修至館，又傳金主命：「早來使人上殿，所請宜允。」仍出回書示之，許還梓宮、太后，且遣鑄等還。金主赦文，據紹興講和録兀朮所上第七書修入。熊克小曆載何鑄見金主於春水開先殿，力加祈請，伏地者再。大帥兀朮傳命，使之歸館。有館伴使張鈞來言：「皇帝及國王見使人所言甚喜，次第有恩也。」以講和録所載兀朮七書考之，自去冬及今春，兀朮皆在軍中，但遣鑄往北地。今略删潤附入，更須詳考。

初，奉使徽猷閣待制洪皓既至燕，金主聞其名，欲用爲翰林直學士，皓力辭。至是，赦文復令南官換授。皓請於參知政事韓昉，乞於真定或大名養濟，爲逃歸計。昉怒，遂換中原副留守，再降爲承德郎、留司判官，趣行者屢矣，皓迄不就職。洪适撰行述云：「宇文虚中既換金官，欲扳先君分譴，乃力薦於金庭，辭獲免。虚中爲詳定禮文使，始造赦其文，復及換授。先君訴於金相韓昉云云⑥，昉怒，虚中贊其決，遂換副留守，又降承德郎。其後，金議遣奉使人各還其鄉，因赦及之。先君實以饒州聞，故在遣中。」按：還奉使赦在十三年六月庚戌，則換官赦即今年也。故附於此日。行述稱韓昉爲金相，他書皆無之。臣嘗從故給事中范仲藝家見金中印行翰林直學士趙可文集，有代人作上京慶元宮碑序云：「太祖武元皇帝睿德神功碑，實故參知政事韓昉之所作。」則昉此時爲執政也。今略修潤書之。

13 己丑，吏部尚書兼資善堂翊善吴表臣、權禮部尚書兼資善堂翊善蘇符、權禮部侍郎陳桷、郎官方雲翼、太常丞丁仲京、博士王普、主簿蘇籍並罷。坐「討論典禮，並不詳具祖宗故事，專任己意，懷姦附麗」故也。惟太常少卿施坰居職如故。此奏坰何以不連書，當考。坰三月甲寅，兼權禮部侍郎。雲翼，永嘉人。先是，表臣等奉詔討論普安郡王進封典禮，與大臣所議不同，故黜。臣嘗以此事問於符之孫宣教郎植，亦不能知其詳。林泉野記云：「初，趙鼎議立普安、恩平二郡王爲皇子，秦檜不欲宗强，勸上曰：『鼎欲立皇子，待陛下終無子也。宜俟親子乃立。』」按：表臣本鼎所薦，所謂附麗，或指此也。然上意固自屬普安久矣，鼎亦未嘗乞立恩平，野記蓋小誤。

14 辛卯，給事中知貢舉程克俊等言：「博學宏詞科右丞務郎洪遵、敕賜進士出身沈介、右從政郎洪适並合格。」遵，适弟。介，德清人也。秦檜以所試制詞進讀，上曰：「是洪皓子邪？父在遠能自立，此忠義報也。可與陞擢差遣。」上又言：「遵之文，於三人中爲勝。」遂以遵爲秘書省正字。介、适並爲敕令所删定官。自中興以來，詞科中選即入館，自遵始。遵除正字，在五月庚辰，今聯書之。

是日，鎮江府城外火，延入城中，遂及大軍倉，燔米麥四萬斛、芻六萬束，公私室廬，被焚者甚衆。守臣劉子羽坐貶秩。時太平州、池州、蕪湖縣亦皆大火，市井一空。

15 壬辰，知閤門事鄭藻等奏：「普安郡王朝班，乞與禮部、太常寺、御史臺同討論，申尚書省。」詔合立本官班。又詔普安郡王上下馬侍班幕次，及合與不合諸處朝謁燒香等事，並令所屬指定。御史中丞万俟卨等奏：「當於宗室正任閤子内侍班，太尉之後行馬。」太常少卿施坰等奏：「不應詣諸處朝謁燒香。」提點皇城司錢愐等奏：「合於宮門外上下馬。」並從之。

1 三月是月甲午朔。乙未，詔普安郡王朝朔望。

國子監丞何許罷。先是，御史闕官，許嘗特被引對，而不果用。至是，言者疏其罪，且謂因諂事劉大中，薦於趙鼎，故黜之。

2 己亥，給事中兼侍讀、權直學士院程克俊兼資善堂翊善，秘書少監兼崇政殿説書秦梓兼贊讀，以崇國公璩未出閤故也。

3 庚子，樞密院編修官趙衛、大理司直錢周材並改合入官，爲普安郡王府教授。

4 壬寅，王出閤就外第，命宗室正任已上送之。周材，江寧人。

御史中丞万俟卨兼侍講，右諫議大夫羅汝檝兼侍讀。按：任盡言論秦檜云：「每除言路，必與經筵。蓋録乳臭之雛，實忝金華之講。」按此時秦梓實兼崇政殿説書，又不待熺勸講之日矣。

中書舍人兼侍講兼實録院修撰王鈇卒，賜其家銀帛百五十匹兩。

5 丁未，龍神衛四廂都指揮使、定江軍節度使、御前統制田師中陞充殿前都虞候⑦，鄂州駐劄御前諸軍都統制。張俊力薦師中代掌岳飛軍。先數日，上諭輔臣曰：「朕欲面委師中營田之事。儻區處得宜，地無遺利，便可使就糴以充軍賦。軍賦既足，取不及民，則免催科之擾，輸送之費，可以少寬民力。若乃規其入以供公上，非朕所欲也。」既又賜師中銀帛萬匹兩，爲犒軍之費。至是，特降制命之。師中至武昌，軍中初不伏。統制官傅選、李山、郭青輩，往往乞罷去。撫諭久之，稍定。上諭輔臣語在是月壬寅，賜激賞銀絹在甲辰，今並附此。徐夢莘北盟會編云：「師中專務結托内侍以爲助，故能久其權。」

武安軍承宣使、御前統制、權鄂州都統制王貴添差福建路馬步軍副都總管，罷從軍。

詔兩淮漕臣，嚴切禁止私渡過淮之人，毋得少有透漏。日曆無此令，以五月二十七日淮西轉運司乞差濠州通判狀參入⑧。

侍衛親軍馬軍都虞候、雄武軍承宣使、御前統制關師古卒於建康府⑨，贈昭化軍節度使，謚毅勇。

6 己酉，都亭驛成。

7 庚戌，左承事郎趙衛、左宣教郎錢周材並爲秘書省校書郎，兼普安郡王府教授。二人之始除也，上皆召見，改京秩。至是，又申命之。

權工部尚書莫將、刑部侍郎周聿自京西割地還行在。時金人遣李成以兵行境上，邊民驚擾。紹興講和録皇朝又書：「即日春和，伏惟鈞候起居萬福。某前日遣人往泗州上狀，續次津發耶律温，今必皆達府下。近據邊界申報，合具咨稟。唐、鄧界上，緣李驃騎將軍帶甲軍到來，民户不知，多有驚移。陝西隴城寨將官王吉，帶領軍馬於沿坊鎮等處行劫孳畜，驅掠户口，殺害人民，致使相近去處，皆不安帖。切慮引惹生事，致傷和好。敢望嚴賜約束，實爲幸甚。兼告指揮泗州，今後有書信，即爲收接發納，庶得情懇即達，不致留滯。向暖，切冀倍保鈞重。不宣。」

尚書右司員外郎鮑琚總領鄂州大軍錢糧。先是，琚奏：「岳飛軍中利源，鄂州并公使、激賞、備邊、回易十四庫，歲收息錢一百十六萬五千餘緡。鄂州關引典庫房錢、營田雜收錢、襄陽府酒庫房錢、博易場共收錢四十一萬五千餘緡。營田稻穀十八萬餘石。」詔：「以鄂州七酒庫隸田師中爲軍須。每年收息錢共五十八萬餘緡。餘令總領所樁收，準備朝廷不時支遣。其屯田仍委師中措置應副⑩。」

左承議郎、江南東路提點刑獄公事陳確追二官，勒停。先是，言者劾：「宣城令費介有贓事，下提刑司究實。確言歲月深遠，無以照驗。」言者論：「確與介，俱爲孫近之黨。」故責之。

8 辛亥，上謂大臣曰：「朕兼愛南北之民，屈己講和，非怯於用兵也。若敵國交惡，天下受弊，朕實念之。

今通好休兵，其利溥矣。士大夫狃於偏見，以講和爲弱，以用兵爲强，非通論也。」

宗正丞江邈爲監察御史。邈，公望從子也。公望，建德人，元符末諫官。上召對而命之。

詔齊安郡王士㒟令建州居住。御史中丞万俟卨再論：「士㒟貪狡險忍，朋比姦邪。其初罷也，語人曰：『士㒟於後宮有姻家之契，而於陛下爲近屬之尊。去闕之日，嘗蒙陛下賜銀千兩。又嘗密賜親札，慰諭再三，以示非久復用之意。』又語人曰：『士㒟嘗薦李綱相矣，嘗薦趙鼎相矣，又嘗薦孫近執政矣。』今居衢州，賓客日盈其門，談論之間，無不詆訕時政，使陛下不許交通之旨，徒爲虛文。伏望稍加黜責，以靖國論。」乃詔都省檢舉宗室謁禁行下，有犯，令御史臺、宗正司按察官劾奏。徐夢莘北盟會編云：「士㒟欲救解岳飛，漏其語。或聞之，以告秦檜，檜令臺臣言士㒟有不軌心，責建州拘管而死。」

9 甲寅，太常少卿施坰兼權禮部侍郎。秘書省校書郎程敦厚兼權禮部郎官。

10 乙卯，上御射殿，引試南省舉人何溥已下。是舉，兩浙轉運司秋試舉人凡解二百八人，而温州所得四十有二，宰執子侄皆預焉。溥，永嘉人也。朱勝非秀水閑居録云：「東南諸州解額少，舉子多，求牒試於轉運司，每七人取一名，比之本貫，難易百倍。秦檜於永嘉，引用州人以爲黨助。吳表臣、林待聘號黨魁，名爲是官，實操國柄。凡鄉士具耳目口鼻者，皆登要途，更相扳援，其勢炎炎，日遷月擢，無復程度。是年，有司觀望，所薦温士四十二名。檜與參政王次翁子侄，預選者數人。前輩詩云：『惟有糊名公道在，孤寒宜向此中求。』今不然矣。」

11 丙辰，起復端明殿學士、川陝宣撫副使胡世將薨於仙人關。世將疾亟，命官屬會計軍馬、錢糧、鎧仗、文書等，召宣諭使鄭剛中至卧內，面授之。剛中辭以使事有指，不敢當。世將曰：「朝廷萬里，公以近臣出使，適丁斯時。苟利於國家者，以意可否之，而後白於朝，云何不可也？」將卒，剛中下令：「凡宣撫司細務，令僉廳自行。惟事干軍政者，取決。」上嘗問近臣以世將邊狀，曰：「少日當簽樞處之。」訃聞，拜資政殿學士致仕，恤典如執政。

12 戊午，修武郎、侍衛步軍司統領軍馬田邦直知光州。

13 辛酉，秦檜等賀上以皇太后有來期。先是，徽猷閣待制洪皓在燕，先報太后歸耗。上諭檜曰：「皓身陷敵區，乃心王室。忠孝之節，久而不渝，誠可嘉尚。皓之二子，並中詞科，亦其忠義之報也。士大夫苟能崇尚節義，天必祐之。」

秘書省正字張闡、何若並爲校書郎。闡自以儲材之地，無力可陳，惟國家大利害，可因事納忠。時諸大將恃功邀爵賞，有過則姑息。又兵布於外，而禁衛單寡。闡上疏極論，厥後往往行之。

司農少卿王賞兼實録院檢討官。

是日，直顯謨閣、都大主管川陝茶馬監牧公事馮康國卒。

校勘記

① 今略修潤　「今」，原作「令」，據叢書本改。本卷下同。

② 今因頒降獄案附書之　「因」，原作「日」，據叢書本改。

③他將不相爲援　「援」，原作「授」，據叢書本改。

④尤嚴武備　「尤」，原作「充」，據叢書本改。

⑤誤殺流罪囚也　「囚」，原作「因」，據叢書本改。

⑥先君訴於金相韓昉云云　「訴」，原作「詆」，叢書本同，據洪适盤洲文集卷七四先君述改。

⑦龍神衛四廂都指揮使定江軍節度使御前統制田師中陞充殿前都虞候　「候」，原作「侯」，據叢書本改。

⑧以五月二十七日淮西轉運司乞差濠州通判狀參入　「濠」，原作「渟」，據叢書本改。

⑨侍衛親軍馬軍都虞候雄武軍承宣使御前統制關師古卒於建康府　「師」原闕，據叢書本補。

⑩其屯田仍委師中措置應副　「中」，原作「確」，據叢書本改。

建炎以來繫年要録卷一百四十五

1 紹興十有二年夏四月甲子朔，少保、判紹興府、信安郡王孟忠厚爲迎護梓宫禮儀使，保慶軍承宣使知大宗正事士㚲、都大主管兩浙轉運副使黄敦書提舉應辦一行事務。參知政事王次翁爲奉迎兩宫禮儀使，内侍省副都知藍珪、都大主管江東轉運副使王喚提舉應辦一行事務。既而忠厚請禮官與俱，乃命太常丞吴棫。棫，舒州人也。命士㚲在四月己巳。

右朝散郎江漢主管台州崇道觀。言者以爲不可，罷之。

淮康軍承宣使、熙河蘭鞏路經略安撫使、節制利閬州屯駐行營右護軍軍馬孫渥卒於興州。

2 丙寅，秘書少監兼崇政殿説書、資善堂贊讀秦梓爲敷文閣待制，提舉萬壽觀兼侍講，兼資善堂翊善。

直顯謨閣、通判明州高世定提舉江南西路常平茶鹽公事。

4 丁卯，太常少卿施坰權尚書禮部侍郎。

司農少卿兼實録院檢討官王賞守太常少卿。

敷文閣待制、知臨安府俞俟陞敷文閣直學士。

5 戊辰，追封皇太后曾祖故郊社齋郎、贈太師、雍國公韋舜臣爲惠王，祖贈太師、安康郡王子華爲德王。先是，后父安禮已追封魯王，故有是命。

左中奉大夫、徽猷閣待制、知静江府胡舜陟以買馬增倍，進秩一等，其官屬皆遷官。馬數已見去年年末。

6 己巳，封婉儀吴氏爲貴妃。

7 庚午，上御射殿，引正奏名進士唱名。先是，内出制策曰：「朕以凉薄之資①，撫艱難之運，宵衣旰食，未知攸濟。今朕祗承上帝，而寵綏之效未著；述追先烈，而紹復之勳未集。至德要道，聖治之所本也，而欲未得；散利薄征，王政之所先也，而勢未行。設科以取士，而或以爲虚文；休兵以息民，而或以爲不武。至若宗社遷寄，扈衛單寡，士狃見聞而專用利智，民習偷惰而不知反本，子大夫所宜共憂也。其何以助朕，拯幾墜之緒，振中興之業？詳著於篇，朕將親覽焉。」右通直郎、主管台州崇道觀秦熺對策言：「天子建國，右社稷，左宗廟，是故宗社不可無所依。今神州未歸職方氏，則考卜相攸，莫如建康。謂宜申飭有司，早立宗社，權爲定都之制。」舉人陳誠之策言：「聖人以一身之微，臨天下之大。惟度量廓容，舉天下之大，納之胸中，而成敗得喪，不能爲之芥蔕，斯綽綽有餘裕矣。成湯不愛犧牲粢盛，以事葛伯。文王不愛皮幣犬馬，以事昆夷。漢高祖解平城而歸，飾女子以配單于，終其身而無報復之心，故韓安國稱之曰：聖人以天下爲家。光武卑辭厚幣，以禮匈奴之使，故馬援稱之曰：恢廓大度，同符高祖。蓋帝王之度量，兼愛中外之民，不忍争尋常，以斃吾之赤子也。陛下誠得金使如侯生，則梓宫可還，母兄可復，至德要道之欲可得矣。臣聞東晉之所恃者，國險也，可以自守，語其攻人，則未也。宋文帝自恃富强，横挑强鄰，末年遂有百牢之恥。陳宣帝狃於屢勝，進輒不已，自蹙其境。惟齊武帝懲元嘉之敗，保本境土，聘問不絕，當是時②，外表無塵，内表多裕。梁武帝初有意用兵，及蕭宏洛口之敗，蕭綜彭城之敗③，乃遣使議和，遂得國家閒暇。豈非自守之效乎？今日之事，審彼己之狀，校勝負之勢，利害相半，雖戰無益也④。故臣之深思，竊以休兵息民爲上策。自古大有爲之君，所以圖爲大業，經營庶務，莫急於任賢，莫先於納諫，莫善於崇儉。今陛下任賢不貳，兼聽無私而行之，又能躬節儉以先天下，臣之區區，復以此進於陛下，此豈陛下之不足歟？唐太宗不世出之君也，然究其始終，容有可議者。在貞觀初，求士如渴，得賢則信而任之，取其所長，惟恐不及。及其久也，以衆賢舉而用，以一人毁而棄。或累歲信而任，或一朝疑而斥。則是任賢之方，始勤而終怠也。納諫崇儉，寖不克終，豈非其勤有所未至？惟陛下行之以誠一，則振中興之業，又何難乎？」楊邦弼策言：「陛下躬信順以待天下，又得賢相，相與圖治，中興之功，日月可冀。」又論吴、越之事，以爲：「使越王與大夫種、范蠡不量力度時，輕死而直犯之，是特匹夫之勇，而非賢君相所宜爲也。顧以爲今日休兵息民之計，誠爲得策。」有司定熺第一，誠之次之，邦弼又次之。檜引故事辭，乃降爲第二人，特遷左朝奉郎⑤，通判臨安府，賜五品服。自誠之已下賜第者二百五十三人，新科明法得黄子淳一人而已。誠之，侯官人。邦弼，浦城人也。

權尚書户部侍郎沈昭遠落「權」字，司農少卿、總領淮東錢糧胡昉陞司農卿，大府少卿吴彦章進秩一等，直龍圖閣、江東轉運副使王晩充秘閣修撰，直秘閣淮東轉運副使陳兖、直秘閣兩浙轉運副使張匯並陞直敷文閣，右中奉大夫、兩浙轉運副使黄敦書直秘閣，皆以樞密行府結局，及般運楚州大軍錢糧有勞也。

8 辛未，上御射殿，放合格特奏名進士胡鼎才等二百四十八人，武舉正奏名陳鶚等五人，特奏名潘璋等二人。是歲，始依在京舊制，分兩日唱名，自是以爲例。

9 丙子，詔：「去歲金人犯淮，捍禦有方，將帥成不戰却敵之功，乃輔弼奇謀指縱之力。秦檜、王次翁各與一子職名。」

10 戊寅，昭慶軍節度使、開府儀同三司、充萬壽觀使韋淵封平樂郡王。

吏部侍郎魏良臣爲接伴使，知閤門事藍公佐副之。

權工部尚書莫將等以太母將回鑾，同班入對。

11 辛巳，江南東路轉運使王喚等獻本司銀錢十萬緡兩，以助奉迎兩宮之費。詔令户部椿收，專充奉迎支用。上曰：「若常賦之外，不取於民，庶幾副朕愛民之意。朕在宮中，服食器用，惟務節儉，不敢分毫妄費。常戒左右曰：『此中視錢物不知艱難，民雖一錢亦不易出。周公作無逸，戒成王惟在知小民之艱難。朕不敢忘也。』」自是四方率皆獻助矣。福州陳邁獻銀二萬兩，洪州李迨獻錢五萬緡，江東大帥葉夢得獻三萬緡⑥。又浙漕黄敦書、張匯降詔獎諭，池州陳椨轉官，所獻未見數。

左宣教郎、充敕令所删定官李文會守監察御史⑦。文會，晉江人也。

詔正奏名進士張弼令臨安府押歸本貫，日後不得奏名。弼於唱第日唐突進狀訴主司，上以其無士行，故斥之。

是日，知盱眙縣宋肇言得泗州報：「邢皇后已上仙。」詔禮官討論合行典禮。熊克小曆，皇后邢氏上仙，丁亥訃纔至，乃在此後六日，不知何謂也。

12 壬辰，左從事郎、監漳州南嶽廟王伯庠特改右宣教郎，爲直秘閣，用丙子詔書也。

左奉議郎蔡安疆爲京西路轉運判官兼提刑、提舉茶鹽等公事，填復置闕。

13 甲申，起居舍人楊愿請以臨安府學增修爲太學，從之。

14 乙酉，上謂大臣曰：「蔡京、王黼彼此相傾，遂累及國家，以至艱厄。如此人臣，苟不念國事，而爲身之謀，累必及國，而身亦不保。若忘身爲國，則國安榮而臣享無窮之福矣。」

15 丙戌，户部請：「自今賜帛，除禁中至收茶鹽錢及數外，得旨支正色者，每匹折錢四千。」時行在歲用絹百六十萬餘匹，所入不敷，故户部以爲請。紹興二年九月先有旨揮可考。

右奉議郎、通判湖州秦棣直秘閣⑧。棣，檜弟，以其侄熺遜所得職名爲之請也。

16 丁亥，上詣景靈宮行禮殿行孟饗之禮，以中宮未成喪故也。

右武大夫、宣州觀察使、江南西路兵馬都監程師回爲荆湖南路兵馬鈐轄⑨。師回以平郴賊之勞，故有是命。

17 戊子，上詣承元、承順殿行禮。

尚書考功員外郎陳時舉罷。時舉嘗爲御史，言者論：「李光被謫之初，時舉亦嘗陰有異議，大概以朝廷罪光爲非。」故斥之。

18 己丑，爲大行皇后發喪，即顯肅皇后故几筵殿成服立重，不視朝。權禮部侍郎施坰言：「喪三年不祭。孝明、章穆皇后之喪⑩，禮官奏罷宗廟祠非是。今大行皇后未祔廟，宗廟及中小祀皆宜無停。」從之。

左奉議郎知錢塘縣方懋德、左從政郎知仁和縣王鞏與其佐五人，並貶秩一等，以御史臺言枷杖輕重不如式也。既而懋德等引咎言：「非佐官之過，乞蠲免。」詔令改正。六月己巳改正。

承議郎張堯咨爲左朝散郎。堯咨，襲慶人。中進士第，仕僞齊，積遷朝散大夫，復受金人命同知海州。城破歸朝，乃有是命。

19 壬辰，御史中丞万俟卨請率臺官詣佛寺，爲大行皇后建道場。許之。

1 五月癸巳朔，詔户部長貳增舉京官各一員。以諸路贍軍酒庫隸本部故也。

2 甲午，寶文閣學士、降授左通直郎、樞密都承旨、川陝宣諭使鄭剛中爲左朝奉郎，充端明殿學士、川陝宣撫副使。

右朝請大夫、敷文閣待制、知池州陳桷特遷一官。時四方皆以奉迎東朝之故有所獻，並賜詔書獎諭。尚書省言：「池最小郡，而桷能體國。」故遷之。

3 乙未，命户部侍郎沈昭遠假禮部尚書爲大金賀生辰使，福州觀察使、知閤門事王公亮假保信軍承宣使副之。金主亶以七夕日生，以其國忌，故錫燕諸路用次日。朝廷每遣使，率以金茶器千兩、銀酒器萬兩、錦綺千匹遺之。金人循契丹舊例，不欲兩接使人，因就以正月受禮，自是歲以爲例。自休兵以來，朝廷每遣常使使副及三節人從，往回各遷一官資，上中節各十人，下節三十人，並須有官者，使賜裝錢千緡，副賜八百緡，銀帛各二百匹兩。上節銀絹共三十，中節二十五，下節十五，三節人俸外日給五百錢，探請俸二月。十八年五月乙亥，錢賞各減半。比至金庭，使者獨於帥前致詞。而初去國時，國信所録大旨於策，謂之意度，凡御名處皆闕不書。使者致詞事，以趙思行狀修入，其他諸書皆無之，蓋思嘗以不肯稱御名，爲金人所斥故也。詳具淳熙五年四月思罷右史時。

4 丁酉，右承議郎通判平江府楊杭、武功大夫淮南西路兵馬都監喬珝各進秩一等，以從往京西割地之勞也。

5 戊戌，新授尚書兵部侍郎梁揚祖充寶文閣學士，提舉江州太平觀。揚祖感風痺疾，不能朝，故有是命。

徽猷閣待制曾統卒。

6 辛丑，上爲大行皇后行釋服之祭，不視朝。

吏部乞依故事，選差玉牒官，遂命起居舍人楊愿兼修玉牒，以三省人供檢。先是，玉牒官廢，莫有知其體者。既而得東京舊吏承節郎、温台州海内巡檢王享，乃以爲本所點檢文字。楊愿兼修玉牒，不見降旨之日。本所題名在此月，今并書之。朱勝非閒居録云：「本朝國書嚴奉寶藏，未有如玉牒者也。祖宗以來，用金花紅羅標黄金軸，至神宗朝，以軸大難於披閲，詔爲黄金梵夾，又以黄金爲匣，鎖鑰皆黄金也。進呈畢，安奉於宗正寺玉牒殿，士大夫罕有知其制度者。予頃在朝廷，因宗正丞謝伋白本寺事，論及玉牒，問宰執諸公制度。趙元鎮曰：『不過刻玉如册耳。』予曰：『國家宗支之繁，自古無之。每朝爲一牒，宗室官稱名行，女與其夫皆録之。以玉刊，不亦難乎？』」按：王鞏聞見録稱元祐大臣謂玉牒用玉刊如册，正與此同。則玉牒體式，士大夫不能知也久矣。然勝非所云，每朝爲一牒，宗室官稱名行，女與其夫皆録之，此亦非是。每朝爲一牒，乃載人主系序，及歷年行事，如帝紀而差詳。其後附以皇后事迹，若親王宗室子女，則有宗藩慶衍録、仙源類譜、仙源積慶圖三書詳焉，非同爲一牒也。玉牒則奉安於本殿，類譜等書則安於屬籍堂，勝非亦小誤。

左奉議郎、新諸王宮大小學教授朱倬罷。時知大宗正事士㒜辟倬偕行，而言者論「倬諂附李光，今爲迎護主管所屬官，專事脣吻，變亂是非」故也。

詔陞棗陽盱眙縣爲軍，廢天長軍爲縣，隸盱眙。皆以便於沿邊關報也。

7 甲辰，詔諸州軍無教官處，令尚書省選差。既而禮部立到試教官法，上謂宰執曰：「士大夫不可不學，惟學故能考前世興衰治亂，以爲龜鑑，則事無過舉，而政皆適當矣。朕在宮中，未嘗一日廢也。」

左中大夫朱芾責授左朝奉郎、軍器少監，邵武軍居住。左奉議郎李若虛勒停，徽州羈管。以御史中丞万俟卨言二人偃居近地，竊議時政故也。

直徽猷閣王良存、直秘閣夏珙、右奉議郎廣西安撫司參議官党尚友、左宣教郎通判南劍州張節夫等十人並勒停，送見居州軍鄰州羈管。內白身補授及因從軍換文資人皆追奪之。

武功大夫、榮州團練使、知揚州劉綱提舉台州崇道觀，以綱引疾有請也。

直敷文閣、淮南東路轉運使陳兖知揚州，總領節制本路諸州水寨民兵。

太府少卿陳膏卒。

8 乙巳，軍器監主簿沈該直秘閣、知盱眙軍，措置榷場之法。商人貲百千以下者，十人爲保，留其貨之半在場，以其半赴泗州榷場博易，誒得北物，復易其半以往。大商悉拘之，以待北賈之來。兩邊商人，各處一廊，以貨呈主管官牙人往來評議，毋得相見。每交易千錢，各收五釐息錢入官。其後又置場於光州棗陽、安豐軍花厭鎮，而金人亦於蔡、泗、唐、鄧、秦、鞏、洮州、鳳翔府置場，凡棗陽諸場皆以盱眙爲準。收五釐息錢事，據紹興三十年五月十日户、刑部狀，乃今年九月七日敕，故附於此，日曆無之。

9 丙午，增築慈寧殿。

詔禮部住給度僧牒，雖特旨，亦令執奏。先是，臨安府乞度牒修觀音殿，上不與，特給錢五千緡。上曰：「朕觀人主欲消除釋老二教，或毁其像，或廢其徒，皆不適中，往往而熾。今不放度牒，可以漸消而吾道勝矣。」

10 戊申，右承議郎張昌知真州。王明清揮麈録餘話云：「靖康初，秦會之自御史乞祠歸建康，僦舍以居。適當炎暑，上元宰張師言往訪之。會之語師言：『此屋粗可居，但每爲西日所苦，奈何得一涼棚備矣。』翌日未曉，但聞斤斧之聲。會之起視之，則松棚已就。詢之，匠者云：縣宇中方創一棚，昨日聞侍御之言，即輟以成此。會之大喜。次年，會之入爲中司北去。又數年還朝，已而拜相。時師言年逾七十，會之於是就京簿中減去十歲，擢爲楚州，把麾持節者又踰十年，然後掛冠，老於潛皖，近九十而終。」按：檜靖康初自大學正即擢爲郎，不一年遂遷中司，其間未嘗乞祠歸建康。明清所記不審，姑附此。

11 庚戌，權工部尚書莫將等議大行皇后謚曰懿節。

是日，川陝宣撫副使鄭剛中至河池。

12 丁亥，權禮部侍郎施坰等請立別廟於太廟之内，從之。殿室三間，其南爲櫺星門，不立齋舍神厨，以地隘故也。

徽猷閣待制、提舉江州太平觀程瑀試尚書兵部侍郎兼侍講。

漢州布衣陳靖特補右迪功郎。靖獻中興統論於朝，給事中程克俊等五人共薦之，乃有是命。

13 壬子，忠訓郎、樞密院尅擇官兼御前祗應李輔忱勒停，送處州編管。坐撰造語言，鼓惑衆聽故也。

14 乙卯，詔：「禮部依舊制試教官，仍先納所業經義、時賦各三首。會刑寺無過，下國子監看詳⑪，禮部覆考，然後許試。附省試院，分兩場，非取士之歲附吏部銓試院，不限人數，以文理優長爲合格。」

詔資政殿學士、提舉亳州明道觀鄭億年令赴行在奏事。時簽書樞密院事何鑄等使還，熊克小曆，今年正月末書，至是曹勛等歸，羣臣猶疑，獨上兩操和戰之策。蓋甚誤也。宗弼因以書索億年及張中孚、中彥與杜充、宇文虛中、張孝純、王進家屬，且送前觀文殿學士東京留守孟庾、熊克小曆稱觀文殿學士、前東京留守孟庾。按庾紹興十年閏六月已追奪官職，克不詳考耳。徽猷閣待制前知陳州李正文、右迪功郎前開封府推官畢良史還行在。正文即正民也，宗弼避金主旻諱改焉。紹興講和録金元帥上第六書：「少意重有奉聞。今來國朝既推異恩，許成江南和議大計，普天率土，皆欲使其安樂。故其間士夫三兩人，尚須論列。據張中孚節使及其弟中彥⑫，并鄭億年資政⑬，各係汴梁及陝右人民，早歲朝廷皆嘗委以近上職任⑭，與餘人不同。今逐家親族及居第物産，俱在本鄉。此三人者，幸冀指揮，并隨行家眷起發，前來團聚復業。兼張孝純儀同、杜充儀同，早年各居外臺相輔之任，今張既請老，而杜亦物故，然二家子弟親屬皆有留江南者。及宇文虛中銀青，係是先朝特旨，更不遣還。自後已經任使，到今多歲，並去歲濠梁之破，守臣王進，既已貸其生命，緣世居某州，見有親族在此，則其妻子亦當使之聚首。凡此數事，並望早與一就津發。外據昨復疆時，汴京留守孟庾、陳州太守李正文及有畢良史者，比審議使蕭毅等回，具言江南嘗詢訪此人，今並委沿邊官司發遣前去。所貴南北之人，無不均被德澤，仰副上聖弗使一夫不獲其所之意，諒惟洞鑒此懷，悉爲施行。甚幸。」

15 丙辰，徽猷閣待制、提舉江州太平觀蘇遲遷一官致仕。遲以引年得請。

16 丁巳，上謂大臣曰：「諸州以太后之來，各有獻助，可令户部別樁迎奉之用，有餘則留以備他日緩急。蓋朕念斯民常以横斂爲戒也。」

武節大夫、新東南第四將張宗宜知濠州。

17 戊午，武德郎、監潭州南嶽廟柴存換文資，監周陵廟，以存援例有請也。

18 己未，言者論：「夔路有殺人祭鬼之事，乞嚴禁之。」上謂宰執曰：「此必有大巫倡之，治巫則此自止。西門豹投巫於河，以救河伯娶婦，蓋知所自也。」

太常少卿王賞言：「本寺主簿劉嶸强記博聞，深於禮學，乞令同共檢討典禮。」許之。

19 辛酉，起復武當軍節度使、知興元府、川陝宣撫司都統制楊政給真俸，以政援吳璘、田晟例有請也。璘、晟給俸指揮未見。

1 六月按是月壬戌朔。甲子，權工部尚書莫將等言：「奉詔令侍從臺諫禮官赴尚書省集議，梓宮既還，當修奉陵寢，或稱攢宮。竊聞朝廷通使，見議陵寢地。兼據太史局稱，今歲不宜大葬，欲遵依景德故事，權行修奉攢宮，以竢定議。」從之。

拱衛大夫、利州觀察使劉光遠特勒停。光遠前知真、揚州，爲監司所按。有司奏光遠犯自盜贓一匹已上，當除名。而光遠言：「昨因差奉使引對，面奉聖旨，一切不問。」又引律乞議勒停⑮，故有是命。

追官勒停人前中衛大夫、榮州團練使郭吉復舊官。吉爲建康府水軍統制，坐毆女僕至死，追官送本軍自效。至是，樞密院言其自被罪之後，累立戰功，故復之。

左朝散大夫、夔州路轉運判官賈思誠都大主管川陝茶馬監牧公事。

左朝議大夫虞祺爲夔州路轉運判官。

2 乙丑，上謂大臣曰：「近日雨澤霑足，歲事有望，誠可喜者。」秦檜曰：「此乃聖德感召和氣所致。」上曰：「天人相因。朕於人事雖不敢怠，至歲事，則常歸功於天也。」

鎮西軍節度使、右護軍都統制吴璘來朝，召之也。既對，命坐賜茶。上問璘前此所以勝敵之方，璘曰：「先令弱者出戰，强者繼之。」他日，上以語輔臣，且曰：「璘善用兵，此正孫臏三駟之説，一敗而二勝者也。」

3 丙寅，秘書省校書郎兼權禮部郎官程敦厚特引對。上曰：「和議之初，紛紛可畏。卿時未到行朝，不能盡知。」敦厚請正山陵之名。大略言：「仍攢宫之舊稱⑯，則莫能示通和之大信，而用因山之正典，則若忘存本之後圖。臣以爲宜勿徇虚名，而當示大信。苟移奪於衆多之口，而曲爲避就，臣恐非社稷之福。」又言：「臣比因討論懿節舊制，竊見陛下虚宫闈而待者十有六年矣，此豈漢光、晉元帝所能爲？謂宜蚤建長秋，以正母儀，翊固邦本。」

4 戊辰，御史中丞万俟卨爲攢宫按行使，入内内侍省副都知宋唐卿爲副使。卨請：「應按行事與唐卿同班上殿，及就私第商議，仍許赴都堂稟議。」並從之。禼陳乞在是月庚午。

右迪功郎、新監行在北倉門張本充皇太后宅教授。本以上書得官，至是策試而有是命。本五月庚戌召試。

翊衛大夫、嚴州觀察使、御前背嵬軍同統制傅選言：「首先叙述張憲反狀，乞推恩。」後進一官，以爲殿前司副統制。日曆不見轉官指揮。程敦厚外制集：「右武大夫、雄州防禦使傅選爲告捕岳飛下張憲等除遥郡觀察使。」與選陳乞狀内階銜不同，當考。趙甡之遺史在此月庚寅。

5 己巳，資政殿學士、提舉亳州明道宫鄭億年提舉醴泉觀兼侍讀。時朝廷答金人書，許以所索陝西、河南人次第而遣，惟億年得留焉。紹興講和録皇朝答書：「某啓上太傅、左丞相、都元帥、領省鈞坐：即此極暑，伏惟鈞候萬福。區區不勝瞻仰。近何鑄等回，伏蒙遠枉鈞翰，副以細馬厚幣，豈勝珍感！又承傳諭鈞意，所以存撫有加，及何鑄等往回，種種荷照恤，但深感佩。書中首蒙諭及境域不在慮，此日夕有望於上國者，自非仁厚特留矜念，何以及此？諭早發遣北人過界，敢不承稟！但中間嘗以北人畏罪之意上聞，欲得上國降一放罪文字，使之釋然無疑，即可發遣，免致艱難。及諭唐、鄧二州交割官所説，元約多有不同，亦不經再三討論，又不告而去。已追元差官根問從初差官前去，只要子細討論，今承來諭，顯是元差官商量未盡，今當如鈞意。惟烏陵尚書與鄭剛中分畫陝西地界，和尚原、方山原兩處，依舊保守。今畫圖兩本，用紅朱擬畫，以一本納呈，乞降下烏陵尚書照行。縱少侵劉豫曾占地界去處，止是欲與川路留少藩籬，以安彼中人心，亦乞矜允，實荷大賜。其一本已降與鄭剛中遵用，伏乞鈞照。又諭發遣張中孚及其弟中彦並張孝純、宇文虚中、王進等家屬，謹當一一依稟，爲各人居處遠近不同，已令所在津遣，候到即發去次。惟杜充家口，自充離江南之後，其家分散，久經歲月，親故絶少，故難根刷。鄭億年雖係汴梁人，億年初自上國來時，稱魯國公恩造放歸⑰，今親加體問，更不愿前去，其母亦以此中親眷不少，只欲留此養老，誠出懇切，取到親書狀繳納，想蒙情察也。其餘曲折，已一面照應行遣。暑次，時唯冀倍保鈞重。謹奉狀，不宣。」何鑄之還也，金國都元帥宗弼復求和尚、方山原地，會右護軍都統制吳璘圖上形勢，上乃詔川陝宣撫副使鄭剛中見發國書計議，不得擅便分畫。此據蜀口用兵録附入，未見降旨之日，權附此。

6 庚午，徽猷閣直學士、提舉江州太平觀趙子晝卒於衢州。

7 辛未，左通議大夫、提舉臨安府洞霄宮王庶責授嚮德軍節度副使，道州安置。庶罷政，行至九江，聞再奪職之命，乃買田於敷淺原之上，徙家居焉。至是，殿中侍御史胡汝明論：「庶寄居德安，詭占逃田，强市民宅。其譏訕朝政之語，形於詩篇，殆未可悉數。伏望重行竄逐，以慰一方士民之心，而爲萬世臣子之戒。」故有是命。趙甡之遺史云：「初，庶離行朝，皆不見賓客。至蕪湖，請知縣方某袒衣相見，委以買田宅。議者謂庶平日豪邁，一旦議論不合而去，未宜求田問宅也。」

左朝散郎權工部尚書莫將、右承議郎試尚書刑部侍郎周聿並貶秩二等，坐分畫唐、鄧地界，並不親至界首也。將等不至界首事，已見五月乙卯鄭億年赴行在注。

8 乙亥，言者乞：「禁止父母在别籍異財之事。」上曰：「此固當禁，然恐行法有弊。州縣之吏科率不均，民畏户口大而科率重，不得已而爲，誠可憐者。宜併申嚴科率之條，乃善。」

9 己卯，尚書省言：「大金人使明威將軍、少府少監高居安扈從皇太后一行前來。」詔容州觀察使、知閤門事曹勛充接伴使。初，金主亶既許皇太后南歸，乃遣居安及内侍二人扈從。徐夢莘北盟會編云：「初，太后與喬貴妃皆在鄭后殿中，相叙爲姊妹，約先遭遇者當援引。既而貴妃先遭遇，遂薦太后，太后亦得幸，故二人相與甚歡。及金人欲還太后也，乃遣高中尉取太后，太后與天眷相别。貴妃以五十金爲中尉壽曰：『此不足爲禮也，願中尉照管抵江南。』貴妃復舉杯謂后曰：『姊此歸見兒，即爲皇太后矣。宜善自保重，妹無還期，當死於此。姊到快活，莫忘此處不快活。』太后與妃皆大慟。太后自清河而下，既入境，即登舟，晨夕倍道而進。金字牌促有司行期者相接。」又云：「金人送梓宮及太后使副凡十一人，各有名色。」又以御前左副都點檢完顏宗賢、秘書監劉裪爲使⑱。宗賢，金太宗晟子，時封沂王。臣聞之長老言，北人奉使南來者，多以重臣下假他官而出⑲，蓋有之也。日曆紹興三十年正月二十六日乙巳，主管往來國信所狀：「紹興十二年八月，泛使完顏宗賢等到，間有屬官三員，承指揮行李從物及上下馬處，並依使副例。」不知屬官三員爲誰。趙甡之遺史稱「金人所遣扈從使者七十⑳，皆各有名色」，當考云。后次燕，徽猷閣待制洪皓得進見。上聞居安且至，故命勛逆之。紹興講和録皇朝又書：「某啓。季夏極熱，伏推某官鈞候萬福。何鑄等還，所蒙惠書，近已草略修報。伏蒙上國曲軫仁慈，悉從所請。深念恩德，實是國公特留鈞意，力賜贊成。區區銘感，何有窮已？比覩泗州關報，備悉指揮送護一行人等，約七月末過界。聞命鼓舞，舉國之幸。已取八月間遣使報謝闕下，敢望先次奏知。有新茶五百斤，聊以將意。便中未能多致，切幸笑留。餘續上狀次。不宣。」

左承議郎馮時行免勘勒停。時行既爲漕臣李堈所劾，送開州治，捕繫且二百人。録事參軍奉節譚俣當治其事㉑。堈趣具獄，俣謂人曰：「三巴人常憐無賢守爲治，今萬幸得賢守，及擠之，何以見長老子弟？」卒不肯傅致。至是，御史中丞万俟卨言：「時行既非主兵之官，恐無跋扈之狀。雖窮歲月，何由招伏？干繫者衆，其傷實多。欲望詳酌免勘，庶罰伸於不法之吏，惠加於無辜之民。」故有是旨。堈猶不肯已，提點刑獄公事何麒劾罷之，獄遂散。孫覿撰万俟卨墓誌：「公言：『萬州一障塊然在荒茅篁竹中㉒，僅大聚落耳。時行以職事忤轉運使，誣以跋扈，遽興大獄，連逮無辜之民。』」按日曆所載卨全章，無此語也。堈罷漕在今年十一月庚寅，今併書之。

10 辛巳，詔以諸州禁軍弓弩手揀刺殿前司諸班直。用領都指揮使職事楊存中請也。

11 壬午，言者乞稍寬私鹽之律，以謂：「州縣之間，慘酷冤濫，不知幾何。欲望小加裁損，罪至杖者，方給隨行之物。罪至徒者，方追賞錢。賞錢至五百者，方根問來歷。」輔臣進呈，上曰：「古今異事，今國用仰給煮海者十之八九，其可捐以與人？散利雖王者之政，然使人專利，亦非政之善也。吴王濞之亂，漢實使之。使濞不專煮海之利，雖欲爲亂得乎？」

12 癸未，有舉子上書，乞用王安石三經新義，爲言者所論。上曰：「六經所以經世務者，以其言皆天下之公也。若以私意妄説，豈能經世乎？王安石學雖博，而多穿鑿以私意，不可用。」

觀文殿學士孟庾、徽猷閣待制李正民、右迪功郎畢良史言：「不能死節，乞正典刑。」詔並令任便居住。熊克小曆載庾待罪在甲子，今從日曆。

13 甲申，鎮西軍節度使、侍衛親軍步軍都虞候、秦鳳路經略使、知秦州兼行營右護軍都統制、同節制陝西諸路軍馬吴璘檢校少師，改充階成岷鳳四州經略使，仍以漢中田五十頃賜之。

14 乙酉，邵武軍羈管人張節夫移送建昌軍。時責授軍器少監朱芾先至武陽，都省言：「二人皆岳飛官屬，難以同在一處居住。」故徙焉。

15 丁亥，左朝奉郎、通判臨安府秦熺行秘書郎。

16 戊子，右武大夫、華州觀察使致仕王繼先爲鳳寧軍承宣使，以吴貴妃進封推恩也。制曰：「繼先善於擇術，仁以存心。雖隱於醫，蓋進乎技。」又封其妻郭氏爲郡夫人。此據程敦厚外制集附見，未得其日月。繼先言：「已致仕，乞不推恩。」不許。

17 己丑，少保、尚書左僕射秦檜上懿節皇后諡寶册於几筵殿。

利州觀察使、添差江南東路兵馬鈐轄翟琮卒。

初，興元府有六堰，引褒水溉民田至數千頃，故漢中地極膏腴。兵興以來，歲久弗治。至是，帥臣武當軍節度使兼川陝宣撫使都統制楊政率衆修復，偶夏水堤決㉓，政親往督役。其後，堰成㉔，歲省漕運二十餘萬石。又漢江水數至城下，政仍作長隄捍之，水遂趨南岸，咸賴以安。

校勘記

① 朕以凉薄之資　「之」原闕，據叢書本補。

② 當是時　「是」，原作「年」，據叢書本改。

③ 蕭綜彭城之敗　「綜」，原作「宗」，據叢書本改。

④ 雖戰無益也　「益」，原作「異」，據叢書本改。

⑤ 特遷左朝奉郎　「遷」，原作「遺」，據叢書本改。

⑥ 江東大帥葉夢得獻三萬緡　「葉」，原作「業」，據叢書本改。

⑦ 左宣教郎充敕令所删定官李文會守監察御史　「敕令所删定官」，原誤作「删令所敕定官」，叢書本同，逕改正。

⑧ 右奉議郎通判湖州秦棣直秘閣　「棣」，原作「杕」，逕改。按：二字同音，本書卷一四七有「直秘閣新通判湖州秦棣充集英殿修撰知湖州」之記事，知二者爲同一人，今統一改作「棣」。下同。

⑨右武大夫宣州觀察使江南西路兵馬都監程師回爲荆湖南路兵馬鈐轄　「荆」，原作「京」，據叢書本改。
⑩孝明章穆皇后之喪　「孝」，原作「考」，據叢書本改。按：孝明后爲太祖王皇后，章穆后爲真宗郭皇后。
⑪下國子監看詳　「詳」，原作「祥」，據叢書本改。
⑫據張中孚節使及其弟中彦　「使」，原闕。「弟」，原作「第」，均據叢書本補改。
⑬并鄭億年資政　「年」字前原衍「五」字，據叢書本删。
⑭早歲朝廷皆嘗委以近上職任　「近」，原作「道」，據叢書本改。
⑮又引律乞議勒停　「停」原闕，據叢書本補。
⑯仍攢宫之舊稱　「攢」，原作「舊」，據叢書本改。
⑰稱魯國公恩造放歸　「國公」，原作「公國」，據叢書本乙正。
⑱又以御前左副都點檢完顔宗賢秘書監劉祹爲使　「祹」，原作「陶」，據皇朝中興紀事本末卷六〇改。
⑲多以重臣下假他官而出　「而」，原作「南」，據叢書本改。
⑳稱金人所遣扈從使者七十　「金」，原作「今」，據叢書本改。
㉑録事參軍奉節譚俣當治其事　「奉」，原作「奏」，據叢書本改。
㉒萬州一障塊然在荒茅篁竹中　「塊」，原作「現」，據南蘭陵孫尚書大全文集卷六一万俟卨墓誌銘改。
㉓使兼川陜宣撫使都統制楊政率衆修復偶夏水堤決　以上二十一字原闕，據叢書本補。
㉔堰成　「成」，原作「城」，據叢書本改。

建炎以來繫年要録卷一百四十六

1 紹興十有二年秋七月按是月壬辰朔。癸巳，右諫議大夫羅汝楫言：「左奉議郎、簽書威武軍節度判官廳公事胡銓文過飾非，益唱狂妄之説，横議紛紛，流布遐邇。若不懲艾，殆有甚焉者矣。伏望陛下重行竄逐，以伸邦憲。」詔銓除名，新州編管。

徽猷閣待制、提舉江州太平觀李璆知瀘州。璆廢斥近二十年，至是復起也。

2 甲午，皇太后回鑾，自東平登舟，由清河至楚州境上。

3 丙申，榮州防禦使、提舉醴泉觀、駙馬都尉高世榮爲常德軍承宣使。

直秘閣、四川轉運副使井度兼川陝宣撫司參議官，令再任。

協忠大夫、郢州防禦使、秦鳳路馬步軍副總管、行管右護軍左部同統制、知鳳翔府兼管内安撫司公事、統制忠義軍馬楊從儀改知鳳州。時將割和尚原，故有是命。

4 丁酉，祔懿節皇后神主於别廟。前四日，上詣几筵殿行燒香之禮，遂埋重於城外東北之長明寺，立虞主。翌日，文武百寮詣寺迎虞主至榮州防禦使邢孝揚第，其虞祭皆有司設之，權用檐子代壓翟車，以儀仗未修故也。至是，命左監門衛大將軍貴州刺史士晦行卒哭之祭於几筵殿。禮畢，祔神主於别廟，用衛兵九百八十二人。尚書左僕射秦檜爲禮儀使，給事中、直學士院程克俊題神主。虞主不瘞，即册寶殿藏之。

5 己亥，武翼郎、閤門宣贊舍人吴近爲右武郎。承節郎閤門祇候張説、承信郎閤門祇候吴蓋並爲武翼郎。閤門宣贊舍人、武節大夫、榮州團練使韓誠爲武德大夫、忠州防禦使。以貴妃進封故也。其餘親屬推恩者又十七人。説，公裕子，與誠皆娶妃女弟，故遷之。誠，嘉彦子，已見。

6 壬寅，詔攢宮地段，令臨安府召人陳獻，將來優與酬賞。

7 癸卯，上謂宰執曰：「吴璘説川陝可招衛兵，今璘尚留此，可諭鄭剛中令處置，仍更呼璘與議。」璘又言：「胡世將嘗招得數千人，近緣歲饑，皆餓死。今必有流民願就招者。」

起居舍人兼修玉牒官楊愿等言：「準御寶令，漏泄玉牒宗支，依軍法。乞降黄榜約束施行。」從之。遂命宰臣秦檜兼提舉編修玉牒所。秦檜兼提舉，日曆不載，本所題名在此月。且權附此，俟考。

寶文閣學士、提舉江州太平觀連南夫特落職。南夫之守廣州也，右宣教郎杜嵒以朝命送本州居住，及復疆赦下，嵒乞自便。南夫請於朝，不俟報，遽釋之。及是，金人索充子孫之在南者，樞密院以金字牌，命帥臣陳橐密切拘管。橐以其事奏，故有是命。

8 甲辰，按行使万俟卨等請卜攢宮於昭慈聖獻皇后攢宮之西北。

9 丁未，命資政殿學士、提舉醴泉觀鄭億年充復按使，武功大夫、榮州刺史内侍省押班李珪副之。

10 戊申，詔忠訓郎吴援，令川陝宣撫司召試策一道，保明取旨，與換文資。援，璘子也。璘以初除團練承宣使恩例爲之請，上許之。起居郎、權中書舍人張廣持不可。上覽奏，謂大臣曰：「武臣換文資，恐將帥之才，後難得矣。」樞密使張俊曰：「試而後換可也。」上大以爲然。

11 己酉，命有司制常行儀仗。自上南巡，儀物草創。時以皇太后且至，上將躬迎於郊，諸王宮大小學教授石延慶以儀衛未講爲請，乃命工部尚書莫將、户部侍郎張澄，與内侍邵諤董治。將等乞先造玉輅及黄麾仗二千二百六十五人，從之。熊克小曆：「十一年十一月，户部侍郎張澄遷本部尚書。」蓋據題名之誤也，澄遷户部在今年十一月癸巳。

是日，上諭大臣曰：「吴璘功賞事，早與了，使之歸。」秦檜曰：「已與張俊議，呼璘到堂面定，庶幾允當。」上可之，且曰：「賞須令適中。今日邊面正賴將士協力守之，賞須當，乃慰其意，且免姦人動摇軍情也。」

12 癸丑，上謂宰執曰：「郡守條上五事，其間頗有可採。又有欲衝見行法者①，宜詳之，可行即行。」秦檜曰：「如莊綽所上有可行者。」何鑄曰：「守臣中有志於民者，所論定不苟。」上曰：「然。」

13 乙卯，詔廣南、湖北沿邊偏遠州合納免行錢，令提刑司相度，量與蠲減。時議者謂：「州縣官職田，可行拘收。民間免行錢，可與寢罷。」事下户、工部，而工部尚書莫將、户部侍郎張澄等言：「諸路職田，一年凡八萬四千餘石，未足以助經費，而於國家制禄養廉之意，實有所傷。免行錢即無毫髮加賦於鄉村百姓，亦非創行事件。除江、浙、福建、湖南、四川路並已認定合發數外，切慮二廣、湖北僻遠沿邊州軍内，有難以出辦去處，欲量行蠲減。」時徽猷閣待制、知静江府胡舜陟亦言：「嶺南井邑蕭條，賈無厚利，比他路丐減十五。」故有是命。胡舜陟奏請以秦資所作生祠詩碑附入②，日曆無之。

14 戊午，左朝請大夫、新潼川路提點刑獄公事宇文剛言：「湖外米賤，乞行收糴。」上諭大臣曰：「水旱堯、湯所不能免，惟有以備之，則民免流亡之患，其即行之。」

15 己未，詔吴王、益王府各差館職二員兼教授。

左中大夫、右文殿修撰陳遠猷落致仕。久之，以遠猷提舉亳州明道宮。此恐吴璘所薦，當考。

1 八月辛酉朔，金國都元帥宗弼以書來求商州及和尚、方山原地。紹興講和録金元帥上第七書：「皇統二年八月一日，皇叔、太傅、尚書左丞相兼侍中、監修國史、都元帥、領行臺尚書省事致書云云。近者，疊沐惠音，備悉勤意。即日秋凉，想惟候履安和。承諭，遣報謝人使，已聞朝廷，并唐、鄧二州界至，亦再遣官交割去訖外。昨來計議，分畫陝西地界，緣時間未能盡知彼處地界遠近，曾言候大事議定，各差官子細檢視，臨時從宜施行。回辱示報，凡事已遵來命，差官前去，仍約定至彼期限。遂差行臺刑部尚書烏陵思謀等同往交割。仍丁寧戒諭，據陝西諸路疆土，並合交收。緣照得鳳、成、階、祐四州③，於彼切近，若行盡取，或有不便，其四州之地，更不交割。如兩界地形犬牙相侵，各有合要去處，仰從宜相度施行。續據本官等申至，彼相度得大散關合屬本朝，於關外立爲界，除將上件四州與江南外，應陝西之地，並行交割，便欲立定界至。却得鄭剛中等公文稱，來時只指揮相視商量，難便一面分付。已具申稟，别行移報。又據烏陵思謀申，三月内，鄭剛中公文坐奉指揮，照吴玠、劉豫所管地界分畫，内商州、秦州不是吴玠元管地分，合自逐州以南吴玠元管界至分畫。其餘和尚、方山原兩處，不係劉豫所管地分，合遵依元降指揮保守。爲此，於何鑄等回時，已令達意。今於大散關西正南立爲界首，兼承今書，已前據烏陵思謀申鄭剛中申五月中公文，稱和尚原、方山原、方堂堡、秦州等已承指揮，許交割，乞差官前來分畫外，商州已具申審，其間却説以龍門關爲界至。今承來書，與鄭剛中狀内所報，亦又不同。所云縱有少侵劉豫曾占舊界，止是欲與川路留少藩籬，以安彼中人心。契勘彼間地界，已曾布聞，何煩再三别有改議？若謂欲爲藩籬，以安人心，乃是無故輒有疑惑，豈元約也？切冀早爲指揮所司，交割施行。所有商州一處，來書並不言及，不謂遷延到今，尚未了當，亦請依元約催促施行。又近據沿邊官司申，有舊係淮北人民在南方者，思鄉前來，緣恐其人在南地别有罪犯，逃避過淮，難以不行勘會，便行一例收受。曾經指揮，仰問當來歷因依，移文對境州軍，子細勘會。却據逐處稱，別無奉到指揮，不肯收接文字。深詳此事已經計議，並晢表明言，淮北之人有願歸鄉者，更不禁約。蓋兩國和好，務在安濟生靈，告以此意，遍行開諭，使上下曉然，則有司奉行，自無疑難，豈有不接文字之理？即日到此之人，雖是淮北鄉貫，合得歸業。緣彼處不曾明有指揮，遂使逃竄，於理不應，請爲指揮有司，明出榜曉諭，應淮北人願歸鄉者④，許其自陳。仍今後沿邊取會文字，使合屬官司，依應收接，契勘回報，以稱通和之義。及來書內，有北人畏罪之説，欲得朝廷赦罪文字，使之釋然無疑。據前此雖曾發到北人，只是數十人小民，其餘并昨有劄録姓名之人，都未見發遣。檢準今年二月二十四日赦書，自來亡命投在江南人等，見行理索，節次發遣來到，並行釋罪。其職官百姓軍人等，並許復舊。已有上件寬貸明文，今將赦書內一項，全備抄録前去，請以此曉諭應在彼北人，遍令省會，早與發遣，自可安心來歸，尚何疑哉？所附到鄭億年申狀，尋具奏聞，準奉聖旨，爲已經放還，只令在彼居住。外有杜充家口，雖曾離散，其原任州縣官司，并從來一行親屬人等，豈應全不知得次第去處？今國家大議既定，欲人人咸獲安便，理合使其骨肉團聚。張中孚兄弟、張孝純、宇文虚中、王進等家屬，諸處津遣，今又數月，計合皆到，亦幸催趁，一就早令到來，惟留意。貺示新茶，良極愧荷。餘冀順時，倍加保嗇。專奉書復聞。不宣。」於是，川陝宣撫副使鄭剛中亦言：「和尚原自紹興四年後便係劉豫管守，不係吴玠地分，合割還大金。」從之。此據費士戣蜀口用兵録增入⑤，蓋士戣據宣撫司案牘也。熊克小曆云：「剛中上奏曰：『商、秦二州并和尚原，皆陝、蜀要害，不可許。』」與此全不同。疑剛中行狀飾説，今不取。

2 癸亥，詔普安郡王納婦，令主管所訪求選擇取旨。

3 乙丑，靖州言：「盜破豐山寨，軍民死者甚衆。」上曰：「蠻夷但當綏撫，不可擾之。」乃詔湖北帥臣劉錡毋得生事。

4 丙寅，皇太后渡淮。王明清揮麈後録云：「紹興壬戌夏，顯仁皇后自金中南歸。詔遣參知政事王慶曾次翁與后弟韋淵迓於境上。時金主亦遣其近臣與内侍凡五輩護后行，既次燕山，金人憚於暑行，后察其意，虞有他變，稱疾請於金，少頃秋凉進發。金許之，因稱貸於金之副使，得黄金三百星，且約至對境倍息以還。后既得金，營辦佛事之餘，盡以犒從者，悉皆懽然。途中無間言，由此力也。既將抵境上，使必欲先得所負，然後以后歸我。后遣人喻旨於韋淵，淵辭曰：『朝廷遣大臣在焉，可遂索之。』遂詢於王。初，王之行也，事之纖悉，悉受頤指於秦丞相。獨此偶出不料，使人趣金甚急，王雖所賫甚厚，然心懼秦疑其私相結納，歸欲攘其位，必貽秦怒，堅執不肯。儐相待界上者凡三日，九重初不知曲折，但與先報后渡淮之日既愆期，張俊爲樞密使，請備邊，憂慮百出，人情洶洶，謂金已背盟中變矣。秦適以疾在告，朝廷爲備邊計，中外大恐。時王晚以江東轉運副使爲奉迎提舉一行事務，從王知事急，力爲王言之，不從。晚乃自裒其隨行所有，僅及其數，以與之。金人喜，后即日南渡，疑懼釋然，而王不預也。王歸白秦，以爲所以然者，以未始稟命，故不敢專。秦以王爲畏己，果大喜。已而后泣訴於上：『王某大臣，不顧國家利害如此。萬一金人生他計於數日間，則使我子母不相見矣。』上震怒，欲暴其罪而誅之。初，樓炤仲輝自樞府以母憂去位，終制，起帥浙東儲之，欲命謝於金廷。至是，秦爲王營救回護，謂宜遣柄臣往謝之。於是輟仲輝之行，以爲報謝使，以避上怒。逮歸，上怒稍霽，然終惡之。秦喻使辭位，遂以職名奉祠。已而引年⑥，安居於四明，秦終憐之，餽問不絶。秦之擅國，凡居政府者，莫不以微過忤其指，例以罪行，獨王以此情好不替。王卒，特爲開陳，贈恤加厚。諸子與婿親戚族人，添差浙東者又數人，以便其私。議者謂秦居政府二十年間，終始不二者，獨見王一人而已。」此事他書皆無之⑦，今姑附此。觀此月戊辰，上問秦檜之語，及次翁劾奏馮宜民事，足明當時亦有是説也。　時上遣后弟平樂郡王韋淵往迓，遂扈從以歸。

端明殿學士、簽書樞密院事何鑄依舊職，提舉江州太平觀。時御史中丞万俟卨、右諫議大夫羅汝檝交章論鑄之罪，謂：「鑄胥吏之子，素無聞望。初以廖剛薦爲臺屬，與孫近、范同締交。逮近、同之敗，自是跡不遑安，乃益令黨與傾揺國是⑧。去春，淮甸警報，日與儇薄之徒張皇敵勢，以爲朝廷自當遷避。岳飛反狀敗露，鑄首董其獄，亦無一言叙陳。偶因報聘乏人，陛下寘之樞庭，命之出疆。臨行，反使親舊騰播⑨，以謂議獄不合，遂致遠行，廣坐語人，以脱此自幸。飛之負國，天下所同嫉者。鑄長御史，乃黨惡如此，罪將安逃？」章五上，鑄亦累章求去，乃有是命。

秘書省校書郎兼權禮部郎官程敦厚言：「方今最可憂者，士大夫莫肯任患而盜名。蓋艱難之世，事之作也，或將曲而當；言之出也，或將婉而成。有經有權，抑揚旋斡，以乘其機而制其變。君子於此時，自當損身殉國，而不辭天下之責。奈何往往士大夫謀己以奸利者，始也不量可否，陽爲夸論，而務在盜名。終也不計安危，陰輒嫁怨，而莫肯任患。陛下亦既備嘗知之矣，今苟不大有以矯正之，使精白一意，則臣之所憂，有不勝言。願陛下申飭羣工，益固邦本，以惠海内。」詔榜朝堂。此事即是敦厚六月丙寅上殿所奏，今方行出耳。

5 八月丁卯，上與宰執論經術，因曰：「朕每讀書，未嘗苟，必思聖人所以立言之意。」秦檜曰：「孟子云：『文王我師也，周公豈欺我哉？』」上曰：「聖人所自得者，垂法後世，又焉用欺？」秦檜曰：「陛下以通經，得五帝三王心傳之妙，人臣何幸，自古不遇治世之主，則爲人臣，誠有難處。今陛下以經術出治，人臣因以託日月之光，傳諸不朽，豈非幸會？」上曰：「讀書不適用，則不若愚人猶無過。讀書不適用，爲患更甚。」檜曰：「陛下持此心，揆天下之事，無不灼見底藴矣。」

殿中侍御史胡汝明、監察御史施鉅、李益並與外任。以言者論三人皆何鑄所薦，密與交通，唱爲不靖也。

6 戊辰，上問宰執曰：「界首猶未得皇太后的報？」秦檜曰：「據王次翁奏，九日可到界首。以理揆之，此事必不爽約。前蕭毅行，陛下明與約言：『若太后果還，自當謹守誓約。如今歲未也，則誓文爲虚設。』此最切當。」上曰：「亦以此事卜和議諧否。若還我太后，大金亦守和議也。」

端明殿學士何鑄落職奉祠。

左朝奉郎胡汝明知饒州，施鉅知處州，左承議郎李益知建州。

右朝散大夫宇文師瑗直顯謨閣，右奉議郎張汲直秘閣，並主管萬壽觀，以將北行也。

右宣義郎、福建路提點刑獄司幹辦公事趙恬特勒停⑩。先是，宇文虛中因王倫使還附奏，若敵人來取家屬，願以没賊爲言。已見七年十二月。至是，都元帥宗弼來索虛中家甚急，上遣内侍許公彦往閩中迎之。恬，虛中子婿也。與其徒謀，欲留師瑗一子爲嗣。守臣顯謨閣直學士程邁持不可，師瑗乃使恬以海舟夜載其屬之温陵，而身赴行在。邁懼，遣通判州事二人入海邀之，言於朝，故有是命。汲先得衢州通判，旋罷之，至是復去。已而師瑗至行在，上疏懇留，秦檜不許。虛中妻安定郡夫人黎氏，請以所賜田易錢以行，乃賜黃金百兩焉。據程邁奏，師瑗家屬以七月二十七日辰時下海，今併附此。黎氏乞以田易金在九月丁巳。

7 庚午，責授嚮德軍節度副使王庶卒於道州，許歸葬。其子之荀、之奇撫柩而哭曰：「秦檜，秦檜，此讎必報。」親舊皆掩其口曰：「禍未已也。」

8 辛未，權工部尚書莫將與侍從兩省官十一人以皇太后回鑾，同班賀上。

詔吏部侍郎魏良臣就充館伴使。

秘書省校書郎兼權禮部郎官程敦厚爲尚書禮部員外郎。制曰：「攝宗伯之僚，議常據古；賜清閑之燕，言切於時。」

太常丞吳棫罷，以言者論其「與孟忠厚偕行，而專執一偏之私，附會姦人之論，以虧損中興孝治之美」。故也。王明清揮麈第三録云：「吳棫浮沉州縣，晚始得太常丞。紹興間，尚需次也。娶孟氏仁仲之妹，貧往依焉。仁仲自建康易帥浙東，言者論上表中含譏刺，詔令分析。仁仲辨疏，以爲久棄筆硯，實託人代作。孟雖放罪，尋亦引閑。秦會之令物色，知假手於才老，臺評遂上，罷其新任，繇是廢斥以終。」按：孟忠厚以十四年春自江東移會稽，明清小誤也。

秘書省校書郎陳之淵、正字王璧並與外任，放謝辭。以言者論其本孫近所薦，又附范同、何鑄，益肆其姦，唱爲弗靖也。乃以之淵通判饒州，璧通判福州。

9 壬申，命權工部尚書莫將、知閤門事曹勛接伴大金第二番人使。

尚書吏部員外郎江少齊送吏部與監當差遣。右諫議大夫羅汝楫奏：「太后還闕有期，普天同慶。而少齊方悒然不樂，每謂金銀價值增長⑪，居民日以遷移。天官顯曹，異意之人，豈宜叨據？望行罷斥，以靖國論。」故有是旨。

拱衛大夫、果州團練使、知陜州吳琦爲利州路兵馬鈐轄，知興州兼行營右護軍選鋒統制。

10 癸酉，鎮西軍節度使、右護軍都統制吳璘與觀察使已上五人同班賀上⑫。後二日，雄州防禦使士䅳等十人繼對，皆以皇太后將回鑾故也。

監察御史江邈遷殿中侍御史。

11 甲戌，御史中丞兼侍讀万俟卨爲參知政事，充大金報謝使。上顧卨曰：「勉爲朕行。」卨頓首謝。

上諭大臣曰：「和議既定，内治可興。」秦檜對曰：「以陛下聖德，漢文帝之治不難致。」上曰：「朕素有此志，但寡昧不敢望前王。」檜曰：「漢文帝文不勝質，唐太宗質不勝文，陛下兼有之。」上曰：「唐太宗不敢望，漢文帝其從諫，多出矯僞。」檜曰：「文帝能容申屠嘉，而太宗終恨魏徵，其爲真僞可見。」上曰：「朕謂專以至誠爲上，太宗英明有餘，誠有未至也。」檜曰：「太宗之用智，誠不及文帝之性仁也。」上曰：「然。」中興聖政：臣留正等曰：「唐太宗即位不數年，天下氣象一變，兵力强而外國畏服，人材盛而政事修舉，此漢文帝所不及者。然人主盛德，如天地覆載，日月照臨，不知所以爲功，文帝於此亦庶幾焉，以其心術至誠故也。太宗自謂三王以來，撥亂之主，莫吾若，故負而矜之，不及文帝遠矣。」

12 乙亥，榮州防禦使、帶御器械邢孝揚充大金報謝副使。翌日，遷孝揚保信軍承宣使，官孝揚及万俟卨家各二人。上念洪皓之忠，命孝揚持金帛以賜。卨至汴京，其從吏有爲人持書訪其子者，迓使以爲言，卨曰：「兩朝以玉帛相見，而後敢以私書入境，然父子之情，不過問安否耳。」發而視之，如卨言。次涿州，又以南官毆擔夫告者⑬，曰：「一行裝齎，悉以車載，不復調夫矣。」卨遂謝之，乃止。

13 丙子，上諭大臣曰：「聞大金内侍有用事者，今内侍中寄資有犯，雖降官，然俸物不減，何以勸懲？今小者有犯，可恕即恕，不可恕即撻之，庶使知懼。」且云：「唐末内侍如田令孜輩羣唱爲亂者，良由天子縱之所致。朕今在宫中，都知、押班、御藥，素號最親密者，非時未嘗見，見未嘗不正色。」

14 己卯，上謂大臣曰：「比聞大金中宫頗恣，權不歸其主。今所須者，無非真珠鞁鞁之類，此朕所不顧，而彼皆欲之，則侈靡之意可見矣。宜令有司悉與，以廣其欲。彼侈心一開，則吾事濟矣。」時金人又須白面猢猻及鸚鵡、孔雀、獅子猫兒，上亦令搜訪與之。上曰：「敵使萬里遠來，所須如此，朕何憂哉？」上又曰：「聞大金皇后擅政，三省惟承后旨，其主所言，顧未必聽。且后性侈靡，至以真珠裝被，追集繡婦至數千人，后日更繡衣一襲，直數百緡。其風如此，豈能久邪？自古權歸宮壼，未有不亡者也。」

15 辛巳，上奉迎皇太后於臨平鎮。初，后既渡淮，上命秦魯國大長公主、吳國長公主逆於道。至是，自至臨平奉迎，用黃麾半仗二千四百八十三人，普安郡王從。上初見太后，喜極而泣，軍衛懽呼，聲振天地。時宰相秦檜、樞密使張俊、太傅醴泉觀使韓世忠及侍從兩省三衙管軍從上行，皆班幄外。太后自北方聞世忠名，特召至簾前曰：「此爲韓相公邪？」慰問良久，其後餉賜無虚月。

武經郎馮宜民除名，械送英州編管。宜民爲王次翁扈從禮儀使司準備差使。次翁奏：「宜民在路，妄造言語，動摇人心。今皇太后已渡江，緣關報北使再來，宜民復肆妄説，若不懲戒，浮言不止。」故竄之。此恐與王明清記皇太后渡淮愆期事相關。

16 壬午，皇太后還慈寧宮。太后聰明，有遠慮。上因夜侍慈寧，語久，冀以順太后意。太后令上早卧，且曰：「聽朝宜早起，不然，恐妨萬幾。」上不欲遽離左右，太后遂示以倦意，上不得已，恭揖而退。太后復坐，凝然不語。雖解衣登榻，交足而坐，三四鼓而後就枕。嘗謂上：「給使者不必分，宜通用之。蓋分則自爲彼我，其間佞人希旨，必肆間言。自古兩宮失懽，未有不由此者。」後數日，上以諭大臣，且曰：「太后既歸，宮中事一切不復顧矣。」

詔扈從太后官屬左武大夫、忠州防禦使白諤等十二人皆遷官。中興聖政：龜鑑曰：「太后之未歸也，則諭以至誠。太后之將歸也，則示以喜色。臨平奉迎，瞻慈容而感泣；慈寧居養，侍乙夜而忘疲。壽慶啓燕，稱觴舉儀，雍雍乎其和也；意有所向，竭力供應，肅肅乎其敬也。當時父老童稚且歎曰：『不圖今日，聖神母子，重懽如此。』是其孝於事親也。」

17 癸未，百官詣常御殿門拜表稱賀。

張宇表曰：

臣宇言，恭審皇太后回鑾，已至行闕者。五兵不用，静北徼之驚塵；六驍遄歸，嚴東朝之大養。慶流宫壼，懽浹海隅。中賀。歷觀簡册之所傳，或遇國家之大變。冀一真於百罔，訖正元之世無聞；歌二聖之重歡，初蜀郡之行匪遠。矧隔要荒幾萬里，絶音驛踰十年。爲母子以如初，越古今而未有。恭以皇太后道隆陰化，德協坤成。奉警戒於先朝，盡劬勞於聖子。從翠華而遠狩，軫丹扆之深衷；寢門莫展於晨昏，使驛相望於道路。無加於孝，貴不足以解憂；苟順乎親，大可以刑四海。□□□□□□□⑭，修文德以來遠人。迎翟輅以言還，戢琱戈而不戰。祥生和氣，福簡簡而穰穰；喜動慈顔，樂融融而洩洩。舊陪帷幄，遠伏山林。以未盡之餘年，覩絶聞之盛事。心存魏闕，式同四表之歡；目斷堯天，徒上萬年之祝。

毗陵張守劄子曰：

臣恭聞皇太后回鑾有期，中外大慶。仰惟聖孝，感通神明。敵國歸仁，上天悔禍。有此慶事，敻絶古今。行正東朝，永展大養。臣以抱疴畎畝，莫獲瞻望天顔，少伸贊喜之私。無任歡呼忭躍之至，謹録奏聞。謹奏。

秀水朱勝非進賀上劄子曰：

比者恭承皇太后歸御東朝，慶自一人，歡騰寰海。此實聖上孝德通於神明，天心昭答。亦惟碩輔嘗總繁機，謀國既深，告猷有素，致收成效，迴絶前聞。某叨被明恩，屬當重任。方時多故，不敢自謀。仰賴沈幾，悉排浮議，成兹偉績，盡出睿謨。克圖宗社之安，肇自宫闈之慶。非聖神孰能與此，顧臣子何力有焉。豈圖鈞慈，特枉珍翰，述邦家之盛事，誠賢哲之用心。褒借過優，省循莫稱。仰荷謙德，不勝感悚之至。

詔皇太后侄韋彦章與補忠翊郎、閤門祗候。

18 丙戌，詔以皇太后還宫，遣執政官奏告天地。

左宣義郎劉安常追毁所授文書，特編管。安常，羅源人，冒其兄守禦免解恩中第，後以捕盜改官。至是，爲右迪功郎楊傑所告，鞫實而有是命。

19 戊子，上服黄袍乘輦，詣臨平奉迎梓宫，登舟，易緦服，百官皆如之。

20 己丑，徽宗皇帝、顯肅皇后及懿節皇后梓宫皆至行在，寓於龍德別宫，以故待漏院爲之，在行宫南門外之東，帝后異殿。始，議奉安梓宫之禮，或請姑寓僧坊。太常少卿王賞曰：「孝子之事親，思其居處。宣和内禪，退居龍德，今宜綿蕝倣行殿，以治喪儀。」又議百官制服，賞曰：「訃告始至，已成服矣，復服之，非是。特上與執事者常服改葬緦而已。」朝廷用之。時梓宮既入境，即承之以槨，命有司預製衮冕翬衣以往，及是納槨中，不改斂，用安陵故事也。官服緦指揮，在四月丁亥。遷梓宮大槨指揮，在六月丁丑。用安陵故事指揮，在七月丙申。今聯書之。

史臣秦熺等曰⑮：上孝悌絶人，前古帝王所不能及。以二聖母后之在遠也，憂思感傷，戚戚無一日舒容。舉足出言，宸念未嘗少忘。衣不重帛，食不二味，居處惟茅茨之陋，自奉悉簡素。有旨，有能還二聖母后者，王侯節鉞，盡以充賞。問安之使，奔走道路，殆無虚月，終莫得金人要約。

建炎四年冬十月，御史中丞秦檜歸自金，蓋扈從北狩者累年，朝夕侍二聖旁。方靖康之變，金人立張邦昌，咸北面以事異姓。檜獨冒白刃不從，抗辭乞存趙氏。臨大節而不奪，金人敬奉之，故知彼之事宜爲詳，因曲折爲上言之，且念兵威未振，知和好之未可通也。既擢檜與政，未幾爲右相，方圖維事機，以濟大業。時左相吕頤浩嫉之，力加沮抑。檜既去位，悠悠積歲，用事者趣辦目前，無有任其責者。紹興三年冬十月，金遣李永壽來，徒多端須求，矯詐無誠意。春正月，遣章誼等往北返⑯，事亦弗濟。

七年春正月，何蘚自金中來，報太上皇帝之訃，上哀慟號哭，遣王倫迎奉梓宮，不遂而歸。八年春正月，復往，亦弗從。上哀毁過制，居三年喪如一日，每出薦奠，號哭失聲，涕泗揮灑。凡侍奉贊導之臣，皆弗能禁止。聖孝之美，未易殫舉。上悼國步之多艱，治功之未效，且厭凡才不足倚也，求助益切。三月辛卯，復拜檜右相，久益知檜忠誠，而謀謨可大有爲也。故議和之計決矣，而左相趙鼎抑沮甚力，因修史加恩制，密諭直學士院吕本中爲制詞曰：「謂合晉楚之成，不如尊王而賤伯。」蓋豫爲後日姦圖。鼎爲首相，不復留意國事。用兵則徒擅都督之名，略無措畫。及議和，則陰懷首鼠，於進對之際，未嘗有可否。陰結黨與，肆爲詆欺。其負眷意如此。迨秋遣通和之使，而王倫等遂行。後自金中還，將及境矣，和議之成否未能知，鼎知不復任責，亟爲脱身自全之計，力求解政。又令其死黨張戒乞復留鼎，設爲詭辭，誑惑天聽，沮敗善類。賴上睿明，不得肆其姦。是年冬十二月，撻懶遣張通古至，欲先盡還河南故地，徐議餘事。金誠意若是，蓋前此未有也。自使者入境以及行朝，士大夫議論洶洶，皆以爲不可信。樞密院編修官胡銓上書，力詆大臣，冀必置之死地。執政如王庶，侍從如曾開、李彌遜，臺官方廷實，館職范如圭等，尤唱異論，蠱惑羣聽。其他不能徧舉。蓋懷姦飾詐者，但欲取一時市井虛名，而利害不切於身，初無體國親上之意，故趨向如此。既而輿地果復，亟遣官省治陵寢，撫循民庶，且經畫數路急切之政。故陷身異域者，有更生之幸，亹亹來歸，亟命韓肖胄報謝，繼令王倫、藍公佐迎梓宮，及奉太母之歸。

既而金之次帥兀朮，恚功之不由己出，遂渝前日之盟，拘留王倫，但令藍公佐歸。因引兵犯汴都，而留守孟庾等率衆投降。先是，命劉錡以兵北戍，以備不虞。偶與敵遇於順昌，錡於諸將中素號有謀，與戰至十數，捷音相繼以聞，敵敗衄而退。朝廷度必再入犯，於是大修兵備。十一年，果竭衆以犯淮西，必欲以全取勝。時遣三大將領兵進擊，而岳飛陰有異謀，遷延顧望，拒命不進。韓世忠、張俊皆屢與之戰，殺獲不勝計。敵知我不易攻也，率衆退走。既班師，主上聖明，察見兵柄之分，無所統一，凡有號召，多託故不至。於出師之際，又不能協力徇國家，恐有緩急，必致誤國大事。乃密與檜謀，削尾大之勢，以革積歲倒持之患。一日，大廷宣制，除張俊、韓世忠、岳飛三帥爲樞密使副，由是天下兵柄盡歸朝廷矣。然是舉也，孰不以爲善？前此獨無敢睥睨者。有識之士，方懼金人之平，四方底定，而此輩跋扈自肆，意外事有叵測者。今一旦悉屏聽命，如玩嬰兒於掌股之上，銷禍於未然。既已協諸軍之公願，謂自此願盡死力，遠近歡呼。切歎睿斷英果，措意宏遠，知敵不足憂，而太平可指日待也。

上既日新厥德，内修政事，專任一德之臣，以爲腹心。益練甲兵，治財賦，悉豫爲之圖。敵勢數不利，又知我之有備，設施措畫，赫然驚人，規模出其意表，而戰勝攻取，兵威勝强，非前日比。且虞後悔之及，遂縱莫將、韓恕以歸。二人者使敵中，被留閱歲且半，無故聽歸，其意蓋必有在。冬十一月，果遣蕭毅、邢具瞻爲審議使副，必欲連和。時衆議紛紛，莫以爲然，謂當墮其計中矣。上以宗廟社稷之重，下愛惜生靈，且念梓宮未還，母后兄弟久隔，亦灼見敵情，保其無他，奮然獨斷。檜力贊上，以爲圖謀和議今踰十年矣，前此兀朮争功，故敗成事，今兹之來，乃自爲盟主，敵善意也。機會不可失，無可疑者。遂斥浮言，排異議，從其所約，一意迎奉之圖。既遣何鑄報謝，逮至敵庭，默然無一言而返。梓宮及母后之還，亦弗知也。鑄自御史中丞遷簽書樞密院事，固宜與聞國論之餘，而猶持異意，且疑貳而亟圖歸，則今日之舉，非君相合德，深見事情，曷克有濟？

初，岳飛擁重兵，據上流者累年。稔成罪釁，日圖反叛。至是，皆暴章首告繼踵。逮核實於天獄，悉得其情，逆狀顯著，審讞無異。飛與子雲及其黨張憲，皆賜死。於是天討有罪，故桀傲者懍懍知畏，咸奔走承命之不暇，而政刑修明，國勢益尊强矣。

臣等竊惟金人爲中國患，今十八年矣。唯修好通和，實今日至計。前後用事之臣，費日窮年，未有以爲意者。淵衷監觀，利害既審，任茲大事，實難其人。爰出獨斷，復命檜而相之。其大節孤忠，奇謀遠識，蓋察之有素矣。檜亦感不世之遇，自任天下之重，精白以承休德，不退縮以避事，不猜忌以妒功，不疑貳以敗謀，不矯激以沽譽。其圖事揆策，料敵制勝，咸仰契聖心，用能夙夜自竭，以符特達委任之意。敵亦知所畏服，無復敢肆，有請必從，不愆於素，故上以安宗廟，下以保黎庶，送往事居，又足以副天子寧親之孝，一舉而衆美具焉，無不悉如其意，成效章章若此。向之拱手以幸失，騰口以興訕者，皆歎服聖謨之不暇，赧然羞汗，悔前非之無及矣。然是舉也，危疑險阻，蓋備嘗之。非獨檜翊贊之難，任檜之爲難也。書曰：「惟尹躬暨湯，咸有一德，克享天心。受天明命，以有九有之師。」又曰：「德惟一，動罔不吉。」故臣等於今日之事亦云。

呂中大事記曰：「紹興十年，金人渝盟。軍民皆歸咎於秦檜，而檜傲然不動。順昌既捷之後，先竄趙鼎，而人無敢言矣。柘皋既捷之後，盡罷諸將，而兵隸御前矣。向者戰敗而求和，今則戰勝而求和矣。向者戰敗而棄地，今則戰勝而棄地矣。向者使命之費猶有限，今歲幣銀帛各二十五萬匹兩⑰，而賀禮又有金器千兩、銀器萬兩、錦綺千匹矣。岳飛復唐、鄧，張浚、吴璘復商、秦⑱，吴玠復方山、和尚原，皆間關百戰而後得。今吾不能有其地，反盡割入於敵，聽其分畫矣。世忠田金陵，岳飛田鄂，王之奇田兩淮，吴玠田梁洋，樊賓、宗綱田荆州，皆累年經理而後成，今吾不能屯田，反使敵創屯田軍於河南矣。吾國之民，不肯入敵，殺之猶不從，而朝廷必以與敵，使遺黎飲泣内恨，而中原之人心失矣。李世輔不顧其親來歸，兀朮引避其忠，今乃置之謫籍，而中原豪傑之心失矣。士大夫陷没敵中，家屬有在中國者，徇敵人之情而悉還之。方其去時，如赴井阱，而吾國衣冠之氣沮矣。張俊深忌劉錡、岳飛，每言飛赴援遲而錡戰不力，遂與檜謀斥錡而殺飛，而天下忠憤之氣皆沮矣。」何備龜鑑曰：「我高宗皇帝所以徇奉春之拙謀，壞祖生之壯志，蓋仁孝之心有所感觸，而不能不爾也。故寧忍嫚書之恥，而不忍廢務在養民之事。寧割鴻溝之半，而毋寧輟未央稱壽之儀。敬觀聖訓有曰：『朕兼愛南北之民，屈於講和，非怯於用兵也。若敵國交惡，天下受弊，朕實念之。』知此則可以知吾君之仁。又曰：『北望庭闈踰十五年，幾於無淚可揮，無腸可斷。所以頻遣使指，屈己奉幣者，皆以此也。』知此，則可以知吾君之孝。」

是月，朝廷答金國都元帥宗弼書，許以陝西地界。紹興講和録皇朝答書：「仲秋漸凉，伏惟某官，鈞候萬福。還歸備言國公恩德，不敢弭忘。專人來，又承書翰，豈勝感荷？所諭陝西地界，大約已定。鳳、成、階、祐四州，已荷恩照前日所納地圖，乃是恃賴情契，不敢自外。今蒙諄諭，何敢固必？已令鄭剛中遵依，五月中已報公文内，備坐已降指揮，分畫去訖。其商州亦當屬上國，並令鄭剛中等差官交割，今當不住催趣也。前日圖内，止是告求川口關隘去處，故不言及商州，亦乞賜察。淮北人民，願歸鄉者，更不禁約，據誓表中明言，經官陳理，今當遵依來訓，許其自陳。至若文字往來，告請指揮，止令就泗州及鄧州關報，庶得沿邊官司，專一承領，不致差失。從來邊州多是用此體例，望詳度也。北人及張中孚兄弟、張孝純、宇文虚中、王進家屬，見行津遣。所有稽遲，皆有因由。只如虚中家屬，往就趙恬遲留，見已重作行遣，勒停趙恬，又專遣内侍許公彦前往迎押。師瑗到上國日，可以質問也。杜充家口，尚在廣州，實緣當時帥臣連南夫縱其自便，近還行遣，南夫落職名，又督責見今帥臣陳槖於當時經由州軍，已行根刷，猶未見得著落。只是尋見，便當馳報。鄭億年過蒙恩念，特爲取降聖旨，已令遵守。其他俟報謝使副早晚啓行，別得上狀。時中伏，乞善保鈞重。謹奉啓。不宣。」

川陝宣撫副使鄭剛中遣選鋒軍統制兼知鳳州楊從儀、鄜延經略使兼知成州王彦、閤門祗候宣撫司幹辦公事范寧之偕割陝西餘地。金人遣朝奉郎、直秘閣、知彰化軍節度使事賀景仁來分畫，乃割商、秦之半，存上津、豐陽、天水三邑，及隴西成紀餘地。棄和尚、方山原，以大散關爲界，於關内得興趙原爲控扼之所。先是，左武大夫、榮州防禦使邵隆在商州幾十年，披荆棘，立官府，招徠離散，各得其心。自金人敗盟之後，屢與敵戰，雖嘗暫棄其城，俄即收復，終不肯去。至是割界，金人以隆爲陝西節制司統制，隆怏怏不已，嘗密遣兵爲盜以劫之。秦檜怒，久之，以隆知辰州。

自休兵後，川陝宣撫司及右護軍分屯三邊與沿流十七郡。興、成、階、鳳、文、龍、綿、劍、利、金、洋、閬、西和州、大安軍、潼川、興元府及房州之竹山縣[19]。興州吴璘所部僅五萬人，興元楊政所部僅二萬人，金州郭浩所部僅萬人。惟興州屯兵最多，至二萬有奇。興元府、利州魚關各萬，金州六千，洋、閬各五千，皆有奇。西和、劍三千而嬴。鳳、綿、階三千而弱。成州、大安軍二千而嬴。潼川千有奇。文、龍二郡與房州之竹山皆數百。馬之籍萬三千。計興州境内爲七千而弱，關外四州爲三千而嬴，此其大概也。自諸將所屯外，凡關外沿邊待敵去處，則三都統司每春秋二仲，遣兵更戍。成州界四千六百三十人，照應秦州道路。岷州界九百二十五人，控扼熙、鞏、秦州道路。鳳州界三千八百五十人，控扼鳳翔府一帶道路。興元府界千二百六十二人，洋州界千一百二十四人，並照應岐、雍一帶道路。金州界一千六百人，控扼商州、永興軍一帶道路。合興州界戍卒共萬四千人。又置烽燧四路，凡一百六十二烽，早晚舉火，傳報平安，此其大略也。分屯、更戍、烽燧等事，以四川宣制兩司事類修入，必非一年事，今因分畫地界附書之。蓋必地界以定，而後如此措置也。

1 九月庚寅朔，上行奠酹梓宮之禮。

入内内侍省押班、提點慈寧殿藍珪言：「奉皇太后聖旨[20]，徽宗皇帝、顯肅皇后、懿節皇后下項忌日。」詔報禮部。

2 辛卯，尚書左僕射秦檜乞罷政。詔通進司勿受章奏，臨安府毋得令家屬出門。

3 癸巳，有司具送金國禮物，常幣外有金器極精巧。上謂宰執曰：「此上皇時所用，朕不欲饗之，交鄰國以息兵養民，朕之志也。」上又言：「徽宗、顯肅之疾，皇太后躬親扶侍，及啓手足，又與淵聖同辦後事。懿節之葬也亦然。今三梓宮之來，皇太后與淵聖呼當時躬葬事之役者，待其畢集，然後啓攢，其思慮深遠如此。」

4 甲午，秘閣修撰、江南東路轉運副使王晚陞集英殿修撰，以奉迎東朝之勞也。餘人皆進一官。

右奉議郎、知劍州劉時爲陝西轉運判官。

5 乙未，少保、鎮潼軍節度使、信安郡王孟忠厚爲樞密使。時秦檜當爲山陵使，而不欲行，故用忠厚。徐夢莘北盟會編云：「秦檜欲去張俊樞密之任，乃除孟忠厚樞密使。」非也。

端明殿學士樓炤陞資政殿學士，知紹興府，將遣使北也。

6 丙申，樞密使孟忠厚爲攢宮總護使，户部侍郎張澄爲橋道頓遞使，保成軍節度使、開府儀同三司、領殿前都指揮使職事楊存中爲都護，内侍衛茂實爲鈐轄。山陵非宰相護送，自秦檜始。忠厚乞：「攢宮有待報不及事，一面奏知，先次作聖旨行下。」從之。忠厚所奏，以紹興二十九年十月己巳吴益申明狀修入㉑。日曆無之。

集英殿修撰、江南東路轉運副使王晚爲兩浙路轉運使，應副攢宮。

金國人使殿前左副都點檢完顔宗賢等朝辭。詔參知政事万俟卨就驛伴宴。

寶文閣學士、提舉江州太平觀綦崈禮卒於台州，詔贈官推恩如故事。崈禮爲秦檜所憾，所得遺澤，其家畏懼，不敢自陳，士大夫亦無敢爲之保任者焉。

7 戊戌，梓宮殿攢。

詔奉慈寧宮錢二千萬緡，帛二萬一千疋，綿三千兩，羊千有八十口，酒三十六石。月俸萬緡。冬年、寒食、生辰各二萬緡。生辰絹萬疋，春、冬、端午各三千疋。冬綿五千兩，綾羅各千疋。臨安日供斗酒三羊，節序羊十八口，共成此數。

8 辛丑，尚書左僕射秦檜上所撰徽宗哀册文。上諭檜曰：「哀册極佳，蓋語皆紀實故也。鄉昭慈挽辭，衆人所作，文雖可觀，皆不及實。朕當時所撰，有『俯隨遺詔日，猶似御簾時』，要紀實耳。」

直秘閣、兩浙轉運副使黄敦書以迎護之勞，陞職一等。

左朝散大夫、淮東轉運判官紀交直秘閣。

樞密院言：「昨降旨不得詆斥大金，尚慮行移之間，或有違誤，理宜申飭。」詔中外官司常切遵守。時金國都元帥宗弼，又遣使來言邊吏以兵出塞，朝廷亦遣書報之。紹興講和録皇朝又書：「某啓，秋涼，伏惟某官，鈞候萬福。專使兩辱惠問，感荷契愛。垂諭上國講修和好，開示大信，含生蒙福，遐邇同之，此敝邑之幸也。叙謝之誠，言不能盡。切聞元帥府自班師之後，每常丁寧諸路帥守，應守把兵官吏人等，咸使仰體德意，謹守封疆，不得生事。如此處置㉒，則天下安。六合之外，四海之内，孰不欽服？又聞近日諸處申達，北界人馬，無故侵掠，及謀畫出入，至於收納叛人，强奪鞍馬，又縱羣寇攻掠縣道，殺傷官吏，驅擄人畜，焚毁舍屋，及假裝飾，以草寇爲名，公然犯界，驚擾百姓。遠煩開諭，不勝駭愕。雖是聽聞未及，已蒙矜恕。然邊吏妄作，不遵約束，甚不稱某畏天事大之誠意。已備録所示，付四川宣撫鄭剛中，根刷南來人馬，依數交割與對境州軍，取收管公文，仍令沿邊諸將，不得令人過界劫掠，收接投來人馬。今出榜界上曉諭，庶得疆埸安静，人民樂業，信義敦篤，垂裕無窮。少副來誨，還歸知恩有自，已就報謝使副賫書信布叙。前書所諭陝西地界，亦已別修報書。向寒，切冀倍保鈞重。不宣。」

9 壬寅，大赦天下。制詞曰：「上穹悔禍，副生靈願治之心；大國行仁，遂子道事親之孝。可謂非常之盛事，敢忘莫報之深恩？」其詞給事中直學士院程克俊所草也。

10 癸卯，右承務郎邢孝肅、孝寬並直秘閣。二人皆懿節皇后弟也。

禮部侍郎施坰乞川陝進士赴殿試，得同出身之人，與免銓試。從之。

11 甲辰，詔大金人使下三節人並許於宮門外上下馬。

12 乙巳，少保、尚書左僕射、同中書門下平章事兼樞密使、冀國公秦檜爲太師，封魏國公。是日，檜入朝，至殿門外，上遣幹辦御藥院江諮賜以玉帶，使服之而入。檜辭，上曰：「梓宮歸葬，慈寧就養，皆卿之功也，此未報百分之一，不必辭。」會要在十月十八日進封，誤也。

詔福建官買茶送榷場。上諭輔臣，戒有司即償其直。

金主遣銀青光禄大夫中書侍郎劉筈、奉國上將軍禮部尚書完顏宗表來。丙午，朝見。朱熹撰張浚行狀云：「公去國後，每使至，金主必問公安否。方和議初定，國書中有不得輒更易大臣之語，蓋憚公復用也。」按：紹興講和録有金國主書三，兀朮書七，並無此語。或又别有書，姑附此，當求他書參考。

13 戊申，新玉輅成，上觀於射殿。

詔金國誓書藏内侍省。紹興講和録有誓書。

參知政事王次翁充大金報謝使，德慶軍節度使、提點皇城司錢愐副之。王明清揮麈録稱上欲誅次翁，秦檜令出使等事，已見八月丙寅皇太后渡淮注。

給事中兼侍講兼直學士院、資善堂翊善程克俊充翰林學士。敷文閣待制、提舉萬壽觀兼侍講、資善堂翊善秦梓陞敷文閣直學士、權直學士院。檜言：「臣兄老於翰墨，自聖明所知。今茲除授，非臣敢預。但以臣新被優恩，躐正公槐之位，一門並受寵命，恐盈滿延災，伏望許臣回授與兄進今職名。」不許。

權尚書禮部侍郎施坰充敷文閣待制，提舉江州太平觀。

太常少卿兼實録院檢討王賞權尚書禮部侍郎兼實録院修撰，尋又兼侍講。

秘書郎秦熺試秘省少監。

14 庚戌，引見大金人使。中書侍郎劉筈、禮部尚書完顏宗表既見，命樞密使孟忠厚就驛宴之。筈等丙午日已朝見，此日乃再引見也。熊克小曆於此始書之，蓋誤。紹興講和録有國書。

15 辛亥，上謂大臣曰：「朕戒慈寧殿諸人，凡有闕，毋得白太后，第來白朕。蓋太后年已六十，惟胸中無一事，動作如意，即壽考康寧無窮矣。」

起復檢校少傅、寧國軍節度使、醴泉觀使張中孚開府儀同三司。起復龍神衛四廂都指揮使、清遠軍承宣使、提舉佑神觀張中彥爲靖海軍節度使。二人將北去，故特遷之。

中書舍人兼侍講李易試給事中。

起居郎張擴、起居舍人楊愿並試中書舍人。愿仍兼修玉牒。熊克小曆於此書張擴罷中書舍人，實甚誤矣。擴於此始爲舍人，其罷乃在明年六月。

16 壬子，金國大使劉筈等往上天竺寺焚香，自是以爲例。

進士孔履常特補右迪功郎，以上書可采也。

17 甲寅，詔僞福國長公主李善靜決重杖處死。初，皇太后既還宮，内人楊氏告其詐妄。詔殿中侍御史江邈、大理卿周三畏治之。内侍右武大夫相州觀察使李愕亦自北還，言：「柔福帝姬在五國城適徐還而死。」紹興十一年五月。還父武功大夫榮州團練使中立訴於朝，於是善靜具伏，開封人，少居乾明寺，以試經爲尼。初，爲金人所掠，有内人張喜兒者，言善靜貌似柔福帝姬，即僞稱之。後恐事覺，脱身走河陽，三鬻身於人。同知大宗正事仲的聞而迎之，至鄴陽，復爲劉忠所掠，然後入韓世清軍中。自受封以來，所得俸賜凡爲贓四十八萬緡，法當絞。詔處死。宣政使、明州觀察使、提舉亳州明道宮馮益、宗婦吴心兒坐驗視失實，益除名，送昭州，心兒千里外州，並編管。駙馬都尉常德軍承宣使高世榮所授官仍追奪。初，善靜賜第漾沙坑坡下，驕蹇自恣，積殺婢妾甚衆，皆埋第中。尋以益與皇太后連姻，心兒宗室婦免編管。時世榮父公繪累遷武經大夫、達州刺史、閤門宣贊舍人。世榮後以父任爲承信郎云。熊克小曆載此事於辛丑，蓋誤。今依日曆附此。

奉國軍承宣使、永興軍路經略安撫使、知金州兼樞密院都統制郭浩改金房開達州經略安撫使。

中書舍人楊愿假户部尚書，左武大夫、宣州觀察使、知閤門事何彦良假奉國軍承宣使，賀金主正旦。器幣視生辰之數，自是以爲例。熊克小曆載遣生辰正旦四使在九月丁巳，誤也。生辰使已先見五月乙未，愿等九月丁巳乃降旨借官，克不細考耳。先是，金人求真珠鞁鞁等物，秦檜以誓書不遣泛使，乃諭盱眙軍，令録事參軍孫守信往泗州諭守將周金，令具奏達，俟遣彦良出使附行。此據徐夢莘北盟會編附入。但夢莘以爲秦檜作書與知盱眙軍向子固。按子固今年十二月方除盱眙，或因此移附本月。而皇太后歲遺金主之后禮物，亦以鉅萬計。熊克小曆載此事於二十一年二月，今移附此。

18 乙卯，懿節皇后靈駕發引，顯肅皇后次之，徽宗皇帝又次之。是日，上緦服啓奠、祖奠於龍德宫，吉服還内。

19 丁巳，尚書右司員外郎鄭樸爲起居郎。

禮部員外郎程敦厚爲起居舍人。

直秘閣、夔州路提點刑獄公事何麒試太常少卿。

20 戊午，尚書度支員外郎李椿年爲左司員外郎。

屯田員外郎李若谷守右司員外郎。

校勘記

① 又有欲衝見行法者　「者」，原作「曰」，據叢書本改。

② 胡舜陟奏請以秦資所作生祠詩碑附入　「祠」，原作「詞」，據叢書本改。

③ 緣照得鳳成階祐四州　「成」，原作「城」，叢書本同，逕改。「州」，原作「川」，據叢書本改。

④應淮北人願歸鄉者　「願」，原作「原」，據叢書本改。「原」字前原有「數」字，據叢書本删。
⑤此據費士戣蜀口用兵録增入　「入」，原作「去」，據叢書本改。
⑥已而引年　「年」，原作「之」，據叢書本改。
⑦此事他書皆無之　「事」、「書」二字原互錯簡，據叢書本乙正。
⑧乃益令黨與傾揺國是　「益」，原作「蓋」，據叢書本改。
⑨反使親舊騰播　「使」，原作「視」，據叢書本改。
⑩右宣義郎福建路提點刑獄司幹辦公事趙恬特勒停　「幹」，原作「斡」，據叢書本改。
⑪每謂金銀價值增長　「值」，原作「置」，據叢書本改。
⑫鎮西軍節度使右護軍都統制吴璘與觀察使已上五人同班賀上　「西」，原作「四」，據叢書本改。
⑬又以南官毆擔夫告者　「官」，原作「宫」，據叢書本改。
⑭□□□□□□□　底本原有四庫館臣按語：「原本脱一句。」今改作闕字。
⑮史臣秦熺等曰　此後原有館臣按語：「案：此係秦熺史論，持議偏謬，疑爲後人攙入，今姑存之。」又，原書此史論爲正文，今改作附注。
⑯遣章誼等往北返　「章」，原作「張」，據叢書本改。按：宋史卷二七高宗紀四：「紹興四年春正月，遣章誼等爲金國通問使。」
⑰今歲幣銀帛各二十五萬匹兩　「二」，原作「三」，叢書本同，據前文及宋史卷二九高宗本紀改。

⑱ 張浚吴璘復商秦　「浚」，原作「俊」，據皇朝中興大事記講義改。按：謂張浚復商秦固誤，而謂張俊更誤。蓋浚嘗在西川，而俊守淮，未嘗一至西川也。

⑲ 興成階鳳文龍綿劍利金洋閬西和州大安軍潼川興元府及房州之竹山縣　「成」，原作「城」，據叢書本改。「金」、「洋」、「潼川」，據後文補。四庫館臣之按語：「前後文此注應補入金洋潼川三處。」

⑳ 奉皇太后聖旨　「旨」，原作「后」，據叢書本改。

㉑ 以紹興二十九年十月己巳吴益申明狀修入　「二十」，原作「三年」，據叢書本改。

㉒ 如此處置　「置」，原作「制」，據叢書本改。

建炎以來繫年要録卷一百四十七

1 紹興十有二年冬十月辛酉，起復右奉議郎、添差提舉兩浙路市舶胡彦國候令任滿日令再任，從所請也。

2 壬戌，詔修臨安城。

詔張憲妻子分送封州、程江、興化軍居住。

3 癸亥，右朝請大夫、福建路轉運副使陳敏識主管台州崇道觀，坐昨任江東漕臣，職事廢弛，專務迎合應副，縻費官錢故也。

徽猷閣待制、提舉江州太平觀陳公輔卒。

5 甲子，吴國長公主乞爲其子潘長卿、粹卿落階官。上謂宰執曰：「合落階官。此趙鼎之失，凡事須得中乃可行。鼎以魯國大長公主子爲使相，似太過。吴國長公主之子不落階官，似不及。朕嘗問之，鼎乃以錢、潘二家子弟賢否爲對，此其失也。」既而秦魯國大長公主復援粹卿例①，乞除其子錢愷正任，上亦許之。言者以爲互相扳援，非先朝舊制，命遂寢。錢愷事在十一月乙未。

6 乙丑，上謂大臣曰：「天下幸已無事，惟慮士大夫妄作議論，擾朝廷耳。治天下當以清浄爲本，若各安分不擾，朕之志也。」

詔中外臣民，自今月丙寅後，並許用樂。初，梓宫未還，故輟樂以待迎奉。至是，太母還宫，將講上壽之禮，故舉行焉。

秘書省校書郎何若守監察御史。

7 丙寅，權攢徽宗皇帝、顯肅皇后於會稽之永固陵。懿節皇后祔陵在昭慈聖獻皇后攢宫西北五十步。周地二百二十畝，并林木爲錢三千八百緡有奇。其後昭慈、永祐二攢宫歲用祠祭錢八千四百餘緡，修繕錢五千緡，悉以紹興府當輸内帑錢供其費②。

右諫議大夫羅汝檝言：「比者王庶有道州之敗，而通判州事孫行儉鼎新行衙，爲庶安泊之所。郡守慮其累己，止之不從，其無忌憚甚矣。望將行儉罷斥，仍令庶不得占行衙居止，庶以平一方嗟怨之氣。」詔行儉送吏部，與廣南監當差遣，餘如奏，而庶死久矣。汝檝所言，蓋守臣田如鼇發之。胡銓跋戒諭和議詔書，稱春陵守臣如鼇劾樞密王公庶。蓋指此也。

8 辛未，右承事郎監潭州南嶽廟賜緋魚袋劉堯佐、堯仁、正平並直秘閣，主管台州崇觀道。三人，光世子若孫也。光世以皇太后還宫，自永嘉力疾入見，故有是命。

9 乙亥，翰林學士兼侍講、資善堂翊善程克俊充端明殿學士、簽書樞密院事。秦檜之除太師也，克俊草其制詞，有曰：「廟算無遺，固衆人之所不識；征車遠狩，惟君子以爲必歸。」檜大喜之。

詔川陝宣撫司都統制楊政③，令本司津遣赴行在奏事。

10 丙子，尚書刑部侍郎周聿罷。以言者論聿頃被命出使，託疾遲留故也。

權尚書禮部侍郎兼侍讀兼實録院修撰王賞兼權直學士院。

御史臺主簿李澗爲監察御史。

資政殿學士、提舉醴泉觀兼侍讀鄭億年充資政殿大學士，提舉臨安府洞霄宮，從所請也。仍賜田二十頃，恩數視執政。時中書舍人楊愿出使，秦檜因以寧國軍節度使開府儀同三司張中孚、靖海軍節度使張忠彦還金國。此據徐夢莘北盟會編。凡士大夫北留者，家屬悉遣，此據宇文虚中行狀。惟億年得留焉。

11 丁丑，太師、尚書左僕射、魏國公秦檜進封秦魏國公，用蔡京故事也。檜辭不拜。

太傅、樞密使、廣國公張俊進封益國公。

12 戊寅，追封皇太后曾祖贈太師惠王韋舜臣爲廣王，祖贈太師德王子華爲福王，父贈太師魯王安禮爲兖王，母秦越國夫人宋氏爲陳魯國夫人。

詔成都府路轉運司收買川錦二十萬緡，潼川府路轉運司收買青絲樗蒱綾三十萬緡，準備禮物使用。

右武大夫、相州觀察使李愕等四十四人推恩有差，以扶護梓宫，萬里勤瘁故也。

庚辰，左朝奉大夫、提舉江州太平觀何鑄責授左朝奉郎、秘書少監，徽州居住。時殿中侍御史兼權侍御史江邈論鑄之罪，謂：「鑄日延過客，密議朝政，以欲緩岳飛之死。上誣聖政，以破和議爲能。以孫近、李光、范同之論爲是，而又以己在言路，未嘗論列數人之罪爲賢。嗚呼，岳飛反狀，中外共知，而可緩其死乎？和議爲今日明效大驗如此，嚮使陛下持論不堅，無一德之臣可以倚仗，而爲鑄等數人之所揺，則和議決不復講，而陛下豈復有色養之懽乎？伏望將鑄遠竄遐荒，使與同惡之人均其廢放。」故有是命。起居舍人、權中書舍人程敦厚草責詞④，極其醜詆，至有「家本書佐，行同穿窬」之語云。

詔諸路常平使見賣官田，並令見佃人增租三分。如不願增者，許人劃佃。後詔轉運提刑司官田亦如之。後詔在十二年二月辛酉。二十一年九月戊戌所書可考。

13 辛巳，起居舍人程敦厚兼侍講。

直秘閣、淮南東路轉運判官紀交陞直敷文閣，知楚州。

省鎮江府沿江安撫司。熊克小曆在庚辰⑤，蓋誤。

詔：「廣西欽、廉、雷、高、化州所産鹽，並令官賣。内欽州所收錢⑥，赴鄂州軍前交納。」先是有旨，罷二廣官賣鹽。後又詔廣西鹽八分客販，二分官賣充漕計。至是，欽州鹹土生發，歲産鹽三十餘萬斤，論者以爲商人不通，請復官賣，許之。而廣東轉運判官范正國代還，亦言本路上供及經費，皆仰賣鹽息錢，客鈔既行，遂或闕乏。望令本路軍屯駐軍馬去處，許依客人買鈔請鹽，各就本州出賣，所得息錢，專充軍費，庶免上煩朝廷應副，實爲利便。不從。正國奏請在十三年四月辛酉。

14 壬午，太傅、醴泉觀使、福國公韓世忠進封潭國公、太保、萬壽觀使。雍國公劉光世改封楊國公。工部員外郎蓋諒罷，以潼川路漕司言其奉使川陝，所至輒受供饋故也。

直徽猷閣、知撫州張洸移知永州。

詔非泛假日，令百司諸路休務如舊。以權禮部侍郎王賞等言，今來邊事平息故也。

15 癸未，秘書少監秦熺兼崇政殿説書。

詔車輅院復置官吏。

16 甲申，皇太后生辰，燕於慈寧宮，始用樂上壽。

丙戌，右朝奉大夫、荆湖北路轉運判官榮薿爲成都府路轉運判官。紹興十一年九月癸卯注，王明清所云秦檜深恨薿，屢欲加害事，恐可修潤附此。

故内殿崇班李從約特贈武翼大夫，故妻永嘉縣君劉氏追封安人，以皇太后初因從約入宮故也。

17 丁亥，敷文閣直學士、提舉萬壽觀兼侍講、直學士院、資善堂翊善秦梓陞兼侍讀。

右武郎、幹辦御輦院吳益帶御器械。

詔福建專置提舉茶事官一員，置司建州。先是，建州歲貢片茶二十餘萬斤。省額凡二十一萬一千斤。葉濃之亂，園丁亡散，遂罷之，建炎二年。以市舶官兼茶事。上祀明堂於臨安，始命市五萬斤爲大禮費。紹興四年。已而都督府請如舊額，發赴建康，召商人持往淮北，檢察福建財用章傑以片茶難市，請市米茶，許之。轉運司言其不經久，乃止。既而官給長引，許商販渡淮及興榷場，遂取臘茶爲榷茶本。今年六月。尋禁私販，官盡榷之。上京之餘，許通商，官收息三倍。今年九月。及是，將鬻建茶於臨安，始別置提舉官，專一買發⑦。

是月，川陝宣撫副使鄭剛中自河池移司利州。舊宣撫司率居綿、閬之間，及胡世將代吴玠，就居河池，然饋餉不繼，人以爲病。至是已罷兵，剛中乃還居益昌以省費。既而剛中欲移屯一軍，都統制楊政不從。剛中呼政語曰：「宣撫欲移軍，而都統制不肯，剛中雖書生，不畏死也。」聲色俱厲，政即日聽命。

1 十有一月己丑朔，檢校少傅、崇信軍節度使、萬壽觀使張浚以赦恩封和國公。時浚寓居長沙⑧，益屋六十楹，以奉其母。万俟卨爲中執法，論浚卜宅踰侈，至擬五鳳建樓。秦檜白，遣屯田員外郎吴秉信以事至京湖，有所按檢。庚寅，詔特引對。秉信造浚，見其所居不過中人常産可辦，反以檜意密告之⑨，歸而奏其實，事遂寢。日曆：十一月庚寅，有旨吴秉信令閤門引見上殿。甲午，屯田員外郎吴秉信前去京西等路幹辦公事，引見進對，不知何事也。朱熹撰張浚行狀云：「檜既外交仇讎，罔上自肆，惡嫉正論，諱言兵事，自以爲時已太平，日爲浮文侈靡，愚弄天下，獨忌公甚。中丞万俟卨希檜旨，論卜宅僭擬，至倣五鳳建樓。上不以爲然，檜遣朝士吴秉信以使事至湖南，有所按驗，且以官爵誘之。秉信造公，見其居不過中人常産可辦，不覺歎息，反密以檜意告公而歸，且奏其實。檜黜秉信。」按日曆，秉信今年十二月己未遷密院檢詳，此時使尚未回，所謂以官爵誘之者是也。然秉信十四年二月除右司員外郎，其制詞云：「庀官樞省之聯，按視湘潭之境。勤勞靡憚，詳練有聞。」後一十餘日，又遷起居舍人，則非使還即被黜矣。其年五月，樓炤罷，言者指秉信爲炤黨，罷右史知江州，不知熹何以云爾⑩，且附此，更須詳考。

龍神衛四廂都指揮使、平海軍承宣使、兩浙東路馬步軍副都總管藺整卒。

2 辛卯，詔自今宰執初除及轉廳，銀帛並全賜。

敷文閣直學士、知臨安府俞俟提舉江州太平觀，從所請也。

3 壬申，左中大夫參知政事万俟卨、資政殿大學士左朝奉郎提舉臨安府洞霄宮鄭億年並進秩二等。昭宣使、吉州防禦使、入内内侍省都知宋唐卿爲宣政使、福州觀察使，以按行、覆按攢宫故也。二司官官屬四十有二人，各進官一等。選人無資可循人，改合入官。

集英殿修撰、兩浙路計度轉運使王㬇陞敷文閣待制，知臨安府。

太師秦檜故母秦國夫人王氏追封秦魏國夫人，以檜辭兩國之封，乞回授也。

左朝散郎黄達如言：「太后回鑾，梓宫還闕，兹爲盛事，望宣副史館，仍令詞臣作爲歌詩，薦之郊廟，然後褒功罰罪，大明黜陟。將前日異論沮論者，明正典刑。其力主和議者，重加旌賞。庶上慰徽宗、二后在天之靈，少紓太母留滯抑鬱不平之氣。」詔禮部侍郎兼實録修撰王賞編修付史館⑪。達如，建陽人。嘗知南雄州，以贓罪，爲提點坑冶官韓球所按，代還奏事，乃上此奏焉。（熊克小曆以達如爲左朝奉大夫，蓋誤。）

直敷文閣兩浙轉運副使張匯、直秘閣兩浙西路提點刑獄公事張叔獻各進職一等。右宣教郎兩浙東路提點刑獄公事吕用中、右朝請郎提舉兩浙東路茶鹽公事王鈇並直秘閣，以孟忠厚言應辦無闕故也。於是，總護、頓遞二使官屬皆遷官有差。

4 癸巳，太傅、樞密使、益國公張俊爲鎮洮寧武奉寧軍節度使，充醴泉觀使，奉朝請，進封清河郡王。初，太師秦檜與俊同主和議，約盡罷諸將，獨以兵權歸俊，故俊力助其謀。及諸將已罷，而俊居位歲餘，無請去之意，檜乃令殿中侍御史江邈論其罪。邈言俊據清河坊，以應讖兆，占承天寺，以爲宅基。大男楊存中握兵於行在，小男田師中擁兵於上流。他日變生，禍不可測。上曰：「俊有復辟功，無謀反之事，皆不可言。」會樞密使孟忠厚竣事還朝，而邈又言俊之過，俊乃求去位，遂有是命。熊克小曆稱侍御史江邈數言俊之過。蓋承林泉野記之誤。邈此時第以殿中權侍御史，邈劾俊語，據趙甡之遺史增入，當求全章書之。

尚書户部侍郎張澄權本部尚書。熊克小曆依本部題名繫之去年十一月，而於此月己亥又書之，蓋重疊差誤。

左司員外郎李椿年言：「經界不正十害。一侵耕失税，二推割不行，三衙前坊場户虚供抵當[12]，四鄉司走弄税名，五詭名寄産，六兵火後税籍不信，争訟日起，七倚閣不實，八州縣隱賦多，公私俱困，九豪猾户自陳税籍不實，十逃田税偏重，故税不行。」且言：「臣聞平江歲入昔七十萬斛有奇，今按其籍，雖三十九萬餘，然實入二十萬耳。詢之土人，其餘皆欺隱也。望考按覈實[13]，自平江始，然後行之天下，則經界正而仁政行矣。」上謂宰執曰：「椿年之論，頗有條理。」秦檜曰：「其説簡易可行。」程克俊曰：「比年百姓避役，正緣經界不正。若行之，誠公私之久利也。」乃詔專委椿年措置。椿年請先往平江諸縣，俟其就緒，即往諸州，要在均平，爲民除害，更不增税額。從之。熊克小曆於此書兩浙轉運副使李椿年言云云，蓋李椿年實自都司上此奏，乃除浙漕爾。

5 甲午，三省行首司言：「秦檜依舊魏國公，緣係三公，合行鎖院降制。」詔止令尚書省給降敕命，其告更不別給。

左朝散郎黄達如爲監察御史。

尚書左司員外郎李椿年直顯謨閣，爲兩浙路轉運副使。

6 乙未，檢校少保、保成軍節度使、開府儀同三司兼領殿前都指揮使職事楊存中爲少保，録復土之勞也。

國朝故事，未有以保傅爲管軍者，論者惜之。

侍衛親軍軍馬都虞候、保順軍承宣使、鎮江府駐劄御前諸軍都統制解元爲保信軍節度使，録迎扈之勞也。元不及拜而卒。

詔孟庾家屬移信州居住。

7 丁酉，左朝散大夫、直秘閣、知盱眙軍沈詔貶秩一等，坐擅報北牒故也。詔尋以憂去。

8 戊戌，進士出身趙公傳特補左修職郎，以公傳援紹興八年彦端例有請也。自是遂爲故事。

9 己亥，詔太學養士，權於臨安府學措置增展。先是，言者屢請復太學以養人才，上以戎事未暇。至是，謂宰執曰：「太學教化之源，宜復祖宗舊法。」程克俊曰：「東晉設學於鼎沸之中，今兵息矣，興學正其時也。」秦檜曰：「久有此議，今當舉行之。」乃命禮部討論取旨。

言者請申嚴貶謫人不得輒入國門之禁，令御史臺常切覺察按劾。從之。

詔皇太后回鑾，士人曾經奉迎起居及獻賦頌等文理可采者，令後省看詳，申省取旨。時獻賦頌者千餘人，而文理可採者僅四百人。大理正吳㮚頌曰：「輔臣稽首，對揚聖志。惟斷乃成，願破羣異。」有司奏爲第一，左承議郎、知真州張昌次之。詔有官人進一官，進士免文解一次。於是，吳縣范成大亦在數中。㮚，江寧人。成大，雩子也。

10 庚子，命內侍王晉錫作崇政、垂拱二殿。時言者請復朔日視朝之禮，而行宮止一殿，故改作焉。崇政以故射殿爲之，朔望則權置帳門，以爲文德、紫宸殿。按射則以爲選德，策士則以爲集英。垂拱以故内諸司地爲之，在皇城司北。

11 辛丑，言者論：「陛下斥遠姦邪，與腹心之臣一德，以定大計。大功巍巍，超冠古昔。臣愚慮前日不得志之徒，未即丕變，作爲不靖，有害治功。伏望屏置遠方，終身不齒。」詔榜朝堂。

敷文閣待制、知鎮江府劉子羽提舉江州太平觀，以右諫議大夫羅汝檝論其專任私意，變亂是非也。先是，子羽言：「和好本非久遠計，宜及閒暇時修城壘，厲器械，備舟檝，以俟時變。」秦檜始以復職非出己意，不悦。至是益怒，諷汝檝論其罪，遂罷歸。

和衆輔國功臣、太保、護國鎮安保静軍節度使、充萬壽觀使楊國公劉光世薨於行在，年五十四。詔贈太師，輟視朝二日，贈銀帛二千匹兩，子孫甥侄進官者十四人。又命幹辦内東門使李存約主葬事⑭，上臨奠，謚武僖。光世疾革，援例乞免其家差徭科斂，上亦許之。中書舍人張擴持不可，乃止。光世早貴，其爲大將，御軍姑息，無興復志，論者以此咎之。光世乾道八年追封安城郡王，開僖元年又封鄜王。熊克小曆載光世薨在今年正月，蓋林泉野記之誤，而克又因之。

12 壬寅，秦魯國大長公主薨於行在，年八十六。公主上曾祖姑也。故事，舉哀成服，時以具慶之朝，故不講，但輟五日朝，謚曰賢穆。紹興二十九年閏六月己卯加「明懿」二字。

13 丙午，詔：「責授清遠軍節度副使趙鼎、責授嚮德軍節度副使王庶，今赦更不檢舉。寶文閣待制提舉亳州明道宮曾開、徽猷閣直學士提舉江州太平觀李彌遜並落職。」先一日，右諫議大夫羅汝楫入對，言：「陛下近可臣僚之奏，以前日異論者，明正典刑，此誠今日先務。然方和議之初，譏謗紛然，往往出於庸愚無知，不足深誅。其間懷姦以害成，挾衆以求勝者，在宰執則趙鼎、王庶，在侍從則曾開、李彌遜。是四人者，同心併力，鼓率其黨，必欲力沮是事而後已，是宜明正其罪可也。然開與彌遜尚以美職食祠官之禄，失刑爲甚。伏望特加貶斥，以快公論。鼎、庶見在謫籍，依近降赦文，恐合量移，乞免別行竄徙，姑令有司勿復檢舉。」故有是命。權中書舍人程敦厚草制曰：「方同惡而相濟，肯信君子以爲必歸？逮寧親而解憂，是宜國人皆曰可殺。」時庶已死，而秦檜未知也。

協忠大夫、宣州觀察使、御前統制趙密落階官，爲龍神衛四廂都指揮使，主管侍衛步軍司公事。密，張俊愛將也，俊薦用之。

徽猷閣待制致仕尹焞卒於紹興府，年七十二。上知其貧，特賜錢三百緡。

捧日天武四廂都指揮使、昭信軍承宣使王勝爲鎮江府駐劄御前諸軍都統制。初，張俊在行府，以事憾勝，責送建康軍中自效。時王德權管軍事，俊謂德與勝素不協，必殺之。德見之喜曰：「我爲王夜叉，汝爲王黑龍，非我二人，誰可相親者？」乃厚待之。俊罷樞密，勝潛至行在見韓世忠，會解元卒，遂有是命。王勝除月，日曆不載。徐夢莘所編在此月，故於解元致仕日書之。夢莘又云：「勝潛至行在見韓世忠，世忠藏於家。一日，世忠具筵會⑮，召醫師王繼先飲燕，酒行，世忠出勝拜繼先爲父。繼先見上言勝可大用，遂有都統制之命。」

14丁未，德慶軍節度使、提點皇城司充大金報謝副使錢愐特起復⑯。秘書省正字范雩爲校書郎兼玉牒所檢討官。初除檢討官也。

左承事郎陳誠之爲秘書省正字。舊制，廷試第一人歷任回，始得館職。至是，秦熺已爲秘書少監，故誠之亦有是除。熊克小曆載此事於十三年二月，蓋據本省題名也。然題名乃以供職日爲始，非初除之日，克小誤。

15戊申，右宣教郎王會幹辦行在諸軍糧料院。會，晦弟也。

16庚戌，少保、樞密使、信安郡王孟忠厚罷爲少傅、鎮潼軍節度使，判福州。忠厚使山陵還，言者引故事論列，而有是命。王明清揮麈後録云：「元符末，章子厚爲永泰山陵使，子厚專權之久，人情鬱陶。有曾誕敷文者，作詞略云：『草草山陵職事，厭厭罷相情懷。』謂故事也。紹興間，會稽因秦會之爲固位之計，乃除孟仁仲爲樞密使，以代其行。仁仲不悟其機，事竣猶入國門，會之怒，諷言路引以論列，出典金陵。」

左承事郎張戒時勒停。右諫議大夫羅汝楫論：「異議之人，尚有偶逃憲網者，張戒是也。按戒最爲趙鼎所厚，鼎既深詆和議，戒巧相迎奉。苟可以沮是事者，無不爲也。未幾，鼎罷相，陛下灼見其姦，亟行罷黜，遂往依岳飛於江夏，則其趨操可知。」故黜之。

1十有二月己未朔，上謂宰執曰：「秦熺論唐文皇之文華，漢文帝之文實。」程克俊曰：「聖人之文，與衆人異。陛下聖學高妙，施行治具，得斯文之傳矣。」秦檜曰：「堯稱文思，舜稱文明，禹稱文命，而周文王世世相傳，止於此。」上曰然。

給事中兼侍講李易充敷文閣待制，提舉江州太平觀，以疾自請也。

司農卿、總領淮東軍馬錢糧胡紡罷。右諫議大夫羅汝檝論：「紡頃守江陰日，奴事董旼等三人，因得韓世忠幕下幹辦，見世忠被召爲樞密，乃發數人之私。」殿中侍御史江邈亦按論：「紡奴事大帥官屬，賴以爲地。他日事異，又極力擠之，不啻仇讎。」故罷。汝檝所云，蓋旼與温濟、耿著也。

樞密院檢詳諸房文字王師心爲尚書右司郎中。尚書屯田員外郎吴秉信爲樞密院檢詳諸房文字。秉信使京湖未還也。

將作少監米友仁爲尚書屯田員外郎。友仁，芾子也。芾，淮陽人，嘗爲禮部員外郎。上愛芾書蹟，嘗刻石爲十卷。友仁浮沉州縣數十年，紹興以後纔被除擢焉。此據曾慥百家詩選引。

2 庚申，右奉議郎、直秘閣方滋落職，以言者論：「滋頃因常同爲中丞日，密薦之於趙鼎，遂得書局。自爲秀守，凡遇遷客，必欵延厚遇，以結其他日復用之懽。」故也。

鄉貢進士董自任永免文解，充太學録。自任，永豐人，獻所著春秋總鑑於朝。起居舍人程敦厚言：「其論盟於宋、暨齊平之類，皆得聖人之遺意，有出於先儒之表者。」故録之。

3 辛酉，言者乞復武舉。詔送兵部。

太府寺丞向子固直秘閣，知盱眙軍，措置榷場。後二日，賜子固三品服。

童子張巖叟九歲，其弟巖卿七歲，能誦書，詔並免解一次，仍以束帛賜之。

4 癸亥，權工部尚書莫將充敷文閣學士⑰，知明州。

5 甲子，上曰：「朕以財賦養天下士大夫，以天下公器處天下士大夫，要使人盡心職業，朕何愛爵禄哉？」

6 丙寅，上常服奏魯國大長公主第臨奠，詔子孫皆進官一等。孫四人，曾孫三人，元孫一人，並補京官。仍令台州應副葬事。

7 己巳，監察御史黄達如爲尚書吏部員外郎。時江浙等路都大提點坑冶鑄錢韓球奏達如贓狀明白，錢物數多，詔處州取勘。是月辛酉。達如辨數不已，乃有是命。

8 庚午，禮部乞太學養士，權以三百人爲額。上曰：「太學師儒之官，雖選經術，當先德行。要使士子化之，以厚風俗。」

太常博士劉燦乞隨宜修剏禖壇。事下禮部，後築於臨安府城之東南。

少傅、新判福州、信安郡王孟忠厚與觀文殿學士、江南東路安撫制置大使、知建康府葉夢得兩易。時海寇朱明連歲作亂，環閩八郡皆被其毒。乃詔夢得挾御前將士，便道之鎮。

詔福州故相余深家所藏監書，令憲臣説諭投進，取旨推恩。

明州言：「州民楊慶，紹聖中六次取肝割乳以療父母。」詔旌表門閭。

9 辛未，武顯大夫、江南西路兵馬鈐轄劉光時知利州。酈瓊之叛也，光時爲所劫以去，劉豫用爲大名府副總管，以復疆得歸。

10 壬申，太師秦檜等上重修六曹寺監通用敕令格四十七卷，申明六卷，看詳四百十卷。詔頒行之。

11 癸酉，龍神衛四廂都指揮使、護國軍承宣使、御前統制兼樞密院都統制李顯忠爲保信軍節度使，兩浙東路馬步軍副都總管。顯忠在池州，引疾求去，故有是命。顯忠時年三十有二。

侍衛親軍步軍都虞候、安遠軍承宣使、建康府駐劄御前選鋒軍統制王進爲池州太平州駐劄御前諸軍都統制，代李顯忠也。進爲都統制，不恤士卒，惟厚結王繼先及諸内侍，士卒皆不喜之。此據徐夢莘所編附入。

12 乙亥，將仕郎毛公亮獻徽宗皇帝御書百軸，詔小璽宸翰，皆人僞爲之，可令大理寺根治。

景福殿使、奉國軍承宣使、入内内侍省押班邵諤爲延福宫使，宣政使、德慶軍承宣使、入内内侍省押班衛茂實爲宣慶使，皆以都亭驛成推恩也⑱。

13 丙子，左朝請大夫、主管台州崇道觀熊彦詩知永州。彦詩坐趙鼎客，閒廢累年。及是，秦檜除太師，彦詩以啓賀之，有曰：「大風動地，不移存趙之心；白刃在前⑲，獨奮安劉之策。」檜喜，由是稍復録用。

14 己卯，太傅、醴泉觀使、潭國公韓世忠奏：「先蒙賜到田土并私家所置良田，歲百數萬石，願以三年所收之數，獻納朝廷，以助軍儲。」不許。上謂秦檜曰：「唐藩鎮跋扈，蓋由制之不早，遂至養成。今兵權歸朝廷，朕要易將帥，承命奉行，與差文臣無異也。」

端明殿學士、川陜宣撫副使鄭剛中言：「陜西買馬，見今止是宕昌一處，茶馬司見差官在彼買發。秦茶司自復置以來，未嘗一到，誠爲虚設。欲併入川司管幹，所有官吏並隨司減罷。」從之。

敷文閣待制、提舉江州太平觀李易卒於秀州。訃聞，詔本州賜錢三百緡。

15 庚辰，大理卿周三畏權尚書刑部侍郎。

左奉議郎高閌守國子司業，左從事郎闕注爲太學正，始除學官也。閌坐趙鼎客久廢，至是再用之。上覽除目曰：「朕一無所好，惟閲書作字，自然無勌。尚書、史記、孟子俱寫畢，尚書寫兩過，左傳亦節一本。」注，錢塘人也。

直秘閣、新通判湖州秦棣充集英殿修撰，知湖州。

16 壬午，詔：「宿衛親兵非祖宗法，可罷。內有三路人，並改刺充皇城司親從親事官。」

17 癸未，以太師秦檜生辰，錫宴於其第。檜辭，不許。自是歲爲例。

徽猷閣待制、知静江府胡舜陟提舉江州太平觀。先是，降授武顯大夫、吉州防禦使、知邕州俞儋以贓爲廣西轉運副使吕源所按，事連舜陟，故舜陟乞祠也。

18 甲申，尚書兵部侍郎兼侍讀程瑀兼資善堂翊善。

19 丁亥，詔韸官以千人爲額。

是歲，宗室賜名授官者二十四人，諸路斷大辟二十四人。

河決濟州，惟金鄉縣獨存。金人移州治縣。此據洪邁夷堅乙志附見。乙志又載風捲金鄉縣事甚怪，今不盡載之。

初，陜西連歲不雨，至是，涇、渭、灞、滻皆竭，五穀焦槁，秦民無以食，争西入蜀。川陜宣撫副使鄭剛中以誓書所禁，不敢納，皆散去餓死。其壯者北人多買爲奴婢，郡邑蕩然矣。此據洪邁夷堅乙志。

校勘記

①既而秦魯國大長公主復援粹卿例　「秦」，原作「奏」，據叢書本改。按宋史卷二四八公主傳，秦魯國大長公主爲仁宗第十女，靖康初改封秦魯國大長公主。
②悉以紹興府當輸内帑錢供其費　「帑」，原作「幣」，據叢書本改。
③詔川陜宣撫司都統制楊政　「川陜」，原作「川省」，據叢書本改。
④起居舍人權中書舍人程敦厚草責詞　「居」，原作「官」，據叢書本改。
⑤熊克小暦在庚辰　「在」，原作「行」，據叢書本改。
⑥内欽州所收錢　「欽」，原作「鎮」，據叢書本改。
⑦專一買發　「發」，原作「法」，據叢書本改。
⑧時浚寓居長沙　「浚」，原作「政」，據叢書本改。
⑨反以檜意密告之　「告」，原作「先」，據叢書本改。
⑩不知熹何以云爾　「熹」，原作「僖」，據前文及叢書本改。
⑪詔禮部侍郎兼實録修撰王賞編修付史館　「付」，原作「副」，據叢書本改。
⑫三衙前坊場户虚供抵當　「虚」，原作「費」，據皇朝中興繫年要録節要改。

⑬ 望考按覈實 「望」，原作「皇」，據叢書本改。

⑭ 又命幹辦内東門使李存約主葬事 「命」，原作「東」，據叢書本改。

⑮ 世忠具筵會 「世忠」，原作「世宗」，據叢書本改。

⑯ 提點皇城司充大金報謝副使錢愐特起復 「充」，原作「先」，據叢書本改。

⑰ 權工部尚書莫將充敷文閣學士 「士」，原作「去」，據叢書本改。

⑱ 皆以都亭驛成推恩故也 「都」，原作「郡」，據叢書本改。

⑲ 白刃在前 「白」，原作「獨」，據叢書本及本書卷一六一、一六六改。

建炎以來繫年要録卷一百四十八

1 紹興十有三年歲次癸亥。金熙宗亶皇統三年。春正月己丑朔，上不受朝，詣慈寧殿賀皇太后。太師秦檜率百官詣文德殿拜表稱賀，遥拜淵聖皇帝於行宫北門。

2 癸巳，太傅、醴泉觀使、潭國公韓世忠請以其私産及上所賜田統計從來未輸之税，併歸之官。從之。仍賜詔奬諭。

3 戊戌，上蔬食齋於常御殿①，遣太師秦檜册加徽宗謚曰體神合道駿烈遜功聖文仁德憲慈顯孝皇帝。

4 己亥，上親饗太廟。秦檜爲大禮使，簽書樞密院事程克俊爲禮儀使，普安郡王亞獻，皇叔光州觀察使士街爲終獻。士街，儀恭孝王子也。是日平旦，上自宫乘玉輅，秘書少監秦熺執綏，大臣兩省監察御史、武臣正刺史以上，朝服分左右騎道，禮畢，鈞容直作樂，導駕還宫。

5 辛丑，立春節，學士院始進貼子詞，百官賜春幡勝。自建炎以來久廢，至是始復之。

6 壬寅，徽猷閣直學士致仕廖剛卒，年七十四②。

7 癸卯，太師秦檜等上表，請立中宫，詔答不允。熊克小曆在壬寅，蓋誤。詔：「度牒並權住給降③。諸路已降未賣者，拘收繳尚書省。」

户部尚書張澄、入内内侍省都知邵諤並進秩一等④，以車輅仗衛畢工故也。

臨安府言獄空，詔奬之。

詔以錢塘縣西岳飛宅爲國子監太學。舊太學七十七齋，今爲齋十有二，曰禔身、服膺、守約、習是、允蹈、存心、持志、養正、誠意、率履、循理、時中。高閌擬齋名，在二月乙酉，今併書之。

8 乙巳，詔保信軍節度使、兩浙東路馬步軍副都總管李顯忠今任俸給，特免減借。從所請也。

9 丙午，權禮部侍郎兼實録院修撰王賞言：「皇帝親饗太廟，聖孝格天。前數日，陰雲欲雪，至日澄霽，伏望宣付史館，以昭聖孝。」從之。

左奉議郎、提舉台州崇道觀李誼復秘閣修撰，知廬州。

左朝散大夫許中復直秘閣，知揚州。直徽猷閣、知揚州陳兖移知潭州。

集英殿修撰、新知湖州秦棣乞：「前後御書經史，並以墨本頒賜諸州學宮。」從之。

10 丁未，安吉縣布衣談庚言：「本邑去秋有圓瓜並蒂，合而爲一，此實皇帝孝治天下，故見祥瑞，以昭天意。」詔勿受，自今有似此投獻者，皆却之。

武功大夫、吉州刺史、閤門宣贊舍人、鄂州駐劄御前捷勝軍副將楊浩除名，昭州編管。浩，岳飛部曲，坐謗訕朝政，及私令人上書詐不實也。

11 己酉，上謂宰執曰：「朕不畏多事。事若多，必入思慮。大抵無事則怠忽易生，不可不戒。」於是秦檜等贊聖謨宏遠，天下幸甚。又曰：「此所謂敕天之命。」上大喜⑤。

殿中侍御史江邈權尚書吏部侍郎。

詔大理寺丞袁柟、燕仰之往静江府，推劾徽猷閣待制、提舉江州太平觀胡舜陟不法事以聞。先是，舜陟帥廣西，因奉詔討郴賊駱科餘黨，以饋餉不繼，與轉運副使吕源有隙，舜陟劾源沮軍事。時有府吏徐竽者，因獲罪舜陟，杖而逐之。竽乃陰求舜陟過失，得其邕州買馬折閲事，以告源。源即奏：「舜陟因生日受知邕州俞儋百金，又盜官馬八百餘匹，贜污僭擬，傲慢不恭。萬一別生不測，爲患不輕。」又以書抵秦檜，言舜陟非笑朝政。檜素惡舜陟，入其説，遂奏遣柟等雜治。仰之，瑛子也。瑛，青州人。宣和户部尚書。

直秘閣、新知邛州宇文彬勒停，以言者論其夙負，故有是命。

監文思院何幾先罷。言者論：「席益之守平江府，幾先出入其門。是時，同朝大臣，協心體國，力佐恢復之勳，而益嘗受知吕頤浩，幾先傅會其意。屬頤浩被命按閲江上屯營，經由平江，幾先乘此設爲秘計，勸益力説頤浩，此行非策，當有擠公於後者。頤浩大以益説爲然，於是托疾於常，不復前進。是時朝論由是不復和一，實自幾先發之。今近居轂下，安知其不包藏禍心，密籌詭計，以俟投隙而發？」故有是命。

12 辛亥，監察御史李文會守殿中侍御史。

13 丁巳，興寧軍承宣使張子蓋爲兩浙西路馬步軍副都總管。初，張俊之薦王德代掌其軍也，德以子蓋及俊親將馬立、顧暉爲軍中統制。及俊罷樞柄，德乃不禮子蓋等而罷之，故有是命。俊與德始有隙。

14 戊午，右迪功郎、監潭州南嶽廟畢良史獻春秋正辭二十卷，是書良史在汴都所著也。奏入，詔右諫議大夫兼侍講羅汝楫、國子司業高閌看詳來上，遂特改京官。趙甡之遺史云：「良史初補文學，既得三京地，東京留守司俾權知東明縣，良史乃搜求京城亂後遺棄古器、書畫，買而藏之。會金人敗盟，良史無所用心，乃教學講春秋。及復得還，遂盡載所有骨董而至行在。上大喜，於是以解春秋改京秩。自此人號良史爲畢骨董。」

1 二月己未朔，詔自今宰執轉官加恩，正謝日衣帶鞍馬並依格全賜，更不減半。

2 庚申，國子司業高閌特引對。閌言：「陛下復興太學，凡養士取士之法，當取聖裁。」上曰：「自有祖宗成法。」閌曰：「有慶曆、元祐、紹聖、崇寧法，有司未知適從。若出於聖裁，則行之乃久。」閌又奏：「舊太學辟雍皆有御書，今亦乞建閣以藏御書。仍願特灑宸翰，加惠多士。」上許之。閌又奏：「有一事最先，經術是也。」上曰：「經不易通，士習詩賦已久，遽能使之通經乎？」閌曰：「先王設太學之意，惟講經術而已。」上曰：「近侍讀官程瑀亦論經術。」閌曰：「國初猶循唐制，用詩賦。神宗始以經術造士，遂罷詩賦。又慮不足以盡人材，乃設詞學一科，試以雜文。」上曰：「詩賦亦雜文也。」閌曰：「取士以經義爲主，不過三場。後加詩賦爲四場，不能無礙。今欲經義第一，詩賦第二，論策各一第三。」上可之。

3 辛酉，太師秦檜等三上表，乞選正中宮。詔俟懿節皇后撤几筵日取旨。

4 太師、尚書左僕射秦檜以進書恩再封秦魏國公⑥，檜不受。

5 壬戌，上初御前殿，特引四參官起居。自建炎以來，始有此禮。

6 癸亥，上曰：「近代獻書者，時有怪誕祥瑞之説，此興訛之漸，不可長也。前代往往喜聞圖讖，朕所不取。」

7 乙丑，更名永固陵曰永祐⑦。先是有旨，從官同議定。自是，權户部尚書張澄等言：「永祐二字不犯歷代陵名。」從之。此似因王銍建言，已見紹興九年二月。

殿中侍御史李文會入對。文會以朝廷方守和議，不言兵，乃奏仁義之説曰：「陛下至孝格天，文德來遠。慈寧以寧親，永固以寧神，偃兵息民，天下大安，則其仁固大矣。曩者金人犯闕，陛下毅然請行，志存宗社。及登大寶，力圖恢復，任賢去邪，斷自宸衷，而宗社再安，則其義固大矣。臣以是知陛下足以大有爲，願慎守此道而力行之。太平之基，實在於此。」後五日，上謂秦檜曰：「文會力陳仁義，甚善。朕令録一本，置之几案，欲常觀覽。」上語在庚午，今併附文會入對之日。熊克小曆修潤其詞，非文會本語也。今從元奏。

8 丙寅，上曰：「爲君不知春秋，昧爲君之道。爲臣不知春秋，昧爲臣之道。此書襃貶甚嚴，真萬世之法。」上又曰：「爲政之要，在辨忠邪，此治亂所由分也」。秦檜曰：「書生喜論王霸，臣謂推誠任賢，是爲儒學，施於有政，是爲王道。挾術任數，是爲雜學，施於有政，是爲霸道。」上以爲然。中興聖政：臣留正等曰：「爲國而或王或霸，治道之所出者，同源異派耳。霸政雖曰駁雜，而有紀綱，有政事，恩威足以使民，勢力足以强國。如管仲、晏子所以用於齊國者，謂之不純於道德則可，舉而謂之挾術任數則不可。人而挾術任數，邪孰甚焉？未有不亂天下者。是以太上皇帝曰：『辨邪正，治亂之所由分也。』」

揚武翊運功臣、太傅、横海武寧安化軍節度使、醴泉觀使、潭國公韓世忠進封咸安郡王。時劉光世始薨，舊功大臣惟世忠與張俊在。俊勳譽在世忠左，特以主和議，故爲秦檜所厚，顧先得王。至是，世忠願輸積年租賦於官，乃有是命。時上又數召世忠等兼家屬燕於苑中，賜名馬寶劍等甚渥。世忠所以得王，墓碑及諸書皆不載。其制詞云：「願會賦租，併歸官府。重惟遠識，實麗前賢。蓋度越於常人，宜顯頒夫異授。」即指此也。世忠奏請，已見今年正月癸巳。王明清揮麈第三録：「紹興癸亥，和議初成。有南雄太守黄達如者，考滿還朝，獻言請盡誅前此異議之士，庶幾以杜後患。秦會之喜之，薦爲監察御史。方數日，廣東部使者韓球按其贓污鉅萬，奏牘既上，雖秦亦不能揜，僅止罷黜，人亦快之。」

皇叔保慶軍承宣使、知大宗正事、權主奉濮安懿王祠事士夽爲安德軍節度使，以迎護之勞也。

9 己巳，上謂大臣曰：「古人琴制不同，各有所屬。朕近出意作盾様，以示不忘武備之意。」

詔清河郡王張俊、咸安郡王韓世忠、平樂郡王韋淵，並五日一朝。

10 庚午，詔自來年爲始，令太史局遞賜諸路監司守臣曆日。以廣西轉運判官李紹祖省記有請也。

11 乙亥，減雷、化、高、融、宜、廉、邕、欽、賀、貴十州免行錢，用去年七月詔旨也。提刑司初請其半，上特命除之。十七年四月丙申又減。

左承事郎沈介、潘良能、左宣教郎洪适、左宣義郎游操並爲秘書省正字。良能，良貴弟。操，建陽人也。四人皆以敕局進書恩，自删定官改秩而有是命。

左朝散郎、提舉江州太平觀蘇符知遂寧府⑧。符有田在蘇，因留居之。秦檜不樂符，遣還蜀。

12 丁丑，詔自今宰臣已下，遇節序，令客省依格簽賜節料。

13 己卯，宰執奏福建安撫使葉夢得措畫弭盜之事。上曰：「盜之竊發，多緣守令非人，掊克所致。宜令帥司條具，凡有害於民者除之。」自此夢得或招或捕，或誘之相戕，三策並用。然頗與監司相異，至交奏其事。監司謂盜魁林元仲必不可致，既而夢得遂招致之。又謂俞徹明必再叛，萬少佺必大熾，而夢得處之皆定，異議遂息。

國子司業高閌言：

太學者，教化之本，而最所當先者，經術是也。自漢以來，多置博士，而後世所謂詩賦論策，皆經術之餘耳。太學舊法，每旬有課，月一周之。每月有試，季一周之。亦皆以經義爲主，而兼習論策爲三場。苟加一場，則旬課季考之法遂不可行。自元祐以來，雖臣僚累奏請加詩賦，通爲四場，而終不施行者，蓋爲此也。自罷詩賦之後，朝廷恐專門之學，未足以收實用，乃別設詞學一科，試以制詔表章之類，通謂之雜文。臣今參合條具太學課試，及科舉三場事件，第一場，大經義三道，論語、孟子義各一道。第二場，欲以詩賦。第三場，以子史論一首，并時務策一道。永爲定式。

閌又言：

今比歲郡國雖有學，而與選舉不相關。今參取祖宗舊制，通以當今之宜，補太學生，以諸路住本貫學滿一年⑨，三試中選，不曾犯第三等以上罰；游學者同。或雖不住學，而曾經發解委有士行之人，教授保委，申州給公據，赴國子監補試。諸路舉人，以住本貫學半年，或雖不住學，而兩預釋奠及齒於鄉飲酒禮者，縣學同，仍籍記姓名。本學次第委保，教授審實，中州聽取應。仍自紹興十四年爲始。皆從之。何俌龜鑑：「或者乃曰：『敵勢如焚，國勢如綫。彌文縟典，何暇蒐舉，得無蹈宣、靖之覆轍乎？』愚應之曰：『不然。科舉固所以沮天下豪傑之氣，亦所以收天下豪傑之心。苟無科舉以取之，學校以養之，則士之不知受重者，不入於敵，則入於盜矣。張九成之策，李時雨之書，何由而來哉？』」

14 辛巳，秘書省著作郎王揚英、周執羔並爲尚書吏部員外郎。先是，日曆所修書，自建炎元年至去年成五百九十卷，秘書少監秦熺因與揚英等書皇太后回鑾本末上之。壬午，詔熺、揚英、執羔各進官一等。自秦檜再相，取其罷相以來一時詔旨，與夫斥逐其門人章疏或奏對之語，稍及於己者，悉更易焚棄。由是日曆、時政記亡失極多⑩，不復可以稽考。逮其擅政以來，凡所記録，莫非其黨姦佞之詞，不足以傳信天下後世矣。王明清後録云：「聞之徐度。」

秘書省校書郎兼益王府教授嚴抑守秘書丞。

秘書省校書郎兼吳王府教授張闡爲秘書郎兼國史院檢討官，專修祖宗實訓。

尚書右司員外郎李若谷、右司郎中王師心並遷左司。

吏部員外郎梁弁、考功員外郎游損並遷右司。

左文林郎真州州學教授楊邦弼、左迪功郎陳鵬飛並爲太學博士，初除博士員也。鵬飛，永嘉人，秦熺唱榜名第四。故事，廷試三人兩任回始召。至是，熺已爲秘書少監，故並擢之。

川陝宣撫副使鄭剛中言：「奉旨相度茶馬兩司，每年應副都轉運司錢物。今相度，乞將成都府路提刑轉運司合椿坊場、鼓鑄、食茶稅錢三色，共二十三萬緡，令都運司徑行取撥外，更那融續添錢八萬緡，通作四十萬緡，并取博馬絹一萬八千七百五十匹，自紹興十二年爲頭應副。」從之。自趙開行鈔法，每茶百斤爲一大引，令商人輸引錢市利，共六引八百文。至是，遞增爲十一引。紹興七年李迨增一引二百文，八年張深增四引八百文。九年趙開減三引，十年馮康國增一引半，共爲此數。時物價騰湧，茶商取息頗厚。自得旨取撥之明年，主管官左朝請大夫賈思誠又增爲十二引三百文，於是諸場類皆溢額，而買馬之數復不加多，人但知茶馬司之富甲天下，其實所收引錢，視建炎增倍，後雖破敗，不可復減矣。淳熙十四年李大正裁減事可考。

15 乙酉，詔令臨安府建景靈宮。先是，言者謂：「自元豐始，廣景靈宮以奉祖宗衣冠之游，即漢之原廟也。自艱難以來，庶事草創，而原廟神游，猶寄永嘉。四孟薦享，旋即便朝設位，未副廣孝之意。望命有司擇地，倣景靈宮舊規⑪，以建新廟，迎還列聖粹容，庶幾四孟躬行獻禮，用慰祖宗在天之靈。」事下禮官。至是，權禮部侍郎王賞等乞體倣温州見今安奉殿宇，令本府同修內司隨宜修蓋。熊克小曆載此事在三月丁酉，與日曆不同。其後，創於新莊橋之西，以劉光世賜第爲之。光世家進納賜第在三月庚子，今併附此。築三殿，聖祖居前，宣祖至徽宗居中，昭憲而下二十一后居後。掌官內侍七人，道士十人，吏卒二百七十六人。上元結燈樓，簾幙歲一易。歲用酌獻二百四十羊，凡帝后忌辰，通用僧道士四十七人作法事。中興聖政：呂中大事記：「秦檜始則倡和議以誤國，中則挾敵勢以要君，終則飾虛文以爲中興。使一世酣豢於利欲之中，奉敵稱臣而不以爲恥，忘讎事敵而不以爲怪，其弊可勝言哉？紹興十一年置玉牒所，十二年作崇政、垂拱二殿，十三年築圜丘，建太社、太稷，國子監太學，十四年置宗子學，建秘書省、御書院，十六年建武學，二十五年建執政府，二十六年築兩相第，二十七年建尚書六部⑫，定都二十年而郊廟宫省之制亦已具備矣。紹興十年明堂備大樂。十三年初謁景靈宫，合祭天地，建金雞肆赦、班鄉飲酒儀。十四年作渾天儀，復教坊樂工。十五年行大朝會禮。十六年製常行儀衛、耕籍田，郊備祭器，設八寶，作景鐘，閱禮器，奏新樂。十七年祠高禖。十九年定蜡義。十八年圖景靈宫酌享功臣，息兵。三十年而禮樂文物亦略備矣。國家靖康之禍，乃二晉之所未有，中國衣冠禮樂之地，宗廟陵寢郊社之所，盡棄之敵。禮器樂器、犧尊彝鼎、馬輅册冕、鹵簿儀仗之物，盡入於敵。渡江以來，庶事草創，皆至檜而後定。然耕籍、朝覲，祀明堂，養老更，武王克商後事也。辟雍、明堂、籍田，光武平隴、蜀後事也。今果偃武修文時耶？果息馬論道時耶？宫室雖備，而忘前日巡幸之懼矣。郊廟雖具，而忘前日宵旰之憂矣。朝儀雖肅，而忘前日扈從之勞矣。文物新而忘前日根括之慘矣。趙霈告高宗曰：『願陛下毋忘親征時。』王庶謂秦檜曰：『公不思東都抗節存趙時，而忘此敵乎？』洪皓曰：『錢塘暫居，而太廟、景靈宫皆極土木之華，豈非示無中原意乎？』」

1 三月辛卯，詔宴殿陳設，止用緋黄二色，勿以文繡。上以祖宗朝殿帷但用純綵，後來寖多文繡，故屏去之也。熊克小曆附此事於正月癸巳，今從日曆。

國子司業高閌請：「在學人依徽宗御筆，復立三年歸省之限，以彰孝治。」上曰：「舊有九年之法，至徽廟方改作三年，豈有士人九年而不省其親者乎？其從之。」

川陝宣撫副使鄭剛中乞增印錢引四百萬緡，許之。先是，直秘閣四川轉運副使井度言：「右護軍歲計闕七百七十八萬緡，乞撥四川免行錢五十萬緡，仍添印錢引。」户部奏免行錢乃朝廷窠名，不可予，止命增印焉。

2 癸巳，資政殿大學士、左正議大夫、提舉臨安府洞霄宫張守貶秩二等。時右宣教郎、添差通判常州陳袤以貪贓屬吏[13]，而言者謂守實庇之，故繫久不服，遂有是命。

武節郎、閤門宣贊舍人趙瓌等並轉一官，以初御正殿，應奉無差失故也。

直龍圖閣葉三省知信州代還，言：「鉛山縣民王小十取肝以愈母病，蓋陛下躬行孝德風化之所致。乞詔有司旌其門閭，易其鄉號，仍宣付史官。」從之。

右武大夫、榮州防禦使、新知辰州邵隆與武功大夫、貴州刺史、知叙州劉光弼兩易。

3 乙未，詔文宣王廟門立戟二十四。

中書舍人兼修玉牒官楊愿兼侍講，國子司業高閌兼崇政殿説書，閌仍進講左氏傳。

4 丙申，拱衛大夫、貴州防禦使、殿前司忠勇軍統制輔逵爲江南東路馬步軍副總管，罷從軍。

左從事郎、廣南鹽事司幹辦公事鄭厚罷，以言者論「厚頃緣劉大中力薦，及爲泉州察推，唯知諂事趙鼎。比因誤殺罪囚，例與衝替，乃謗議朝政，簧鼓衆聽」故也。

5 乙巳，詔臨安府建太社、太稷。言者以謂：「社稷之祠，王者所重。故漢光武東遷，則置於雒陽。國家南渡以來，上戊之祭[14]，寓於佛祠，未副事神保民之意。望下禮官講明，擇地爲壇，以備春秋之禮。」故有是命。

詔昭慶軍節度使、開府儀同三司致仕、平樂郡王韋淵依舊行在居住。初，令淵致仕居處州，未行，復留之。淵致仕，諸書全不見，不知何故，當考。

6 丙午，詔臨安府同殿前司修築圜丘於龍華寺之西。壇四成，上成縱廣七丈，下成二十有二丈，分十二陛[15]，陛七十有二級。壇及内壝凡九十步，中壝、外壝共二十五步。以龍華寺爲望祭，不築齋宮。詔僧及道士於淮南、京西沿邊行遊者禁之。

7 辛亥，明州言：「自廢廣德湖田，歲失官租三千餘斛，請復以爲田。」從之。事初見九年五月。

8 甲寅，中衛大夫、慶遠軍承宣使劉光烈落階官，爲崇信軍承宣使。以光世薨，特遷之也。

9 乙卯，初命官告院監官書綾紙之背，以防姦弊。熊克小曆在甲寅，蓋誤。

10 丙辰，直秘閣、兩浙西路提點刑獄公事王鈇陞直徽猷閣。鈇獻親享太廟賦，而後省官言其古雅，故有是命。

左宣教郎汪勃爲太常寺主簿。勃，黟縣人也。紹興二十八年六月庚寅，葉義問奏：「勃爲建德縣丞，贓污不法，爲邑人所訟。」秦檜與之有舊，監司庇之，寖得美官。

起居舍人兼侍講兼權中書舍人程敦厚言：「臣昨侍經筵，恭聞聖訓，以通和之初，異議者甚衆，今皆退聽。蓋異議小人，初不爲陛下社稷計，務於不靖，以售其姦。今事既大定矣，固不容不退。然而其所以退聽者，則不可不察。臣觀異議小人，其罪惡顯白者，陛下雖已爲社稷棄之，而其黨猶衆，匿情詭跡，布於中外。既不得於其前，則將害於其後。故今朝廷一有所成，尚相與詆曰『是墮鄰謀也，是非國福也』，一有所作，又相與詆曰『是不節財也，是重困民力也』，曾莫知悛。至於甚者，輒更肆險詖，以中傷善類。欲惑移上意，以規取顯美，期於必勝而已。幸陛下明良胥契，鎮以一德。然風俗如此，臣實寒心。臣益願陛下，謹察其微，而大明賞罰焉。庶使異議絶息，風俗歸厚，永固丕圖。臣不勝拳拳之心。」敦厚文集云：「紹興十三年所上。」而無其月。按敦厚以六月一日罷，而此疏首云昨侍經筵，則必春講之時也。故且附三月末。

1 夏四月己未，右朝奉大夫、通判臨安府万俟虎爲荆湖南路轉運判官。虎，卨兄也。

2 庚申，上諭宰執曰：「郡政以循良稱者，便與擢用，庶爲郡守之勸。今兵事少息，當以民事爲先。卿等宜博詢之。」

3 壬戌，御史臺檢法官詹大方、秘書省正字游操並爲監察御史。大方，建德人也。

4 右承事郎、知嚴州淳化縣孔括爲右宣義郎。先是，浙西提點刑獄公事王鈇言括治狀，輔臣進呈。上曰：「可與轉一官，令再任，任滿更與陞擢。縣令最親民，而員最多，難於一一選擇。但有治狀者進用之，有過惡者黜責之，使知所勸懲，則人自勵而不害吾民。」

5 癸亥，詔禮部以鄉飲酒儀制鏤板，遍行郡國。比部郎中林保請之也。

翰林司言：「依例，自五月下旬進時果一合，至八月初止。」詔御前權不供進，皇太后如例。

6 丁卯，昭慶軍節度使、開府儀同三司、平樂郡王韋淵落致仕，充萬壽觀使，乃奉朝請。

7 癸酉，右諫議大夫兼侍講羅汝檝試御史中丞。

監察御史詹大方守右司諫[16]。

8 丙子，左朝奉大夫、知漳州韓昷代還入見，請復孝悌力田科。上謂大臣曰：「漢有此科，固可以厚風俗，然祖宗未嘗行，可令講究，不可輕易創立祖宗未行之法也。」臣初見紹興七年四月。

9 丁丑，直秘閣、主管台州崇道觀喻汝礪卒。

10 庚辰，兩浙轉運副使張叔獻等乞：「依元祐古迹，於華亭置閘，以捍鹹潮。」上曰：「今邊事初息，當以民事爲急，民事當以農爲先。朕觀漢文帝詔書，多爲農而下，以農者天下之本，置閘其利久遠，不可憚一時之勞也。」乃令叔獻措置。

殿中侍御史李文會論：「寄居士大夫干擾州縣，又監司郡守類皆親故，莫敢誰何。望嚴加戒約，儻或不悛，令監司郡守，密具姓名聞奏，重寘典憲，不以赦原。」從之。時士大夫與秦檜異論者[17]，多奉祠里居，或僑寄他郡，自是以次被罪矣。

秘閣修撰張祁、直秘閣李健並落職。祁監漢陽軍，健監德安府在城酒稅。以李文會奏祁治獄不當，爲不仁[18]；健嘗仕僞庭，爲不義也。健之制曰：「往者元惡，盜我魁柄，濁亂國經，爲不道之宗主，故汝得以免。賴天之靈，國是大定，汝曾不知愧甄濟[19]，而從搢紳之後，罪豈勝誅？」制詞所云，蓋指趙鼎與張浚也。

左朝議大夫提舉洪州玉隆觀胡思、左朝散郎直顯謨閣徐林並勒停。思南劍州，林興化軍居住。兩浙轉運副使李椿年言：「二人廣爲謗訕，必欲沮經界之政。」故責之。

皇伯保平軍節度使、安定郡王令廣薨。贈少師，後追封惠王，謚襄靖。

11 癸未，懿節皇后撤几筵，上素服焚香，以太師秦檜爲禮儀使。是日，禁在城音樂、屠宰及停決大辟囚。

12 丙戌，詔宰執四參官赴垂拱殿習看石位。

是日，宰執奏事，上曰：「數日來，太后趣行策命中宮之禮。朕乞太后降一指揮，太后不肯，云：我但知家事，豈預外廷？太后知國體，故重慎如此。」秦檜等曰：「太后有定命，陛下奉行可也。」

13 丁亥，國子司業高閌言：「舉人春秋，欲依舊制，止於正經出題。」從之。先是，有旨許於三傳解處出題⑳。閌謂：「如此，則是三家者，與六經並行。以春秋之法繩之，三家者當被僭聖作經之罪。」乃下禮部，如所請。

是月，蒙古復叛，金主亶命將討之。初，魯國王昌既誅，其子星哈都郎君者㉑，率其父故部曲以叛，與蒙古通。蒙古由是强取二十餘團寨，金人不能制。此據王大觀行程録。按松漠記聞，撻懶長子大伊瑪被囚遇赦得出㉒，撻懶次子勖爲平章㉓。皓以今年六月歸，乃不見此事，未知孰的。今姑附見，更俟考詳。十六年八月末可參考。

先是，都元帥、越國王宗弼疑知亳州王彦先至南朝，常泄其國中陰事，乃徙彦先知澶州，而調其子保義郎大觀從軍北討，實質之也。大觀者年二十餘，驍猛善騎射，以事劉麟擊踘得官，宗弼以爲保義校尉。

1 閏四月戊子朔，上曰：「祖宗時，殿宇皆用赤土刷染，飾以桐油，蓋以國家尚火德故也。所以只用赤土桐油者，弊則易於更修。後來多用朱紅漆，不維所費不貲，且難於修整。」檜等曰：「此有以見陛下追述祖宗之儉德也。」

2 己丑，立貴妃吴氏爲皇后。制曰：「顧我中宮，久兹虚位。太母軫深遠之慮，羣臣輸悃愊之忠。宜選淑賢，以光册命。」敷文閣直學士兼直學士院秦梓所草也。三省行首司言：「事大體重。」乃詔太師、尚書左僕射秦檜押麻。

右從政郎、兩浙東路安撫司準備差遣楊邇特改右宣教郎。邇，時子也。上召見，遂以爲司農寺主簿。邇除寺簿在六月壬寅。

3 庚寅，上諭大臣曰：「近右朝請大夫吴説上殿言，湖、台之家，士大夫多藏書者。緣未立賞，故不肯獻。卿等可求太宗朝訪遺書故事，依倣行之。」是月己亥行下。

4 壬寅，宰執奏：「兩浙漕臣張叔獻言，天申節錫宴在邇，本司合造山樓，而木植未備。欲借慈寧殿山樓用之。」上曰：「此皆朕自置，專奉太后宴設，不欲他用。姑借與木植，其綵段不可假，恐或損污，非朕所以奉太母之意也。」

御史中丞羅汝檝奏太常寺主簿王勃充本臺檢法官，從之。

5 丁酉，詔金州撥屬利路。

直寶文閣、提點江淮荆浙福建廣南路坑冶鑄錢韓球請：「籍坑場户姓名，約定賣納銅數。」許之。先是，贛、饒二監，歲鑄錢四十萬緡。提點坑冶趙伯瑜以爲所得不償所費，遂罷鑄錢。歲額銅鐵積而不用，盡取木炭銅鉛本錢，及官吏缺額、衣糧、水脚之屬，湊爲年計。至是，球必欲盡鑄新錢，調民興復廢坑，至於發墳墓，壞廬舍，而終無所得。郡邑或毁錢爲銅，以應其命，民大以爲擾。其後歲收銅二十萬金，潼川府、興、利、饒、信、池、潭、連、韶、汀、建、南劍州、邵武軍凡十四場，總二十六萬三千一百六十九斤九兩，係黄膽二色。鐵二十八萬斤，洪、信、饒、池、徽、撫、吉、江、舒、潭、辰、處、建、韶、黄、惠、賓、鬱林州、興國軍凡三十八場，總二十八萬三百二斤十三兩。鉛十九萬斤，信、舒、潭、衡、峽、衢、處、温、韶、連、潯、邕、建、賓、南劍、南恩州、興國、桂陽軍，凡二十四場，總十九萬一千二百有十九斤十三兩。錫二萬斤，衡、郴、賀州、桂陽軍，凡五場，總二萬四百五十八斤。皆不登祖額。此紹興三十二年虞部數也，祖額銅七百五萬斤，鐵二百十六萬斤，鉛三百二十一萬斤，錫七十六萬斤。

6 戊戌，殿中侍御史李文會論前知閩縣李汝明贓污。上謂大臣曰：「縣令最衆，安得人人而知之？若一一待臺諫論列，何用監司？今後贓污人爲臺諫所論，而監司失按發者，量與降官，庶知所懲。行之數年，贓吏自然少矣。」時本路提轉黄積厚、陳桷、賀允中、余應求已代去，皆坐貶秩焉。八月癸卯行遣。呂中大事記：「檜雖監司帥守到闕，必要珍寶數萬貫，乃得差遣。而上則嚴監司失按發贓污爲臺諫所論者，監司量與降官，又令監司按縣令，申嚴監司巡歷法，其飭吏之嚴自若也。」

7 己亥，詔紹興府守臣即直秘閣陸寘家録所藏書，以實三館。

8 壬寅，詔人户應管田産，雖有契書，而今來不上砧基簿者，並拘没入官。用兩浙轉運副使措置經界李椿年請也。時椿年行經界法，量田不實者，罪至徒流。江山尉汪大猷覆視龍游縣，白椿年曰：「法峻民未喻，固有田少而供多者，願許首復改正。」又謂：「每保各圖頃畝林塘，十保合一大圖，用紙二百番，安所展視？」椿年聽其言，輕刑省費甚衆。大猷，鄞縣人也。

詔諸州自長貳外，非公筵若休告，毋得用妓樂燕集，違者坐之。

9 癸卯，詔少保兼領殿前都指揮使職事楊存中遇合執仗子侍立，特令依舊窄衣執骨朵。

10 甲辰，册皇后吴氏。太師、尚書左僕射秦檜爲奉册寶使，參知政事王次翁爲副使。册文檜所撰，而參知政事万俟卨所書，寶文則簽書樞密院程克俊所篆也。權禮部侍郎、直學士院王賞爲禮儀使。上御文德殿，授册，后即穆清殿廷受之。通設黄麾半仗千四百九十九，用宫架樂，其受册、讀册、舉册，悉以内侍爲之。時太常無女工，乃命設於穆清殿門外。

11 丙午，新除宗正少卿何麟依舊直秘閣、知嘉州，以殿中侍御史李文會論其浮薄夸誕也。

12 戊申，敷文閣直學士、提舉萬壽觀兼侍讀、直學士院、資善堂翊善秦梓爲翰林學士。梓直北扉踰半歲，至是，草后制而命之。

13 己酉，吏部員外郎王揚英乞：「命史官編靖康建炎忠義録，俾見危致命，臨大節而不可奪者，託無窮之傳。」詔付史館。其後，書不克成。

14 庚戌，賜武當軍節度使、川陝宣撫司都統制楊政漢中田五十頃。政自興元入朝，故有是命。

15 辛亥，權尚書禮部侍郎兼實録院修撰、兼侍講、權直學士院王賞落權字，以中宫册寶成禮也。

16 壬子，户部供上諸路月樁錢，上諭輔臣，令析其數爲二，存其有窠名者，餘悉蠲之。十七年八月丁巳又減。

17 癸丑，太常寺言：「皇后受册畢，依儀詣景靈宫行恭謝之禮。」從之。

18 甲寅，上諭大臣曰：「昨日上殿楊大任，其人昏老，難當郡寄，可處以宫祠。似此等人作郡，臺諫欲論又無顯過，但千里之民，陰被其害。今後郡守，卿等審悉之。」秦檜等曰：「謹遵聖訓。」

吏部員外郎王揚英兼國史院檢討官。此恐是專修忠義録，當考。

19 乙卯，參知政事王次翁充資政殿學士，提舉臨安府洞霄宮。次翁執政凡三年，至是引年求去，而有是命。王明清揮麈録所云上終惡次翁，秦檜諭使辭位。已見紹興十一年八月丙寅皇太后渡淮注。

校勘記

① 上蔬食齋於常御殿　「殿」，原作「史」，據叢書本改。

② 徽猷閣直學士致仕廖剛卒年七十四　「七十四」，原作「四十七」，叢書本同。按：南軒集卷三八工部尚書廖公墓誌：「公諱剛，字用中，順昌縣人……是歲以年將七十，請謝事……公謝事三歲，以十三年正月壬寅没於正寢。」據推算，其亡没之年正應爲七十四，故據改。

③ 詔度牒並權住給降　「詔」，原作「設」，據叢書本改。

④ 户部尚書張澄入内内侍省都知邵諤並進秩一等　「邵」，原闕，據叢書本補。

⑤ 上大喜　「喜」，原作「善」，據叢書本改。

⑥ 太師尚書左僕射秦檜以進書恩再封秦魏國公　「左」，原作「右」，據叢書本改。按：秦檜已於紹興十一年六月自右僕射進左。

⑦ 更名永固陵曰永祐　「永祐」，原與「永固」錯簡。按：徽宗山陵原擬永固，見本書卷一二六紹興九年二月記事，其時王銍已言永固曾爲後周叱奴皇后陵名。故據之乙正。下文「永祐」原亦作「永固」，亦據改。

⑧ 左朝散郎提舉江州太平觀蘇符知遂寧府　「蘇」，原作「象」，據叢書本改。

⑨ 以諸路住本貫學滿一年　「住」，原作「往」，據叢書本及下文改。

⑩ 由是日曆時政記亡失極多　「日」，原闕，據叢書本補。

⑪ 倣景靈宫舊規　「景」字原闕，據叢書本補。

⑫ 二十七年建尚書六部　「部」，原作「年」，據叢書本改。

⑬ 時右宣教郎添差通判常州陳袞以貪贓屬吏　「差」，原作「羞」，據叢書本改。

⑭ 上戊之祭　「祭」，原作「際」，據叢書本改。

⑮ 分十二陛　「二」，原作「三」。按：宋史卷九九禮志二載：「南郊壇制：梁及後唐郊壇皆在洛陽，宋初始作壇於東都南薰門外，四成十二陛……紹興十三年，太常寺言……宜於臨安府行宫東南修建……十二陛，每陛七十二級。」因據改。

⑯ 監察御史詹大方守右司諫　「諫」，原闕，據叢書本補。

⑰ 時士大夫與秦檜異論者　「秦」，原作「奏」，據叢書本改。

⑱ 「秘閣修撰張祁」至此　按：此記事有可疑處。蓋本書卷一一九記載，紹興八年四月，右從政郎張祁因其兄邵奉使未歸，特改官，主管官告院。此後本書未見其事跡，直至此條，不知其因何故而有職名，且爲秘閣修撰。又謂其治獄不當，豈非已爲親民之官？本書直至卷一八五，即紹興三十年六月方記載張祁以右朝奉郎淮南運判直秘閣，始有職名。因疑此處記事大誤。叢書本作張祈，然各書均與張祁相通，故因之，存疑於此。

⑲ 汝曾不知愧甄濟　「愧甄濟」原闕，並有小字注「缺」，據愧郯録卷六補。

⑳ 先是有旨許於三傳解處出題　「是有」，原作「有是」，據叢書本乙。

㉑ 其子星哈都郎君者　「星哈都」，原作「薩空圖」，據叢書本改。

㉒ 撻懶長子大伊瑪被囚遇赦得出　「大伊瑪」，原作「達爾瑪」，據叢書本改。

㉓ 撻懶次子勖爲平章　「勖」，原作「章嘉」，據叢書本改。

建炎以來繫年要録卷一百四十九

1 紹興十有三年五月庚申，上諭大臣曰：「人言南方不宜牧馬，昨朕自創行，雖所養不多，方二三年，已得駒數百，此後不患不蕃。與自川、廣市來，病不堪乘，而沿路所費不少，計之一匹自省數百千。」秦檜曰：「儉以足用，寬以愛民。魯頌專言牧馬。」上又曰：「國家自有故事。京城門外便有孳生監，每年所得甚多，祖宗用意可見也。」奏事退，遂即射殿引馬，召輔臣同觀之。熊克小曆在癸巳，蓋誤。

武德大夫游士宣等各進一官。士宣，楊政親校，用吴璘例遷也。

2 壬戌，太常寺言：「郊祀仗内鼓吹八百八十四人，今樂部全闕，宜下三司差撥。」從之。鼓吹用鉦、鼓、鐃、角、觱栗、管、笛等，晝在仗内導駕，夜在警場奏嚴。

3 甲子，秦檜奏牧馬事。上曰：「此事在乎得人。朕初令楊宗憫管馬五十匹，忠憫不理會得，牧養一年之間，死損俱盡。後得張建壽付之①，更無死損。以此知全在得人，不惟養焉，凡事皆如此。得人則無事不濟矣。」時建壽以武德大夫領貴州刺史，於是遷右武大夫、忠州團練使。建壽遷官，據程敦厚外制集附入，日曆無之。

秘書少監秦熺權尚書禮部侍郎。

詔奉議郎張九成作與宮觀②，仍令南安軍居住③。九成既免喪，秦檜取旨，上曰：「可與宮觀。此人最是交結趙鼎之甚者。自古朋黨，惟畏人主知之，此人獨無所畏。」檜曰：「陛下知人之明如此，誠帝王之大德也。」既而右司諫詹大方言：「頃者鼓唱浮言，九成實爲之首，徑山僧宗杲從而和之。今宗杲已遠竄，爲之首者，豈可置而不問？望罷九成宮觀，投之遠方，以爲傾邪者之戒。」故有是命。九成得祠在閏四月乙卯，今併書之。熊克小曆於今年方書九成落職謫居，宗杲編管，皆誤也。九成落職、宗杲編管，在十一年五月甲子，已見本月日。

兵部員外郎錢時敏言：「今將享廟及郊，當用仗内馬步導從之人，而龍神衛上四軍未及舊額三分之一。」詔殿前馬軍司招塡。

4 乙丑，武當軍節度使、副衛親軍步軍都虞候、知興元府兼川陜宣撫使司都統制楊政檢校少保。時端明殿學士鄭剛中爲川陜宣撫副使，節制諸將，極其尊嚴。三都統每入謁，必先庭揖，然後就坐。及右護軍都統制吴璘陞檢校少師來謝，語主閽吏，乞講鈞敵之禮。剛中曰：「少師雖尊，猶都統制耳。儻變常禮，是廢軍容。」璘皇恐聽命。

5 丁卯，左迪功郎何俌獻中興龜鑑十卷。詔遷一官。

6 己巳，起復武經大夫兼閤門宣贊舍人、知亳州寇宏除名④，福州編管。宏嘗爲秀州兵馬鈐轄，教所部爲盗而分其財。事覺，故抵罪焉。

7 辛未，詔左從事郎鄭厚自今不得差充試官及堂除。厚嘗著書號藝圃折衷，其言有詆孟軻者。駕部員外郎王言恭言於朝，詔建州毁板，其已傳播者皆焚之。

8壬申，追封懿節皇后曾祖右監門衛大將軍、贈太傅邢允恭爲恭王，中奉大夫、贈太師宗賢爲永王，父慶遠軍節度使、贈太師楚國公焕爲安王。

詔國子監置博士、正、録各一員，學生權以八十人爲額。

尚書左司郎中兼權太常少卿王師心及丞、博、主簿、禮部郎官並進秩一等，以中宫册禮成故也。

9乙亥，中書舍人兼侍讀楊愿請：「倣唐乾元及國朝故事，詔天下置放生池，祝聖壽。」工部郎中林乂又請以臨安府西湖爲放生池。從之。既而上恐其妨民，諭輔臣：「舊有者令復之，不然則否。」乂，尤溪人也。

10丁丑，天申節，宰臣率百官上壽。京官任寺監簿已上，及行在陞朝官並赴，始用樂。近臣進金酒器、銀香合焉。郡縣錫宴，皆如承平時。三月庚子申明得旨許進。

11己卯，大宴集英殿。

12辛巳，敷文閣待制、知臨安王唤以燕殿成，陞直學士。

13壬午，上諭大臣曰：「承平時大燕及策中宫事，太后一一能記，考之故事，所説皆同。」秦檜曰：「太后聰明如此。」上曰：「太后在敵中十六年，未與皇后相識。今此一見，便相喜。如太后飲食衣服，皆皇后親自供承，太后未嘗有所需求。每云飲食衣服，只取飽煖，不欲以細故擾思慮。自太后歸，朕於宫中事更不費力，遂得專意外治。」檜曰：「大抵興運至⑤，陛下凡事皆如意，正家而天下定矣。」

詔兵、工二部郎官⑥、將作、軍器監官，各進秩一等。以册寶、燕殿皆成推恩也。

右承事郎臧保衡獻皇太后還慈寧宮頌，特進一官。

14 癸未，詔：「皇后曾祖故贈太子太保吳文誠追封恭王，祖贈太子太傅從享封和王，父武翼郎、贈太子太師近追封榮王⑦。右武郎、帶御器械吳益爲成州團練使，武翼郎、閤門宣贊舍人吳蓋爲文州刺史，親屬恩澤與二十五人。」以后受册推恩也。

15 甲申，言本府及錢塘等九縣獄皆空⑧，詔奬之。

1 六月丙戌朔，起居舍人兼權中書舍人兼侍讀程敦厚謫知安遠縣。敦厚攝西掖幾年，數求即真。太師秦檜進擬，上曰：「俟何麒至，當並命之。」王秬撰行狀云：「丞相嘗進擬，欲以爲真。上曰：『何麒至，當並命之。』麒上所厚也。何公入朝未幾，以臺評斥去，公亦數忤丞相意。向之不同者，交口譏公，遂用言者黜知安遠縣。」麒未抵國門，以臺評黜去。敦厚數登諸將之門，會韓世忠之妾周氏、陳氏，張俊之妾章氏、楊氏並封郡夫人，敦厚行詞，極其稱美。他日，從世忠飲，罷酒，因懷其飲器以歸。檜聞益怒之。殿中侍御史李文會即劾：「敦厚鼓唱是非，中傷善類。醜德穢行，難以悉陳。」前一日，麒自直秘閣新知嘉州改邵州⑨，而敦厚遂黜。

2 戊子，倉部員外郎王循友言：「國家平昔漕發江、淮、荆、浙六路之粟六百二十餘萬，和糴之數，又在其外。而近歲上供之數，纔二百八十餘萬。除淮南、湖北凋殘最甚，蠲放之外，兩浙號爲膏腴沃衍，粒米充羨，初無不耕之土，而較之舊額，亦虧五十萬石。此蓋税籍欺隱，豪強巨室，詭名挾户，多端以害之也。比者，兩浙漕臣建議，欲正經界，朝廷從而行之。若使盡究隱田，庶幾供輸可足舊額。欲望訓敕諸路漕臣，各令根檢税籍之失。」上謂輔臣曰：「所論可行。蓋農桑衣食之本，然須有所勸懲，勿爲文具。」

拱衛郎、行營右護軍後部提振軍馬吴拱充階成岷鳳路兵馬都鈐轄。

國學進士郭義重賜旌表門閭⑩。義重，莆田人。本軍言：「其事母至孝，甘露降於墓廬。」故有是命。

3 壬申，殿中侍御史李文會論右宣教郎、簽書江陰軍判官廳公事蔡棨不法勒停。上曰：「不按發監司，須當行遣。天下事，必待臺諫論列，臺諫豈能盡知之？監司乃朝廷耳目，豈可坐視不舉？」於是提轉王鈇、李椿年、張叔獻皆坐降官。

詔：「三衙及御前諸軍統制、統領將官月支供給錢，自百五十千至三十千，凡五等。自今諸軍擅差軍兵回易，委主仰及興販州縣收捉，押赴朝廷，依私役禁軍法，所販貨物，計贓坐罪，必罰無赦。州縣知而不舉與同罪。」時既已罷兵，而諸將猶回易以營其私，議者以爲浸壞軍政，故有是命。既而尚書省乞都統制月支供給錢二百千，從之。尚書省奏在七月甲子。

棣州防禦使、鎮江府駐劄御前中軍副統制成閔爲殿前遊奕軍統制。中侍大夫、武勝軍承宣使、鄂州駐劄御前選鋒軍統制李道爲前軍統制。先是，軍官老病者，皆授添差離軍⑪。都統制田師中言：「本管軍馬不可闕官。」故有是命。於是，中軍副統制郝晸陞權選鋒軍統制，後軍副統制李山遷中軍副統制，餘以次陞焉。按前軍統制張憲以十一年十二月誅死，今且二年，不知何以始差正官。當考。

資政殿學士、提舉臨安府洞霄宮張澂薨。

4 癸巳，壽星院乞撥給度牒。上曰：「朕觀昔人有惡釋氏者，即非毀其教；有好釋氏者，即崇尚其徒。二者皆不得中。朕於釋氏，但不能使其太盛耳。言者皆欲多鬻度牒，以資國用。朕謂不然，一度牒所得不過一二百千，而一夫不耕，其所失豈止一度牒之利？若住撥十數年，其徒當自少矣。」

檢校少保、武當軍節度使、知興元府兼川陜宣撫司都統制楊政辭還鎮，命坐賜茶。

5 甲午，宮正韓氏爲才人⑫。

6 丁酉，敷文閣直學士、知臨安府王喚言：「太學將畢工，養士之費當預備。已括到民間冒佔白地錢，歲入三萬緡有奇，養士三百，恐可足用。」從之。

7 戊戌，輔臣進呈鈞容直乞推賞。上曰：「樂人無出官法，可與支賜及轉資。昔有教坊官求爲郡者，太祖以唐莊宗爲監，不與之，止令於樂部轉遷。此祖宗之良法也。」

吏部員外郎周執羔轉對，乞「戒諸路監司巡按檢視簿書，凡財用之出入，無簿書押者，必按以不職之罪⑬。又乞命帥臣區別條目，下諸路州軍，廣行搜訪徽宗御製。皆從之。臣謹按，秦檜再當國柄十有八年，自定和策勳之後，士大夫無有敢少違其意者。故一時輪對，臣僚但毛舉細務以應詔旨。如紹興二十七年六月黃中所論，及上諭大臣之辭，蓋可見也。故自今年以後，至紹興二十五年十月己卯以前，執事面對奏劄見於施行者，共有二百二十四事，蓋撮其大略書之。其間則亦有關於民間利害者，蓋自可以考其人焉。

8 辛丑，温州進士蔡大忠上書，獻太平十慎，論人主誠心等事，當有始有終。上以其言有理。熊克小曆在七月己未。按日曆，實在此日降旨，但七月辛酉上語及之，克不詳考耳。

9 壬寅，端明殿學士、簽書樞密院事程克俊仍舊職提舉臨安府洞霄宫。克俊爲言者所攻及引疾，故有是命。

10 甲辰，中書舍人張擴提舉江州太平觀，坐朋附程克俊，動摇國是，爲殿中侍御史李文會所劾也。或曰，中書舍人楊愿疑擴薄己，愬於秦檜，故因事斥之。汪藻撰擴墓碑云：「公在後省，見事有不當人心者，必諄諄爲上言之。其托緣倖恩繳詞頭者非一人，益歎重焉。由是勳臣輩大不樂公，而公不恤也。居無何，吏部關引赦行詞，公欲廣上恩澤，爲之秉燭草制。言者咎公太遽，罷中書舍人。」按今日曆所載文會全章，乃殊不及此事，不知何也。王明清揮麈録餘話云：「張彦實掌外制，楊原仲並居西掖，代言多彦實與之潤色，初亦無他。彦實偶戲成二毫筆絶句云：『包羞曾借虎皮蒙，筆陣仍推兔作鋒。未用吹毛强分别，即今同受管城封。』原仲以爲誚己，大怒，愬於秦會之，諭言路彈之。彦實以本官罷爲宫祠。」

右宣教郎元盥行太學録。盥已見紹興元年四月。

全州文學師維藩權國子録。維藩已見紹興元年八月。維藩既上書，不得用，聚徒於福州之長溪，閩、浙之徒從之者數百人，福清林栗其高弟也。至是，以累舉得官。會太學初建，國子司業高閌等言：「維藩博通古今，士人推服。建學之始，宜得老成，誘掖後進。」輔臣進呈，上曰：「師儒之任，尤當遴選，須心術正者爲之，將以經旨諭後進。若有邪説，學者從而化之，爲害不小。」既而右司諫詹大方言：「盥刻薄，豈足當師儒之任？」盥遂罷去。何俌龜鑑：「太學之補，則曰士人進取，不可不謹。今日所養，可以見異日之所爲。學官之除，則曰師儒之任，尤當遴選。須得心術正者與之講解，則學校不爲無益也。」

武功大夫、忠州刺史、閤門宣贊舍人、新知欽州劉紹先貸死除名，械送廉州編管，籍其貲。坐前任統兵官，虚招效用，盜請錢米故也。

11 庚戌，金人遣通問使徽猷閣待制洪皓、直龍圖閣張邵、修武郎朱弁還行在。先是，金主亶以生子大赦，令燕、雲、汴三臺普度童行，有籍於官者，爲僧及道士、奴婢欲脱隸役者，纔以數千請囑即得之，得度者亡慮三十萬。於是，始許皓等南歸。中興奉使幾三十人，生還者三人而已。時右文殿修撰崔縱、右武大夫和州團練使郭元邁，與靖康所遣徽猷閣待制張宇發、尚書主客郎中林沖之，皆没於敵。至是，敵以縱遺骨遞還。初，皓既辭官，敵復令往雲中校進士試⑭。金法，嘗被任使者，永不可歸。皓稱疾固辭，不得命。考官孫九鼎與皓有太學之舊，爲之請，金乃許之。懿節皇后之姨高氏，與其夫趙伯驎隸陳王希尹戲下，貧甚，皓屢賙之。范鎮之孫祖平，金不以爲官，傭奴之。皓使以蘇軾所爲鎮墓銘白曰⑮：「我官人也。」金曰：「東坡書之，不疑矣。」即釋之。貴族有流於黄龍府優籍者二人，皓屬副留守趙倫除其籍。劉光世之庶女小醜，在金拳豕，爲贖以重價，求匹偶。衣冠之有略爲人奴者，贖之數十人。金諭遣奉使人各還其鄉，因赦及之。他使者幸稍徙，多占淮北，無敢言淮以南者。皓實以饒州聞，邵、弁亦自言和州、徽州人。既議和，還淮以南使者，故三人在遣中。及王次翁使還過燕，皓從坡上與館中人語，爲留守易王所獲。對吏，將馳流星騎上其事，副留守高吉祥素憐其忠，委曲護出之，乃得免。吉祥，渤海人也。以金中雜書及洪皓、張邵行狀參考修立。熊克小曆，生子肆赦，在十四年六月。按：洪皓松漠紀聞云：「北人重赦，無郊霈。予銜命十五年，才兩見赦，一爲伊都之叛，一爲皇子生。」伊都即余覩也。紹興二年叛，故移生子肆赦入此年。然紀聞又云：「辛酉歲，金國肆眚，皆許回鶻人西歸。」此赦又在余都叛、皇子生之外，則不止兩赦矣。張邵行述云：「二月六日，金人忽召公詣尚書省，説諭放還，遣令就館，且與洪、朱二公會於燕山。四月十四日，會洪公於燕。五月，朱公自雲中至。六月庚戌，俱發永平館。七月七日至汴京。」據此，則金主肆赦，當在正二月之間也。當求他書詳考⑯。

12 辛亥，翰林學士兼侍讀、資善堂翊善秦梓充龍圖閣學士、知宣州。梓引疾乞退，故有是命。

處州軍士楊興等謀殺守臣左朝請大夫徐伋以叛，爲軍校張行所告，捕誅之。

13 癸丑，上謂輔臣曰：「近觀諸郡所奏便民五事，固有法已該載，亦有一方之便，朝廷未知者，宜委都司看詳。其便民者，即與施行，無事虚文也。」

是日，徽猷閣待制、提舉江州太平觀胡舜陟死於静江獄。初，大理寺丞燕仰之、袁柟至静江，遂以舜陟屬吏。居兩旬，辭不服而死。舜陟再守静江，有惠愛。邦人聞其死，皆爲之哭，丐者亦斂數千錢致祭。既而舜陟妻汪氏訴於朝，詔左朝奉郎通判德慶府洪元英究實。元英言：「舜陟受金事涉曖昧，其得人心，雖古循吏無以過。」上謂秦檜曰：「舜陟從官，兼罪不至死。勘官不可不懲。」於是仰之、柟皆送吏部。行遣在明年二月甲申，今併書之。

1 秋七月戊午朔，上謂大臣曰：「昨訪遺書，今猶未有至者。朕觀本朝承五代之後，文籍散逸，太宗留意於此，又得孟昶、李煜兩處所儲益之⑰，一時始備。南渡以來，御府舊藏皆失，宜下諸路搜訪。其獻書者，或寵以官，或酬以帛，蓋教化之本，莫先於此也。」

2 己未，復置國子監書庫官一員。

3 庚申，權尚書禮部侍郎秦熺兼資善堂翊善。秘閣修撰、知廬州李誼卒。詔復敷文閣待制致仕。

4 辛酉，命尚書左司郎中王師心提舉南郊一行事務，自是以爲例。

5 壬戌，宣慶使、宣州觀察使、提舉江州太平觀陳永錫復爲入内内侍省副都知。

6 癸亥，詔秘書省曝書會，自正言以上及舊係館職行在貼職人，並赴坐。故事，自大學士至直秘閣，六曹尚書至正言皆與。近歲省官外，但及前館職與帶職人而已。至是，敷文閣直學士、知臨安府王㬇請依故事、近例兩存之[18]。其後率如此例。

7 甲子，詔求遺書。

8 丙寅，上謂秦檜曰：「朕嘗與卿言，候國用足日，蠲賦以寬民力。比卿兄梓朝辭，亦議及此。梓累典郡，頗熟民事。朕謂若一概除之，又恐用或不足。浙西駐蹕之久，民供不易，臨安尤甚。本路三等下户與蠲一科，庶貧民被實賜也。」

9 己巳，吏部員外郎王揚英罷。殿中侍御史李文會言：「揚英阿附孫近，近敗，乃附范同。望罷斥以銷餘黨。」故黜之。

10 壬申，詔兩浙民户丁鹽錢多欠負者，其除之。先是，上欲蠲浙西下户田租，而秦檜言：「豪民多分立小户，難以概免。若蠲丁鹽錢，則實惠正直下户。」上可之。且曰：「民間所以不舉子者，正以是也。朝廷法禁非不嚴，終不能絶其本，乃在於此。」

是日，雨雹。

11 癸酉，禮寺上孟饗景靈宮儀注。時以新宮成，上親行孟饗之禮，而神御猶在温州，乃設幄行事。自聖祖至真宗，用初日。仁宗至哲宗，用次日。承順、承元殿用三日。

詔諸州奏大辟刑名疑慮公案，若刑寺擬斷，雖非大辟，官吏並免收坐。以議者言「慮僻遠小郡，不能盡曉法意，畏憚收坐，不敢具奏，遂致斷遣失當，使犯罪之人，無以辯雪」故也。

時左朝請大夫、知邵武軍趙不棄亦請：「諸州奏讞，但事干人命，雖有不應奏者，並免收坐。」事下刑部，不行。

12 初，命國子司業高閌等補試生員，四方來者甚衆。丙子，有司上合格三百人，以徐驤爲首。驤，浦城人也。

14 辛巳，武德郎兼閤門宣贊舍人韋謙爲右武郎帶御器械。

15 癸未，奉安至聖文宣王於國子監大成殿，命太師秦檜行禮。時學初成，上自題賜書閣榜曰「首善」。

1 八月丙戌，遣權吏部侍郎江邈奉迎景靈宮萬壽觀神宗神御於温州，自海道至行在。

2 丁亥，有司言：「將來郊禮，合用珠子坐褥。」上曰：「事天以誠爲主，如器用陶匏之類，貴其質也。若惟事華麗，恐非事天之本意。」

詔諸路以有出身監司一員提舉學事，俱無出身即從上一員兼管。

3 庚寅，尚書禮部員外郎段拂爲起居舍人，兼玉牒所檢討官。拂言：「起字犯曾祖名。」辭不拜。改宗正少卿。

4 辛卯，敷文閣直學士、知臨安府王㬇守尚書工部侍郎。

5 壬辰，直敷文閣、知紹興府張叔獻陞直龍圖閣，知臨安府。

6 乙未，國子司業兼崇政殿説書高閌乞：「率諸生上表，請車駕臨幸太學。」上曰：「太宗幸學，嘗令學官講經，及各有恩例。其令有司檢故事來上。」既而閌侍經筵講畢，奏曰：「國學落成，臣奉詔試補諸生幾六千人，自中興以來，雖三年省闈，亦未有如此之盛。」上曰：「乍脱干戈，人皆向學，此誠可喜。」閌曰：「近來場屋不無懷挾假授之弊，前日頓革，皆不敢犯。」上曰：「朕亦聞之，此美事。」閌曰：「臣待罪學官，見此美事，諸生以爲陛下方偃武修文，與太祖初定天下之時同符。趣舉建隆故事，願陛下講臨雍之禮。」言未畢，上曰：「已令討論矣。」此以日曆及熊克小曆參修。但克附閌講筵口奏之語於九月末，又稱：「是時上已有幸學之意，而閌未知之。」則恐不然。蓋討論故事，乃因閌所奏。又云：「所乞上表，可依所請。」則閌安得不知？意者閌以乞幸學事，爲胡寅移書切責，故後來作行述者，稍潤飾之，克不細考耳。今從日曆本文，庶不失實。

7 丁酉，尚書兵部侍郎兼侍讀、資善堂翊善程瑀試兵部尚書。

8 戊戌，徽猷閣待制洪皓至自金國。上即日引見内殿，諭皓曰：「卿志不忘君，雖蘇武不能過。」賜内庫金幣、鞍馬，黄金三百兩，帛五百匹，象齒、香綿、酒茗甚衆。翌日，見於慈寧殿，帝人設簾，后曰：「吾故識尚書矣⑲。」命撤之。皓退見秦檜，語連日不止，曰：「張和公敵所憚，反不得用。錢塘暫居，而景靈殿、太廟皆極土木之華，豈非示無中原意？」檜不悦，謂其子秘書省正字适曰：「尊公信有忠節，得上眷，但官職如讀書，速則易終而無味。要須如黄鐘大吕，乃可。」

起居郎鄭朴權尚書兵部侍郎，尚書左司郎中王師心權工部侍郎。己亥，以朴爲賀大金正旦使，左武大夫、保順軍承宣使、知閤門事何彦良副之。師心爲賀大金生辰使，武功大夫、解州防禦使、幹辦皇城司康益副之。時出疆必遣近臣，故並遷二人。自是以爲例。朴，西安人也。

川陝宣撫副使鄭剛中獻黄金萬兩。上諭秦檜曰：「頃年張浚嘗獻千五百鎰，是時有餘財，卿可諭剛中，不必循舊。有餘則進，若率於民，則不可也。」

9 庚子，直龍圖閣張邵自金國還，入見。邵言：

靖康以來，迄於建炎，使於金人而不返者至數人。若陳過庭，若聶昌，若司馬朴，若滕茂實，若崔縱，若魏行可，皆執於北荒，歿於王事。而司馬朴之節，尤爲可觀。劉豫既廢，金人取河南地。金帥撻懶使朴爲尚書左丞，欲以收南人之心。朴辭以疾，堅卧不起，撻懶不能奪，其後以病死。陳過庭且死，其卒自割其肋取肝爲羹以獻，愈過庭之疾。既死，以北俗焚之，其卒又自剔股肉投之於火曰：「此肉與相公同焚。」其感人如此。聶昌割河東，絳州人殺之。滕茂實將死，自爲祭文，人憐其忠。崔縱中風，坐廢三年，其將死也，以後事屬臣。魏行可之死，臣亦見之。去冬，臣請於金人尚書省，乞挈縱、行可之櫬以歸。其宰執憐之，朝命下所屬，發遣而行。可之櫬，挈之往中京者，乃不果發。縱之櫬，金人差丁夫輿致，令臣舁之以來，臣謹置之臨安府城外妙行寺。而臣之隨行使臣，有呂達者，本婺州人，亦以病死於北界。欲望聖慈以死事之例，如過庭輩七八人，其間恐有未經褒贈者，而有司檢舉，特賜恤典。訪縱之家，許親戚迎護其櫬，而官助之葬。下以慰忠義之魂於九泉，上以副陛下不忘臣下之心，庶可激勵天下仗節死難之義。邵行狀云：「疏奏，秦檜怒。降旨，令開具逐人致死因依申省。」按史，過庭、昌、茂實皆已贈官推恩，朴今年九月庚午贈官，縱十二月庚子與恩澤，行可明年正月乙丑贈官，皆不行也。但朴作直旨行下，縱用尚書省奏，行可用其家自陳耳⑳。

10 壬寅，秘書少監姜師仲罷，以殿中侍御史李文會言其「乘間伺隙，唱爲異議」也。

左朝散大夫宋宙知興州還，入見，乞諸路州學已葺治者，並置教授員。又請罷諸縣武令。上曰：「學官須逐州置，昨已降旨，恐州遠未及。宜擇通經心術正者爲之。武令安能治民？然亦難頓罷，第令宣撫司以漸易置可矣。」

11 癸卯，除名人范燾送融州編管，永不放還。燾數以上書狂妄被斥，及是，至行在。言者慮其妄鼓唱，爲國生事，乞重賜遠竄，故有是命。

12 乙巳，修武郎朱弁自金還行在，奏朱邵、史抗、張忠輔、高景平、孫益、孫谷、傅偉文、朱勣、李舟、僧寶真、婦人丁氏、晏氏、卒閻進節義於朝，乞優恤。邵，府谷人，靖康初以秉義郎知鎮威城，其死節甚偉，具日曆。

抗，濟源人，爲代州沿邊安撫副使。忠輔爲將領，守崞縣。景平，崞縣人，爲隆德府部將。益爲福州觀察使，知朔寧州。谷，朔寧人，爲益府屬。皆以宣、靖間死事。寶真，五臺山僧，靖康中嘗召對，俾聚兵討賊。金人生執，欲降之。寶真曰：「我既許太宗皇帝以死矣，豈妄言耶？」臨刑，色不變，北人嗟異。丁氏，度五世孫，嘗適人，後爲敵所掠，欲妻之。丁氏罵敵不從，絶於梃下。至是，弁哀其事上之。疏入不報。弁所奏及申省在九月，今併附此。偉文已見紹興十一年十二月，勳已見建炎二年五月。舟、進已見建炎三年九月。晏氏已見建炎三年二月。此不別出。

13 丙午，中書舍人兼修玉牒官兼侍講楊愿試給事中。

軍器監劉才邵守起居舍人，兼權中書舍人。

殿中侍御史李文會試侍御史。

14 丁未，以洪皓爲徽猷閣直學士、提舉萬壽觀，兼權直學士院。張邵陞秘閣修撰，朱弁爲右宣教郎、直秘閣，並主管佑神觀。

鎮西軍承宣使、知階州兼節制階文龍州屯駐軍馬田晟爲龍神衛四廂都指揮使，主管侍衛馬軍司公事。先是，詔晟將所部三千赴行在，遂以其衆隸馬軍司。

右宣義郎、湖南安撫司參議官王銍獻太元經解義，賜白金三百兩。

度支員外郎林大聲言：「江西州縣百姓好訟，教兒童之言，有如四言雜字之類，皆詞訴語，乞禁止[21]。」刑部請不以赦前後編管鄰州，從之。

15 己酉，上與宰執論糴買事，因曰：「今漕司各管一路，有無不能相通，宜放舊來發運，置都轉運使一員，通管諸路。米賤處糴，米貴處糶，如此則有濟，公私皆利。可於從官中選通曉錢穀者付之。」秦檜言：「劉晏能權萬貨低昂，使天下無甚貴賤而物常平。」上曰：「漢、唐以來，所可稱者，晏一人而已。自來人多耻言財利，不知國家之所急。孟子言：『無政事則財用不足㉒。』此豈小事也？」

起復德慶軍節度使、提點皇城司錢愐遷太尉，以使北還也。

樞密院編修官吳坰提舉浙西茶鹽公事。自建炎至今，以密編除提舉官者，惟秦梓、錢堪及坰三人。

武寧軍承宣使、提舉醴泉觀公事、駙馬都尉石端禮卒。

16 庚戌，詔諸路監司守臣講究寬恤民力事件。以大理寺丞吳鏞轉對有請也。

17 辛亥，直秘閣、知虔州劉昉移知潭州。

秘閣修撰、主管洪州玉隆觀薛弼知虔州。

18 壬子，禮部言：「今歲南郊，應罷孟冬朝獻景靈宮之禮。」從之。自是以爲例。

初，錢塘江有石堤以捍水，故無水患。歲久堤且圮，乃置捍江兵二千人，專令採石修堤，人以爲便。其後壯者以給他役，弱者且不可用，蓋僅存十之一。或謂近歲潮東激，而沙磧西湧，故西岸雖不治㉓，而堤自固。至是，侍御史李文會言水勢不常，方潮頭東激，正西岸宜修之時。乞招補捍江兵，仍稍增其數，使專採石修堤如曩制，則潮不能爲患。從之。

校勘記

①後得張建壽付之　「付」，原作「副」，據叢書本及皇朝中興繫年要録節要改。

②詔奉議郎張九成作與宫觀　按，「作與宫觀」不辭，當有闕訛。考宋史卷三〇高宗紀七載：「五月甲子，張九成坐黨趙鼎，南安軍居住。」疑此「作」字當作「坐」，脱「黨趙鼎」三字。

③仍令南安軍居住　「仍」，原作「人」，據叢書本改。

④起復武經大夫兼閤門宣贊舍人知亳州寇宏除名　「寇」，原作「完」，據叢書本改。

⑤大抵興運至　按，皇朝中興紀事本末卷六一作「時與運至」。

⑥兵工二部郎官　「部」原闕，據叢書本補。

⑦父武翼郎贈太子太師近追封榮王　「近」，原闕，據宋史卷二四三后妃傳補。

⑧言本府及錢塘等九縣獄皆空　按，此句首疑當脱「臨安府」三字。

⑨麒自直秘閣新知嘉州改邵州　「自」，原作「至」，據叢書本改。

⑩國學進士郭義重賜旌表門閭　「郭」，原作「敦」，據叢書本改。

⑪皆授添差離軍　「離」，原作「雜」，據叢書本改。

⑫宫正韓氏爲才人　「韓」，原作「翰」，據叢書本改。

⑬必按以不職之罪　「職」，原作「接」，據叢書本改。

⑭敵復令往雲中校進士試　「試」，原作「識」，據叢書本改。

⑮蘇軾所爲鎮墓銘白曰　「銘」原闕，據三朝北盟會編卷二三二補。
⑯「懿節皇后之姨高氏」至此，共正文二百四十餘字，小注二百一十餘字，原本俱闕，據叢書本補。
⑰又得孟昶李煜兩處所儲益之　「孟」，原作「益」，據叢書本改。
⑱知臨安府王㬇請依故事近例兩存之　「㬇」，原作「焕」，據叢書本及前文改。按，此人名本書間作「焕」，下則徑改。
⑲后曰吾故識尚書矣　「后」，原作「厚」，據叢書本改。
⑳行可用其家自陳耳　「耳」，原作「取」，據叢書本改。
㉑乞禁止　「止」，原作「示」，據叢書本改。
㉒無政事則財用不足　「財」，原作「才」，據叢書本改。
㉓故西岸雖不治　「岸」，原闕，據叢書本補。

建炎以來繫年要録卷一百五十

1 紹興十有三年九月乙卯，監察御史李澗爲尚書司封員外郎。

2 戊午，復寧遠、萬寧、宜倫三縣爲吉陽、萬安、昌化軍，並免隸瓊州，仍以軍使兼知倚郭縣事。

3 庚申，直秘閣湯鵬舉爲淮南東路轉運判官。

4 甲子，徽猷閣直學士、提舉萬壽觀、權直學士院洪皓出知饒州。時金人來取趙彬輩三十人家屬，詔歸之。皓曰：「昔韓起謁環於鄭。鄭，小國也，能引誼不與。金既限淮，官屬皆吴人，留不遣，蓋慮知其虛實也。彼方困於蒙古，恃强以嘗中國，若遽從之，彼將謂秦無人而輕我矣。若恐以不與之故致渝盟，宜謂之曰：『俟淵聖皇帝及皇族歸乃遣。』」秦檜大怒。皓又言：「王倫輩以身徇國，棄之不取，緩急何以使人？」

初，檜在完顔昌軍中，昌圍楚州①，久不下，欲檜草檄諭降，有室撚者在軍②，知狀，皓與檜語及虜事③，因曰：「憶室撚否？别時託寄聲。」檜色變而罷。翌日，侍御史李文會即奏：「皓頃事朱勔之婿，僥緣改官，以該討論，乃求奉使。比其歸也，非能自脱，特以和議既定，例得放歸，而貪戀顯列，不求省母。若久在朝，必生事端，望與外任。」檜進呈，因及宇文虚中事。上曰：「人臣之事君，不可以有二心。爲人臣而二心，在春秋之法，皆所不赦。」乃命黜皓④。

尚書吏部侍郎魏良臣、户部侍郎沈昭遠並罷。良臣與秦檜里舊，一日，言於檜曰：「昨日不寐，偶思得一事非晚。郊祀，如遷客之久在遐方者，可因赦内徙，以召和氣。」檜曰：「足下今爲何官？」良臣曰：「備員吏部侍郎。」檜曰：「且管銓曹職事，不須胡思亂量。」侍御史李文會即奏：「良臣卑凡，昭遠朋附。」乃以良臣知池州，昭遠知袁州。

大理寺丞李穎士面對，論：「州縣斷獄蔽訟，贖金之弊，變成罰金，多至數百緡，人爲破産。願詔監司廉察按劾。」從之。

5 乙丑，左朝奉大夫、秘閣修撰、主管台州崇道觀趙子偁守本官職致仕。

6 丙寅，給事中兼修玉牒官楊愿言：「本所見修玉牒，合載靖康末推戴趙氏事，竊慮太師秦檜有當時建議文字，可見本末，望令抄録封送本所照用。」從之。

7 丁卯，吏部請：「以川廣轉運司京官、使臣、選人逐色差遣，各置定差簿二面，一留本部，一納御史臺。」先是，言者欲以四選逐色闕置總簿，而本部言難以檢察，乃分京官闕七，選人闕十，使臣親民監當闕凡二焉。

御史中丞兼侍講羅汝檝試吏部尚書。

左司諫詹大方論：「秘閣修撰、主管佑神觀張邵奉使無成，嘗與其副不協，持刃戕之，其辱命爲甚。若置而不問，恐遠人聞之，必謂中國無賞罰，望改授外祠。」乃以邵主管台州崇道觀。已而邵又遺秦檜書言：「金有歸淵聖及宗室諸王意，當爲遣使迎請。」於是檜寢怒之。

8 戊辰，上謂大臣曰：「諸處有癃老廢疾之人，依臨安例，令官司養濟。窮民無告，王政之所先也。」

兵部尚書兼侍讀、資善堂翊善程瑀充龍圖閣學士，知信州。瑀稱疾，乞奉祀，乃命出守。

國子司業兼崇政殿説書高閌兼資善堂贊讀。

9 己巳，吏部尚書兼侍講羅汝檝進兼侍讀。

太府寺丞張子儀面對，言：「淮甸、湘、濮⑤，屢經殘破，户口未復。望精選守令，優其禄秩，假以歲月，寬其文法，優游自盡其才，三歲考察，以户口登耗爲陞黜之典。」詔淮東、京西監司歲終取州縣所增户口數申尚書省。

10 庚午，詔故兵部侍郎司馬朴忠蹟顯著，特贈兵部尚書，賜其家銀帛三百匹兩。以洪皓言其死節也。朴後謚忠潔。

11 辛未，輔臣進呈衢州布衣柴翼益所進春秋尊王聚斷。上曰：「朕已嘗觀，但編成門類，從後立説，無甚意旨。大率説經，纔穿鑿即不足觀矣。」

左朝請大夫、知嘉州楊軧直秘閣。軧上書言和戎之利，權中書舍人劉才邵奏「軧排斥姦言，辨明國是，有補治道」，故褒擢焉。

12 壬申，尚書右司郎中梁弁稱疾乞奉祠。上曰：「士大夫有操守安分而以疾乞去者，甚可惜，不比奔競之人。朕嘗觀寶訓，太宗朝士人有奔競躁進者，必痛抑之。抑奔競則廉恥之道興。」乃除直龍圖閣，主管洪州玉隆觀⑥。

13 癸酉，左朝奉郎、知建昌軍李長民言：「宣和以前，應知、通、令、佐陞銜，並帶主管學事。自軍興以來，學校之教中輟。今和議既成，儒風復振，謂宜依舊結銜，以示聖朝偃武修文之意。」從之。

14 丙子，敕令所删定官王晞亮、秘書省正字潘良能、宗正寺主簿孟處義並與外任。侍御史李文會言：「晞亮之於趙鼎，良能之於李光，處義之於汪藻，皆潛植黨與，窺伺朝廷動息，密通私書，相繼不絶，僞造事端，唱爲異説，喧傳四方，實傷國體。望賜罷黜，以一内外之心，天下幸甚。」乃以良能通判江州。晞亮，莆田人也⑦。

15 丁丑，詔寶文閣學士、知成都府張燾依所乞提舉江州太平觀，徽猷閣待制李璆知成都府。王明清揮麈録餘話：「祖宗以來，帥蜀悉雜學士以上方爲之。李璆復次對，制閫成都，自是蜀帥職始殺矣，曹筠、王剛中是也。」按紹聖間，鄭雍守成都，不帶職。政和間，周燾上帶待制，非自璆始。紹興後，蕭振、符行中亦以次對爲之，不但曹、王二人。璆初以次對守成都，後四年，乃陞雜學士爲制置使。明清所記，皆參差不合。燾在蜀時，有詔宣撫司納契丹降人。燾謂胡世將曰：「蜀地狹，安能容？且不監前朝常勝軍乎？」世將奏寢其事。蜀自用兵，和預買布疋折估錢二引，民已病之。至是轉運司迫餉軍，增至三道，成都一路總七十四萬七千有奇。燾言：「昨降度牒二千，稱提錢引，數適相當，願以此代輸。」從之。初，燾開府，適當歲旱，大發積粟，以賑饑民，撫存黎、雅蕃部，禁戢貪吏，開修渠堰，蠲落江田税，遣獄訟，修文翁舊學，時與諸生講論經旨，政無不舉，蜀人大悦。

徽猷閣待制、提舉江州太平觀葉焕卒。

16 戊寅，秘書省正字洪适添差通判台州⑧，洪遵添差通判常州。适、遵以奉親自列，乃有是命。

17 辛巳，户部員外郎張漢彦罷。漢彦與龍圖閣學士秦梓善⑨，侍御史李文會奏：「漢彦詐作梓書遺臣，以別紙譖毁他人，上玷朝廷，有傷士體。」故罷。

18 壬午，徽猷閣待制、知邛州馮檝爲瀘南沿邊安撫使，知瀘州。

1 冬十月甲申朔，直秘閣、新知邵州何麒落職，主管台州崇道觀，道州居住。麒連爲李文會所擊，上疏懟之。秦檜奏麒所言不實。上曰：「此事果實，亦不可行，宜重加竄責，以爲士大夫誕妄之戒。」

2 丙戌，太師、尚書左僕射秦檜爲郊祀大禮使，參知政事万俟卨爲禮儀使，吏部尚書羅汝檝爲儀仗使，户部尚書張澄爲橋道頓遞使，禮部侍郎兼權直學士王賞爲鹵簿使。故事，合祭天地於南郊，謂之郊祀大禮。元豐分南北郊，改曰冬祀。建炎初郊不改，及是賞等既審於上，始草郊祀儀注上之。

3 戊子，右宣教郎、新監行在藏西庫曹泳添差通判秀州⑩。泳，彬五世孫，秦熺婦兄也。始以武易文，故有是命。

4 己丑，太師、尚書左僕射、提舉詳定一司敕令秦檜等上國子監太學武學律學小學敕令格式二十五卷。

權尚書吏部侍郎江邈充集英殿修撰，提舉江州太平觀。尚書司勳郎中陳康伯爲軍器監。康伯與秦檜有舊，及在朝路，澹然無求，檜嘗稱其清重焉。

5 庚寅，秘書丞兼國史院編修官嚴抑轉對，言：「國朝會要，仁宗時自建隆修至慶曆，神宗時自慶曆修至熙寧，而後來尚未編集，事無所考，望命儒臣續而爲書。」抑又言：「渾儀之制，祖宗所留意，渡江以來，缺然無有，乞下太史局重創。」詔禮部及天文太史局並條具申省。初，上自海道還臨安之次歲，嘗命有司製渾儀，以木樣進，既而中寢，故抑言及之。

6 壬辰，詔親衛大夫、貴州防禦使、知夔州范綜令再任。

7 乙未，奉安祖宗帝后及徽宗皇帝、顯肅皇后神御於景靈宮，太師秦檜爲禮儀使。先是，遣官自海道奉迎至行在。上曰：「此事至重，朕甚慮之，及聞出陸，朕心始安。」前一日，上乃詣承元、承順殿告遷。至是，步導出行宮北門。執政、使相、南班宗室迎拜訖，前導至景靈宮。參知政事万俟卨、吏部尚書羅汝楫、户部尚書張澄分詣三殿行禮。時庶事草創，乃建萬壽觀於櫺星門内。十七年四月始改作。

8 戊戌，詔川、陝諸州秋試舉人，並用六月前鎖院。先是，成都府路安撫張燾乞：「就春月發解[11]，庶使得解舉人，可赴行在省試。」禮部言：「自來發解年，係三月降詔。」故改用夏季焉。

9 己亥，上諭大臣曰：「自今宗子，許於所載入學，令與寒士同處，第別作齋，仍選士人爲長諭，庶盡變積習，文行皆可取也。」

10 庚子，上詣景靈宮行欵謁之禮。辛丑，亦如之。

11 甲辰，給事中兼修玉牒官兼侍講楊愿權直學士院。

顯謨閣學士、提舉江州太平觀汪藻落職，永州居住。右司諫詹大方論：「藻始遊蔡京之門，終爲王黼之客。前日在朝異議者，皆藻之所爲。今復居近地，陰遣耳目，刺探微密，務爲扇搖。望令遠方居住，以示懲戒之萬一。」故有是命。

直寶文閣、充江浙荆湖福建廣南路都大提點坑冶鑄錢韓球過闕入見，陞直龍圖閣。

12 丙午，保信軍承宣使、提舉萬壽觀邢孝揚爲賓德軍節度使。

13 丁未，左承議郎、權京西路轉運判官蔡安强直秘閣、知襄陽府，始用文臣也。

是月，湖州言：「長興縣民華小九取肝以療父疾。」詔旌表門閭。

1 十有一月癸丑朔，左正議大夫、提舉台州崇道觀王仲嶷復顯謨閣待制致仕。仲嶷始坐江西降敵失官，後復故秩。至是，獻紹興聖德頌於朝，且遺秦檜書有云⑫：「黄紙除書，久無心於夢寐；青氊舊物，尚有意於陶鎔。」書未報而仲嶷卒。權中書舍人劉才邵因言：「其所進頌既進歸美之實，而權制典雅，真得家法之傳。」乃有是命。王明清揮麈録餘話：「王仲嶷豐甫，建炎初知袁州，金人犯江西，坐失守削籍。後秦會之再入相。會之，仲山婿也。豐甫以啓懇之，會之爲開陳，詔復元官，奉祠放行。奏薦時，豐甫寄禄已爲通議大夫，不問職名，所以諸孫皆奏京秩，年八十餘卒。」按日曆紹興六年七月，仲嶷以上其父珪神道碑復左中大夫奉祠。是時，趙鼎當國，秦檜未再相，不知何時再復元官，當考。

詔今年郊恩封贈、封叙並令命詞給告⑬。以秘書郎張闡轉對有請也。

2 戊午，上服袍履，乘輦詣景靈宫，行朝獻之禮，遂赴太廟宿齋。

3 己未，朝饗太廟禮畢，上服通天冠、絳紗袍，乘玉輅，齋於青城。

4 庚申，日南至，合祀天地於圜丘，太祖、太宗並配。自天地至從祀諸神，凡七百七十有一，設祭器九千二百有五，鹵簿萬二千二百有二十人。祭器應用銅玉者，權以陶木。鹵簿應有用文繡者，皆以纈代之。初備五輅，惟玉輅並建旗常，餘各建所載之旗。青城用蘆葦絞屋爲之，飾以青布，不設齋宮，以黑繒爲大裘，蓋元祐禮也。禮官以行在御街狹，故自宮徂廟不乘輅，權以輦代之。禮畢，上不御樓，内降制書赦天下。何俌龜鑑：「過宗廟則必有敬心，見墟墓則必有哀心。桐宮爲自怨自艾之地，郊祀見基命宥密之意。今景靈之輪奐一新，圜丘之規制一定。風景雖殊，山河頓異，固不能不起秋風黍離、春日蒲柳之歎。然天子建國，宗廟爲先，祭祀之典，天地爲重。鳴條之師，正可告於皇天；孟津之舉，亦可類於上帝。則郊祀之舉，亦未害也。」

5 丁卯，秦檜奏：「前日蒙附出御書尚書，來日欲宣示侍從官，不惟觀陛下書法之妙，又令知陛下聖學不倦如此。」上曰：「朕之性與人異，無事則静坐觀書，所得甚多。」又曰：「朕觀古之人君，有嗜殺人者，蓋不能養性，故多恣暴。大率知足更無事，貴爲天子，誰能制之？若不知足，更爲侈靡，未有不亂，如唐明皇是也。」檜曰：「陛下聖德如此，三代顯王何以加諸？」時上所寫六經與論語、孟子之書皆畢，檜因請刊石於國子監，仍頒墨本賜諸路州學。詔可。檜記於篇末，略曰：「天降下民，作之君，作之師。自古在上則君師之任，歸於一致。堯、舜之世，比屋可封，此其效也。陛下天錫勇智，撥亂世反之正，又於投戈之際，親御翰墨，書六經以及論語、孟子。朝夕從事⑭，爲諸儒倡，堯、舜君師之任，乃幸獲親見之。夫以乾坤之清寧，世道之興起，一人專任其責，所爲經綸於心、表儀以身者，勤亦至矣，所望於丕應者豈淺哉？詩不云乎：『思皇多士，生此王國。

王國克生，維周之禎。』臣願與學者勉之。」呂中大事記：「所幸聖心無欲，君德無玷。檜雖使人上聖德頌，而上萬幾之暇，專意經術，親書石經，命儒臣紬繹其説，祁寒隆暑，略無倦色。又作損齋，置經史古書於其中，以爲燕坐之所，且爲之記，其講學不輟也。」

6 己巳，福建轉運司進錦樣，上諭輔臣曰：「儻可備禮物之用，亦無庸遠取，第須令官給其直，毋使及民，恐閩中又生此一擾也。」

詔諸州將舊贍學錢糧撥還養士，監司常切覺察，毋得他用，仍各具養士及錢糧數申省。以右朝奉郎劉子翼知信州還有請也。

除名人葉湍瓊州編管，永不放還。湍以事編置南雄州，而守臣劉掄奏其興訛造謗，乞不以赦宥，特竄遐陬，故謫之。葉湍本末當考。

7 庚午，給事中楊愿假禮部尚書充大金賀元旦接伴使，容州觀察使、知閤門事兼權樞密副都承旨曹勛副之⑮。及還，就充送伴。自是以爲例。愿等就充送伴，在明年正月朔降旨，今併書之。勛權密旨，日曆不見。本院官屬題名在十四年，而無其月，恐誤。

8 癸酉，太常博士劉嶸轉對，言：「國之大事在祀。昨自南渡草創，未能備物，凡遇大小祀祭，並權用奏告禮，一籩一豆，酒脯行事，此在當日固未遑議。今時方中興，容典未備，如日月五帝，且不得血食，神州感生，亦削去牲牢。風雷蠶農，盡寢其禮。簡神瀆禮，於是爲甚。望明詔有司，講求祀典，凡不可闕者，並先令復舊，其他以次施行。」從之。

9 甲戌，入内東頭供奉官、睿思殿祇候鄭玕除名，衡州編管。左武大夫、武勝軍承宣使、侍衛步軍司統領張守忠降二官。以守忠與玕交通，而玕受守忠賂遺也。

10 丙子，詔北使往來，並於盱眙軍、鎮江、平江府賜燕，遣内侍莅之⑯。

11 戊寅，侍御史李文會論：「户部員外郎勾龍庭實仕於公朝，而不知尊主之義，望罷黜以清朝列。」上曰：「可與外任，此人是川人，大率川人多學蘇軾，如江西人盡學黄庭堅。」上因説及：「梁師成，蘇軾文字首尾都記得。此人雖是内侍，却讀書，只是不合干預朝廷事，如薦引士大夫，皆非所當爲。内侍引用人才，最害政之大者，此等人便當重置於刑。歷觀諸古，内侍薦引人才，未有不致於亂者。」乃以庭實知眉州。

1 十有二月癸未朔，日有食之。詔避殿減膳。是日，陰雨不見。太師秦檜率百官上表稱賀。自是如之，逮檜薨乃止。

2 甲申，徽猷閣待制李正民提舉江州太平觀。金人之叛盟也，正民爲淮寧守，以城降。時孟庾、路允迪皆已奪官，而正民未及貶。比歸，以舊官見，至是得祠。

3 丁亥，尚書禮部侍郎兼實録院修撰、兼侍講、兼權直學士院王賞知利州。侍御史李文會論：「賞外示樸野，心實傾邪。程敦厚，子婿也，而賣之。勾龍庭實、何麟，腹心也，而人莫知之。情厚貌深如此，而他豈易測？伏望速賜斥逐，以厲百官。」故有是命。

4 庚寅，太師秦檜以瑞雪應時，率百官詣文德殿拜表稱賀。自是歲如之，迄今不改。

起居舍人兼權中書舍人劉才邵兼權直學士院。

5 辛卯，詔民間所用私鑄當二毛錢悉毀之⑰，違者抵罪，自不及百錢以上，皆許告賞。時江右私鑄甚衆，上諭輔臣，令嚴行禁止，公私毋得用。

6 壬辰，樞密院編修官魏元若權太學博士，臨安府府學教授林大鼐權國子正，左迪功郎、新浙西安撫司準備差遣陳夔權太學録，用司業高閌請也。夔、大鼐皆永嘉人也。

7 癸巳，詔試中監學生，依嘉祐故事給綾紙。用左朝請大夫、新知永州熊彦詩請也。彦詩言：「主上登用真儒⑱，載興太學，監帖之制，似可復行。」秦檜進呈。上曰：「學校者人才須素養。太宗皇帝置三館養天下士，至仁廟朝，人才輩出，爲朝廷用。」檜曰：「國朝崇儒重道，變故以來，士人雖陷敵者，往往能守節義，乃教育之效也。」上曰：「然。五代之季⑲，學校不修，故當時士人多無名節。今日若不興崇學校，將來安得人才可用耶？」

秘書丞嚴抑言：「本省藏祖宗國史、歷代圖籍，舊有右文殿、秘閣、石渠及三館四庫，自渡江後，權寓法慧寺，與居民相接，深慮風火不虞。欲望重建，仰副右文之意。」於是建省於天井巷之東，以故殿前司寨爲之。上自書右文殿、秘閣二榜，命將作監米友仁書道山堂榜，且令有司即直秘閣陸宰家録所藏書來上。何俌龜鑑：「藏書求書，制禮作樂，使不於此而汲汲焉，則將踵漢人馬上安事之陋習，而守殘補缺，重爲來世之歎。昧東都熙洽之儀容，而播爇於河海，亦豈盛世之事？矧秘書三館，書籍經史，凡所謂典章文物者，盡入於金也哉？」

是日，賜喜雪御筵於尚書省，初復故事也。

8 甲午，以郊禮畢，恭謝景靈宮。乙未，亦如之。又命内臣恭謝萬壽觀神御。

9 丁酉，哲宗修容魏氏薨，贈婉儀。

右宣教郎、權敕令所删定官巫伋面對，請增太學弟子員。詔增二百。伋，句容人也。

10 己亥，奉國軍節度使、金房開達州安撫使、知金州郭浩來朝[20]，命坐賜茶。

皇兄寧遠軍承宣使、權主奉益王祭祀安時爲寧國軍節度使。

起居舍人劉才邵試中書舍人兼權直學院。

宗正少卿段拂權尚書禮部侍郎[21]。

11 庚子，權尚書禮部侍郎兼資善堂翊善秦熺、權尚書刑部侍郎周三畏並落「權」字。

詔故左朝請大夫、右文殿修撰崔縱例外官其家一人。以尚書省言縱奉使異域身亡，理宜優恤故也。

12 癸卯，有司進呈賜北使弓矢。上以其不精工，命出内庫所造者賜之。翌日，諭大臣曰：「此朕自指教，雖軍中人亦未必能之，賜予使人，不惟觀美[22]，兼器械之良，亦可使遠人知所畏服。」

13 甲辰，武德郎楊庭特換右通直郎。庭，政子，以川陝宣撫司策試如式也。

14 乙巳，太師秦檜辭生日賜宴。詔曰：「以不世之英，值難逢之會。其始生之日，可不爲天下慶乎？宜服異恩，無守沖節。」檜每生日，四方獻壽者，金玉爲不足，至於搜盡世間之希奇以爲侑，錫賚踵至，賜教坊樂佐酒。一日，伶人作雜劇之戲，嬉笑聲微高，檜目之不語。少頃，檜起更衣，久而不出。其夫人王氏使人候之，乃在一室中默坐。論者謂檜歎其不足以相副也，嗚呼深哉！自檜每生日已下，並以趙甡之遺史本文修入。

權尚書禮部侍郎段拂兼實録院修撰。

15 丙午，侍御史李文會言：「金國遣使，禮意至厚，宜嚴戒有司，討論舊典，精加補緝，以稱陛下和好之誠。」從之。

16 己酉，大金賀正旦使副左金吾衛上將軍右宣徽使完顔曄、秘書少監馬諤見於紫宸殿。金主遺上金酒器六事，色綾羅紗縠三百段，馬六匹，自是正旦率如此例。曄，金主大父行也。故事，北使跪進書於殿下。自通好後，金使每入見，捧書升殿跪進，上起立受書，以授内侍。金使道其主語，問上起居。上復問其主畢，乃坐。曄等既見，上謂秦檜曰：「今次使人來㉓，大體皆正，其他小節不足較。觀金人之意，和議必須堅久。」檜曰：「所以然者，由陛下御得其道。」上曰：「非卿學識過人，堅主和議，安得如此？」臣謹按：紹興三十二年張忠建，乾道七年爲烏陵天錫，淳熙八年賀生辰人使，皆争進國書事。而日曆載徐嘉待罪狀，但云「請近上臣僚受書」而已。熊克小曆乃云：「忠建欲以舊禮受書。」楊萬里撰虞允文碑又云：「天錫進書，跪不肯起，要我以故事所無之禮。」皆不得其詳。龔頤正撰范成大行狀又云：「隆興再和，名體雖正，失定受書之禮，上常悔之。乾道六年五月，遷公起居郎，充祈請使。公密早奏，具言答書有曰：『抑聞附請之詞，欲變受書之禮，出於率易，要以必從。』」然亦不云舊禮如何。今以日曆、會要、大懷忠入見儀注及晁公忞敗盟記參考之㉔，進書之儀，大略如此，故掇取附見，以補史闕。若遂略而不書，則後世將謂有不可書者，故當記其實也。或可移附紹興三十年二月。

初，詔户部尚書張澄館伴北使。是禮久不講，澄知舊制，入國門前一日，班荆館賜宴。既至驛，賜被褥紗羅。翌日，臨安府書送酒食。又翌日，乃朝客省賜茶酒。垂拱殿宴㉕，退賜茶器。翌日，賜生餼，從例折博。遊上天竺寺，賜香及齋筵，冷泉亭酒果。除夕，賜内中酒食、風藥、花餳。正旦，殿賜茶酒，大臣就驛御筵。遇立春，賜壽盤幡勝。三日，客省簽賜酒食内中酒食，江下觀潮。四日，宴射，賜酒果、弓矢例物。五日，大宴集英殿。六日，朝辭，賜衣帶、銀器，臨安府書送贐儀，大臣就驛賜宴，密賜金銀。翌日行，賜龍鳳茶、金鍍銀合。又翌日，班荆館賜宴。遂爲定式。其後，上以使人市買方物，恐或擾民，每北使至館，即出内庫錢萬緡，付都亭驛，遇使人市物，隨即取償，自是以爲例。出内庫錢付驛事，不見於他書。今以三十六年七月癸亥宣諭聖語修入。按日曆，澄受命館客，乃在十四年五月，不知熊克小曆何以繫之此年，姑附此，更須詳考。惟敵使朝謁稱謂，及與伴使往來㉖，視京都舊儀則有不同焉。日曆：紹興三十二年三月六日，接伴使洪邁等奏接伴變更舊例十四事。三月七日，閤門客省奏北使朝北禮儀。三月二十五日，館伴使徐嘉等奏館伴更改近例十四事。並詳見本年月，此不別出。又詔歲幣銀絹，令淮南漕臣、盱眙軍等臣遣官過淮交割，事畢取旨推恩。於是所遣官六員，各減二年磨勘。日曆無此，今以紹興三十三年六月甲子申明指揮修入。

是歲，宗室子賜名授官者十有五人㉗，諸路斷大辟八十八人。

關外初行營田凡一千三百餘頃。

初，申嚴淮海銅錢出界之禁，而閩、廣諸郡，多不舉行。於是泉州商人夜以小舟載銅錢十餘萬緡入洋，舟重風急，遂沉於海，官司知而不敢問。此據湯鵬舉議附入㉘。二十六年五月甲子，再降旨申嚴。

金主亶初頒皇統新律㉙，其法千餘條，大抵依倣中朝。間有創立者，如毆妻至死，非用器刃者不加刑，他率類此。徒自一年至五年，杖自百二十至二百，皆以荆決臀，仍投之遠，使之雜作。惟僧尼犯姦，及强盜，不論得財不得財，並處死，則與古制異矣。

校勘記

①昌圍楚州　「昌」，原作「軍」，據叢書本及皇朝中興繫年要録節要卷一二二改。
②有室撚者在軍　「室撚」，原作「錫納」，據金人地名考證改。下同。
③皓與檜語及虜事　「虜」，原作「金」，據皇朝中興繫年要録節要改。
④乃命黜皓　「黜」，皇朝中興繫年要録節要作「出」。
⑤淮甸湘濮　「湘濮」或爲「襄陽」之誤，蓋下文有詔淮東、京西監司語，而湘、濮皆非近邊殘破之地也。
⑥主管洪州玉隆觀　「隆」，原作「龍」，誤，據叢書本及宋史卷一七〇職官志一〇改。
⑦莆田人也　「莆」，原作「蒲」，誤。王晞亮宋史無傳，此據乾隆福建通志卷二九小傳改。
⑧秘書省正字洪适添差通判台州　「洪适」，原作「洪皓」，據叢書本改。
⑨漢彦與龍圖閣學士秦梓善　「學士」，原闕，叢書本同。按，皇朝中興紀事本末卷六一載：「紹興十三年六月甲辰，翰林學士秦梓引疾乞退，辛亥，以爲龍圖閣直學士知宣州。」本書卷一四九亦有本年六月，「翰林學士兼侍讀資善堂翊善秦梓充龍圖閣學士知宣州」之記載，蓋以直學士陞學士，本末誤書爲直學士。據補。
⑩右宣教郎新監行在藏西庫曹泳添差通判秀州　「藏西庫」上當有脱字，或「左」、或「右」，俟考。

⑪就春月發解　「解」，原作「揮」，據叢書本改。

⑫且遺秦檜書有云　「遺」，原作「遣」，據叢書本改。

⑬詔今年郊恩封贈封叙並令命詞給告　「叙」，原作「叔」，叢書本同，誤，據文意改。

⑭朝夕從事　「夕」，原作「賢」，據叢書本改。

⑮容州觀察使知閤門事兼權樞密副都承旨曹勛副之　「都」，原作「使」，據叢書本改。

⑯遣内侍蒞之　「遣」，原作「遺」，據叢書本改。

⑰民間所用私鑄當二毛錢悉毁之　「毛」，原作「毫」，據叢書本改。

⑱主上登用真儒　「真」，原作「直」，據叢書本改。

⑲五代之季　「五代」，原作「三代」，叢書本同，據宋會要輯稿職官二八之二四改。

⑳奉國軍節度使金房開達州安撫使知金州郭浩來朝　「奉國軍」後原有「以」字，據叢書本删。「知」字原闕，據叢書本補。

㉑宗正少卿段拂權尚書禮部侍郎　「禮部侍郎」，原闕，據叢書本補。

㉒不惟觀美　「惟」，原作「能」，據叢書本改。

㉓今次使人來　「次」，原作「汝」，據叢書本改。

㉔晁公忞敗盟記參考之　「忞」，原作「忿」，叢書本無，據本書卷一九〇、一九五及三朝北盟會編卷二三八等改。

㉕垂拱殿宴　「宴」，原作「晏」，據叢書本改。

㉖及與伴使往來　「及」，原作「乃」，據叢書本改。

㉗ 宗室子賜名授官者十有五人 「室」,原誤作「歲」,據叢書本改。

㉘ 此據湯鵬舉議附入 「議」,原作「義」,據叢書本改。

㉙ 金主亶初頒皇統新律 「統」,原作「朝」,據叢書本改。

建炎以來繫年要録卷一百五十一

1 紹興十有四年歲次甲子。金熙宗亶皇統四年。春正月按是月癸丑朔。丁巳，燕北使於紫宸殿，權侍郎、正刺史已上預焉。

2 戊午，吏部尚書羅汝檝爲大金報謝使，瀛海軍承宣使、知閤門事鄭藻副之，以金來賀正故也。

3 己未，金國賀正旦使完顔曄等辭行。自通好後，金使至闕，見辭，燕射，密賜，共白金千四百兩，副使八百八十兩，襲衣金帶三條，三節人皆襲衣塗金帶，上節銀四十兩，中下節銀三十兩，自是以爲例。趙甡之遺史：紹興三十一年五月，又書從例使副酒各四大金瓶，瓶并器合盡與之。會要不載，當考。

4 乙丑，故奉議郎、河北軍前通問使魏行可特贈右朝奉郎、秘閣修撰，以行可父右通直郎致仕伯能有請也。先已官其一弟二子，至是復官其一孫。

初，太傅、醴泉觀使、咸安郡王韓世忠之罷樞筦也，上命存部曲五百人，俸賜如宰執。丙寅，世忠言：「兩國講和，北使朝正恭順，此乃陛下沉機獨斷，廟堂謀謨之力，臣無毫髪少裨中興大計。望將請給截日住支，并將背嵬使臣三十員、官兵七十人，撥赴朝廷使用。」詔使臣令殿前司交割，餘不許。

5 丁卯，詔上津、豐陽二縣隷金州。

資政殿學士、提舉臨安府洞霄宮王次翁以舊職致仕。次翁自言「疾勢困重，乞納禄」故也。太師秦檜憐之，餽問不絕。

集英殿修撰、提舉江州太平觀黄龜年落職，令本貫福州居住。龜年爲御史，嘗論秦檜之罪，至是寓居四明，右司諫詹大方奏：「龜年昨緣諂附匪人，搢紳不齒。今當朝廷清明之時，自宜退聽深藏，而乃覆出爲惡，凌壓百姓，干撓郡政，害及一方。」上覽奏曰：「此豈士人所爲？」乃有是命。

6 己巳，直龍圖閣、知臨安府張叔獻陞敷文閣待制。

7 辛未，封普安郡王婦郭氏爲咸寧郡夫人，給内中俸。郭氏，祥符人，故奉直大夫直卿孫也。

8 癸酉，侍御史李文會試御史中丞，右司諫詹大方試右諫議大夫。

9 丁丑，詔四川路内藏錢帛，並易輕賫赴行在，惟絹以本色。

10 戊寅，内出鎮圭付國子監，以奉文宣王。先是，有司請以藥玉或珉石爲之。上曰：「崇奉先聖，豈可用假玉？」

左朝奉大夫、秘閣修撰趙子偁既卒，詔侍從臺諫集議普安郡王當持何服。議者張澄、李文會、秦熺、周三畏、王晙、劉才邵、詹大方、張叔獻、段拂、何若、游操奏：「檢照國朝會要，嘉祐四年九月詔使臣、内殿崇班、太子率府率以上，遭父母喪，並聽解官行服，宗室解官給俸。所有普安郡王持服，乞依故事。」

11 庚辰，秦檜進呈，上曰：「初議養宗室子，今子偁死，若不使之持服，則非本朝典故，宜從其議。」熊克小曆云：「普安郡王瑗以父子偁身故，乞持服。」日曆議狀全文不云王自陳，當考。

瀛海軍承宣使、知閤門事、充大金報謝副使鄭藻改鎮東軍承宣使。日曆不言所以，程敦厚外制集有華州觀察使傅忠信改除制詞云：「朕方務昭大信以固圉，故推長利而正名，可溫州觀察使。」

1 二月壬午朔，尚書工部侍郎王喚充寶文閣直學士，知平江府，從所請也。

2 癸未，宰執奏榷貨務茶鹽推賞事。上因論：「祖宗茶鹽之法，納粟於邊，請鈔於京，公私皆便，不惟邊面可實，而又免轉輸之勞。朕嘗思祖宗立法，無不善者，豈可輕議變易？」上又曰：「朕因前日金使須要射，以謂武備不可一日弛，深慮邊事寧息，諸軍稍怠，朕見造金銀椀，將因暇日親閱，用此旌賞以勸激之。」熊克小曆載此事於二月戊寅。按二月無戊寅，戊寅乃正月二十六日，不知克何以差誤。

少傅、鎮潼軍節度使、江南東路安撫制置大使、判建康府兼行宮留守、信安郡王孟忠厚與資政殿學士、知紹興府樓炤兩易。

左承議郎、潼川府路轉運判官楊椿改本路提點刑獄公事。時諸路漕臣多獻羨餘，獨椿無所獻。帝曰：「今瘡痍未瘳，愧不能裕民力，其肯掊克以資進身耶？」

3 乙酉，左朝奉郎、江南東路制置大使司參議官朱敦儒爲兩浙東路提點刑獄公事。

4 丁亥，詔川陝宣撫司便宜合換給文字，限一年陳乞，盡今冬毋得受。先是，宣撫副使鄭剛中乞：「將磨勘酬賞等事，收還省部，却將軍旅事務便宜施行。」故吏部以爲請焉。

靖州乞：「依舊置新民學，教養溪洞歸明子弟，以三十人爲額。」從之。

5 戊子，國子司業高閌等率諸生上表請視學，手詔宜允。

故左朝奉郎劉長孺特贈二官，録其家一人，以權華陰縣日死事故也。長孺已見紹興九年。

6 己丑，福建安撫使葉夢得乞：「將見拘留海船，與不係籍船户，輪流差使。」上曰：「不惟海船一事，民間積欠亦可放。」秦檜曰：「自來諸州各乞放積欠，爲惠不均。欲令户部取諸路之數，條可蠲者以聞。」上曰：「善。」因言：「朕頃在山東、河北，備見民間利病，如官司錮吏下鄉催科，此適足資其爲姦耳。」乃詔江、浙等路紹興八年以前拖欠，並與蠲之。放欠指揮，在此月癸巳，今併附此。熊克小曆載福建帥司所奏在甲申，今從之日曆。中興聖政内史臣曰：「聖人中心之仁，譬猶穀之有種也。上因海船之請，而遽及於逋負，蓋其愛人利物之誠，根於聖性，故有以感發之，而仁不可勝用矣。」

7 辛卯，復置教坊，凡樂工四百有十六人，以内侍充鈐轄。三十一年六月罷。

8 甲午，上諭大臣曰：「昨嘗降旨，諸軍揀汰人數，令便招填，可嚴切行下。不然，闇損軍額，不可不慮，恐緩急誤事。」

時皇太后築外第，有遷徙居民處，上命臨安倍支般挈之費，仍對撥官屋居之，毋令失所。二事熊克小曆繫之三月甲子，今從日曆。

9 乙未，鈞容直乞推賞，上曰：「可與支賜。」仍降旨，爲第一次祇應有勞，今後並依此體例，庶絶其後來希望耳。

10 丙申，上謂大臣曰：「近見鄭剛中奏減民間科須數目不少，朕聞之頗喜，自是四川之民當少蘇矣。」

給事中兼權直學士院楊愿等送伴北使還，入對，自是率如之。

11 戊戌，初，令四川都轉運司歲撥總制錢一百七十三萬餘緡，市輕賫并細絹四萬七千餘匹、綿四千五萬餘兩，赴鄂州總領司椿管。自去秋以右護軍統制田晟所部隸馬司，故取其贍軍錢帛，至今蜀中號田四廂錢。是歲，四川始取稱提錢四十餘萬緡，以備軍費。詳見十八年四月乙酉。

12 丙午，左通奉大夫、參知政事万俟卨依前官提舉江州太平觀。先是，卨使虜還①，太師秦檜假金人譽己數十言，囑卨奏於上，卨不可。他日奏事退，檜坐殿廬中，批上旨，輒除所厚官，吏鈐紙尾進，卨拱手曰：「偶不聞聖語。」却不視。檜大怒，自是不交一語。御史中丞李文會、右諫議大夫詹大方聞之，即奏：「卨黷貨營私，窺搖國是。」卨再上章求去，上命以資政殿學士出守，及入謝，上問勞甚悉。檜愈怒，給事中楊愿因封還録黄，乃有是命。

同知大宗正事士㒟請：「宗學生以百員爲額，大學生五十，小學生四十，職事人各五人。」從之。

13 己酉，資政殿學士、新知紹興府樓炤過闕入見，即日除簽書樞密院事，兼權參知政事。

中書舍人兼直學士院劉才邵、祠部員外郎王觀國並罷。御史中丞李文會論：「二人皆以附万俟卨爲腹心，中懷異意，自作弗靖。若久在朝，必害至治。」乃以才邵知漳州，觀國知邵州。

軍器監陳康伯權尚書吏部侍郎，尚書左司郎中李若谷權工部侍郎，以將出使也。

樞密院檢詳諸房文字吳秉信守右司員外郎。倉部員外郎王循友爲樞密院檢詳諸房文字。

奉國軍節度使、知金州兼樞密院都統制郭浩檢校少保，以將還鎮也。

1 三月壬子朔，上謂大臣曰：「聞臨安府官地，民間見佃者，近日頗爲豪强所奪，至毁其屋宇，此事在民，利害甚大，宜令禁止，仍舊給與小民。」

2 癸丑，秦檜等奏選除武岡軍守臣②。上曰：「猺人當安，不可擾，煙瘴之地，遣兵討伐，視他處尤難，不可不慎。」

3 乙卯，輔臣進呈諸路未發上供錢糧數。上曰：「江、浙、京、湖積年拖欠皆虚數，紹興十年以前，除形勢及第二等以上户外，悉蠲除之。仍出榜曉示，官吏故違，許之越訴於朝。」

資政殿大學士、提舉臨江府洞霄宫張守爲江南東路安撫制置使，兼知建康府。

4 丁巳，以右護軍選鋒左右游奕軍爲馬軍司第五至第十將。管軍田晟部曲始至行在故也。

5 庚申，户部尚書張澄乞：「諸路坑冶，委的有名無實去處，令憲漕司别立酌中課額，仍覺察，無令有力之家，計囑幸免，致下户受弊。」上曰：「寧於國計有損，不可有害於民，若富藏於民，猶國外府。不然，貧民爲盜，常賦且將失之。此有若所謂『百姓足，君孰與不足』者也！」

尚書禮部侍郎秦熺免兼資善堂翊善，從所請也。權禮部侍郎段拂兼資善堂翊善。熺免兼資善，必有説。

6 丁卯，改岷州爲西和州，金人避阿骨打諱，更爲祐州，至是改之。與階、成、鳳州皆隸利路。端明殿學士川陝宣撫副使鄭剛中改四川宣撫副使，去「陜」字。日曆無此，今以會要修入。

7 己巳，上幸太學，祗謁先聖，止輦於大成殿門外，步趨升降。中興聖政：史臣曰：「治道莫盛於堯、舜，而夫子則明堯、舜之道者也。故欲舉堯、舜之治，必先推本明堯、舜之道者。」退御敦化堂，命禮部侍郎秦熺執經，國子司業高閌講易泰卦，權侍郎、正刺史已上並與坐。講畢，賜諸生席於廡下，啜茶而退。遂幸養正、持志二齋，觀諸生肄業之所，賜閌三品服。熺與學官皆遷官，諸生授官免解賜帛如故事。中興聖政：臣留正等曰：「學校以教之，王政之本也。樂育人材，《菁莪》之義也。士不素養，而求一旦之用，猶兵不禁練，而責其一日之戰也。太上皇帝興太學以養天下之士，慮其未廣，又下增員之令。譬之嘉穀，種之力者獲必豐，養之至者，才難何慮矣。」

詔今後臣僚有面刺大字或燒灸之人，許入見。時諸將多起於羣盜，上既命更迭入朝，統制官李用者，面刺雙旗，閤門以爲疑，故審於上，而有是命。此以會要增修。

8 壬申，太師秦檜言：「陛下文德誕敷，干戈載戢。乃者祗謁先聖，遂幸太學。躬行之化，乃在斯舉。臣不勝慶幸，乞宣付史館，仍許拜表稱賀。」上曰：「非卿力主和議，兵革休息，則學校何由興？所請宜依故事。」熊克小曆云：「上幸太學，言者以爲盛事，乞宣付史館。」蓋誤。

權尚書禮部侍郎兼權實録院修撰兼資善堂翊善段拂試中書舍人，兼職如故。國子司業兼崇政殿説書、資善堂贊讀高閌權尚書禮部侍郎。徽猷閣直學士胡寅聞之，移書責閌曰：

太學者，明人倫之所在也。閣下召自閑廢，有成均之命。竊自計曰：「今天下方無三綱，斯人之所以來乎？」及見請視太學之表，寅心惕然，不意閣下有所請而有斯言也。昔秦、楚敵國，懷王不還，楚人憐之，如悲親戚。蓋忿秦之以强力姦詐加於其君，使不得其死，其憯勝於加之刃也。太上皇帝，我中原受命之主，劫制强敵，生往死歸，此臣子痛心切骨，坐薪嘗膽，宜思所以必報者也。而柄臣者，乃敢欺天罔人，以大讎爲大恩乎？昔宋公爲楚所執，楚子釋之，孔子筆削春秋，乃曰：「諸侯盟於薄，釋宋公。」不許外國之人得制中國之命也。太母，天下之母，其縱釋乃在外國之君，此中華大辱，臣子所不忍言者也。而柄臣者，乃敢欺天罔人，以大辱爲大恩乎？

大宋基業封疆，皆太祖、太宗收用英俊，勤恤民隱，躬擐甲冑，與天下士夫勞苦以得之。又累聖嚴恭寅畏③，不敢荒寧而守之者也。今關河重地，悉爲敵封。園陵暴露，不得瞻守。宗族拘隔，不得相見。土地分裂，人民困苦，不得鳩集。冤恨之氣，外薄四海，不得伸雪。而柄臣者，方且施施然厚誣天下，自以爲有大功乎？閣下受其知遇，何不勤勤懇懇而爲之言乎？言而或聽，天下國家實幸甚也。晉朝廢太后，董養游太學，升堂歎曰：「天人之理既滅，大亂將作矣。」則遠引而去。今閣下目睹忘讎逆理，北面事敵，以苟晏安之事，猶偃然爲天下師儒之首。既不能建大論，明天人之理，以正君心，乃阿諛柄臣，希合風旨，求舉太平文具之典，又爲之詞曰云云，欺天罔人孰甚焉？是黨其惡也。

人皆謂閣下平生志業掃地去矣。數十年積之，而一朝毁之乎？春秋之業，誅國賊者，必先誅其黨。歷觀往古人君，以無道行者猶不能終，况人臣而敢肆然以無道行之乎？一旦明天子監亂亡之禍，赫然震怒，以咎任事者，嗚呼危哉，豈不與董養異哉？閣下不及今翻然改圖，則必與之俱矣。

尚書右司員外郎吳秉信守起居舍人。

御史中丞李文會言：「建寧軍承宣使、提舉江州太平觀解潛本趙鼎之客，不從和議。及和議之效既著，居常不樂。明州觀察使、浙西馬步軍總管辛永宗好撰造言語，變亂是非。二人者，守官寄居，皆在平江衝要之地，倡爲異說，恐使命往來，傳聞失實，旋致疑惑，誠爲未便。」詔永宗移湖南副總管，潛責濠州團練副使，南安軍安置。

何俌龜鑑曰：「竄王庶，檜怒其不附和議也；竄胡銓，檜怒其曾沮和議也。論趙鼎，論曾開，論李彌遜，而此心無愧之張九成既與之編置，不肯附和議之解潛，亦從而謫居焉。王次翁之力排趙鼎則喜之，孫近之請召張浚則惡之④，生殺廢置，惟己所欲。異時賢士五十三人，皆欲置之死地。獄成未上，而檜則自斃矣。天之所欲，又豈人之所能爲哉？」

9 癸酉，秦檜進呈講筵闕官，因言：「陛下聖學日躋，實難其人。」上曰：「朕學問豈敢望士大夫？但性好讀書。」檜曰：「士人讀書固多，但少適用。若不適用，或託以爲姦，則不若不讀之爲愈。」上又曰：「王安石、程頤之學，各有所長，學者當取其所長，不執於一偏，乃爲善學。」檜曰：「陛下聖學淵奧，獨見天地之大全，下視專門陋儒，溺於所聞，真泰山之於丘垤也。」乃以御史中丞李文會兼侍讀，右諫議大夫詹大方、權禮部侍郎高閌並兼侍講。閌仍兼資善堂翊善，太學博士陳鵬飛兼崇政殿說書，尚書禮部侍郎秦熺兼直學士院。

10 乙亥，上出文宣王贊刻石賜學官。高閌言：「陛下贊文，形容先聖盛德，無愧於古。」上曰：「唐明皇作贊文，乃斥先聖先師之名，非尊儒重道之意。」閌曰：「此尤見聖學高出前代帝王之上。」其後，上又悉贊七十二子。

11 丁丑，左奉議郎、敕令所删定官李朝正守尚書户部員外郎。司農寺丞宋貺爲金部員外郎。貺，歙縣人，初見紹興十一年七月。

12 戊寅，尚書省勘會趙鼎、李光、折彦質該去年郊恩合行檢舉，詔更俟一赦取旨。

右宣教郎、新湖南安撫司參議官王銍獻祖宗八朝聖學通紀論，詔遷一官。

13 己卯，左中大夫、提舉臨安府洞霄宫富直柔復端明殿學士。

右宣教郎、新利州路提點刑獄公事李志行乞：「戒飭諸路帥臣監司，將前後所承寬恤民力及恤刑詔書，恪意奉行，違者重寘典憲。」上曰：「二事皆切中時病，方今兵革既息，惟寬恤民力，欽慎庶獄，是爲急務，可令有司申嚴立法行下。」

14 庚辰，詔諸軍應有刻板書籍，並用黄紙印一帙，送秘書省。

1 夏四月癸未，葬柔福公主。主既死，從梓宫者以其骨歸，至是葬之。

2 甲申，詔刑部將半年以上未結絶公事，行在委本部，外路委監司，責限結絶，内日月稍遠者，取問因依申奏。以都省言四方多滯獄也。

3 丙戌，命太師秦檜提舉製造渾儀，詔有司求蘇頌遺法來上。上謂檜曰：「宮中已製成小範，可以窺測，日以晷度，夜以樞星爲則，蓋樞星中星也。非久降出，用以爲式，但廣其尺寸爾。」遂命内侍邵諤專主其事。

將作監丞蘇籀面對，乞：「取近世儒臣所著經說，集而成編，以補唐之正義闕遺。」上諭秦檜曰：「此論甚當，若取其說之善者，頒諸學官，使學者有所宗一，則師王安石、程頤之說者，不至紛紜矣。」籀初見紹興三年九月。

左承議郎林待聘充敷文閣直學士，知衢州。待聘初免喪，乃有是命。

責授左朝散郎、秘書少監、漳州居住孫近，責授左朝奉郎、秘書少監、筠州居住范同並復三官，提舉江州太平觀。近興化軍，同池州居住，用尚書省檢舉也。

顯謨閣學士、提舉亳州明道宮曾楙卒。

4 丁亥，秦檜奏乞禁野史。上曰：「此尤爲害事。如靖康以來，私記極不足信。上皇有帝堯之心，禪位淵聖，實出神斷，而一時私傳，以爲事由蔡攸、吴敏。上皇曾諭宰執，謂：『當時若非朕意，誰敢建言？必有族滅之禍。』」樓炤曰：「上皇聖諭亦嘗報行，天下所共知也。」檜曰：「近時學者不知體，人謂司馬遷作謗書，然武紀但盡記時事，豈敢自立議論？」

秘閣修撰、知虔州薛弼言：「江東鎮民居木柱，內有『天下太平年』五字，適符上元甲子之歲，此殆天發其祥，非人力所能爲。」詔侍從同觀，仍送史館。

5 庚寅，皇后謁家廟，推恩外家。

6 甲午，執政奏呈：「得泗州牒，金人復索淮北人之在南者。」上曰：「第令邊臣報以朝廷見依誓書發遣。」蓋誓書所載，淮北人遺歸者，取其情願也。秦檜曰：「如此甚便。」樓炤曰：「早來秦檜所論，仰符聖訓。」趙甡之遺史今年四月，命州縣刷遣前後歸明人發還金國，乃與秦檜奏對之語全不同。

命侍衛馬軍司將官張守忠往福建捕盜。時海賊朱明熾甚，將官武功大夫張深與戰而死，故遣守忠捕之。上謂大臣曰：「民愚爲盜，不足蕩平，第憂被驅脅，雖釋其罪，使之歸業，生理已蕩析矣。」

7 乙未，吏部奏以左朝請大夫、主管台州崇道觀趙令衿通判德安府。時令衿以事至臨安，御史中丞李文會論：「令衿頃在建康爲郎官，適淮西之變，乃以急速請對，實爲大臣游説。陛下察見姦僞，即賜罷黜。今乃恬然不顧，依舊奔走省謁於此。」詔送吏部，仍日下出門。

8 丙申，顯謨閣直學士、提舉江州太平觀劉寧止卒。

9 戊戌，權吏部侍郎陳康伯爲報大金賀生辰接伴使，容州觀察使、知閤門事曹勛副之，自是歲爲例。勛仍以嘗將到先朝御筆，及編修接送館伴例册有勞，遷保信軍承宣使。

10 庚子，軍器監丞蘇策轉對，乞：「遠方之民委有孝行者，令州縣以聞，乞行旌表。」詔申嚴行下。策，軾孫也。

11 辛丑，少傅、判紹興府、信安郡王孟忠厚乞朝永祐陵等攢宫，許之。忠厚既朝陵，將入見，謂寓居新湖南安撫司參議官王銍曰：「忠厚與秦會之雖爲僚婿，而每懷疑心，今當入朝，欲求一不傷時忌對劄。」銍言：「元祐中，姚麟以節度使守蔡，建言乞免帶提舉學事，朝廷許之。」忠厚喜，即入奏如銍言。詔可，尋又降旨，武臣帥守並免繫銜，自是以爲例。此據王明清揮麈録附入，日曆未見。

12 甲辰，少保、領殿前都指揮使職事楊存中請詣太學謁先聖。上曰：「學校既興，武人亦知崇尚，如漢羽林士皆通孝經，況其他乎？」

13 丁未，西南小張蕃貢方物，詔廣西經略司受而答之。

14 己酉，詔諸州秋試官所差不足，或無經術精通之人，許於見任祠官中通選。以邵武軍軍學教授宋藻代還有請也。

1 五月按是月辛亥朔。壬子，詔左承議郎、知均州范寅賓措置乖方，引惹生事，可特除名勒停。寅賓初見紹興二年九月，措置事當考。

2 甲寅，將作監米友仁權尚書兵部侍郎。

3 丙辰，饒州言：「右迪功郎姜樓等獻錢十萬緡，以助國用。」上曰：「國用有常，自不至闕，不然，雖多亦有不足之患，其還之。」

右金吾衛上將軍王舜臣復檢校少師、岳陽軍節度使，提舉佑神觀。舜臣，徽宗王貴妃之父也。靖康初，例納節⑤，至是特復之。

詔四川宣撫司就階、成、西和、鳳州募兵赴行在。先是，右護軍都統制吴璘言：「西邊可募衛兵。」上諭輔臣曰：「諸軍招填闕額，類是南人，恐西北寖損，數年之後始見其弊，兼諸路軍器物料，近多不到，方閑暇時，尤宜整治。」秦檜曰：「外議妄謂朝廷講好休兵，不以武備爲急，不知除戎器，戒不虞，聖慮未嘗忘也。」

4 丁巳，詔秘書省火禁依皇城法。

5 己未，御史臺檢法官汪勃、主簿黄應南並爲監察御史。應南，邵武人也。

6 甲子，資政殿學士、簽書樞密院事兼權參知政事樓炤罷。御史中丞李文會、右諫議大夫詹大方論：「炤素無繩檢，交結蔡京，亟改京秩。其帥紹興，不恤國事，溺愛二倡。」詔以本職提舉江州太平觀。

初作都亭驛。

7 乙丑，御史中丞兼侍讀李文會言：「權尚書禮部侍郎兼侍講高閌，初爲蔡攸之客⑥，媚蔡京以求進。復録程頤之學，徇趙鼎以邀名。權工部侍郎王師心奉使大金，專務嗜利。起居舍人吴秉信機巧便利，專結樓炤。此三人者，若久在朝，必害至治。」詔以閌知筠州，師心知袁州，秉信知江州。先是，上在經筵，嘗謂閌曰：「向來張九成嘗問朕：『左氏傳載一事或千餘言，春秋只一句書之，此何也？』朕答之云：『聖言有造化，所以寓無窮之意。若無造化，即容易知，乃常人言耳。』」閌曰：「説春秋者雖多，終不能發明，正如窺造化矣。」上曰：「九成所問極是。」閌曰：「陛下所答亦極是。」上因問九成安否。翌日，謂秦檜曰：「張九成今在何處？」檜曰：「九成頃以倡異惑衆，爲臺臣所論，既與郡，乃乞祠，觀其意終不爲陛下用。」上曰：「九成清貧，不可無禄。」檜疑閌薦之，呼給事中兼侍講楊愿詢其事，文會即劾閌。是日，拜文會端明殿學士、簽書樞密院事兼權參知政事。自是執政免，即以言者代之。吕中大事記曰：「自如淵擢中丞，而巫伋、鄭仲熊、李文會之徒，除授悉由密啓。欲竄逐諸賢，則使之露章而論其罪；欲斥去執政，則使之彈擊而補其闕，而臺諫之權在檜矣。」

8 丙寅，太常謚故觀文殿大學士張商英曰文忠。按勾濤爲商英請謚在紹興七年，不知此時何以方舉行。

9 丁卯，左奉議郎、諸王宫大小學教授葛立方言：「陛下決策定計，成此中興，親迎長樂之鑾輿，坐息邊陲之烽火。格天之業，夐無前比。臣雖賤微，惴惴然惟恐讒説潰成，動摇國是，蚤夜思之弗置也。伏望特降詔旨，申敕臣工，使之精白一意，上承休德，如有懷姦弗靖、煽惑士流者，令御史臺覺察，流之四裔，永爲臣子不忠之戒。」從之。立方，勝仲子也。紹興二十九年，朱倬論立方嘗請與秦檜不合者立爲黨碑，檜雖不從，人皆怒駡。恐即是此時也。

大理評事孫敏修請：「罪人不以赦降原者，遇非此赦，或再遇大禮赦，雖有專條，亦聽原免。」從之。近制犯私茶鹽，及擅支常平錢之類，皆不許引海行法原赦。至是，用敏修言，始除其律焉。

10 戊辰，權尚書吏部侍郎陳康伯假吏部尚書，充大金報謝使，以金來賀生辰故也。上欲用右武大夫、嘉州防禦使錢愷爲副，愷方持母喪，乃起復故官，假保信軍承宣使、知閤門事。

左朝散郎、尚書吏部員外郎黄達如降一官放罷，坐前知南雄州日，私役禁軍販易物貨故也。事初在紹興十二年十一月。達如爲提點坑冶司所按，贓污鉅萬。獄既上，雖秦檜亦不能掩，僅此罷黜，人亦快之。

11 己巳，金主始遣驃騎大將軍、安國軍節度使烏延和⑦，通議大夫、行大理少卿孟浩來賀天申節。遺上珠一囊，金帶一條，衣七襲，色綾羅紗縠五百段，馬十匹。自是歲如之。

右正言詹大方言：「左朝散郎、新知遂寧府蘇符居論思之地，識慮暗淺，朝廷畀之便郡，而踰年不行，徘徊近地，窺伺時事，人爲切齒。」詔降符二官，趣之任。

12 辛未，天申節。文武百官、金國人使上壽於紫宸殿。故事，北使上壽畢，同百官殿上賜酒三行，次赴筵於尚書省。至是特就驛燕之，仍以執政官押伴。

13 癸酉，大燕垂拱殿。

14 甲戌，秦檜奏：「昨日殿宴，大金人使執禮甚恭，可見其鄉慕之心。」上曰：「樂語之類，朕亦嘗觀，待之厚矣，彼安得不然也？」

初，兩浙轉運副使李椿年置經界局於平江府。守臣直秘閣周葵見椿年，問之曰：「公今欲均稅耶？或遂增稅也。」椿年曰：「何敢增稅？」葵曰：「苟不欲增，胡爲言本州七十萬斛。」椿年曰：「若然，當用圖經三十萬數爲準。」時秦檜怒葵不已，椿年因奏葵在郡錫宴北使，飲食臭腐，致行人有詞。葵坐落職，主管台州崇道觀，自是投閑十一年。按葵行狀，其罷平江在此年，而日曆、會要皆不見，未知在何月日。

15 丙子，秘閣修撰、江南東路制置大使司參謀官馬觀國充敷文閣待制，提舉佑神觀。秦檜將遣觀國還北地，故特遷之。

16 丁丑，北使辭行。自是留館中率不過十日。

左宣教郎王之望行太學録。之望，穀城人。初舉進士，考官孫道夫異其文，欲置魁等，衆議不同。他日，知貢舉朱震持以示人曰：「此小東坡也。」

17 戊寅，命秘書省補寫黄本書籍。

18 己卯，右諫議大夫詹大方爲御史中丞，仍兼侍講。監察御史何若爲正言。監察御史汪勃守殿中侍御史。監察御史游操試秘書少監。

1 六月辛巳朔，檢校少保、奉國軍節度使、知金州郭浩辭行。

右朝奉郎曾惇知台州。惇嘗獻秦檜詩，稱爲聖相，故以郡守處之。此據紹興二十八年七月葉義問劾疏修入。自檜擅權，凡投書啓者，以皐、夔、稷、卨爲不足比擬，必曰「元聖」，或曰「聖相」。此據趙甡之遺史。

2 甲申，詔江、浙等路州縣酒税欠折、坊場廢壞、綱運沉失、倉庫漏底，委非侵盜者，皆蠲之。

左朝散大夫、提舉江州太平觀、興化軍居住孫近降三官，移南安軍居住[8]。坐詐名士人鮑得朋爲子婿，奏補恩澤，爲臺章論列也。

3 戊子，右迪功郎、權國子録師古特改右承務郎，通判叙州。古即維藩也，初以幸學恩應改秩，而吏部謂古文學攝官，當俟注正官日收使。國子司業宋之才言，特恩與常格不同，乃有是命。

廣西經略司言：「安南請入貢。」詔使人免到闕，貢物就境上交割，仍優答之。

4 辛卯，普安郡王府學教授趙衛等言：「王已誦文選，稍通經書意義，可學爲文。」詔令讀左氏傳，對句及評議故事。

5 壬辰，四川宣撫副使鄭剛中言：「已減四川和糴米一年。」

廣西經略司言：「西南大張蕃武泰軍請入貢。」詔本司受而答之。

6 癸巳，尚書兵部員外郎錢時敏爲右司員外郎兼權起居舍人。上覽除目曰：「神宗聖訓云：『左右司便是學，爲宰相豈可不慎擇？』」時敏，溧陽人也。時敏攝右史，都司題名在此月。

太學博士兼崇政殿説書陳鵬飛守尚書禮部員外郎。太府寺丞張子儀行屯田員外郎。

宣州言：「涇縣魔賊俞一等竊發。」上曰：「兩國修和，並無科須，民何乃爲盜？監司每奏無事魔者，今乃有此，可令取問。」時提點刑獄公事洪興祖已代去，乃降興祖二官，爲左奉議郎，自今不得與監司差遣。興祖行遣在六月甲辰。於是守臣秦梓遣兵捕滅之，後遷一官。梓轉官在十月。

7 乙未，上謂大臣曰：「浙東、福建被水災處，可令監司躬往，悉力賑濟，務使實惠及民，毋爲文具。」時江、浙、福建同日大水。建州水冒城而入，俄頃深數丈，公私廬舍盡壞，溺死數千人。嚴州水暴至，城不没者數板。右奉議郎通判州事洪光祖，光祖初見建炎三年三月。集舟以援民，且區處山阜，給之薪粥，卒無溺者。衢、信、處、婺等州民之死者甚衆。林泉野記云：「嚴、衢、信、處、婺州等州大水，士民溺死數百萬，秦檜隱而不奏，有開言者必罪之。」按日曆五月戊辰，上宣諭婺州水漲事，今又及此，則檜非不奏，但不盡奏耳。

秘書省正字吴芾轉對，言：「江、浙之地，軍興以來，人苦貴糴，望申命有司，凡米之税，悉從蠲免，庶幾民被實惠。」詔户部看詳。芾，仙居人也。

8 丙申，詔趙子偁許用普安郡王除節度使，特贈太子少保，令秀州量行應副葬事。

右武大夫、華州觀察使、提舉佑神觀白鍔特刺面配萬安軍。時閩、浙大水，鍔乃自北方從太后歸者，宣言：「燮理乖繆，洪皓名聞中外顧不用。」太師秦檜聞之，奏繫鍔大理寺。鍔館客張伯麟嘗題太學壁曰：「夫差，爾忘越王之殺而父乎！」伯麟亦下獄。獄具，鍔坐「因伯麟嘗問何故不用廉訪使，鍔答以任内臣作耳目，正是祖宗故事，恐主上不知，因出言指斥」。案奏，乃有是命。伯麟亦杖脊刺配吉陽軍。御史中丞詹大方即奏：「皓與鍔爲刎頸交，更相稱譽，誑惑衆聽。」時皓以徽猷閣直學士知饒州。丁酉，詔皓提舉江州太平觀。

9 己亥，尚書禮部員外郎兼崇政殿説書陳鵬飛兼資善堂贊讀。

是日，上諭秦檜曰：「蔣璨守鎮江，更不任事，只是避事，卿等可擇人代之。至如揚州，在淮東尤爲衝要，守臣亦不可不擇。」檜因言：「二十年來，人人但知爲己。靖康間，陛下奮不顧身，親至軍前，當時若避事不出亦可。」上曰：「朕以宗廟社稷爲重，一身不恤也。」蔣璨八月壬午放罷，揚州守臣許中七月壬申奉祠⑨。

10 庚子，左通奉大夫、提舉江州太平觀万俟卨降左中大夫，歸州居住。李文會在中司論：「卨兄右朝散大夫止以嬖妾爲兄女，嫁士人林讜，奏受將仕郎。」止除名，讜送二千里外州編管，而卨有此命。

11 辛丑，御史中丞詹大方言：「陛下作新庶政，光啓中興，而士大夫輕於爲國，重於謀身。前此事之未定，且進且却，利於己身則就之，謀及國家則避之。今事之既成，時向安平，則專務進取，陰交伺隙。此風不革，最害治之大者。伏望明詔大臣，崇奬廉隅，退抑姦險，將見大小之臣，咸懷忠良，中興之盛，可立而待。」詔榜朝堂。

12 甲辰，淮東轉運判官湯鵬舉言：「五月乙亥，楚州鹽城縣海水一概澄清。」秦檜請率百官入賀，上曰：「自太祖平定天下，太宗時干戈偃息，真宗時祥瑞甚多。祖宗聖語，止以豐年爲瑞⑩，第可付史館，不必受賀。」檜曰：「不受賀尤見大體。」

13 乙巳，詔國子監置小學。先是，監尚書六部門程允元轉對，援故事有請。前十日，擢允元太府寺丞，至是行下。允元建請在四月戊申。

14 丙午，右正言何若言：「陛下倚任忠賢，排屏姦慝，蓋深知致治之要。臣望陛下獨觀昭曠之上，以照臨臣下。審知其君子也，則信任之；知其小人也，則斥逐之。如是則一心狥國者，得以輔治；異趣而狥私者，不能以害治。中興之業，愈久而愈隆矣。」上覽疏，謂秦檜曰：「朕任臺諫，正要分別君子小人。若小人者，但時察而去之，斯不害治矣。」熊克小曆但書何若乞「進君子退小人」六字，非其本旨，今依日曆所載摘書之。克又稱上諭若云云，此乃秦檜進呈所得聖語，克誤也。

校勘記

① 卨使虜還　「虜」，原作「金」，據皇朝中興繫年要録節要卷一二改。

② 秦檜等奏還除武岡軍守臣　「岡」原作「崗」，叢書本同。今按：宋史卷八八地理志四作「岡」，今從之，改從一律，本書下同。

③ 又累聖嚴恭寅畏　「又」，原作「人」，據叢書本改。

④ 孫近之請召張浚則惡之　「召」，原作「名」，據叢書本改。
⑤ 例納節　「例」，原作「倒」，據叢書本改。
⑥ 初爲蔡攸之客　「攸」，叢書本作「脩」，皇朝中興繫年録節要作「儵」。
⑦ 金主始遣驃騎大將軍安國軍節度使烏延和　「延」，原作「雅」，據金人地名考證改。
⑧ 移南安軍居住　「居」，原闕，叢書本同，據文意補。
⑨ 揚州守臣許中七月壬申奉祠　「奉」，原作「奏」，據文意改。
⑩ 止以豐年爲瑞　「以」，原作「於」，據皇朝中興繫年要録節要改。

建炎以來繫年要録卷一百五十二

1 紹興十有四年秋七月庚戌朔，上以皇太后微不豫，諭宰執曰：「朕侍太后，每一食減少，不勝憂懼。朕平日先意承志，太后意之所嚮，便竭力供應。然太后聖明，大事未嘗言及，凡所須皆是小事易從者。」秦檜曰：「陛下聖孝如此，天下之福。」

御史中丞詹大方言太常博士凌哲、劉嶸之罪，謂：「哲居討論之職，每每緘默，無所可否，此其首鼠兩端，志有所待。嶸挾迂僻之學，好爲異論，不恤國事，志在謀身。」詔二人並罷，乃以嶸通判建昌軍。哲，吴縣人也。按哲爲禮官跨二年半，嶸爲禮官僅三年，其所討論當考。

2 壬子，詔責授建寧軍節度副使藤州安置李光，俟牽復日特降三官。坐前爲江東大帥，擅用上供錢帛也。按：此事紹興三年正月已行遣，不知今日何以再施行也。輔臣進呈，上曰：「當治其初擅用之人，若止於見任者責償，則必取於民，未爲允當。」於是特免補還，而光與饒、信州守臣四人皆坐貶秩。

秘書省正字吴芾、何逢原並罷。殿中侍御史汪勃言：「芾與潘良能結爲死黨，變亂是非。逢原因藍公佐之回，揣見和議少變，乃公肆異論，求合流俗。二人者不罷黜，緩急之際，必爲國家之害。」乃以芾通判處州，逢原通判池州。良能去年九月丙子論罷。

3 癸丑，上諭大臣曰：「京西襄陽一帶，宜擇守臣，庶不生事。」秦檜曰：「當依聖訓。」

4 丁巳，詔與國同姓者不得二名。用宗正寺主簿詹棫之請。棫，濟州人也①。

命有司改作祭器，三年乃成。

5 戊午，秘書少監游操等上表，乞車駕幸秘書省，許之。

敷文閣待制、提舉江州太平觀施坰卒。

是日，端明殿學士、同簽書樞密院事王倫爲金人所殺。倫留居河間者六年。至是，金人欲以爲河間平灤三路都轉運使。倫曰：「倫奉使而來，非降也。大宋之臣，豈受大金爵禄耶？」金遣使來趣，倫又不受，金人杖其使，俾縊殺之。倫厚賂使人，冠帶南向，再拜慟哭乃就死。於是河間地震，雨雹三日不止，人皆憐之。

6 庚申，復置梅州。

7 辛酉，陞蜀州爲崇慶軍，以上始封之地故也。

8 壬戌，尚書禮部侍郎兼直學士院秦熺提舉秘書省，掌求遺書。時新省成，少監游操援宣、政故事，請置提舉官，故有是命，仍鑄印賜之。

右奉議郎李觀民新知濠州，入見。上戒令毋招集流亡，恐致生事，仍命秦檜以此語之。

9 甲子，詔修錢塘江岸，以備潮漲。上諭大臣：「如捍江卒數少，許取之近郡，仍令中秋前畢工。」

10 乙丑，追封柔福公主爲和國長公主。

11 辛未，詔諸州以御書孝經刊石賜見任官及係籍學生。時已頒孝經於羣庠，而殿中侍御史汪勃言：「陛下獨擅聖人之德，上天昭監，果定和議於衆論鼎沸之中，極天下之至養，望降明詔，令募工摹刻，使家至户曉，以彰聖孝。」故有是命。

12 壬申，直秘閣、知揚州許中主管台州崇道觀，從所請也。直秘閣、知盱眙軍向子固知揚州。持服人沈該依前直秘閣，知盱眙軍。

徽猷閣待制、提舉亳州明道宮程俱卒。

13 甲戌，左朝奉大夫龔寬降三官，永不得與堂除差遣。坐前至潮州日，不依期限，狥私曲法，擅放編置人王文獻令自便故也。文獻因進注司馬法免解，已見紹興十年十月，不知後來緣何事編管。先是，責授清遠軍節度副使趙鼎在潮州，文獻與鼎相見，鼎歷問行朝事宜，因諭寬，稱文獻切直，令縱其自便，鼎復以錢米饋之。時高閌爲禮部侍郎，閌患近世禮學不明，凶禮尤甚，嘗著厚終禮。鼎以書寓文獻，達閌求之，至行都而閌已去，坐他事下臨安獄，守臣張叔獻鞫之，案奏，乃有是命。寬，建陽人也。按：今年九月，詹大方劾趙鼎章疏，稱文獻與龔寬已有行遣，而日曆所載甚略，不知文獻如何行遣也。

14 丙子，上幸秘書省。太師、尚書左僕射、監修國史秦檜率百官及實録院官奉迎。上即道山堂進膳已，遂幸秘閣，召羣臣觀晉、唐書畫，三代古器。還御右文殿，賜羣臣茗飲，從官坐於堂上，省官席於廡下。賜游操五品服、御書扇，省官及史官皆遷官。

15 戊寅，上曰：「秘府書籍尚少，宜廣求訪。」檜曰：「陛下崇儒尚文，是宜四方翕然向化。」李文會曰：「若非干戈偃息，此事亦未易舉。」中興聖政：臣留正等曰：「國初削平僭亂，收諸國之書，而三館之制，猶仍五代簡陋。太宗皇帝見之，慨然曰：『是豈足以蓄天下圖書，延四方之士耶？』遂親爲規畫，一新輪奐，大書飛白，焜燿榜題。鑾輿臨觀，以幸多士。聖聖相繼，有加無損。文明之治，跨越漢、唐，廊廟之材，皆於是乎取之。茲誠有國之先務，而治化之本原也。中遭難厄，太上皇帝開中興之運，首求遺書，追祖宗之秘藏，崇建三館，還祖宗之舊觀，親御榜題，幸臨多士，襲祖宗之盛典。行幸之詔又曰：『士習於空文而不爲有用之學，爾其彊修術業，益勵猷爲，一德一心，丕承我祖宗之大訓。』是又欲幸多士而作成之，以收祖宗得人之盛也。猗歟盛哉！雖周宣復古，何以尚茲！是宜聖子永永萬年得以持循也歟。」

左承議郎知雅州楊昭、左承議郎簽書雅州判官廳公事王咸久各降一官，以符同作弊，牒試舉人不當，爲轉運司所劾故也。

1 八月庚辰朔，尚書比部員外郎李樫行監察御史。

詔少傅、判紹興府、信安郡王孟忠厚特放罷。初，忠厚移守紹興，甫視事，會以郊赦加恩，乃令所親左承議郎吳棫爲表辭免，其間有「本無時才，出爲世用」之語。御史中丞詹大方論：「忠厚表詞輕侮，意謂今日不足與有爲。」詔令分析②，忠厚皇恐，上疏自明，乃有是命。秦檜尋物色，知棫所代，由是廢斥以終。此以王明清揮麈録修入。但明清又云：「忠厚奏以久棄筆硯，實他人代作。」則不然。忠厚疏中元無此語，今不取。忠厚得旨分析，在七月癸酉，今併書之。

2 壬午，直龍圖閣、知鎮江府蔣璨罷，以轉運司劾其擅以經費錢物收入公使故也。先是，上嘗言其避事，至是罷之。孫覿撰璨墓誌云：「知鎮江府。當是時，權貴人執爵禄之柄，視苞苴豐儉爲低昂，公獨無所餉，遂罷歸請祠，得台州崇道觀，凡四任宮祠十二年。」

3 癸未，右正言何若言：「陛下紹復基圖，勵精政理，機務必由於中書，兵柄悉歸之樞筦，典章一新，威令再振。而士夫喪廉耻之節，權要啓僥倖之塗。處持橐之任，而睥睨鈞衡，有如洪皓；無汗馬之勞，而覬覦節鉞，有如藍公佐。茲風一扇，浸淫不已，則朝廷紀綱幾何而不爲其紊哉？願陛下悉加裁抑，一斷以義，是乃所以保全之也。」從之。

4 甲申，右正言何若爲國子監發解所監試，秘書少監游操等三人充考試官，詳定一司敕令所删定官駱庭芝等六人爲點檢試卷官，尚書刑部員外郎吳棨、試駕部員外郎葉廷珪等二人爲點檢試卷官，監學降敕差試卷官自此始。

5 丙戌，太師秦檜以幸秘書省畢，率百官詣文德殿拜表稱賀。

6 丁亥，右承議郎万俟允中貸死，配貴州，坐從使金國日，以禁物博厚利故。允中，卨從子也。

7 庚寅，直顯謨閣、兩浙轉運副使李椿年權尚書户部侍郎，仍舊措置經界。

8 辛卯，上謂大臣曰：「言者多乞選縣令。蓋令非其人，則爲民害。可令吏部長貳審察注擬，或老病則更授他職，庶得人而民受其惠。」後二日，都省請申嚴近制，因民事被罪及老病之人，不得注守倅縣令。從之。

户部尚書張澄引病，以龍圖閣學士提舉江州太平觀。敷文閣待制、知臨安府張叔獻陞直學士③。此似爲王文獻獄事，當考。

9 癸巳，召尚書左司郎中林保、國子司業宋之才入對，以保權尚書吏部侍郎，之才權禮部侍郎。後二日，以保爲賀大金正旦使，知閤門事康益副之。之才爲賀生辰使，閤門宣贊舍人趙瓌副之。

左奉議郎、蜀州州學教授李宏知合州。自諸州學官除郡，前是未有，故著之。

是日，上諭大臣曰：「言者多勸朕變法，朕思祖宗舊法已善，豈宜輕改？」秦檜曰：「遵先王之法而或過者，未之有也。」上曰：「然。」

10 丁酉，吏部尚書羅汝楫爲龍圖閣學士、知嚴州[4]，以汝楫引親年有請也。

11 庚子，上謂秦檜曰：「朕於晉書取王羲之傳，凡誦五十餘過，其與殷浩書及會稽王牋，所謂自長江以外，羈縻而已，其論用兵，誠有理也。」檜曰：「誠如聖訓。」

12 壬寅，秦檜進呈直學士院楊愿、秦熺所撰賀金主正旦及生辰國書。上覽熺所撰，再三稱善，於是命用之。

13 癸卯，殿中侍御史汪勃言：「陛下兼愛南北之民，力定和議，與天下更始，崇儒重道，同符祖宗。臣愚以爲今年科場，當國學初建，萬方多士，將拭目以觀取捨，爲之趨嚮。欲望戒敕有司[5]，苟專師孔、孟，而議論粹然一出於正者，在所必取。其或採摭專門曲説，流入迂怪者，在所必去。」

14 甲辰，進呈。上曰：「勃論甚善，曲學臆説，誠害經旨，當抑之使不得作，則人之心術自正矣。可勃所奏。」

15 乙巳，言者論：「寇朱明未平，請悉以賊舟所有物賞將士之立功者。」上謂大臣曰：「此良法也，凡攻城，以子女玉帛與立功之人，其城必破，如此，朱明必就擒矣。」時步軍司統制官張守忠以所部往，管軍趙密戒之曰：「海道與陸異，窮之則日月相持，非策之善，要在拊定之。」既而，簽書樞密院事李文會又請張皇榜立重賞，許其徒自相捕致。未幾，明等遂降。

是月，金國境内大風拔木，自河南北轉至山東而止。

1 九月按是月己酉朔。庚戌，禮部員外郎陳鵬飛面對，言：「凡有獻利害者，乞加討論，必合於祖宗之舊，如已試無成，必加黜責。」上謂大臣曰：「祖宗之法，思慮已精審，講究已詳備，不必改作，天下自治。」秦檜曰：「天下本無事，宜遵成憲爲善。」上曰：「小人喜更法，往往謂朝廷無所建明，不知本無事，然法至於弊，乃不得已而更之耳。」

2 辛亥，顯謨閣待制、提舉亳州明道宫葛勝仲卒，後謚文康。

3 甲寅，右朝請大夫、通判明州錢端禮直秘閣。

4 乙卯，才人韓氏廢。

5 丁巳，置皇后宅教授員。

6 己未，上謂大臣曰：「近多有人進春秋解，可令通經者詳之。蓋春秋難解，人各有說，當取所長，頒示學者。」秦檜曰：「解經不可執一説，王安石要人從己説，故爲學者譏議。蓋道猶海也，隨所得之深淺不同耳。」上曰：「説雖不同，必有所歸。」檜曰：「四瀆之廣，同歸於海也。」

7 庚申，秦檜奏事，因言：「數十年來止是臣下互争勝負，致治道紛紛，今當平其勝負之端，以復慶曆、嘉祐之治，乃國家福也。」上喜曰：「正與朕意合。」

左奉議郎、知安遠縣程敦厚令吏部差通判彭州，以赦叙也。敦厚嘗爲是官，以贊和議而驟進，既忤秦檜去，及是九年，復除之。

8 辛酉，詔分利州爲東西兩路。用端明殿學士、四川宣撫副使鄭剛中請也。時川口屯兵十萬人，分隸三大將：檢校少師、鎮西軍節度使、右護軍都統制、階城西和鳳州經略使吴璘屯興州，檢校少保、武當軍節度使、利州路經略安撫使兼知興元府、宣撫司都統制楊政屯興元府，檢校少保、奉國軍節度使、金房開達州經略安撫使兼知金州、樞密院都統制郭浩屯金州，皆建帥府。而統制官知成州王彦、知階州姚仲、知西和州程俊、知鳳州楊從儀亦領沿邊安撫使。剛中請以興元府、利、閬、洋、巴、劍、天安軍七郡爲東路，治興元府。興、階、成、西和、文、龍、鳳七州爲西路，治興州。即命政、璘爲安撫使，浩爲金房開達州安撫使，諸裨將領安撫使命者皆罷，從之。時和議方堅，而璘獨嚴備，日爲敵至之虞，故西路兵爲天下最。上覽剛中奏，謂檜曰：「川、陝地遠，爲將尤難得人，如璘統兵有法，肯爲朝廷出死力，諸將所不及也。」政故爲璘兄玠裨將，及分道建帥，而執門下之禮益恭，世頗賢之。

9 壬戌，宰執奏大理寺詞訴事。上曰：「皆官吏弛慢所致，可委長吏親察之，如非其人，即與沙汰。又獄吏但以諸州吏充，逐事更替，漏泄獄情，非便。宜令吏久於其職，不可替也。」

10 癸亥，詔殿前司諸軍公事，非與百姓相犯者，令本司根勘，依法施行。時都指揮使楊存中請：「以臨安府軍人劫盜事移送大理寺，其諸軍公事視此。」少卿朱斐轉對，論非所以嚴理寺而重國體，故復舊制。

御史中丞兼侍講詹大方進兼侍讀，中書舍人兼權實録院修撰、資善堂翊善段拂兼侍講。

11 甲子，詔守臣終更入見，各舉所部縣令一員，所舉稱職，特與推賞，不當，坐謬舉之罰⑥。用軍器監趙子厚請也。

左武大夫、欽州刺史、浙東兵馬鈐轄王敏求勒停，南劍州編管。敏求，岳飛親校也。秦檜追論黄彦節事，事見十二年。以敏求爲彦節計，囑飛私求財物，法寺鞫實，乃有是命。

12 丁卯，秘閣修撰、提舉洪州玉隆觀曾慥知虔州。初，責授昭化軍節度副使吴幵既以赦還，内慚不敢歸，寓家贛上，秦檜憐之，故命慥爲守。慥，幵子婿，已見建炎元年三月，此以王明清揮麈録餘話增修。

13 辛未，御史中丞詹大方奏：「責授清遠軍節度副使、潮州安置趙鼎輔政累年，不顧國事，邪謀密計，深不可測，與范仲輩咸懷異意，以徼無妄之福，用心如此，不忠孰甚焉！王文獻，一狂士也。鼎方在貶所，尚啖之以利，使之游説，偶然敗露者，獨文獻耳。其詭計所施，人所不知者，又不知幾十百人。今文獻與守臣龔寬已有行遣，而鼎爲謀首⑦，置之不問，則鼎與其黨，轉相惑亂，決無安静之理，非宗廟社稷之福也。」

14 壬申，秦檜進呈，上曰：「可遷之遠地，使其門生故吏知不復用，庶無窺伺之謀。」於是移吉陽軍安置。王文獻行遣，已見七月甲戌。

15 癸酉，詔臨安府根刷蔡攸家屬押赴元貶所，取收管狀奏。時攸之妻子漸至行都，殿中侍御史汪勃論：

「靖康之變，由於京、黼，望令密切搜索，特加處分。」故有是旨。仍命京子孫二十三人永不量移，如初詔。

16 乙亥，叙郢州防禦使辛企宗爲夔州路兵馬鈐轄。

17 丙子，秘書郎兼益王府教授兼國史院檢討官張闡罷。時秦檜用事久，每除臺諫，必以其耳目。知闡久次，喜論事。一日，微諷闡，謂當入臺。闡曰：「丞相苟見知，老死秘書足矣。」檜默然。先是闡嘗爲席益辟客，檜初罷相，益嘗有力，故深憾之。殿中侍御史汪勃因劾闡往時託跡益門，朝廷置而不問，而乃罔有悛心，愈爲不靖，每以爲用之不盡，憤然見於言色，由是罷去。後二日，檜進呈，因曰：「近世學者多言春秋，乃不知孔子作經本意。漢書云：『盛則周、召相其治，致刑措；衰則五霸扶其弱，與共守。』周、召糾合戮力以夾輔周室，即威、文之勤王是也。使威、文不僭，亦與周、召何異？孔子作經本意，爲尊周而已。」上曰：「春秋蓋爲諸侯僭天子，學者得其綱領，方達聖經之旨，若泛然無所主，徒誦其文，何益哉！」

1 冬十月按是月戊寅朔。己卯，太常寺主簿張晟罷。晟，山陰人。始以久次遷博士，而言者論：「晟昨諂附呂頤浩，今當朝廷清明之時，儻居博士議論之官，竊恐挾邪懷異，有害治道。」乃以晟通判信州。

2 庚辰，詔昌化、萬安、吉陽依舊爲軍，置守臣，還屬縣。

少保、判紹興府、信安郡王孟忠厚罷爲醴泉觀使。忠厚既放罷，尋亦引閑，自是不復除郡矣。

3 乙酉，皇太后謁家廟。

4 己丑，直徽猷閣、江南東路轉運副使黃敦書罷，坐令體究信州發洪事，久不報應也。

5 庚寅，皇叔光州觀察使士衎卒，贈開府儀同三司，追封永國公。

6 辛卯，詔贈皇太后故兄韋宗閔崇慶軍節度使。餘親屬遷官者十有九人，兄弟之女封夫人者七人，以欵謁家廟推恩也。

龍圖閣待制、知洪州李迨復直學士。

7 壬辰，直敷文閣、知廬州鮑琚落職放罷，以言者論「琚頃奉使湖北而還，盛言軍實可以檢括，及委以事任，迄無能爲，幾至生事」故也。後三日，以直秘閣主管台州崇道觀王安道知廬州。

8 癸丑，左朝散郎、新知筠州高閌致仕，從所請也。此似因王文獻獄辭連及之故，當考。

9 甲午，右正言何若言：「自趙鼎唱爲伊川之學，高閌之徒從而和之，乃有横渠正蒙書、聖傳十論，大率務爲好奇立異，而流入於乖僻之域。頃緣閌爲國子司業，學者争投所好，於是曲學遂行。雖然，凡試於有司者，未有不志於得也。伏望申戒内外師儒之官，有爲乖僻之論者，悉顯黜之，如此則專門曲學，不攻自破矣。」輔臣進呈，上曰：「若所論甚當。程頤當哲廟之初，在經筵，奏曰：『陛下記得臣説否？如記得，明日可對臣説過。』是時，宣仁聖烈皇后聞之，大怒曰：『皇帝雖年少，然宫中不自廢學，措大家不識事體如此。』」

勒停人万俟止送桂陽監編管，以殿中侍御史汪勃言「止輒至行朝，恐别生事」故也。

10 乙未，昭慶軍節度使、開府儀同三司、萬壽觀使、平樂郡王韋淵爲少師。

11 戊戌，有司奏大朝會舊有地衣。上曰：「祖宗時，往往河東所獻，因而用之，今從儉約，勿用可也。」

12 己亥，御筆：「除永、道、郴州、桂陽監、茶陵縣民丁身錢絹米麥。」自馬氏據湖南，四州始增丁賦。至是，左奉議郎羅長源知永州還，以爲請。上謂大臣曰：「天德好生，今民爲身丁錢至子不舉，誠可閔也。若更循馬氏舊法，非所以上當天意。」

湖南安撫使劉昉奏：「武岡軍猺人父子相讎殺，今欲出兵助其父，令還省地。」上以問宰執，秦檜曰：「欲令與鄂州都統制田師中同處之，不得輕舉生事。」上曰：「善，恩威不可偏廢，可懷則示恩，不可懷則示威，若侵省地，俾知所畏可也。」

13 庚子，詔州縣文臣初至官，詣學祇謁先聖，乃許視事。亦用左奉議郎羅長源請也。長源言：「士大夫皆學夫子之道以從政，而不知所自，望令先詣學宮，以彰風化之本。」後遂著爲令。長源又言：「朝廷通好息民，興崇學校，多士潛心經史，而終歲未有升進之望。乞以諸州進士解額，留七分以備科舉，餘三分歸於學校，稍取大觀三舍之法，參酌而增損之，務從簡便。」事下禮部。長源所奏，以丙午行出，今併附此。遂以長源知鄂州。

14 甲辰，左奉議郎焦惟正知復州代還，言：「陛下頃嘗詔內外臣僚薦士，或不如所舉，罪當并案者，必罰無赦。然竊觀行下賞功罰罪，於犯贓之官，皆云所有舉官見行取會，未聞奉行詔旨。欲乞日後鞫正犯贓明甚者，於上項詔書，倣皇朝舊制，於所舉官量坐謬舉之罪，如事發日，量遠近立限，許令舉官申陳免罪，止坐罰俸。」詔吏、刑部措置，令可必行。

15 乙巳，秦檜奏：「太后生辰，事無巨細，並經聖意，士大夫鮮能，聖孝如此。」上曰：「事母之道，不敢少有不至。」

四川宣撫副使鄭剛中言：「今邊事寧息，除軍政不可待報者且從便宜指揮外，其有格法事並收還省部。」吏、刑部請除文武臣僚磨勘、封贈、酬賞、叙復、章服、奏薦，及諸州應奏讞獄案外，令本司照前後指揮施行。從之。熊克小曆於此月末書工部尚書莫將知福州。按將罷尚書已久，此月甲辰自知明州依所乞提舉太平觀，十二月戊子，除知福州。克實甚誤也。

1 十有一月戊申朔，御史中丞兼侍讀詹大方試工部尚書。

詔諸路監師帥守奏辟，及定差縣令，並精加銓量，非曾緣民事被罪，及老病之人。用吏部請也。

2 己酉，樞密院檢詳諸房文字王循友轉對，乞戒飭：「北使所過州縣，供帳共億，務令豐潔，小有不備，令監司按劾，以期仰體國家睦鄰敦好之意。」從之。

3 庚戌，龍圖閣學士、知紹興府張澄與敷文閣直學士、知臨安府張叔獻兩易⑧。

4 癸丑，給事中兼侍講兼直學士院楊愿試御史中丞。權尚書工部侍郎李若谷試給事中。御史臺檢法官巫伋守監察御史。伋、李文會所辟也。

吏部員外郎嚴抑面對，乞春秋三傳釋經處，許出題以取士。上謂大臣曰：「爲人君、爲人臣皆不可不知春秋，往者建言之臣，欲罷讀春秋，蓋不思之甚矣。如不可讀，則聖人不修此經也。」抑又言：「渡江之初，禮出綿蕝，當時所撰祝文，多述艱虞未備之語。今時事既寧，望令秘書省改撰。」皆從之。三傳許出題在十二月辛巳降旨。

5 丙辰，哲宗婉儀慕容氏爲賢妃。妃，昭慈后閤中人也，頗有賢德，舊與皇太后善，至是娱侍慈寧宮。制曰：「藻鑒精明，獨前知於聖母；蘭心芳潔，今娱侍於東朝。」後八年薨。薨在二十二年九月壬辰。

右承議郎、知桂陽監吴鐸乞：「以諸郡所賜御書孝經、周官等，别賜閣名。」上曰：「若别立名，則諸郡緣此興造，必致擾人，姑從舊可也。」

6 戊午，中書舍人兼權實録院修撰兼侍講段拂權直學士院。

司封郎中李潤面對，言：「今朝廷清明，邊鄙靖謐，望明詔有司，講求祖宗故事，躬行籍田之禮。」從之。

7 甲子，上即宫中閱試殿前馬步諸軍將士，藝精者錫賚有差。自是歲以冬月行之，號内教場。

8 乙丑，觀文殿大學士、提舉臨安府洞霄宫朱勝非薨。勝非與秦檜有隙，奉祠八年，寓居湖州僧舍。及薨，贈三官爲特進，後謚忠靖。按：故事，曾任宰相贈七官，而侍從贈官有至開府者，勝非贈三官非例也，疑秦檜抑之。

9 辛未，少保、感德軍節度使、萬壽觀使高世則薨，贈太傅。世則持身廉退，居永嘉，積俸二萬緡，不復取，以帥府舊恩賜田三十頃，辭不受，後謚忠節。按：公師已上止贈一官，世則以少傅致仕贈三官，非例也。

10 壬申，秦檜請以軍器監趙子厚兼權吏部侍郎。檜言：「今日宗室不可不崇奬，令聚於朝。」上曰：「宗室中之賢者，如嘗中科第，及不生是非之人，可收置行在，如寺監、秘書省，皆可以處之。祖宗以來，不用宗室作宰相，其慮甚遠，可用至侍從而止。」檜又奏乞依舊置宗學，教育宗子。上可之。

御史中丞兼侍講楊愿言：「治道之要，在總核名實。名實未辨，則人材學術，難得其真，此國家治亂之所繇分也。數十年來，士風澆浮，議論蜂起，多飾虚名，不恤國計。沮講和之議者，意在避出疆之行；騰用兵之説者，止欲收流俗之譽。甚者私伊川元祐之説，以爲就利避害之計。慢公死黨，實繁有徒。今四方少事，民思息肩。惟飾詐趨利之徒，尚狃於乖譎悖僞之習，窺摇國論，詿誤後生。此風不革，臣所甚憂也。願下臣章，揭示廟堂，俾中外洗心自新，以復祖宗之盛。」從之。

11 癸酉，御史中丞楊愿言：「建寧軍節度副使藤州安置李光，負傾險之資，挾縱横之辨，諂附蔡京，竊位省郎。人倫墮壞，廉耻不聞。方時用兵，迎合干進。及修鄰好，陽爲應和，以得執政。聞藍公佐之歸，則又狂悖爲必去之計。去國之日，出險語以激將臣之怒；聞軍之興，鼓愚俗以幸非常之變。人臣如此，國何賴焉？比年以來，猶令子弟親戚往來吴、越，教人上書，必欲動摇國論而後已。若非明正其罪，恐海内之患有不勝言。」先是，知藤州周某者，誘光倡和，其間言及秦檜和議，有諷刺者，積得數篇，密獻於檜，檜怒，令言者論之。此以趙甡之遺史修入。乃移光瓊州安置。

12 甲戌，户部員外郎李朝正言：「今歲浙右間有水災，而江西、湖南粒米狼戾，望嚴遏糴之禁。」上曰：「所論甚當，如有遏糴州縣，可許鄰郡越訴，仍責監司按劾。」

是月，黄龍府之北大雪，色如血赤，至春暮方消。

1 十有二月丁丑朔，右朝請郎、潼川府路轉運判官宋蒼舒獻嘉禾一莖九穗者二。上曰：「凡赤烏白雉之類，止可一觀而已，不足爲瑞，惟五穀豐稔，乃上瑞耳。」既而秦檜言蒼舒職事修舉，乃遷一官。蒼舒，昌元人也。蒼舒轉官，在是月辛丑。

尚書禮部員外郎兼崇政殿説書、資善堂贊讀陳鵬飛罷，鵬飛嘗妄議慈寧尚典禮，事見十五年七月。御史中丞楊愿劾：「鵬飛山野小夫，妄自標置。」乃黜之。

2 戊寅，秦檜進呈司封郎中李澗轉對乞褒擢縣令等事。大略謂：「今知縣再任六考乃陞通判，而丞與諸司屬官，初無吏責，反以四考關陞，故人皆有所擇而不願就。又因民事得罪之人，雖微罪，亦終身廢棄，故皆有所懼而不願就。望詔有司，凡京官應理親民者，並通及六考，方得關陞，而應緣民事之人，自徒以上，乃取旨，庶幾循良之吏，争任百里之寄。」上曰：「法令不可輕改。」檜曰：「但崇奬賢令，則人自激勸。」上曰：「縣令有清廉愛民者，令監司每路各舉數人，其老耄不任事者，並令按劾。縣令得人，則民實受惠矣。」

3 己卯，詔臨安府及諸郡復置漏澤園。以户部員外郎吴縣邊知白轉對有請也。

4 庚辰，集英殿修撰、新知明州秦棣入見，詔遷敷文閣待制遣行。棣乞：「戒守土之臣，毋好奇以生事。」上諭大臣曰：「郡守之職，惟以奉法宣化爲急，正不當生事也。」

右通直郎上官世美知郴州還，言：「郴、道、桂陽，前此軍興，居民率衆保險，創立山寨，私置甲兵，駱科平殄，未盡屏除。今年豐盜息，望明詔守令，訓諭土豪，如能罷山寨者，量加旌勸。納甲兵者，優給價直。其有日前罪犯，一切原貸，示以不疑。」詔帥臣劉昉措置。

5 辛巳，給事中李若谷兼資善堂翊善。

6 壬午，金部員外郎宋貺轉對，言：「國家歲用至廣，兩税之外，仰給於鹺茗者爲多。今商賈入納於官，及其請鹽於煮海之場，則待次之期常遠。買茶於摘山之户，則流轉之限常迫。萬一法令或有少變，則本已折闕，尚何子利之可冀乎？此所以商賈猶懷疑貳，而入納之利未廣也。欲望申嚴指揮，遵守見行條令，毋得妄有申陳，庶幾行旅通流，邦儲豐衍。」從之。

7 丁亥，觀文殿學士、左大中大夫、知福州葉夢得特遷一官，提舉臨安府洞霄宫。從所請也。

8 戊子，雪。百官入賀，上諭宰執曰：「天下窮民，宜加養濟，孟子所謂『文王發政施仁，先斯四者』。」於是詔諸路常平官以時散米，務令實惠及民。

大理少卿朱斐與外任。既而殿中侍御史汪勃論：「斐近輪對奏疏，指大理寺爲詔獄，不知其職。」乃罷之。斐奏劄論殿前司公事送大理寺非是，已見九月癸亥，奏内乃無詔獄字，必是别有章，第不知所論何事，當考。尋坐其家僕受賕，又貶二秩。

武岡軍猺人成忠郎楊進京等獻黄金、朱砂、白絹。

9 己丑，左朝奉郎、知資州楊朴獻禮部韵括遺，詔遷一官。朴，資陽人也。

10 乙未，皇叔和州防禦使、知西外宗正事士㥽爲福州觀察使，以訓導宗子，率循規矩，試於有司，合格者衆，故遷之。

11 丁酉，端明殿學士、簽書樞密院事李文會罷。御史中丞楊愿、殿中試御史汪勃、右正言何若共劾：「文會憸邪害政。自登言路，每論一人，必遣家僕密送於門外，曰此出上意。及爲御史，又與王文獻締交，俾游説於外。私養臺吏，伺臺中章疏，梟心虺志，無所不爲。陛下講修鄰好之時，儻使姦險小人，尚在政地，獸窮則搏，必致爲國生事，此固有當繫於聖慮者。」疏六上。詔文會落職，依前左朝奉郎，提舉江州太平觀。愿等又攻之，詔文會筠州居住。自秦檜再居相位，每薦執政，必選世無名譽、柔佞易制者，不使預事，備員書姓名而已。百官不敢謁執政，州縣亦不敢通書問。如孫近、樓炤、万俟卨、范同、程克俊及文會等，不一年或半年，必以罪罷，尚疑復用，多使居千里外州軍，且使人伺察之。此並據林泉野記本語修入。呂中大事記：「自孫近參政，而執政特備員書姓名而已，百官不敢謁政府，州郡不敢通書問。若韓肖胄以至施鉅、鄭仲熊二十一人，皆不一年或半年誣以罪罷之，而政府之權在檜矣。」

12 庚子，御史中丞兼侍講楊愿充端明殿學士、簽書樞密院事。

13 辛丑，詔愿兼權參知政事。

14 壬寅，詔自今北使在庭，嘗借官奉使者，並權立借官班。自是遂爲故事。

秘閣修撰、主管佑神觀周襟遷敷文閣待制。襟，燕人也。

15 癸卯，金國賀正旦使、金吾衛上將軍、殿前右副都點檢孛散温[9]，安遠大將軍、充東上閤門使高慶先見於紫宸殿。

右正言何若論：「士大夫不恤國事，專爲身謀，議論朝綱，思出其位，此兆亂之階，不可不慮。乞揭示朝堂，使洗心滌慮，以承休德。」詔以若試右諫議大夫。殿中侍御史汪勃試侍御史。

16 丙午，秘閣修撰、兩浙轉運副使王鈇權尚書户部侍郎。鈇與秦檜有連，故驟用之。

權尚書户部侍郎李椿年以憂去官。

拱衛大夫、文州刺史劉光輔勒停，坐强買民女爲婢，致其縊死也。

是歲，右宣教郎、直秘閣、主管佑神觀朱弁卒於行在，秦檜惡洪皓，故弁亦不得遷，踰年卒。紹興五年，與恩澤一資。

融州觀察使、行營右護軍選鋒統制、知洋州節制巴蓬洋州屯駐軍馬王俊卒。俊行軍紀律嚴明，退者必誅，軍中號爲王開山，言其所向無前也。然性强犯上，吴玠亦畏其反復，而喜其勇，常厚遇之。

宗室子賜名授官者十有六人。

諸路斷大辟二十有六人。

校勘記

① 棫濟州人也　按：據淳熙嚴州圖經卷一，詹棫爲宣和六年進士。而南軒集卷三九直秘閣詹公墓誌謂詹至嚴州遂安人，其季弟棫仕至宗正丞，與此記載合。不知何以謂爲濟州人也。

② 詔令分析　「析」，原作「晰」，叢書本同。按：「分晰」，即「分析」義，清人多用此字，故逕改。下同。

③ 户部尚書張澄引病以龍圖閣學士提舉江州太平觀敷文閣待制知臨安府張叔獻陞直學士　「叔獻」原作「澄」，故四庫全書

有按語：「兩張澄，當有一誤。」按：本書卷一四七紹興十二年十一月載尚書户部侍郎張澄權本部尚書，至本年八月除宫觀，應無誤。另據本書卷一四九，紹興十三年八月，直敷文閣知紹興府張叔獻陞直龍圖閣知臨安府，而本書卷一五一紹興十四年正月載直龍圖閣知臨安府張叔獻陞敷文閣待制，則原本後一張澄必爲叔獻之誤，故據改，而删四庫按語。

④吏部尚書羅汝楫爲龍圖閣學士知嚴州　「閣」，原闕，逕補。又，叢書本「學士」前有「直」字。查淳熙嚴州圖經卷一太守題名，羅氏知嚴州所署職名亦爲學士。

⑤欲望戒敕有司　「有」，原作「攸」，據叢書本改。

⑥不當坐謬舉之罰　「坐」原闕，據宋史全文卷二一中改。

⑦而鼎爲謀首　「謀」，原作「誅」，據文義逕改。

⑧龍圖閣學士知紹興府張澄與敷文閣直學士知臨安府張叔獻兩易　按：張澄除知紹興府，未見記載，據嘉泰會稽志卷二，紹興十四年十月有判紹興府孟忠厚充醴泉觀使事，而未有張澄或與張叔獻知府事之記載，至明年二月，則有詹大方知府事。另參咸淳臨安志卷四七，知確有二人兩易事，張澄乃未到任即改知臨安府，張叔獻殆易紹興府後并未到任。

⑨金國賀正旦使金吾衛上將軍殿前右副都點檢孛散温　「孛散」，原作「布薩」，據金人地名考證改。

建炎以來繫年要録卷一百五十三

1 紹興十有五年歲次乙丑。金熙宗亶皇統五年。春正月丁未朔，初行大朝會禮於大慶殿，用黃麾仗三千三百五十人，視東都舊儀損三之一。輦出房不鳴鞭，以殿狹也。自建炎以來，正至不受朝，但宰臣率百官拜表稱賀而已。及太母還宮，言者以爲：「國家大慶，四方來賀，亶維其時，乞舉行大禮。」禮官以日迫不可行。次年復以大禮後權罷，至是乃講焉。

2 戊申，瀘南安撫使馮檝獻嘉禾九穗。上曰：「近日，州郡所奏嘉禾甚多，大有年之慶，庶幾可望也。」

3 壬子，宰執奏事。秦檜因論士大夫之弊，曰：「軍興以來，無肯爲國出力者，所以不能勝敵。臣嘗謂敵之所以勝我者，以其用心朴實故爾。」上曰：「朕觀太祖、太宗以來，多用朴實之人，所以風俗厚而根本固。」中興聖政：臣留正等曰：「士大夫之弊，以風俗之移人也。風俗之無弊，其惟祖宗之時乎！漢周勃、張相如，此皆高帝之臣也①。逮事文帝，其言不能出口，一時在廷之臣，誰獨無有長者哉？及帝善嗇夫之對，而張釋之稱譽二人者，至於反覆問辨，蓋明其爲高帝之臣也。漢嘗以是繼秦而爭天下矣。秦政弊，則徒文具而無實，天下爲之風靡，漢誰與敵哉！故釋之亦因爲文帝言之，士大夫而趨浮僞之俗，宜爲國者之所深戒也。」

4 癸丑，故武功大夫、文州刺史趙成特贈左武大夫、忠州團練使，官其家三人。先是，漳州長泰縣民華齊作亂，安撫司遣成率兵往討之。官軍敗，成與其將校死者十四人，軍校不與焉。右迪功郎、長泰縣尉陳休烈將射士捕齊，死於陣。詔贈左承務郎，録其子爲文學。

5 乙卯，秘書省著作佐郎兼普安郡王府教授趙衛、錢周材並爲著作郎，校書郎陳誠之爲秘書郎，左宣教郎黄公度爲秘書省正字。

6 戊午，保信軍承宣使、知閤門兼權樞密副都承旨曹勛提舉洪州玉隆觀，從所請也。

7 己未，分經義、詩賦爲二科以取士。

8 辛酉，初藉千畝，用司封郎中李澗請也。

資政殿大學士、知建康府張守薨，謚文靖。

9 丁卯，四川宣撫副使鄭剛中乞：「減成都府路對糴米三分之一，本司激賞錢二十萬緡。」時剛中於階、成二州營田，抵秦州界，凡三千餘頃，歲收十八萬斛，而宣撫司激賞錢已減爲一百萬緡②，至此復有此請。上謂秦檜曰：「累年民力少寬，此休兵之效也。其從之。」

10 戊辰，上始聞端明殿學士、左朝奉大夫、同簽書樞密院事王倫死狀，謂秦檜曰：「倫雖不矜細行，乃能守節死敵。人誰無死？擇死爲難耳。」於是，贈左通議大夫，輟一日朝。詔報其家，且賜銀帛三百匹兩。未幾，其子述從北人得其骨以歸，官給葬事，後謚愍節。輟朝在二月戊子，今併書之。日曆不載贈官，此據會要，未得其日。

命權户部侍郎王鈇措置兩浙經界。李椿年既以憂去，秦檜請用鈇。上因言：「經界之法，細民多以爲便。」檜曰：「不如此，則差役不行，賦税不均。積弊之久，今已盡革，去年陛下放免積欠，天下便覺少蘇。」鈇言：「本部員外郎李朝正嘗知溧水縣，均税不擾，請與共事。」又言：「今當革詭名挾户，侵耕冒佃，使差有常籍，田有定税，則差役無争訴之煩，催科免代納之弊。然須不擾而速辦，則實利及民。欲更不畫圖，又造砧基簿，止令逐保排定，十户爲一甲，令遞相糾合，從實供帳二本，積年所隱，一切不問。如有不實，致人陳告，即將隱田給以充賞。」從之。朝正同措置，在此月辛未。

11 己巳，御筆：「尚書禮部侍郎兼直學士院、提舉秘書省秦熺除翰林學士。左諫議大夫何若知貢舉。權吏部侍郎陳康伯、秘書少監游操同知貢舉。」若、操嘗爲發解所試官③，及是再命之，非故事也。

敷文閣直學士、新知紹興府張叔獻卒。

12 庚午，工部尚書兼侍讀詹大方罷爲龍圖閣學士，知紹興府。敷文閣待制、知撫州晁謙之充敷文閣直學士，知建康府。謙之嘗言：「崇仁縣民婦産三男，足驗生齒蕃息之盛。」十四年八月丁卯。又言：「臨川縣禾登九穗，足爲瑞應。」其年九月癸未。皆乞宣付史館。秦檜喜，故擢用之。林泉野記云：「檜頻使臣僚及州縣奏祥瑞，以爲檜秉政所致云。」吕中大事記：「日屢食，則檜皆以陰雲不見賀。彗星見，康與之以爲不足畏，檜則與之改秩。而日使臣僚及州縣奏祥瑞，以爲檜秉政所致而已。」

13 辛未，初命諸路僧道士納免丁錢。時言者論：「今官尹皆納役錢，而僧道坐享安閑，顯爲僥倖。」乃詔律僧歲輸五千，禪僧、道士各二千，其住持、長老、法師、紫衣、知事，皆遞增之，至十五千，凡九等。日曆無此，今以會要修入，趙甡之遺史在紹興五年六月，蓋誤。

是日，上因論和買預買之弊。秦檜言：「户、工部不可不兼隷，在祖宗時皆隷三司，今户部以給財爲務，工部以辦事爲功，誠非一體。」上甚以爲然。檜又奏：「宗子成忠郎不嗷娶倡女爲妻，爲大宗正司所劾。」上曰：「宗子不肖，至於如此，然其間不無清貧有守之人。前日有貧而不能娶者，朕賜之千緡，所以勉之也。」其後有司具獄，不嗷坐除名，令宗司庭訓拘管。九月壬子行遣。

14 甲戌，斬閬州人龐師道於都市。師道亡之北境，自稱從義郎，妄言朝廷機事，金械之還，故戮之。

15 乙亥，權尚書户部侍郎王鈇進秩一等。以頃在兩浙轉運司，修都亭驛成推恩也。

右朝奉大夫、主管台州崇道觀向子忞特降三官。子忞寓居衡山，帥臣劉昉希秦檜意，劾其强横虐民，故有是命。

1 二月丁丑朔，故迪功郎莫正贈承務郎。正嘗權東海縣，僞守王山招之不從，爲所殺，故録之。

2 戊寅，上謂大臣曰：「朕觀史册，見古之養士，有至二三千人，亦朝廷一盛事。」於是增國學弟子員百人，通舊以七百人爲額。尋命置上舍三十人，内舍百人，用監丞文浩請也。浩建請在癸卯。

3 己卯，命簽書樞密院事楊愿兼修玉牒。

4 庚辰，上曰：「聞軍士亦有喫菜者。此曹多食素，則俸給有餘，恐驕怠之心易生，可諭諸統兵官嚴行禁戢。」

5 癸未，故除名人温濟追復拱衛大夫、威州防禦使。濟自海外，量移潭州，死於道，至是用其家請而復之。

6 丁亥，兵部郎中葉庭珪轉對，言：「陛下比者專尚文德，天下廓廓無事，然芸省書籍未富。切見閩中不經殘破之郡，士大夫藏書之家，宛如平時，如興化之方，臨彰之吴，所藏尤富，悉是善本，望下逐州搜訪抄録。」從之。

7 己丑，右承直郎郭誠特改右宣教郎。誠，普安郡王夫人之父也。

8 庚寅，翰林學士秦熺兼侍讀，給事中李若谷兼侍講。直秘閣、福建路轉運判官徐琛爲兩浙西路提點刑獄公事。琛，南昌人也。王明清揮麈録云：「徐獻之琛，王氏甥，與秦檜之妻爲中表，而師川之族弟也。會之知高宗眷念師川不替，一日奏事，啓上云：『徐俯身後伶俜可憐，有弟琛能承兄之業，願陛下録用之。』」上從其請。其後獻之爲貳卿，會之並緣罔上，率皆類此④。

9 壬辰，和州防禦使錢愷知閤門事。

10 癸巳，左武大夫、保順軍承宣使、知閤門事何彦良落階官，爲閬州觀察使。二人皆以當出疆之勞特遷之。

11 乙未，權户部侍郎王鈇乞：「諸路州縣民户科折之數，自第一至第四等一例均敷。」從之。先是，講和赦書，以上户規避物力析爲下户，自今令一等科敷，已而諸路多言貧民由此不能自存，有失朝廷憂恤之意，故鈇以爲請。

12 己亥，保大軍節度使、崇國公璩加檢校少保，進封恩平郡王，以將出閤故也，其官屬禮儀並依普安郡王體例。三月丁未降旨。

顯謨閣直學士、提舉江州太平觀程邁卒。

13 辛丑，故承奉郎王明特與一子官，以前任德清軍使，與金人戰死故也。

1 三月按是月丙午朔。丁未，寧國軍承宣使、幹辦皇城司吴益爲保康軍節度使，提舉萬壽觀。

2 甲寅，監察御史黄應南提舉廣南東路刑獄公事。

3 辛酉，武信軍承宣使、添差江南西路兵馬鈐轄兼安撫司統制程師回陞本路馬步軍副都總管，洪州駐劄。時師回統兵戍贛上，會詔歸北境人，而師回有親兵數百，憚不欲行。守臣秘閣修撰薛弼諭之曰：「公從卒多不可庇，公能遣此屬，朝廷必多公，若庇不遣，責矣⑤。」師回承命。既而省符趣師回就道，遂去。師回舟行過大孤山，舟人告毋作樂，恐龍怒。師回故命其徒奏蕃樂⑥。少頃，黑雲四合，有物湧波間，目如金盤，師回射中其目，即還入水，風亦息，安流而濟，人皆服其勇。此以洪邁夷堅乙志及熊克小曆參修。但邁以爲紹興十二年事，而克繫之十三年，則皆誤也。按薛弼以紹興十三年八月除知虔州，今年五月移廣州。當此時，弼固在任，意者師回統戍日久，故用改除，使之離去耳。五月戊午白常指揮略同，更須參考。

4 癸亥，左朝奉郎、提舉江州太平觀、筠州居住李文會降授左奉議郎。武翼郎、四川宣撫幹辦公事范寧之降授從議郎。借補迪功郎陳洵武杖脊刺面，配泉州牢城收管。初，王師心之北使也，文會以洵武屬師心爲官屬，寧之保之。楊愿在中司，以此擊文會罷政，至是鞫實，而有是命。

5 甲子，上謂大臣曰：「交鄰之道，當以守信爲主。」秦檜曰：「臣觀真宗皇帝時，雖諸蕃小國，如溪峒之類，亦必委曲調護，不欲起兵端，可謂至仁矣。」時金人來索北客之在南者，檜因遣敷文閣待制周襟、馬觀國、史愿北還。襟等還北，史皆不書，惟孫覿撰李謨墓誌云：「金檄還北客之落南者，馬觀國在遣中，過公別，涕泣而出。」趙甡之遺史繫之今年三月，故因檜奏語附書之。但甡之以「襟」爲「金」，蓋字誤。林泉野記云：「檜命盡發前後所得大金、契丹及歸明人五萬還於大金，内弱軍勢，絶後來歸降之心。」不知北人何以至有五萬，當考。按誓書云：「淮北人願歸者，更不禁約。」去年四月，上嘗以此諭檜，令回檄泗州，檜奏如此甚便，與野記、遺史諸書全不同，今併附此。

中亮大夫、武勝軍承宣使、荆湖北路馬步軍總管巨師古提舉建昌軍仙都觀，從所請也。

6丙寅，步軍司奏軍器事。上曰：「朕頃在京師，見内庫所藏弓矢，皆太宗、真宗朝所製，經歷百年，記識如新，蓋製造精善故也。」

7丁卯，直秘閣劉堯佐、堯仁並陞直敷文閣，主管台州崇道觀。

8戊辰，進呈廷試策題。上曰：「策題蓋欲入仕者皆知趨向之正。」秦檜曰：「士人趨嚮不正久矣，亦風俗使然，在陛下力與變革。」上曰：「朕觀五十年前人材，皆是仁宗時涵養所致，以此知人材正在作成也。」

9己巳，上策試南省舉頭林機等於射殿，制略曰：「朕託士民之上，所賴以濟者，惟正賢碩能。然乃或同於鄉原，專於身謀，不修廉隅，不本忠信。平居肆貪得之心，臨事乏首公之節。使風俗曠然大變，必有術處此。」舉人劉章答策言：「陛下既以先修其身，而又任用真儒，始終如一。」又曰：「陛下法守古先⑦，得一賢者，必思先王所以任之之誠；得一能者，必思先王所以使之之方。彼賢者能者，孰敢不盡忠竭節於下哉！」王剛中策言：「帝王之應世，非治天下之難，必得真賢碩能之用爲難。」許必勝策言：「今日廟堂之上，其所以董正百官者，竭誠盡忠，以謀國事，縉紳知之，將見觀感視效，自然而化。」又曰：「國家廟堂之上，秉握鈞衡、總攬庶職者，其於節義之事，在人耳目，輝映今古，天下縉紳方且相與取正而激勵。今陛下乃以士大夫偷墮爲患，其亦陛下之過計。」有司擬章第三，及進呈，上親擢爲首，剛中次之，必勝又次之。機，侯官人。章，龍遊人。剛中，浮梁人也。

10 壬申，徽猷閣直學士、提舉亳州明道宮洪擬卒，謚文憲。

1 夏四月丙子朔，賜太師秦檜甲第一區。戊寅，檜遷居賜第，命內侍東頭供奉官王晉錫押教坊樂導之。賜檜銀絹緡錢各一萬，綵千匹，金銀器皿、錦綺帳褥六百八事，花千四百枝。

是夜，彗出東方。

2 庚辰，左宣教郎、新廣東提點刑獄公事黃應南乞：「詔湖、廣諸州勿縱省民，私交溪峒，及令監司帥臣覺察所部，勿造事端，以起兵釁。」秦檜言：「近邊徭人與吾民互市，恐難抑絕。」上曰：「朕見往年西夏亦有互市，中間禁止，遂致用兵，可令帥司相度。」後不行。

3 癸未，賜正奏名進士劉章等三百人及第、出身、同出身，正奏名張鎡新科明法及第。甲申，特奏名林洵美等二百四十七人，武舉正奏名應褎然等二人⑧，特奏名三人，授官有差。

4 乙酉，詔臨安府捕武經郎方直治罪。直，前宰相趙鼎給使，以事至行在。侍御史汪勃言：「今國是既定，內外寧謐，豈容奸人輒肆窺伺？而趙鼎使臣，尚不知革心從化，復敢如此，民聽謂何？」其後本府言直罪如章，乃送漳州羈管。

5 丁亥，赦天下。前四日，上謂秦檜：「彗星見，朕甚懼焉，卿等可圖所以消弭之道。」檜奏：「太宗、真宗朝嘗緣彗星疏決獄囚等事。」上曰：「且降詔，以四事爲主：避殿、減膳、寬民力、出滯獄。」於是手詔監司郡守，條具便民事目，憲臣巡行，親決獄事。是月癸未。至是肆赦：「勘會數十年來，邊臣邀功生事，今當兼愛内外，期於並生。勘會數十年來，學者黨同伐異，今當崇雅黜浮，抑其專門。勘會累年以來，兵革不息，近者講和罷戰，正以保全生靈，愛惜民力。已降手詔委諸路監司郡守措置裕民事目，務要必行，以施實德。尚慮徒爲文具，令三省考覈，取旨賞罰。」

6 戊子，右朝請郎、知大寧監龐昌孫及兵職官三人並罷，坐民居遺火，不即撲滅，致延燒官物文書甚衆，爲宣撫司所劾故也。

7 庚寅，四川宣撫司募禁衛三百人至行在。上曰：「此輩遠來，宜厚犒勞，沿途探請，悉與蠲之。居止亦須令便利，庶皆得所。」

成州團練使、知叙州邵隆卒。隆在金州，數以兵出敵境，秦檜恨之。至是因飲酒暴卒，年五十一。或謂檜密使人酖殺之，叙人皆悲哭，爲之罷市。

8 壬辰，樞密院編修官王墨卿、魏元若並爲秘書省著作佐郎，兼恩平郡王府教授。秦熺嘗從墨卿學，故薦用之。

9 甲午，上諭大臣曰：「比遣將捕盜閩中，第令殲其渠魁，脅從者皆釋。若措置得宜，優與推恩，不然罰亦隨之。」時福建劇盜號管天下者，攻剽郡邑爲奸。詔殿前司後軍統制張淵往捕之，故有是諭。

10 丁酉，太學博士楊邦弼罷。侍御史汪勃論：「邦弼操心不正，每探朝廷事，傳播於外，與罷黜者交通，曾不以教導爲職。」乃以邦弼通判信州。

11 庚子，省四川都轉運司，以其事歸宣撫司。時宣撫副使鄭剛中言：「四川軍屯已移内郡，自有逐路漕司應副，都漕司虚有冗費。」故省之。十五年十月庚子，置總領官。

皇叔廣州觀察使、知西外宗正事士㡘卒，特賜其家銀帛百匹兩，後贈開府儀同三司，追封和國公。

12 辛丑，秘書郎陳誠之守尚書祠部員外郎。左從政郎新和政縣令湯思退、左朝奉郎行大府寺主簿王曮並爲秘書省正字。左承務郎洪邁爲敕令所删定官。思退，麗水人。曮，晚從弟。邁，皓子也。三人皆以博學宏詞合格賜第，故有是除。既而言官汪勃論：「邁知其父不靖之謀，同惡相濟。」乃以爲福州州學教授。洪邁罷在閏十一月戊午。

賀州刺史、御前摧鋒軍統制吴錫爲江南西路兵馬鈐轄兼安撫司統制，虔州駐劄。

1 五月丙午朔，龍神衛四廂都指揮使、宣州觀察使、主管侍衛步軍司公事趙密爲定江軍承宣使。先是海寇朱明作亂，朝廷遣步軍司統領、左武大夫、武泰軍承宣使張守忠捕降之。詔進守忠一階，而密有是命。

2 己酉，侍衛步軍副都指揮使、武勝軍承宣使王貴爲福建路馬步軍副都總管。上覽除目曰：「此輩處之優穩如此，則見在軍者有所激勸矣。」秦檜曰：「聖慮及此，可謂深遠。」熊克小曆云：「初，步軍副都指揮使王貴因告張憲、岳飛之事，擢爲管軍。至是，除福建副總管。」按：飛以紹興十一年誅死，明年三月，貴罷爲福建副總管，以田師中代之，未嘗除管軍。又按是時步帥乃韓世良，後改用趙密，蓋貴止是帶軍職，克誤以爲步帥也。

3 癸丑，秘閣修撰、知虔州薛弼移知廣州。

4 丙辰，詔減東南和預買絹匹一千，以寬民力。秦檜曰：「陛下天資仁厚，每欲實德及民，大類仁祖。」上曰：「朕安敢望仁祖百分之一。」十七年九月，折帛錢再減。

5 戊午，詔貧民産子者，予義倉米一斛。以大理寺丞周楙轉對有請也。始命給錢四千，至是楙言：「免役寬剩，所收至微，豈能賙給？今所在義倉，未嘗移用，若歲令一路發千斛以活千人，以諸路計之，不知所活幾何。皇天親饗，本支有衍於百世矣。」乃命户部措置行之。楙，東陽人也。事已見紹興八年五月庚子、十一年三月乙巳。

正侍大夫、忠州防禦使、添差荆湖南路馬步軍副都總管白常移潭州駐劄。時金人來索在南將士，常亦在遣中。同行者悉爲敵效力，常獨不肯往，曰：「丈夫死則死耳，不能爲反覆士。」每自書頭銜曰「前熙河經略使白某」。右副元帥撒離喝見之不悦也，後欲强官之，竟託疾以免。常有産在德順，熙河守將惡之，大詈曰：「白常既臣我家，而尚宋官乎！」械繫久之，常不屈而止。秦檜遣還北人，史無由見，如馬觀國則見於孫覿集，程師回則見於洪邁夷堅志，然皆因他事及之，故無始末。獨白常事，員興宗西陲筆略記之稍詳⑨。常嘗爲涇原總管，興宗載此事在紹興十五年。又云與王四、小巢俱遣，王嘗位荆南總管，巢亦位將鎮，二人本末未詳，當考。

6 己未，右武大夫、貴州刺史張延壽陞和州防禦使，録措置監牧之勞也。

7 庚申，大理寺丞周懋言：「紹興赦罪人情輕法重者，並奏裁。立法之意，謂法一定而不易，情萬變而不同。設法防姦，原情定罪，必欲當其實而已。比年以來，内外官司，類皆情重法輕，聞奏必欲從重，而以情輕奏者，百無一二。豈人人犯罪，無有非意誤冒可輕比者邪？陛下聖德寬仁，惟刑之恤，而有司未能推原美意，其於情法疑讞，輕重不倫。伏望申戒法官，應罪人情輕法重者，並仰遵守赦條聞奏，以從輕典。仍委所屬，時加檢察。如有違戾，並以故入之罪罪之。庶使無知小民，免致非辜，悉罷重憲，以副陛下好生之德。」從之。

8 壬戌，復置六部架閣官六員，亦以周懋轉對有請也。尋遂以右迪功郎彭炤掌吏部，右從政郎艾若訥掌户部，右迪功郎周紫芝掌禮兵部，右迪功郎蘇鑒掌刑、工部。按題名，炤等填闕在今年七月，今併附此。

9 癸亥，詔自今新除學士正謝前一日待詔，即私第宣召入院，如故事。用翰林學士秦熺請也。渡江後，此禮久廢。至是，熺奏復之，惟敕設以院隘不容鋪設而止⑩。

司農寺丞王會守尚書比部員外郎。會，晚弟也。

10 甲子，金國賀生辰使龍虎衛上將軍、殿前左副都點檢完顏宗永，副使通議大夫、充翰林待制程寀見於紫宸殿，初燕垂拱殿，辭亦如之。

11 丙寅，天申節，百官用樂上壽於紫宸殿。

12 丁卯，賜宗永等燕射於教場，自是遂爲故事。初，宗永等將至，秦檜言於上曰：「使人及期而來，蓋由待之以禮，示之以信故也。」上曰：「大抵爲國之道，既不能强，又不能弱，則兵連禍結，無有已時，朕何惜爲天下生靈少屈耶！」於是遣吏部侍郎陳康伯接伴，而和州防禦使、知閤門事錢愷副之。宗永甫入疆，上以端午，遣中使賜扇帕於洪澤。宗永言：「上國是日例賀，當北面再拜，且接伴使副同之，乃敢受。」康伯以舊制却之。或謂康伯：「此細故，朝廷必不惜。」康伯曰：「今曲從之，後爲例，不復可改，且辱命自我始。況所求或無厭，寧能盡從之乎？」宗永卒受賜，因自辨，數曰：「接伴慢我。」朝廷聞之，懼生事，引見之前日，侍御史汪勃即劾：「康伯酬對辱國，望罷之，以副惇信睦鄰之意。」乃出康伯知泉州，而愷亦降爲舒州團練使。上語在四月戊寅，宗永入界，在此月戊申。勃奏康伯在癸亥，愷貶秩在甲子，今聯書之。

入内東頭供奉官幹辦御藥院王溥還所寄資⑪，爲武功大夫、貴州防禦使，令吏部差監鄂州酒務，日下出門，坐於職事全不用心也。此未知與接伴有無相關，當考。

13 庚午，命權禮部侍郎宋之才、宣州觀察使知閤門事康益充送伴使副，舊例接伴使副就充送伴，至是以金使有詞，故易之。辛未，之才等入對。

1 六月乙亥朔，日有食之。

2 丁丑，上幸秦檜新第。後八日，降制加恩，封檜妻魏國夫人王氏爲韓魏國夫人，熺妻淑人曹氏爲和義郡夫人，孫右承事郎塤、堪、坦並直秘閣，賜三品服。時塤年九歲。

3 壬午，端明殿學士、四川宣撫副使鄭剛中遷資政殿學士。剛中引疾乞奉祠，故有是命。直秘閣、通判明州錢端禮提舉淮南東路茶鹽公事。

4 甲申，右奉議郎喻樗通判衡州。

5 丙戌，龍圖閣學士、知臨安府張澄奏修蓋太師秦檜第宅官吏名銜，詔第一等轉兩官，餘以次第賞。尋拜澄端明殿學士。澄進職在是月丙申。林泉野記云：「檜築賜第，窮土木之麗。」

6 戊子，翰林學士、左朝散大夫、知制誥兼侍讀、提舉秘書省秦熺特遷左中奉大夫，充翰林學士承旨。故迪功郎張木漸特官一子，以任溆浦縣主簿歿於王事也⑫。

7 庚寅，左朝請大夫曾班主管台州崇道觀。班始坐降金，削籍編置，不知何時牽復也。

8 癸巳，右朝散郎張昌知楚州。昌守真州代還，入見，言：「兩國通好，使命往來，則運河隄岸，不可不治，望令淮浙沿流令尉兼帶入銜。」從之。王明清揮塵録稱秦檜喜昌，就官簿中減去十歲，擢知楚州事。已附見紹興十二年五月戊申昌除知真州注，或可修潤附此。

9 乙未，命給事中李若谷、權户部侍郎王鈇看詳監司守臣所上應詔條其裕民事件。左承事郎、充皇太后宅教授張本面對，乞：「令逐路憲司，每季條具一路刑獄禁繫多寡，核實以聞，嚴加黜陟。」詔刑部申嚴行下。本尋遷一官。本進官在己亥。敕令所删定官錢龐面對⑬，乞申戒州縣或遇水旱，從實檢放。從之。

10 丙申，刑部侍郎周三畏進權本部尚書。

秘閣修撰、新知廣州薛弼充集英殿修撰，與敷文閣學士、知福州莫將兩易。時虔、梅及福建劇盜有號管天下、伍黑龍、滿山紅之屬，其徒稍衆，攻劫縣鎮，鄉民作山砦自保。將言：「漳、泉、汀、建四州接江西、廣東之境，緣游手輩從賊，熟識小路，引其徒直衝縣鎮，如入無人之境。官軍不習山險，多染瘴疫，難於掩捕。乞委四州守臣，募强壯游手，每州一千人爲效用。」時殿前司後軍統制官張淵措置本路盜賊，有旨委將同措置。淵請逐州先招五百人，許之。未及招而將易鎮。

11 丁酉，秦檜奏以左朝散大夫、新福建路提點刑獄公事王元鼎措置本路盜賊公事。上曰：「可諭殿前司，自今招捕郡寇，分填諸軍闕額，則盜賊銷矣。」元鼎，侯官人也。

12 戊戌，秦檜爲上言：「士大夫多横議，無益國事。」上曰：「靖康之事是也。朕見當時士大夫奏狀，多是李綱、耿南仲等紛紛争議，無肯以國事爲慮者。」檜曰：「靖康之初，金主自令斡離布就便酌中施行，誠有人肯任國事，則大計久已定矣。」上曰：「後來生靈塗炭之甚，皆由於此。所以國家大事，須在得人肯任。」檜曰：「非人主聖志先定，豈臣下所能決？」

13 己亥，翰林學士承旨秦熺入見，引李淑故事乞避親，且言：「前此以和議文字，多所關預，國事至重，不敢有請。今則大計已定，望許臣罷職，庶幾不紊彝制。」不許。

14 辛丑，江東轉運判官趙不棄乞：「令監司察部内縣令老病不職者，與嶽祠。」上曰：「朕嘗謂縣令最爲親民，又非郡守之比。贓固不可，而庸繆之人，尤害百姓。蓋因其庸繆，則吏計得行，若十吏用事，是有十縣令矣。」

校勘記

①漢周勃張相如此皆高帝之臣也　叢書本「張」後有「良」字，甚誤。此語蓋出前漢紀卷八：「拜嗇夫欲爲上林令。釋之進曰：『陛下以周勃、張相如何如人？』上曰：『長者也。』釋之曰：『此兩人稱爲長者，言事曾未出口，豈若嗇夫喋喋利口捷給哉？』」蓋不關張良也。

②而宣撫司激賞錢已減爲一百萬緡　「宣」，原作「軍」，據文義逕改。

③若操嘗爲發解所試官　「嘗」，原作「常」，據文義逕改。

④會之並緣罔上率皆類此　「罔」字原缺，據揮麈後録卷一一補。四庫本此後有按語：「此句上下文疑有脱誤。」今删。

⑤若庇不遣責矣　「遣」字下四庫館臣有按語：「原闕四字。」考皇朝中興紀事本末卷六二作「庇不遣矣」四字。

⑥師回故命其徒奏蕃樂　「徒」，原作「怒」，叢書本同，據皇朝中興紀事本末卷六二改。「怒」字蓋涉上文而誤。

⑦陛下法守古先　「守」，叢書本作「乎」。

⑧武舉正奏名應裦然等二人　「裦」，原誤作「褒」，據宋史全文卷二一中改。李彌遜筠溪集卷七謝宣州解元啓亦作「裦」。

按：「裦然舉首」，語原出漢書。

⑨員興宗西陲筆略記之稍詳　「員」，原誤作「原」，據本書卷一一七紹興七年十二月條改。

⑩惟赦設以院隘不容鋪設而止　四庫館臣此句後有按語：「此句疑有脱誤。」查曾鞏隆平集卷三載：「故事：學士赴任，有赦設獼猴之戲，其禮久闕。」則知所闕者，「獼猴之戲」也。

⑪入内東頭供奉官幹辦御藥院王溥還所寄資　「王溥」，原誤作「主簿」。按：宋會要輯稿職官一九之一五載本年五月二十

一日，「詔幹辦御藥院王溥職事全不用心，可送吏部與合入差遣。」與此條事實正合，則可知，「主簿」乃「王溥」形似而訛也。因改。四庫館臣此後有按語：「原本闕名。」今删。

⑫ 以任漵浦縣主簿殁於王事也　「漵」，原作「叙」，據叢書本改。

⑬ 敕令所删定官錢龐面對　「删」，原作「册」，據叢書本改。

建炎以來繫年要録卷一百五十四

1 紹興十有五年秋七月乙巳朔，罷夔路軍興以來所置酒店，以寬民力，用四川宣撫副使鄭剛中奏也。夔路舊無酒禁，爲場店者，百四十餘所而已。建炎末，增至六百餘，然土荒民少，人不以爲便。剛中既以本司錢四萬餘緡代撥贍軍，遂弛其禁。

2 丙午，右承務郎、新添差浙東安撫司幹辦公事司馬伋言：「建安近刊行一書，曰司馬温公記聞，其間頗關前朝故事。緣曾祖平日論著即無上件文字，顯是妄借名字，售其私説。伏望降旨禁絶，庶幾不惑羣聽。」詔委建州守臣，將不合開板文字盡行毁棄。伋特遷一官。初，范沖在史館，上出光記聞，命沖編類進入。沖言：「此書雖未可盡信，其有補治道亦多。」乃繕寫成十册上之。至是，秦檜數請禁野史，伋懼罪，遂諱其書，然其書卒行於世。伋遷官在是月辛亥，今併書之。范沖編類記聞，不得其時，已附見紹興六年八月己亥。

3 丁未，右朝請大夫、知泉州吴序賓奉詔條具便民事件，言：「泉南七縣，盜賊者四，本州雖軍儲不足，而義倉見存七萬石。欲開倉賑貸，而常平司執以災傷七分之法，至今人未被賜。欲比附每縣給三千石，賑貸四等以下人户。」給事中李若谷等請每縣給二千石，如所奏，從之。

4 戊申，復置利州紹興監，歲鑄錢十萬緡，以救錢引之弊，用四川宣撫副使鄭剛中請也。剛中言：「祖宗朝立法，約四川所有見錢，對數印造錢引，使輕重相權。昨因軍興，調度滋廣，印造寖多，又有司申請爲闕鼓鑄本錢，遂廢罷錢監。其金州一帶銅錢，迤邐透入利路，相兼轉用，銅錢不多有，而民間鑄造農器鍋釜，及供應官司軍器，積日累月，銷鎔川錢殆盡，以致劍外州縣全闕見錢行使。竊恐稱提不行，牽連以裏州縣，引法弊壞，有悞國事。」疏奏，不待報遂行。剛中以利州山林多鐵炭易集，乃命本路轉運判官王陟董其事，置監官、檢勘、監門、物料、庫官等六員，軍匠五百人，後增鑄至十五萬緡。大錢千重十二斤，小錢千重七斤有半，歲用鹽官錢七萬緡。三路稱提錢二十四萬爲本，率費錢二千而得千錢云。

5 辛亥，執政進呈處州守臣徐度準詔條上便民事件。上曰：「因此亦可以觀人才，如議論平正，留心國事，其説自然可見。不然，矯訐迂闊者，亦可見也。」

左承奉郎、主管台州崇道觀陳鵬飛除名，惠州編管。侍御史汪勃奏：「鵬飛前在禮曹，陛下崇東朝之養，推尊徽稱，禮有自來。鵬飛深切譏議，殊不知先帝之三妃九嬪，秩等公卿，固與庶人之一妻一妾異。鵬飛敢爲妖言，妄自標目，無所忌憚，大逆不道。望投畀荒裔，以爲造言亂衆者之戒。」故竄之。

6 壬子，直秘閣、新提舉淮南東路茶鹽公事錢端禮爲兩浙路轉運判官。端禮自明州通判改除，過闕入見，論湖塘利害，望特詔所部，專責丞佐廣求水利之源。乃有是命。時秦檜議乾鑑湖爲田，云歲可得米十萬斛。上謂：「若遇旱歲，無湖水引灌，則所損未必不過之。」檜乃止。乾鑑湖事，以日暦紹興二十九年十月辛未所載上諭王綸語修入，不得其年，且附端禮論水利之後。

7 癸丑，成州團練使、幹辦御輦院吴蓋爲建州觀察使，提舉佑神觀。

8 甲寅，左朝奉郎、提舉江州太平觀吕本中卒。

9 乙卯，權户部侍郎王鈇言：「應軍事補官之人，欲令本縣驗實，如屬冒濫，即令改正，隱庇者抵罪。」以富民避役者衆故也。

10 丙辰，詔學士院案籍，令監修國史官取索點檢。此必有所爲，當求他書參考。

左承事郎、新簽書鎮江軍節度判官廳公事劉章爲秘書省正字。章解褐即入館，異數也。熊克小曆載章除正字在十月，亦因題名所書而不詳考也。克又云：「章不待一任回，便除館職，蓋用陳誠之例。」亦誤，章此時未到任也。

11 丁巳，興化軍守臣汪待舉條具便民事，乞：「蠲本軍諸邑漁人所輸簄税，及浦生之草，採者毋令出錢。」從之。

12 戊午，詔廬、光州上供錢米展一年。用轉運司請也。上曰：「人皆知取之爲取，而不知予之爲取，若稍與展免，俟其家給人足，税斂自然易辦。」淮南平時，一路上供内藏紬絹九十萬匹有奇，至紹興末年，纔八千匹爾。

故迪功郎楊世永贈右承務郎，官一子。以前任端溪尉，死於盜也。

13 己未，故武德大夫趙德贈右武大夫、果州團練使，以捕虔寇閩中死於陣也。其徒九人，皆贈官，録子孫有差。

14甲子，故右迪功郎汪位贈右承務郎，官一子。位爲濠州司理參軍死於難，故録之。

15乙丑，權尚書禮部侍郎宋之才充敷文閣待制，提舉江州太平觀，從所請也。

16丙寅，楚州爲捕盗官乞依元旨推恩。秦檜曰：「賞有定格，固難易也。」上曰：「信爲治道之本，若不堅守，出令其誰信之？」

17丁卯，大理寺丞周贇面對，乞：「戒監司郡守毋得增吏擾民。」詔申嚴行下。

18戊辰，兩浙轉運判官吴坰條具便民事，乞：「令常平司支借錢穀，勸民濬決華亭等處沿海三十六浦，以泄水勢，庶無潦損民田之患。」詔可。後十餘年乃克行之。

19己巳，秦檜進呈放免四川轉運司因贍軍借用常平錢十三萬緡。檜言：「近來户部歲計稍足，蓋緣休兵，朝廷又無妄用故也。」上曰：「休兵以來，上下漸覺富貴，大抵治道貴清浄，人君不生事，則天下自然受福。」檜曰：「舜無爲而治，陛下得之矣。」

是月，金國旱，飛蝗蔽日，詔蠲民租。

1八月甲戌朔，左朝議大夫、知池州魏良臣條上便民事，言：「今民間有合零就整錢，如綿一錢令納一兩，絹一寸令納一尺之類，是正税一分，陰取其九也。乞折帛錢並輸實數，更不合零。」從之。

秘書省著作郎兼普安郡王府教授趙衛守起居郎，錢周材試起居舍人。

詔樞密院準備差使使臣以百五十人爲額，三年爲任，比舊減五十人，其已滿願就外任者聽。

徽猷閣直學士、提舉江州太平觀唐煇卒。

2 丙子，上與大臣論事，因曰：「朕謂進用士大夫，一相之責也，一相既賢，則所薦皆賢矣。」楊愿曰：「陛下任相如此，蓋得治道之要。」上因論史事，秦檜曰：「是非不明久矣。靖康之末，圍城中失節者，相與作私史，反害正道。壬子之後，公肆擠排，不遺餘力。然豈知人臣遭變，夫豈得已？」上曰：「卿是時獨不推戴異姓，圍城中人自然不容。」愿曰：「檜非獨是時不肯雷同，宣和間耿延禧爲太學官，以其父在東宮，勢傾一時，士皆靡然從之，以徼後福，獨檜守正，雖延禧傾害，略不爲之易節。」檜曰：「臣嘗聞范仲淹與其友書云：『致意某官，爲渠作東宮官，不敢通書。』惟聖主於忠義之臣，與夫失節之徒，灼然如此，誠立國之本也。」臣謹按：范仲淹祥符末登第，終真宗之世爲小官。自爲陳州通判，以至執政而薨。仁宗未有子，安得有東宮官？檜之誕妄無稽，皆此類也。

尚書右司郎中林乂權吏部侍郎。

右司郎中錢時敏權工部侍郎。

3 丁丑，秘書省著作佐郎兼恩平郡王府教授王墨卿、魏元若並兼普安、恩平二王府教授。

司空員外郎胡涓面對①，乞去諸邑害民二事，一曰輸納官物不銷簿，二曰催科輒付巡檢司。詔申嚴行下。

4 戊寅，江州觀察使、鎮江府駐劄御前游奕軍統制劉寶降授果州團練使，別與差遣。都統制王勝劾：「寶擅伐民木，及彊刺平人充軍。」故責之。

5 己卯，詔自今太學及州縣釋奠先聖，並令宗子侍祠。用諸王宮大小學教授陳孝恭請也。

6 庚辰，樞密院檢詳諸房文字王循友守尚書右司員外郎。

倉部員外郎韋壽成爲樞密院檢詳諸房文字。

7 丙戌，龍圖閣學士、知宣州秦梓爲端明殿學士②，再任。土居右朝請大夫章元崇率六邑士民詣闕借留，故有是命。

左朝散大夫、知南康軍張元禮乞免牛税一年。上曰：「天下之物，不當税者甚衆，如牛米柴麵之類是也。」秦檜曰：「去歲浙中艱食，陛下令不收米税，故江西客販俱來，所全活者不可勝計。」元禮，侯官人也。熊克小曆附此事於九月丙辰，恐誤。

8 丁亥，左朝散大夫、提舉江州太平觀黄龜年卒。

國子監丞文浩面對，論：「諸州教授與諸生難疑答問，於羣經宜無所不通。乞自今試教授並於六經中臨時取二經各出兩題，不拘義式，以貫穿該贍爲合格。」戊子，詔禮部看詳行之。九月己巳依奏。

9 辛卯，詔：「諸路州縣出限歸業人户，其元棄田産可照者，盡行給付。見有人承佃及官賣了當，即以官田之可耕者比倣給還。」先是詔限十年，至是，知興國軍宋時條上便民事，乞寛展年限，以招歸業之人，故有是命。

10 壬辰，沂州防禦使、殿前司左軍統制李捧特降一官，坐擅遣官兵回易故也。

11 甲午，大理評事黄子淳面對，言：「自渡江以來，宗室散處外州，多居民間，或在僧寺，陶染澆薄，不足上副陛下親睦之意。望依兩京例，於江、浙、湖南帥司，各置敦宗院，以地里遠近遣居之，董以宗長，訓以師儒。庶幾不致失所，且獲被教養，悉爲良善。」事下禮部，不果行。

12 己亥，權户部侍郎王鈇言：「常平之法，本以抑兼并，備水旱，科條實繁，其利不一。有義倉和糴之儲，坊場河渡之入，以産制役，欲使平均，以陳易新，俾無紅腐。一有饑饉，則開發倉廩，以濟艱食，豈一主管官能勝其任哉？建言者將欲省官，而主管已復；將欲省吏，而胥徒如故。獨罷一提舉官，而姦弊百出。州縣苟且，無所畏憚。封樁錢物，借貸移易，多致陷失。凶年饑歲，賑濟之法，漫不加省。今雖隸於憲司，而獄訟繁夥，不能究心。望復置提舉官，庶良法美意，不爲虚文。」乃命諸路茶鹽官改充提舉常平茶鹽公事，惟四川、廣西以憲臣，淮西、京西以漕臣兼領③，仍令檢察所部州有擅用常平錢物者，按劾以聞。四川等處兼領指揮在九月辛亥，點檢錢物指揮在八月壬寅，今併書之。

直秘閣、知盱眙軍沈該爲淮南路轉運判官兼淮南路提點刑獄公事。直秘閣、淮南路轉運判官湯鵬舉知常州。

右宣義郎、幹辦行在諸軍糧料院畢良史知盱眙軍，良史入辭，詔加直秘閣。良史除職在九月丁巳。

13 庚子，給事中兼侍講李若谷爲敷文閣直學士、樞密都承旨，仍兼侍講。

14 辛丑，增太學弟子員二百人，以國子司業嚴抑有請也。通舊爲九百人。

1 九月戊申，故中大夫呂由成特贈左通奉大夫，官其家二人。由成嘗知襲慶府，死於難。

2 己酉，清遠軍節度使、建康府駐劄御前諸軍都統制王德添差兩浙東路馬步軍副都總管。德既黜張子蓋，又併取張俊所屬愛將馬立、顧暉而罷之，俊怒，訴諸朝，秦檜亦忌其勇，乃有是命。先是，德言：「本司游奕軍隸馬軍司已久，乞將牙兵親隨搭材等爲一軍，以補游奕之闕。」從之。德遂以中軍正將張振爲游奕軍統制。振，河内人。敵陷兩河，振聚衆得百餘人，由喜兒灣渡河，直趨襄陽，詣鎮撫使桒仲，仲以爲諸軍都提舉。李横代爲鎮撫使，與振有隙，振乃走板江，歸於解潛，爲潛中軍統制。潛召歸，振至行在，遂隸張俊軍中，俊以爲準備將。後遷正將，至是，德拔用之。張振事以趙甡之遺史附入。但甡之稱王德置游奕軍在十六年，恐誤，今且附德罷時。

3 庚戌，寧州觀察使、殿前司神勇馬步軍統制王權爲武康軍承宣使，充建康府駐劄御前諸軍都統制。林泉野記云：「秦檜任將帥，必選奴才，恐其有謀，起兵問己之罪，故諸帥皆貪污，士氣不振。」

4 辛亥，臨安府守臣張澄條上修建皇太后宅官吏名銜，詔以次第賞。按：秦檜賜第修建官吏第一等轉兩官，而皇太后外第第一等轉一官，更減一年磨勘。檜爲宰相，而所擬如此，可謂無忌憚之至也。

5 壬子，金主亶祀天於郊。先是，資政殿大學士宇文虛中既爲金人所用，虛中知東北之士，不甘應敵，密以信義感發之，從者如響。乃與其翰林學士高士譚等同謀，欲因亶郊天就劫殺之。先期以蠟書來告於朝，欲爲之外應，秦檜拒不納。會事亦覺，虛中與其子直顯謨閣師瑗皆坐誅，闔門無噍類。虛中死年六十八。此以虛中行狀及其家訴理狀參修。行狀又云：「秦檜懷姦無狀，且忌公功在己上，繳還蠟書。」當求他書參考。李大諒征蒙記云：「都元帥兀朮回師，忽乘詔報宇文國相連中外官守七十餘員，欲乘邊事未息，及遷都之冗謀反。幸得萬户司寇惟可先告首④，捕獲宇文等，請帥暫歸議事。」王大觀行程録所云亦同。二人皆北人，益知虛中死節無疑也。虛中，淳熙六年十月戊午贈開府儀同三司，謚肅愍。開禧初，加贈少保，贈師瑗寶謨閣待制。

6 甲寅，起居舍人錢周材權尚書刑部侍郎，國子司業嚴抑權工部侍郎。時將遣二人出疆，乃引對而有是命。既而二人以己見請對，周材乞命諸路憲臣察刑獄冤濫，抑乞禁止沿江米稅。從之。二人以見入對，在十月癸酉。周材所奏以甲戌，抑奏以丙子行下，今聯書之。

7 乙卯，左朝議大夫陳桷知襄陽府。

8 丙辰，詔諸路安撫使見帶待制以上者，所舉京官狀理爲職司。從吏部請也。

9 辛酉，以錢周材爲賀金國正旦使，閤門祗候俞似副之。嚴抑爲賀生辰使，閤門祗候曹浞副之。

敷文閣直學士、樞密都承旨兼侍講李若谷進兼侍讀，起居郎趙衛兼侍講。

10 甲子，夜太廟旁居民遺火。

11 乙丑，上諭大臣，令於廟左右各撤屋二十步，以備不虞。

12 丁卯，侍御史汪勃請：「以給舍看詳到裕民事目，令監司鏤板散下州縣，使民通知，仍劾其稽違。」從之。

福州觀察使、知閤門事王公亮卒，以奉使之勞，特贈慶遠軍節度使。

13 壬申，武經大夫、吉州刺史、閤門宣贊舍人趙瓌知閤門事。

是月，集英殿修撰、福建安撫使薛弼始至福州。時福建羣寇未平，本路鈐轄李貴領兵討管天下，貴失利，爲賊生得。有殿前司後軍統制官張淵在本路措置盜賊，自爲一所。或語弼：「事惡二三，盍請以措置所隸帥司？」弼不從，曰：「惟和則可以濟事。」先是，舊帥莫將嘗乞招游手爲效用，及將移鎮，而轉運司以軍須浩瀚，申樞密院言：「閩中人勇於私鬭，怯於公戰。此等游手，易聚難散。盧賊平之後，官軍既還，或能爲過，亦未爲便。」遂下安撫司共議。弼以爲廣東副總管韓京每出必捷，正以所部多土人。今本路素無此等，故連年受弊。弼又謂：「前守贛上，有武翼郎周虎臣、成忠郎陳敏，各有家丁數百人，皆能戰，比之官軍，一可當十。」乃辟虎臣爲本路將官，敏爲汀漳巡檢，皆從其所請⑤。虎臣，開封人。敏，石城人也。弼遂減取二人家丁日給錢米，責以捕賊，期於必滅。與漕司合奏，選一千人號奇兵。詔可。自此歲費錢三萬六千餘緡，米九千石，而草寇遂平。

河決李固渡，金主亶調曹、單、拱、亳、宋五郡民修之。民有田一頃者出一夫，不及者助夫之費，凡二萬四千夫，五旬有四日而畢。

1 冬十月按是月癸酉朔。甲戌，大理評事環周面對，乞：「戒州縣自今毋得令保正副日書卯曆。」詔監司覺察。

2 乙亥，上書秦檜賜第書閣曰一德格天之閣，遣中使就第錫宴，仍賜檜青羅蓋塗金從物，如蔡京、王黼例。熊克小曆在九月，蓋誤。檜言：「不敢上辜恩賜，欲什襲珍藏，以俟外補，或得歸休，用諸國門之外。」上優詔諭之。呂中大事記：「我高宗之待檜，既賜之相第，又賜之家廟祭器；既賜之畫像贊，又賜之『一德格天之閣』六字。而孫三人尚在繈褓，並賜之三品服，果何負於其臣？而檜忍於負其君如此。此檜之罪所爲上通於天，萬死而不可贖也。」

3 丙子，端明殿學士、簽書樞密院事兼修玉牒兼權參知政事楊愿提舉江州太平觀，職名仍舊。時侍御史汪勃言愿之過。愿聞，引疾丐免，章五上，乃有是命。熊克小曆云「楊愿自請罷」。按汪勃論韓公裔章疏云：「公裔素與愿交通，臣嘗具疏論列。」今愿既云云，則愿蓋爲勃所擊也。此月辛卯，王言恭、文浩放罷，明年二月辛丑，韓公裔與任外宫觀，皆與此相關。

4 戊寅，右奉直大夫、新通判昌州魏彦昌除名，昭州編管。彦昌，故省吏也。侍御史汪勃論：「其在紹興初，交闘宰執，以致紛紛。既獲幸免，而不悛其惡。」故竄之。

5 癸未，敷文閣直學士、樞密都承旨兼侍讀李若谷充端明殿學士、簽書樞密院事，尋兼權參知政事。

6 乙酉，左朝議大夫、知婺州吴表臣復敷文閣待制。

直秘閣、知潭州劉昉言：「武岡軍猺人楊再興父子，自建炎中，侵占省地，幾二十年。近準御前處分，令昉措置，遂遣安撫司幹辦公事王曆諭以禍福，願還省地及民田共六十餘畝，已召民歸業，欲乞永免賦役。」從之。曆，㬇弟也。明年四月壬寅推恩。

降授均州觀察使范訥卒於夔州。丙戌，遺表上，上曰：「訥，庸人也，朕嘗識之，全不知兵。今既云亡，可復一官。」乃復昭化軍承宣使。

7 戊子，寶文閣直學士、提舉亳州明道宫晏敦復卒於明州。方議和之初，敦復力拒屈己之非，秦檜患其不附己，使腹心之人啗敦復以利，曰：「公若曲從，兩地旦夕可至。」敦復曰：「吾終不以身計而誤國家，況吾薑桂之性，到老愈辣，請勿復言。」檜卒不能屈。上嘗面諭曰：「卿鯁峭直言，無所間避，可謂無忝爾祖矣。」

8 己丑，左朝散郎、新國子監主簿余堯弼充敕令所删定官。堯弼，上饒人也。左承事郎楊偰守國子監主簿。偰，存中子，舉進士及第，故擢之。

左朝議大夫虞祺復爲潼川府路轉運判官。祺初見紹興四年。祺歷漕夔、潼，方時軍興，諸道以聚斂爲先務，惟祺所至晏然不擾。

9 庚寅，主管馬軍司公事田晟請給軍器。上曰：「戎器久不用則易蠹。」令善用之。又進呈鎮江軍中秋教武藝出格人。上曰：「師不可不素練。」

翰林學士承旨兼侍講、提舉秘書省秦熺再乞避親，且言：「今國信已行，别無撰述文字。」御筆：「除熺資政殿學士，提舉萬壽觀兼侍讀，恩數視執政，位李若谷上。」熺請班其下，從之。翊日，上謂檜曰：「熺出朕親除，可謂士人之榮也。」熊克小曆於此書熺除知樞密院事，力辭，蓋誤。

詔宰執給使授官轉至保義郎，許理爲官户。

10 辛卯，尚書吏部郎中王言恭、國子監丞文浩並罷。以侍御史汪勃言二人「趨附執政，陰爲爪牙，結用植黨」故也。此恐與楊愿罷政相關。

11 甲午，左朝議大夫、提舉臨安府洞霄宫折彦質郴州居住。彦質寓居信州，侍御史汪勃希秦檜意，奏：「彦質頃任樞府，懷姦誤國。今居衝要之地，與守臣吴説私相議論，妄及朝廷。」説坐免官，而彦質有是命。

12 乙未，詔秦熺依舊提舉秘書省。

13 戊戌，太常寺主簿陳積中、御史臺檢法王鎡並守監察御史。鎡，石埭人，嘗爲皇后宅教授，汪勃薦之也。

14 己亥，命中書舍人段拂、權户部侍郎王鈇、睿思殿祗候王晉錫同製造郊廟祭器。

15 庚子，詔置四川宣撫司總領錢糧官。先是，資政殿學士、四川宣撫副使鄭剛中馭諸將嚴。會剛中以事忤秦檜，諸將因言其有跋扈狀。檜不欲剛中併掌利權，侍御史汪勃聞之，即上言：「國之大務，在兵與財各有攸司，則有條而不紊。今朝廷支散，諸軍則隸户部，外道則隸總領。責有所歸，事且易辦。欲依此例，就四川宣撫司置總領一司，專掌財賦，庶幾職事專一。」從之。十一月庚申除趙不棄。

16 辛丑，左朝議大夫知池州魏良臣、左朝奉大夫知袁州沈昭遠並復敷文閣待制。

是月，金太師、尚書左丞相兼侍中、監修國史院、都元帥、梁國王宗弼卒⑥。宗弼封梁王，諸書不見，紹興三十年五月，生辰副史王全上路，口奏稱兀朮爲故梁王，蓋紹興十三年以後改封故也。宗弼且死，語其徒以本朝軍勢强盛，宜益加和好，俟十餘年後，南軍衰老，然後可爲寇江之計云。此以李大諒征蒙記修入。其詞雖俚，然足以見金人急於就和，與秦檜養寇遺患之罪，故具載之：「皇統五年十月，宣到皇叔、都元帥、遼國王危篤，親筆遺行府四帥曰：『今契丹、漢兒侍吾歲久，服心於吾。吾大慮者南宋，近年軍勢雄鋭，有心争戰。聞韓、張、岳、楊例有不協，國朝之幸。吾今危急，雖有其志，命不可保，遺言於汝等：吾没後，宋若敗盟，推賢用衆，大舉北來，乘勢惑中原人心，復故土，如反掌，不爲難矣。吾有術付汝等，切宜謹守，勿忘吾戒。如宋兵果舉，勢盛敵强，擇用兵馬破之；若制禦所不能，向與國朝計議，擇用智臣爲輔，遣天水郡王安坐汴京，其禮無有弟與兄争；如尚悖心，可輔天水郡王併力破敵。如此，又可安中原人心，亦未深爲國朝患害，無慮者一也。宋若守吾誓言，奉國朝命令，時通國信，益加和好，悦其心目，不數歲後，共須歲幣，色色往來，竭其財賦，安得不重斂於民？江南人心奸狡，既擾亂非理，其人情必作叛亂，無慮者二也。十五年後，南軍衰老，縱用賢智，亦無驅使，無慮者三也。俟其失望，人心離怨，軍勢離墮，然後觀其舉措，此際汝宜一心選用精騎，備具水陸，謀用材略，取江南如拾芥，何爲難爾？爾等切記吾囑。吾昔南征，日見宋用軍器，大妙者不過神臂弓，次者重斧，外無所畏，今付樣造之。』帥死，贈大孝昭烈皇帝。」按大諒所云，兀朮封謚，他書皆不見，且附此，當考。

1 十有一月癸卯朔，以秦魯國大長公主終喪，子孫遷官者十有一人，授官者十有六人。

2 甲辰，以其子檢校少保、瀘川軍節度使、開府儀同三司、中太一宮使錢忱爲少保⑦，封榮國公。太尉、德慶軍節度使、提舉皇城司錢愐開府儀同三司，用優禮也。近制，公主子率授武翼郎，孫宣義郎，曾孫承奉郎，四世孫承務郎，女封郡主，孫女封恭人云。

饒州童子戴松十歲，其弟槐九歲，皆能誦書。詔免解一次。

3 甲辰，右朝散大夫、主管台州崇道觀滕膺卒。方臘之反也，膺爲台州司户參軍，賊徒吕師囊以萬衆圍城，膺率軍民捍之數月，不能拔。台人爲立祠，歲時祀之，後名其廟曰義靈。膺開禧元年閏八月壬午加謚忠惠。

4 乙巳，忠訓郎張掄獻書籍五十一事，詔遷一官。掄，開封人，瓊王仲儡子婿也。

5 丙午，右朝散大夫、提舉江州太平觀池州居住范同復左中大夫，知太平州。

右朝請大夫趙士鵬提舉兩浙路市舶。士鵬，秦檜友婿，自江陰軍代還，而有是命。紹興二十七年十一月戊寅，王珪論：「士鵬再任提舶，凡珍異之物，專以奉秦檜，而盜取其半，以爲私藏。」當考。

6 丁未，直秘閣、知潭州劉昉陞直徽猷閣再任。

户部員外郎邊知白面對，論：「錢塘、仁和二縣養濟院苟簡滅裂，乞申嚴行下。」從之。

7 戊申，右通直郎杜天舉知潯州還，入對，言：「廣西列郡並無教官，昨沈晦請於土官内差教諭，恐未足爲後人模範。乞令見任有出身，或特進名補官人兼攝。」從之。翊日，上謂大臣曰：「天舉所陳事，頗有條理，士大夫所言，有益於事者，不可不行也。」熊克小曆稱杜天舉奏便民事，蓋誤。

樞密院檢詳諸房文字韋壽成面對，乞：「令諸路憲司覈實州縣給散和糴本錢。」詔申嚴行下。

8 己酉，秘書省正字黄公度罷。侍御史汪勃言：「李文會居言路日，公度輒寄書喻之，俾其立異。且謂不從，則當著野史譏訕，其意蓋欲爲趙鼎游説，陰懷向背，豈不可駭？伏望特賜處分。」故公度遂罷。

端明殿學士、知臨安府張澄言：「本府内外官兵支遣，及供辦行在所宗廟宫禁，下至百司取索，皆成定式椿辦外，其歲計經費之餘，理合歸之朝廷。如遇非泛，申朝廷取旨支用。」詔户部取索開封舊法申尚書省。

敷文閣待制柳約卒。

9 辛亥，責授左朝奉郎、秘書少監、徽州居住何鑄復左朝請郎，提舉江州太平觀。

大理評事郭唐卿面對論：「諸州録事參軍不得專一治獄事。」上謂大臣曰：「獄，重事也，官不歷事，則一出胥手，不勝其弊矣。」

10 丙辰，檢校少保、奉國軍節度使、侍衛步軍都虞候、金房開達州安撫使、知金州兼樞密院都統制郭浩薨，謚恭毅。

11 丁巳，詔：「平江府應辦國信館舍宴設，爲一路最。守臣寶文閣直學士王㬇落『直』字。」

日本國賈人有販琉黄及布者，風飄泊温州平陽縣僊口港，舟中男女凡十九人。守臣梁汝嘉以聞，詔汝嘉措置發遣。

12 戊午，右諫議大夫何若試御史中丞，侍御史汪勃試右諫議大夫。若論：「敕令所删定官陳澥、軍器監丞章岵皆與在外者交通，窺探朝政，密相報聞。」詔並罷。

13 己未，集英殿修撰、提舉江州太平觀閭丘昕充敷文閣待制。

宰執奏新製祀享禮器事。上曰：「今天下無事，郊祀廟享，禮莫大焉，不可不留意。」又曰：「真宗朝，遼人直犯澶淵，當時射殺撻覽⑧，乃命追襲，戒諸將毋得殺戮，防之出境。」秦檜曰：「契丹百餘年來不敢渝盟者，緣真宗兼愛兩國生民，不殺之故也。」

歸州文學高袞獻二都賦，詔與教官差遣。

成忠郎趙子愷停官，南外宗正司拘管。時發還北人馬欽，而子愷與之飲宴游獵，常州守臣湯鵬舉劾於朝，故有是命。史所載發歸北人惟此一事，故著之。欽紹興八年正月乙卯以拱衛大夫、忠州團練使爲江西兵馬鈐轄，不知今何官也。

14 庚申，右中奉大夫、江南東路轉運判官趙不棄行太府少卿，充四川宣撫司總領官。時秦檜既疑鄭剛中，以不棄有風力，乃薦於上，遂召對而命之。王明清揮麈録餘話云：「熙寧三年，詔宗室出官，從政於外方，惟不許入蜀。鄭亨仲本秦檜之所引，自温州判官不數年登禁近，遂以資政殿學士宣撫川陜。亨仲駕馭諸將有理，諸將雖外敬而内憚之。適亨仲有忤秦之意，因相與媒孽，言其有跋扈狀。秦聞之，謀於王顯道喚，喚云：『不若遣一宗室有風力者往制之。』因薦趙德夫不棄焉。於是創四川總領財賦，命德夫。至坤維，得晁公武子止於零落中，辟爲幹辦公事，俾令采訪亨仲陰事，欲加以罪。又以德夫子善究爲總領司幹辦公事，越常制也。子止又引亨仲所逐使臣魏彦忠者，相與物色其失上聞，遂興大獄，竄籍亨仲，即召德夫爲版曹。」按王喚今年正月已出知平江。又建炎三年，已許宗室注川、陜四路差遣，此小誤。晁公武事，李燾常辨之，見十七年二月符行中除總領注。始趙開嘗總領四川財賦，於宣撫司用申狀，至是，不棄言：

「昨來張憲成應副韓世忠錢糧，申明與宣司別無統攝，止用公牒行移。乞依成憲已得指揮。」許之。於是改命不棄總領四川宣撫司錢糧。上諭檜曰：「卿所論甚當，如此方與諸軍一體。」既而不棄將入境，用平牒，剛中見之，愕而怒。久之，始悟其不隸己，繇此有隙。

秘書正字王曮面對，言：「今訪求遺書，而州縣施行，未稱上旨。提舉秘書省官即古修圖書使之任，宜以求書之政令，命以專行，優加賞勸。」從之。

15 辛酉，降授武功大夫、殿前司神勇軍統制李耕復饒州刺史，知金州，主管金房開達州安撫司公事。耕，邢臺人，楊存中所薦也。

16 壬戌，左朝奉郎吳棫添差通判泉州。

17 癸亥，兵部言：「秦州舊買馬二萬匹，今僅發五十八綱，乞省押馬使臣。」許之。自紹興後，川秦茶馬司歲市馬九千八百有奇。黎、叙、文、長寧、南平五州軍千匹，係川司，宕昌寨、峰貼峽三千八百匹，係秦司。成都、潼川府、利州路漕司歲應副博馬紬絹十萬餘匹。成都五萬，潼川三萬，利州二萬餘匹。成都利州路二十三茶場歲產茶二千一百餘萬斤，一千六百十七萬斤餘係西路九州軍，凡二十場。四百八十四萬斤餘係利路二州，凡三場。而茶馬司歲輸總領所錢四十萬緡，此其大略也。紹興十三年二月二十四日，宣撫副使鄭剛中奏：「乞將成都府路轉運提刑司合樁坊場鼓鑄食茶稅錢三色，共三十二萬貫文，令都轉運司徑行取撥外，更那融續添錢八萬貫，通作四十萬貫，并取發博馬絹一萬八千七百五十匹，自紹興十三年爲頭應副，奉聖旨依，已見本月日。」紹興二十五年七月丙辰所書可參考。

18 丙寅，權尚書吏部侍郎林保充敷文閣待制、提舉江州太平觀，從所請也。

右司員外郎王循友權吏部侍郎，監察御史李椲爲右司員外郎。

右朝散郎、添差通判秀州曹泳提舉福建路市舶⑨。

1 閏十一月壬申朔，太師、尚書左僕射秦檜言：「伏奉恩命，賜臣請給依政和格全支，望更付有司取索參酌，庶得安帖。」從之。按紹興五年十月辛酉，敕令所申明，政和禄格，三公、三少、三省長官請給，比嘉祐禄令倍多，乞依嘉祐禄令宰臣請給則例修立，已得旨依奏。今檜方乞取索參酌，何也？

2 戊寅，提舉秘書省秦熺言：「秘府多闕書。」詔本省暨諸路藏書之家借書録本，且訪先賢墨迹。

3 己卯，詔罷新科明法。熊克小曆載此事於明年二月己巳，今從日曆。克又稱：「自紹興十一年禮部定中選人赴庭試，次年遂得黃子淳一人。」蓋不考今年再得張鎰也。

4 庚辰，太師、尚書左僕射秦檜爲耕籍使，以上將親耕故也。先是，秘書少監權禮部侍郎游操等請：「耕籍使乘金根車，備鹵簿，護耒耜，先詣壇所。」許之。既又乞：「減鹵簿之半，用三百四十四人。」其後檜不敢乘而止。乞耕籍使乘車，在十一月癸卯。乞減儀仗，在此月丁丑。今聯書之。朱熹撰張浚行狀稱「有張柄者，嘗奏請檜乘金根車」，詳見明年三月戊寅張柄面對注。此月甲午，禮部太常寺奏用端拱故事，金根車載耒耜，耕籍使不乘車。

5 癸未，權尚書兵部侍郎米友仁充敷文閣待制、提舉佑神觀，奉朝請。上好米芾書，嘗裒其遺墨，刻石藏之禁中。友仁能世其業，上眷待甚厚。

太常寺主簿吴元美罷。元美，侯官人，用薦者除太常。甫踰月，右諫議大夫汪勃奏：「李光頃爲執政，行同市井，而元美出入其門，相與謀議，望斥去之，以一四方之觀聽。」乃出元美主管福建安撫司機宜文字。

6 甲申，司農丞主簿宋敦朴面對，言：「望詔守令，以來春耕籍之後，出郊勸農，諭以天子親耕，使四方曉然知陛下德意，仍自今每春行之。」上曰：「農者，天下之本，守令有勸農之名，無勸農之實，徒爲文具，何益於事？」乃詔從之。敦朴，永嘉人也。

7 丙戌，權兵部侍郎鄭朴充敷文閣待制、提舉江州太平觀，從所請也。集英殿修撰、提舉江州太平觀張宦陞敷文閣待制。詔：「提舉秘書省月給公使錢三百緡。」

8 丁亥，詔：「秘閣修撰、提舉江州太平觀劉一止新除敷文閣待制指揮勿行。」初，秦檜以一止久奉祠，奏與閭丘昕同除待制。十一月己未。一止上疏言：「臣末學迂愚，本無才術，叨居近密，未報毫分，屏伏山林，誓將槁死，獨何顏面，更叨異恩？」中書舍人段拂奏：「一止趣操朋邪，自作弗靖。陛下以其嘗在瑣闥，特優容之。而乃輕躁怨忿，形於奏牘，乞罷除職指揮。」御史中丞何若再奏：「一止阿附李光，舉所不知。陛下待遇優容，不爲不至，而一止辭氣怨懟，無臣子之禮。」

9 戊子，一止坐落職。

10 己丑，太常丞王湛請皇后就禁中親蠶，不果行。

11 辛卯，詔楚州上供錢物更免一年。

12 丙申，提舉秘書省秦熺奏以秘書郎沈介、正字湯思退充本所編定書籍官，從之。

13 丁酉，進呈太學博士王之望面對，乞：「倣端拱、咸平故事，悉取近郡所開羣經義疏，及《經典釋文》，令國子監印千百帙，俾郡縣各市一本，置之於學。」上曰：「古人讀書，須親師友，雖未必盡得聖經妙旨，然亦自淵源。今士大夫未有自得處，便爲注説，以爲人師，此何理也？」

皇兄寧國軍節度使、權主奉益王祭祀安時薨，輟視朝一日，贈少師，追封清化郡王。

1 十有二月按是月辛丑朔。 壬寅，諸王宫大小學教授馬雲罷。以右諫議大夫汪勃言其「心懷異議，陰合趙鼎」也。

2 戊申，上謂大臣曰：「今雖無事，諸軍教閲，亦不可少廢，宜丁寧戒飭之。」呂中大事記：「檜雖偃兵以苟安，而上御殿閲焉。又每歲閲殿前馬步軍，賞將士藝精者，增置殿前司軍。又分軍於州郡，以控制盜賊，其立武不忘也。」

3 辛亥，新除太常寺主簿余堯弼爲御史臺檢法官，用中丞何若奏也。

4 乙卯，太尉、慶遠軍節度使、醴泉觀使郭仲荀薨於台州。

5 丁巳，上謂大臣曰：「將來禮器造成，宜頒其制於州縣，俾遵用之，以革舛誤。」

太學正孫仲鼇面對，言：「陛下崇雅黜浮，大明正論，而民間書坊，收拾詭僻之説，不經裁定，輒自刊行，汩蕩正真，所當深慮，乞行禁止。」又言：「郡縣庠序，春秋釋奠，守令或不躬親，望賜申戒。」皆從之。

左宣教郎孫道夫知蜀州。道夫入對，上諭曰：「軍興以來，蜀民應副不易，朕將詔鄭剛中條具，盡與蠲減，止存經賦而已。」此以紹興二十六年十月癸亥道夫奏疏修入。疏稱「十五年陛下論臣」云云，而日曆不載道夫上殿之日，蓋遺之也，今因除目附見。

6 戊午，徽猷閣直學士、提舉江州太平觀趙霈卒。

7 辛酉，直秘閣、浙西路提點刑獄公事徐琛爲軍器監。

尚書右司郎中李樘、樞密院檢詳諸房文字韋壽成並爲左司郎中。户部員外郎李朝正、金部員外郎宋貺並爲右司員外郎。大府寺丞徐宗説爲度支員外郎。宗説，開化人也。

8 壬戌，左承議郎、知廣安軍張庭俊與宫觀。尚書省言：「庭俊陰懷異意，凡朝廷措置，並不遵禀。」故有是命。

9 甲子，詔右司員外郎李朝正仍舊同措置經界。

右朝散大夫高楫知全州代還，言：「溪峒猺人至弱，未嘗敢侵省地。緣寨官縱人深入猺界掠取，遂致乘間劫省民，謂之酬賽。仰惟祖宗之法，止令撫遏，不容捕殺。乞下湖南禁止，庶使邊民安業，以廣陛下好生之德。」上謂大臣曰：「蠻猺微弱，州縣或非理侵擾，當諭守臣撫綏之。」

10 丁卯，金主使驃騎大將軍殿前右副都點檢蒲察説[10]、正議大夫尚書刑部侍郎吴磐福來賀來年正旦。

11 戊辰，詔諸路提舉常平官復爲監司，歲舉屬吏五人改京官。用吏部請也。

是歲，宗室子賜名授官者二十一人。

諸路斷大辟九十一人。

徽猷閣待制、知瀘州馮檝申修築本州城，許之。瀘舊無城，以木柵爲固，歲久不葺，盜取而薪之。政和中，始命壘石爲堤，上築城，其周六里有奇，計用錢二十一萬緡。然瀕江一帶，石堤雖固，而上封以土，江水暴至，猶有齧城之害。檝悉以石甃土，凡石城千一百七十步，高二丈二尺。土城千三百二十八步，高三丈。舊樓櫓千五百餘間，今爲敵棚四十而已。

初，眉州通濟堰，自建安間剏始，溉蜀州之新津⑪、眉州之眉、彭三縣田三十四萬餘畝，其後壞於開元，又壞於建炎，隴畝彌望，盡爲荒野。是歲，守臣勾龍庭實，庭實，夾江人，初見紹興十三年十一月。貸諸司錢六萬緡，躬相其役，更從江中創造，横截大江二百八十餘丈，與下流小筒堰一百十有九。於是前日荒野，盡爲沃壤。庭實又爲書，名曰堰規，至今不廢。邦人爲立祠，歲時祀之。嘉泰元年，賜廟額曰「靈惠」。開禧元年，封惠濟侯。

邵武軍威果營卒謀作亂，欲以夜半縱火焚譙門，殺郡守左朝請大夫趙子昇，卒陳昇告之，捕同謀者皆斬，授昇承信郎。

校勘記

① 司空員外郎胡涓面對　「司空員外郎」，宋會要輯稿選舉二〇之八有「胡涓」，繫銜作「司勳員外郎」。

② 龍圖閣學士知宣州秦梓爲端明殿學士　「閣」，原闕，據叢書本補。

③ 淮西京西以漕臣兼領　「京西」，原脱「西」字，叢書本同，據宋史全文卷二一上補。按：淮南東西路、京西南路俱以漕臣兼

憲臣兼提舉常平茶鹽官，疑「淮西」當作「淮南」。

④幸得萬户司寇惟可先告首　「惟可」，原作「沃赫」，據金人地名考證改。

⑤皆從其所請　「其」，原作「之」，據叢書本改。

⑥金太師尚書左丞相兼侍中監修國史院都元帥梁國王宗弼卒　「都」原闕，據宋史全文卷二一中補。按：據金史卷四熙宗紀，宗弼卒於皇統八年十月辛酉。是年爲紹興十八年，晚於此書所記三年，當以金史所載爲準。

⑦以其子檢校少保瀘川軍節度使開府儀同三司中太一宫使錢忱爲少保　「川」，原作「州」，逕改。

⑧當時射殺撻覽　「撻覽」，原作「達賚」，據叢書本改。

⑨右朝散郎添差通判秀州曹泳提舉福建路市舶　「建」原作「州」，「市」原作「舟」，均據叢書本改。

⑩金主使驃騎大將軍殿前右副都點檢蒲察説　「蒲」，原作「富」，據金人地名考證改。

⑪溉蜀州之新津　「津」，原作「律」，據叢書本改。

建炎以來繫年要録卷一百五十五

1 紹興十有六年歲次丙寅。金熙宗亶皇統六年。 春正月按是月辛未朔。 戊寅，上謂大臣曰：「將來籍田降詔，須語簡意足，使人曉然知敦本之意。漢文帝勸農之詔，頻年有之，不過數十語。當時民知務農，遂至富庶。」

是日，大理少卿張柄面對。朱熹撰張浚行狀云：「有張柄者，嘗奏請秦檜乘金根車，其死黨也。」按：檜此時爲耕籍使。去年十一月癸卯，禮寺嘗乞耕籍使乘金根車。閏月甲午，又奏止乘馬。柄非禮官，不知何以與聞之。或者禮官已改議不乘車，而柄復請之也。柄面對劄子全不見行下，當考。

2 戊子，觀文殿學士、左通議大夫、提舉臨安府洞霄宮葉夢得告老，特拜崇慶軍節度使致仕。夢得除節鉞不降麻，非舊典也，蓋中書失之。舊例，納節不降麻，夢得自文階改除，當降制也。

詔太學外舍生以千人爲額。

3 己丑，德慶軍節度使、開府儀同三司、提舉皇城司錢愐薨，贈少師，賜其家銀帛各五百匹兩。上將臨奠之，其家辭而止。

4 辛卯，致齋於内殿。

5 壬辰，上親饗先農於東郊。牲用少牢，配以后稷。退詣思文殿進膳畢，易通天冠、絳紗袍，詣親耕位，宮架樂作，上親耕，九推乃止。遂登觀耕壇，命宰執、使相、侍從、兩省、臺諫行五推九推之禮，庶人終千畝焉。

6 癸巳，太師秦檜以親耕禮成，乞宣付史館。

7 甲午，檜又奏：「陛下耕籍，過三推之數，少勞聖躬。」上曰：「朕本欲終畝，以卿屢奏乃止。」簽書樞密院事李若谷曰：「父老觀陛下躬耕，極感悦。」上曰：「耕籍爲農民之勸，朕豈憚勞？」

8 乙未，檜率百官詣文德殿拜表稱賀。

9 丙申，中書舍人兼實録院修撰兼侍講、權直學士院段拂守給事中。秘書少監游操權尚書禮部侍郎，秘書省正字王曮爲禮部員外郎。

右護軍統制、知西和州程俊應詔條上便民事，言：「本州並邊多沃壤，而耕鑿或無其人。疲瘵之民，無力復業。望令有司量行給借牛犂糧種，許於六料償還。」從之。

10 戊戌，端明殿學士、右宣奉大夫、知臨安府張澄爲慶遠軍節度使，以修皇城及籍田辦治故也。尋詔澄佩魚施狨坐，立班上殿並如舊。是月癸丑降旨。

1 二月按是月庚子朔。辛丑，保康軍承宣使、提舉佑神觀韓公裔提舉洪州玉隆觀，在外州軍任便居住。初，玉牒所修書，而元帥府事多放佚者。端明殿學士楊愿時兼修玉牒，秦檜奏令愿質之公裔，公裔，上康邸内知客也。檜欲賞公裔，摘使來請。會有詔除公裔承宣使，檜疑其舍己而有求於上。右諫議大夫汪勃乃劾：「公裔頃嘗與愿交通。今愿既去，公裔嘗懷怏怏，出入公卿之門，陰有窺伺。若不罷去，恐無安静之理。」故有是命。

此以日曆及熊克小曆參修，但克稱史館修日曆，愿時爲史官云云，則恐非也。按愿自起居舍人以至執政，並兼修玉牒，惟紹興十年嘗爲秘書丞數月，而丞不與史事。其所謂交通，必在侍從執政之時也，今略修潤書之。

2 壬寅，詔諸路淫祠非在祀典者，並令日下毀去。以左司郎中李樫面對有請也。

3 癸卯，内降詔曰：「朕惟兵興以來，田畝多荒，不憚卑躬，與民休息。今疆場罷警，流徙復業。朕親耕籍田，以先黎庶。三推復進，勞賜耆老。嘉與世俗，躋於富厚。昔漢文帝頻年下詔，首推農事之本，至於上下給足，減免田租，光於史册，朕心庶幾焉。咨爾中外，當體至懷。」詔段拂所草也。

4 甲辰，降授從義郎范寧之除名，建州編管。坐前爲四川宣撫司屬官，犯贓抵法，故謫之。

5 辛亥，上謂大臣曰：「聞王權在建康，教閱依時，仍不擾民，諸將頗畏服，良可嘉也。」既而權言：「已揀退軍中老弱。」上曰：「所汰人，須令招填，恐暗消兵數也。」權申揀退軍兵，在是月癸亥。

尚書左司郎中李樫罷。右諫議大夫汪勃言：「樫嘗出入王安中之門，燕山之役，頻冒優賞。今和議既諧，乃使異意者攘臂其間，緩急恐不可信。」乃以樫知信州。

6 癸丑，詔太師秦檜合蓋家廟，令臨安府應副，務要如法。先是，檜上疏乞：「令禮官討論家廟及三代墳域制度。」禮部、太常寺以晉、唐及本朝故事、紹興式令奏，下臨安、建康府照會，是月乙卯行下。故有是旨。廟在私第中門之東，一堂五室，歲以孟月柔日享之。

端明殿學士、知宣州秦梓移知湖州，未上，卒於建康。辛酉，除資政殿大學士致仕。恩數視參知政事，特贈七官爲左光禄大夫①，官給葬事。

7 壬戌，右司員外郎李朝正面對，論：「士居士大夫干擾州縣，爲令者不能曲法順從，或遭捃拾。望自今按發訴訟，非實係貪墨殘酷之人，宜加闊略。」上曰：「縣令之職，本欲撫育百姓，乃掊斂以待過往，科率以奉權貴，害及一方，殊失設官爲民之意，宜令有司措畫以聞。」

8 癸亥，詔臨安府旬具城内外有無已得差遣人申尚書省。從右諫議大夫汪勃請也。

9 甲子，殿前司乞起復李邦光充正將。上曰：「從軍起復，一時權宜，然不能無弊。若元在本軍則可，或在外請囑，宜禁止之。」尋詔自今規求起復之人，重行黜責，令御史臺覺察彈奏。三月庚子降旨。

10 丙寅，尚書户部侍郎王鈇充敷文閣直學士，知湖州，以鈇引疾有請也。

右司員外郎李朝正權户部侍郎，措置經界。

1 三月庚午朔，詔有司建武學。先是，士人上書者多以爲言。上數諭大臣，以文武之道，不可偏廢，祖宗自有故事。至是乃考卜焉。上諭大臣在正月己丑、二月乙卯，今併書之。

2 壬申，詔未置提舉官以前縣州借兑常平錢物，令本司度量年月遠近，申取朝旨，隨其多寡，立限撥還，自今毋得借兑，違者不以赦降去官原減。

3 癸酉，以和王女樂平縣主出適，命大宗正司主之。王，上季弟也。靖康皇族數云：「故和王女嫁杜遵道男安石，今已到行在。」主加封在辛卯，今併書之。

4 丁丑，眉州進士侯鳳上書論綱馬利害。上謂大臣曰：「鳳所陳雖未足取，然朕固知其敝，未有以處，每以綱至所損甚多，皆緣部綱人作過，卿等宜措置革之。」

5 戊寅，左宣教郎鄭邦哲進左氏韵類，詔特遷一官。

左武大夫、建州觀察使、帶御器械王安道兼幹辦御前忠佐軍頭引見司。

卒王澤盜用軍錢，亡命入北境，妄言本朝機事，金械之還，是日斬於市。

6 壬午，復桂陽監臨武洞爲縣，從本路諸司請也。

7 庚寅，江西安撫使李迨乞留統兵官李通所部駐建昌軍。上曰：「諸處有盜賊，旋來請兵，未爲良策，須帥臣豫有方略乃善，可下諸路措置行之。」

8 辛卯，經筵講孟子徹章。翌日，賜宰執、講讀、修注官燕於皇城司，初復故事也。

詔禮器局造太師秦檜家廟祭器。先是，禮官援五禮新儀，奏用常器常饌，而給事中兼直學士院段拂乞依政和六年已行舊制，給賜臣僚祭器，乃采用焉。拂奏請在是月丁丑。其後韋淵、吴益、楊存中皆賜祭器，蓋自檜始。

左武大夫、忠州防禦使楊可輔卒。

9 癸巳，户部侍郎李朝正言：「諸路提刑拘催諸州經總制錢，有賞無罰，事屬僥冒，乞立減展磨勘年格法。」從之。

刑部郎中許棣面對，乞罷酒稅場務日比。詔户部措置。

10 乙未，增建太廟。時新祭器將成，而太廟殿室狹，至不能陳列。給事中段拂請正殿從西增六間，通舊爲十三間。其中十有一間爲十一室，東西二間爲夾室，又作西神門、册寶殿、祭器庫。

明州觀察使辛永宗降授鳳州團練使。永宗爲秦檜所惡，言者請移之遠地。詔添差湖南馬步軍副都總管，居邵州。永宗留建康不行。御史中丞何若言：「建康大軍所駐，使永宗出入其間，豈得安靖？望少加懲責。」仍令本府差人押赴邵州，故有是命。

左宣教郎、皇太后宅教授張本爲秘書省正字。本以上書得官，賜出身，改京秩，至是入館。

11 丙申，詔海內四州軍各置教諭一員。從瓊管安撫徐念道之請也。

12 己亥，工部奏：「立淮東、江東、兩浙、湖北諸縣歲較營田賞罰格。其法，以紹興七年至十三年所收課利最多酌中者爲額，每路縣令以十分爲率，取二分賞之，歲收增三分至一分以上，並減磨勘年，仍以最虧一縣爲罰。」

金主亶以上京宮室太狹，是月，始役五路工匠撤而新之，規模雖倣汴京，然僅得十之一二而已。

1 夏四月按是月庚子朔。辛丑，左朝請郎、提舉江州太平觀何鑄復左朝奉大夫，知温州。

2 壬寅，直徽猷閣、知潭州劉昉陞直寶文閣，録招降武岡猺人楊再興之功也。事見去年十月乙酉。上曰：「猺人久侵省地，今盡以歸，可見嚮化。大抵猺人須加存撫，此既不擾，彼亦豈敢爲過也？」

3 癸卯，用前荊湖等路撫諭司幹辦公事胡駿請，立祚德廟於臨安府。尋加封程嬰爲忠節成信侯，公孫杵臼爲通勇忠智侯，韓厥爲忠定義成侯。嬰等封在六月丁巳，今併書。

4 乙巳，普安郡王免喪還故官。

司封員外郎邊知白面對，乞：「令郡邑以籍田手詔刊石，置於廳事。」上曰：「凡治天下，惟賞與罰。有賞而無罰，雖堯、舜不能治天下。守令有勸農之實，若不能奉行朝廷德意，當痛黜之。」

右朝議大夫、知道州李佾條上便民事件，請以真宗御製文臣七條②，凡守令朝辭之日，悉令拜賜。權吏部侍郎王循友等言：「守令多外除，恐不周徧，欲令鏤板於廳事揭示。」己酉，從之。熊克小曆謂李佾乞揭示，非也。

5 庚戌，上曰：「近日全無事。」秦檜曰：「御前諸處奏到可見。」臣謹按林泉野記稱「檜已漏即出省，文書壅滯皆不省」。乃與此不同。以紹興二十五年十一月董德元等所奏及上語考之，乃是事事止申尚書省。上又稱「鍾世明奉使，並無一字至朕前」，及稱「看詳章奏官取大臣意旨，民事不令朕見」，由是言之，御前諸處奏到絶少，乃是檜意。今反以此答天問，其欺罔甚矣，故表出之。上曰：「前此文字極多，朕有至夜分不寐，頓如此減省，豈非議和之效乎？」

6 丙辰，敦武郎閤門祗候俞似、修武郎閤門祗候曹浺並爲右武郎，以使還特遷也。

左奉議郎、新通判成州郭仲獻易解，上曰：「易象深微，難極窮究，須有自得，仍不穿鑿，始可謂之通經。仲議論亦粗通，可略加旌擢。」於是進仲一官。

7 戊午，兵部上武士弓馬及選試去留格。初補入學，步射弓一石，若公私試步、騎射不中，即不許試程文。其射格，自一石五斗以下至九斗，凡五等。上可其奏，因諭輔臣曰：「國家武選，所係非輕，今諸將子弟，皆恥習弓馬，求換文資，數年之後，將無人習武矣，豈可不勸誘之？」

8 甲子，右修職郎楊迥充敕令所删定官。迥，時子也。

9 丙寅，御史中丞何若言：「諸軍多執平民强刺，人情不安，非太平肅静之意，望嚴行禁戢。」從之。

1 五月（按是月己巳朔。）壬申，命諸路漕臣兼提舉事，如本司官俱無出身，即從上一員兼領，用權禮部侍郎游操請也。

詔浚臨安府運河。時北關門外河道湮塞，漕舟往往卸於門外，極爲勞費，而商販亦阻。上聞，乃諭大臣令開撩之。

2 甲戌，集英殿修撰、知福州薛弼請以招安人付諸軍拘收，仍加存恤，毋令逃竄。上曰：「弼所慮不苟，愚民無知，有被驅掠，或州縣科擾不得已而爲盜者。帥臣得人，則盜不作矣。」

3 丙子，詔學校科舉取士，如經義、詩賦，人數不等，即以文理優長通融補放，不得過三分。亦用禮部請也。

4 丁丑，封典籍馮氏爲美人，司記劉氏爲才人。

5 庚辰，左朝請大夫周綰爲淮南轉運判官③。上覽除目，曰：「監司朝廷耳目之官，今天下安静，恤民爲先，得人則一路安，否則煩擾百出，豈可不慎擇？」綰，縉雲人也。

6 辛巳，直寶文閣、兩浙轉運副使錢端禮罷。以右諫議大夫汪勃論其素習驕騃，不閑世務，傾險任數也。

命權吏部侍郎王循友④、權户部侍郎李朝正編類諸路監司郡守條上裕民事件，俟成書頒之。

7 癸未，初作太廟祏室於室之西，牆金釘，朱户，黑漆趺坐，如承平之制。

8 甲申，德興縣士民傅取新等請知縣陳鼎再任。鼎嘗權監進奏院，以上書請備邊忤秦檜，故逐。至是，檜進呈，上曰：「德政果及於民，則固可留，然其間不能無計囑，須加核實。」御史中丞何若即奏：「鼎朋附廖剛。其任德興，不遵法令，用刑慘酷。」鼎坐免去。鼎爲邑有惠愛，至今人思之。鼎罷在八月庚申，今併附此。淳熙五年，先臣知德興縣，邑人爲詩以美先臣，其首章云：「銀峰縣政百餘年，陳鄭才猷舊所傳。」陳蓋指鼎也。是時去鼎之罷已二十餘年，而邑人之言如此，則若之所云非矣。

9 丙戌，詔作景鐘。鐘高九尺，天子親祠上帝則用之，以皇祐黍尺爲準。既成，命秦檜銘之曰：「德純懿兮舜文繼，躋壽域兮孰内外？薦上帝兮偉茲器，聲氣應兮同久視，貽子孫兮彌萬世。」上大悦。

太學博士關注罷。以御史中丞何若論其陰有交結，圖爲不靖也。

10 丁亥，金主使金吾衛上將軍彰德軍節度使烏古論海⑥、昭武大將軍同知宣徽院事趙興祥來賀天申節。

11 癸巳，上謂大臣曰：「春秋之學，士人習者極少，宜有以勸之。近秦熺亦嘗論此，實契朕意。」

12 甲午，資政殿學士、提舉臨安府洞霄宫李邴薨於泉州。後謚文肅。

徽猷閣待制、知瀘州馮檝奏天雨豆，甘露降於郡園。

是月，右承務郎康與之監尚書六部門。與之，倬子也。上之以星變求言也，倬以選人上書，言彗不足畏。秦檜大喜，遂特改京官。與之事以林泉野記修入。日曆並不載與之改官指揮，其監部門據題名在今年五月到任，故附此月末。彗出求言在去年四月。

1 六月己亥朔，右宣義郎、知信陽軍馮榮叔代還，上言：「京西、淮南民之歸業者尚少，望詔有司，應歸業之民，如給復年限已滿，止收其半稅，更假之五七年，以勸耕墾。其流移在内郡欲歸業者，所在自陳，不許占留，不過數年，丁賦如舊矣。」上甚以爲然，諭大臣曰：「若荒田耕鑿得徧，大爲國家之利。今邊境寧靖，人思歸業。然所在尚有占留之弊，可令户部措置。」乃以榮叔知均州。上諭大臣在癸卯，榮叔除郡在壬子，今聯書之。

直秘閣、知常州湯鵬舉爲兩浙路轉運判官。

2 丁未，秦檜奏淮東鹽課增羡，乞推賞。上曰：「增羡之賞，尤所當慎。大率今歲有羡，次年必虧，蓋民之食鹽，每歲止如此也。」

3 癸丑，左朝奉郎、知彭州彭賓會赦，猶降一官，以前通判邛州牒避親舉人不實故也。

監察御史巫伋面對，請：「申嚴有司，所在刑獄，不得輒爲非法之具，如錢塘、仁和二邑所設浮匣、命繩之類，不得復用，違者俱抵罪。」詔刑部禁止。

4 甲寅，白州民家木偶土地神，自館驛前相持入商稅務，州人聚觀之，兵馬都監葉某怒，投之江中乃止。其後未踰歲，守臣趙不易與僚屬死者六人。此據百衲叢談。

5 己未，分遣醫官循行臨安療病者，至秋乃止。自是行之至今。

監察御史陳積中面對，論監司州縣淹留詞訴之弊，乞令諸部每季檢舉，劾其尤者。從之。

6 癸亥，少師、昭慶軍節度使、萬壽觀使、平樂郡王韋淵復致仕，任便居住，從所請也。

7 監察御史王鎡面對，乞一新禖壇，行親祠之禮。乙丑，詔禮部措置。

是月，安南獻馴象十。

1 秋七月按是月戊辰朔。己巳，上謂大臣曰：「今旱雨甚霑足，方欲祈禱，遂得之，歲事有望。聞米麥甚賤，小民易活，亦可慶也。」時嶺南州縣多不雨，而廣之清遠⑥、韶之翁源、英之真陽三邑尤苦鼠害，雖魚鳥蛇皆化爲鼠，數十成羣，禾稼爲之一空焉。嶺南不雨事，以洪邁夷堅甲志修入。志稱紹興丙寅夏秋之間，故因行在得雨附見。

2 壬申，檢校少傅、崇信軍節度使、和國公張浚落節鉞職名，依舊特進，提舉江州太平觀，連州居住。先是，浚因星變，欲力論時事，以悟上意。以其母太夫人計氏年高，言之必被禍，恐不能堪。計氏見其形瘠，浚具言所以，計氏誦其父咸紹聖初舉制科策曰⑦：「臣寧言而死於斧鉞，不忍不言而負陛下。」浚意遂決。即上疏言：「當今事勢，如養大疽於頭目心腹之間，不決不止。決遲則禍大而難測，決疾則禍輕而易治。惟陛下謀之於心，斷之以獨，謹察情僞，豫備倉卒，庶幾社稷有安全之理。不然，日復一日，後將噬臍。異時以國與敵者，反歸罪正議。此臣所以食不下咽，而一夕不能安也。」於是秦檜以謂時已太平，日興彌文⑧，諱言兵事，見之大怒。御史中丞何若即奏：「浚建造大第，彊占民田，殊失大臣省愆念咎之體。居常怨恨，以和議非便。惟欲四方多事，僥倖再進，包藏禍心，爲害實大。望賜降黜，以爲臣子喜亂徇私之戒。」故有是命。熊克小曆載此事於今年十二月彗再出之後，誤也。蓋十五年四月，彗出東方。今年四月，浚上此疏，七月貶，十二月彗再出耳。朱熹撰行狀云：「檜命臺諫論公，章五六上，以特進提舉興國宫，連州居住。」今日曆止載何若一章，當考。

3 癸酉，中亮大夫、密州觀察使、行營右護軍右部統制軍馬李師顔更領宜州觀察使。師顔新知西和州，故改命。制詞有云：「惟務在於正名，乃不嫌於改命。」

4 甲戌，徽猷閣待制、提舉江州太平觀仇悆卒。

5 乙亥，右武大夫、福州觀察使、帶御器械潘温卿落階官，爲舒州觀察使。

6 丙子，利州路轉運判官王陟罷，用太府少卿總領四川宣撫司錢糧趙不棄請也。陟爲宣撫副使鄭剛中所喜，俾兼本司參議。不棄既入蜀，欲盡取宣撫司所儲，剛中不與，不棄怒，首劾陟罷之，剛中愬於朝，不報。明年九月，余堯弼劾剛中疏，稱「總司發擿贓吏，亦百端庇護，肆爲邪説」，即指此也。

右承議郎范仲熊以事至行在，右諫議大夫汪勃論其不忠。詔令臨安府差人押出界，日後不得至行在。

7 戊寅，國子監言：「今年秋試額外補中之人，乞令待闕，至科場年許赴監，依不滿年人例取應。仍自來春住補，俟科場了畢有闕日，檢舉施行。」先是，四方就補者益多，乃分場引試，士有更名冒試至於再三者。御史中丞何若嘗以爲言。上曰：「士人進取之弊，一至於此，不可不革。今日之所養，則它日之所爲可見矣。」上語在是月辛未。於是學官以爲言，乃改用三歲之法焉。

8 乙酉，封恩平郡王新婦靳氏爲齊安郡夫人。

右朝奉大夫、新知奉化縣陳泰初進神宗、哲宗御集百有十八册。上因諭大臣曰：「書籍未備，宜有以勸之，可令秦熺立定賞格，重則進官，輕則賜帛。」於是進秦初一官。

9 丙戌，上曰：「諸軍寨屋，爲霖雨所損，可令修整。」於是人賜錢一千。

太常丞兼權司勳員外郎王湛面對，乞：「戒州縣官迎送監司毋出城，倚郭縣令毋得日詣郡守常衙以廢事。」詔敕令所立法如所請。

10 戊子，言者乞禁福建民間私藏軍器。上曰：「此自有法，宜令民通知，若絶其源，則盜自不作矣。」

11 己丑，詔普安郡王二子賜名愉、愷，並補右内率府副率。用宗室緦麻親授官格也。

12 壬辰，江東提刑司請：「諸路經總制錢，並委縣丞拘收，無縣丞處委主簿。」從之。

提舉秘書省秦熺奏詔立定獻書賞格。詔鏤板行下，應有官人獻秘閣闕書善本及二千卷，與轉官，士人免解。餘比類增減推賞，願給直者聽。諸路監司守臣訪求晉、唐真蹟及善本書籍準此。

13 丙申，左朝奉大夫何鑄復端明殿學士，提舉萬壽觀兼侍讀，將遣使北也。

江東轉運司、建康府言：「本府民户所欠官錢六萬餘緡，委是貧乏，無可催理，乞特賜蠲免。」權户部侍郎李朝正乞令總領所審實蠲放。從之。先是，清河郡王張俊爲淮西宣撫使，駐軍建康，責部民子錢息之不已，積不能償，則獻於朝。奏下，守臣敷文閣直學士晁謙之詰得其狀，立上言皆窮民，願勿責。上許之。謙之事，以晁公遡所作傳附入。傳又稱謙之言於法不當償，今狀中乃無此語，疑公遡有所潤色也。傳又稱「積數十巨萬不能償」，亦與所申不合，今削此四字，令不抵牾。未知江東漕此時爲誰，當考其名增入。

1 八月戊戌朔，尚書吏部員外郎周執羔守右司員外郎。上覽除目曰：「人材須廣訪而選用之，所薦者君子，其人自君子，所薦者小人，其人自小人。觀所薦，其人可知矣。」

寶文閣直學士、提舉亳州明道宮趙子湞卒。

2 己亥，左承議郎、主管台州崇道觀王蘋特勒停。蘋奉祠家居，其僕嚴安告鄉人王立己者有不順語，蘋坐知而不告，特責之。

3 庚子，熙州觀察使、侍衛步軍司統制董先改邕州觀察使。於是管軍田晟以下次第移鎮焉。

4 辛丑，築高禖壇。初，監察御史王鎡以上繼嗣未立，請行親祠高禖之禮。六月乙丑。禮官言：「自祖宗以來，惟兩制侍祠，雖大唐月令、政和新禮有天子親享之儀，而未嘗舉。乞命執政侍祠。」乃改築於圜丘之東，高咫而廣五倍。

詔訪遺書於西蜀，仍委逐路帥臣。

5 壬寅，密州觀察使、殿前司後軍統制張淵乞遣招安人周宙等回寨。上謂宰執曰：「福建諸盜，皆無知之民，若招安未爲要術，須是監司守令恤之不擾，自然寧息。如海賊皆本處大姓資給使然，可嚴立賞罰，收捕者優賞，資給者痛治，此消弭之要術也。」

龍神衛四廂都指揮使、降授果州團練使、殿前司選鋒統制劉寶復宣州觀察使。

6 乙巳，左朝散郎費樞知歸州。樞，廣都人。宣和初，徒步入京師，將至長安，舍旅館，主人婦美少新寡，夜就之。樞不可，問知乃京師販繒人女，因訪其父，俾取而更嫁之，人稱其清。

7 庚戌，秦檜奏：「臣昨準玉牒所取臣向者圍城中推戴趙氏事跡，乞經聖覽，降付本所。」上曰：「卿忠義之節，書之信史，萬世不朽。」檜跼蹐退避。檜又言：「禮器將畢。」上曰：「鍾磬音律皆和，惟黃鍾大呂未甚應律，更宜詳加講究。」

8 辛亥，右朝奉大夫、江南東路安撫司參議官王晌提舉淮南東路常平茶鹽公事。晌，晪弟也。

起居郎兼侍講兼權中書舍人趙衛卒。

9 壬子，將作監邊知白權尚書户部侍郎，右司員外郎周執羔權禮部侍郎。

10 甲寅，以邊知白爲賀金國正旦使，武節郎兼閤門宣贊舍人孟思恭副之。周執羔爲賀生辰使，左武大夫、知閤門使宋籛孫副之。先是，奉使者得自辟十人以行。賞典既厚，願行者多納金以請，遂以爲例，執羔始拒絶之。

監察御史陳積中、太常丞兼權司勳員外郎王湛並罷。先是，宣州言：「忠顯王桓彝廟顯應，積中時以主簿權博士，與湛共奏，加封其長子温爲宣威公，餘子五人皆爲侯。」至是御史中丞何若言：「温，晉之亂臣，請追告毁像。」上謂秦檜曰：「温謀移晉祚，賴當時有大臣扶持，不然，晉不血食矣。」於是積中、湛以嘗與討論，故有是命。

11 己未，敷文閣學士、知廣州莫將卒。以奉使之勞，特贈端明殿學士，恩數視簽書樞密院事。

12 庚申，右諫議大夫汪勃兼侍講。

13 辛酉，監察御史王鎡獻戚里元龜三卷，詔遷一官。鎡初爲皇后宅教授，上命採歷代戚里故事可爲法則及鑒戒者，論次成帙，至是上之。

癸亥，右諫議大夫汪勃言：「刑部員外郎李穎士傾險回邪，稟自天性。昨以趙鼎用爲大理屬，陰懷附麗。及鼎之去，則不輟報以時政。鼎赴貶所，則令其子通問厚有贐遺。快謝祖信之死，公然以書抵親舊曰：『謝成甫疾亟休致可憐，但擊天水之章，謬用其心爲可惜。』聞凌景夏、樊光遠之補外，則曰：『必皆有說。』王居正、范沖之罷，則曰：『時勢使然。』今雖爲郎，尚怏怏不滿，每見差除，則忿見於言色，謂天水在朝，必不至爾。其虧忠正之節甚矣。欲望特賜裁斷，以厭士大夫之論。」詔穎士送吏部，差監澧州慈利縣稅務。

14 甲子，直秘閣、淮南路轉運判官沈該移兩浙路。

金都元帥宗弼之未卒也，自將中原所教神臂弓弩手八萬人討蒙古，因連年不能克。是月，遣領汴京行臺上書省事蕭保壽奴與蒙古議和⑨，割西平河以北二十七團寨與之，歲遺牛羊米豆，且命册其酋敖囉孛極烈爲蒙兀國王⑩，蒙人不肯。此據王大觀行程録十七年三月末所書，可考。

1 九月按是月戊辰朔。己巳，皇叔右監門衛大將軍、榮州團練使士芑特換武德大夫，從所請也。

撫州布衣吴瀣進宇内辯、歷代疆域志，吴沆進易璇璣、三墳訓義。秘書省、國子監言其書可采，而太學博士王之望論三墳書無所傳授，疑近世好事者所爲。詔瀣永免文解，沆以書犯廟諱，故賞不及焉。

2 甲戌，端明殿學士、提舉萬壽觀兼侍讀何鑄爲大金國信使，賓德軍節度使、提舉萬壽觀邢孝揚副之，以迎請天屬故也。鑄等出使，日曆不云所以。按明年九月，余堯弼論鄭剛中疏云：「近朝廷遣使迎請天屬，剛中輒倡異議，以爲盡棄四川，求易二京，羣情爲之震懾。」即此也。

初，秦檜自金來歸，與富直柔争進，指辛道宗兄弟爲直柔之黨，深嫉之。及是，道宗停官未叙，以前拱衛大夫居饒州，言者劾其强市民田。庚辰，檜進呈，上因言：「向者范宗尹與諸辛往來甚密，宗尹爲宰相，不與朕情通，乃附下如此。」於是道宗特更追一官。

3 癸未，秦檜進呈四川茶馬等司條具馬監利害。上曰：「太祖初有天下，置沙苑監牧馬，就渭州水草。後京師門外方置監。南方與北方地不同，蓋難得其處，宜詳究利害。」

右承議郎、知鼎州周聿卒。甲申，復顯謨閣待制。

4 乙酉，慶遠軍節度使、知臨安府張澄知温州，從所請也。

5 丙戌，直秘閣、兩浙路轉運判官沈該知臨安府。

6 己丑，步軍司言：「統制官寧武軍承宣使戚方已到行在供職。」上曰：「自合兵以來，諸將出入，若身之使臂，臂之使指，無不如意，兹爲可喜。」熊克小曆稱「以湖南都鈐轄戚方爲步軍司統制」。按戚方此時恐在建康軍中充統制，未嘗離軍，所謂湖南兵鈐，止是陞帶，克誤也。　中興聖政：史臣曰：「紹興以來，所以爲國者有二：金欲戰，則分江、淮之鎮，以授將帥；金欲和，則收將帥之權，以歸朝廷。規模既立，守備益固，操縱自我，此之謂定論。兀朮求和，畏我之强也。故兵可以合，兵合而朝廷之勢重，將帥之權輕。神機静慮，蓋用之於天下無事之時，而不以爲常也。久而不變，則智者媮，勇者怯。江、淮之役，所患者此爾。爲國譬之養生，視表裏虚實而輔道之，不使砭劑改亂正氣，夫何病之有？」

7 壬辰，何鑄辭行。鑄言：「親喪未葬，乞俟使回日了此私計。」上許之。

初，三佛齊國王以書遺廣南市舶官，言近年商販乳香，頗有虧損。上曰：「市舶之法，頗足國用，宜循舊法，以招徠遠人。」時市舶官右朝散大夫袁復一已移提舉福建常平公事，詔特降一官。

8 甲午，復起鼎州觀察使、殿前司後軍統制張淵，以平福建羣盜功，遷威武軍承宣使。軍器監徐琛、右承議郎福建轉運判官范寅秩以給餉之勞，皆進秩，餘第賞有差。賊之未破也，翊衛大夫、華州觀察使殿前司摧鋒軍統制兼知循州韓京將部會之。乙未，詔進京一階。

9 丙申，詔武成王廟從祀諸將，升趙充國於堂，降韓信於廡下。用祀部員外郎、權國子司業陳誠之請也。

是月，左朝奉郎陳剛充荊湖北路提舉常平司幹辦公事。剛，井研人。建炎初，爲晉原尉，時方用兵，條五利八事以獻。久之，遷羅江丞，以母憂去。至是，投匭上書，論恢復事。大略謂當以和好爲權宜，戰守爲實務。疏入，上諭秦檜令除郎官，檜不樂，乃言剛資歷未深，遂有是命。且諭臨安府臣遣人蹤跡使去，而剛已間行出北闕矣。秩滿代歸，遂不復仕。後數歲，卒於家。剛爲人彊直，登第三十年，莅官纔九考，所至皆有可稱。上諭檜除剛郎官事，以剛孫咸撰黃仲容墓誌所書修入。景篪撰剛墓誌第云「既外除朝參，以公資歷未深，堂除湖北茶鹽司幹辦公事」。蓋是時檜權勢方盛，篪不敢明言之也。篪所作銘詩，末章云：「公之家集必百卷，藏之必百年，當有公道，始定斯盟。」即指此事耳。惜其泯没不見於後世，故表出之。但咸所記以爲紹興戊辰上書，又合五利八策與此書爲一事，及稱以正郎止除幹官，皆小誤。剛紹興二十三年三月丙辰以左朝奉大夫卒於家。

1 冬十月按是月丁酉朔。戊戌，新禮器成，上觀於射殿。宰執、侍從、臺諫、南班宗室、禮官、正刺史以上皆與觀，撞景鐘，奏新樂，用皇祐故事也。於是直秘閣秦塤陞直敷文閣，給事中段拂已下皆遷官。塤進職在壬寅，段拂等進官在丁未。何俌龜鑑曰：「帝仁孝一念，勃於胸中，故以大事小，正孟子所謂樂天者保天下者也。數十年來，金安於金繒之往來，而吾國得以漸講玉帛會同之禮。於是建辟雍，於是立科舉，於是修郊廟社稷之儀，於是重經筵講讀之選。他如求遺書則有詔，刊石經則有詔，閱禮器，銘景鐘，而文治自是彬彬矣。」

徽猷閣待制、提舉江州太平觀劉子羽卒，年五十。子羽在泉州，嘗獻時宜八事，論淮甸郡縣，不必盡守故城，各隨所在，據險置寨，守以偏將。敵長驅深入，則我綴其後，二三大將，浮江上下，爲之聲援。論荆、襄宜合爲一路，置帥公安，益兵聚粮，爲戰守計。論三衙寡弱未振，宜益增禁衛。論守江宜輕戍江北，重戍江南。論舟船當講求訓練，使大艦利於控扼，小舟利於走集。論南兵剽悍可用，望別立統帥。論江、淮、陜、蜀之兵，當互爲聲援。論募兵乞於荆、粵收集諸盜。後皆不行。

2 癸卯，武德大夫、榮州刺史、兩浙路兵馬鈐轄、樞密院統領丁禩編排南郊隊衛。禩嘗知漣水軍，後罷去。秦檜德其前事，用爲給使，頗用事。士大夫無操者，或與之游從焉。禩初爲檜給使，及節次轉官，史全不見，因此差使標出之，以備檜事之本末。

3 甲辰，少師、平樂郡王韋淵復落致仕，充萬壽觀使，還居賜第。

4 己酉，上曰：「今天下無事，民事最急，監司郡守須是擇人。監司得人，爲縣者自不作過。蓋縣官皆銓注，難別賢否，全在考察。昏繆不任者，別與差遣，清强有才，則宜擢用之。」

朝奉郎、知遂寧府蘇符復敷文閣待制。

[5]庚戌，直秘閣、知臨安府沈該乞展兩淮起税之限。上謂宰執曰：「財賦須知取予之道，如知取之爲取，不知予之爲取，非久利也。淮南民若盡歸業，則其利甚廣矣。」

[6]癸丑，秦檜奏以右朝請大夫韓沃知廬州。上曰：「淮南今已寧静，只不生事爲善。」檜曰：「今天下無事，第恐庸人擾之，不然，天下未有不治。」

[7]甲寅，端明殿學士、提舉臨安洞霄宫胡松年薨。

[8]戊午，上曰：「近得玉二塊，方成玉磬，朕親臨視之，已協音律，更欲按試之。」

[9]己未，秘書省正字劉章爲校書郎兼普安、恩平郡王府教授。

徽猷閣直學士、提舉江州太平觀周秘卒。

[1]十有一月庚午，言者奏：「近來詩賦、經術，各以舊試人數分取，其間不無輕重，大抵習詩賦者多，故取人常廣；治經術者鮮，故取人常少。今若專以就試之人，立定所取分數，則詩賦人常占十之七八，而治經者止得十之一二，但恐寖廢經術之學矣。欲望命有司再加討論，如通經之人有餘，聽參以策論，圓融通取，明立分數，庶幾主司各有遵守。」上曰：「當日行詩賦，爲士人不讀史，今若耑用詩賦，士人不讀經，大抵讀書，當以經義爲先，所論宜令禮部看詳以聞。」

[2]辛未，執政進呈郊祀肆赦。上曰：「居養、安濟、漏澤，先帝之仁政，居養、安濟，已行之矣，惟漏澤未行，

宜令條具增入。」

3 壬申，雪。

4 癸酉，上齋於文德殿。

5 丙子，合祀天地於南郊。始命普安郡王亞獻，恩平郡王璩終獻。是歲備祭器，設八寶，如政和之儀。太史局令胡平言，三台星見。禮畢，上御行宫南門，赦天下。

6 庚辰，詔諸州縣鎮市新創税場墟並罷。以言者有請也。

復置荆門軍當陽縣。

自建炎渡江，始廢御書院，癸未詔復之。三十年正月丙申又罷。

7 甲申，太師、尚書左僕射秦檜言：「陛下好生之德，既定宇内，乃不居其聖，歸功於天。前郊祀之期年，稽古制作，禮樂大備，討論訂正，悉出聖學，有司效使惟謹，曾不能措一辭。及將祀，則至誠感通，天意響答。雪呈瑞於齋宫之先，日穿雲於朝獻之旦。既升紫壇，則星宿明潤；旋御端闕，則霄漢廓清。允謂先天弗違，諸神受祀。至於率履不越，又可爲萬世法。有司請設小次，則拒而不答。宫廟載葺既畢，則宸翰標題，皆極於恭恪。此皆經典所誇詡，有司宜書載者也。臣職在後從，親見不誣，望宣付史館。」上謂檜曰：「此國家大典禮，及期而晴，誠可慶也。朕自即位以來，無如今次，非卿等協贊，何以致此？」

8 乙酉，吏部奏郊祀大禮，太師、左僕射秦檜合封贈三代並妻，詔依擬定。

成州團練使、帶御器械韋謙罷。貴州刺史、提舉佑神觀韋讜帶御器械。

9 丙戌，詔達州刺史韋訊累有過犯，可降武功郎，送吏部，與嶺外監當差遣。以皇太后有旨也。

10 己丑，檢校少保、昭化軍節度使、開府儀同三司、充醴泉觀使、駙馬都尉潘正夫爲少保。

11 庚寅，權尚書禮部侍郎游操罷。御史中丞何若論：「操嘗阿附吕頤浩，又嘗阿附趙鼎。鼎既貶逐，操猶書問不絕。緩急之際，何足倚信？」故出之。

12 辛卯，朝散郎、兩浙東路提點刑獄朱敦儒罷。右諫議大夫汪勃論：「敦儒專立異論，與李光交通，望特賜處分。」上曰：「爵禄所以勵世，如其可與，則文臣便至於侍從，武臣便至於建節；如其不可，雖一命亦不容輕授。」於是敦儒遂罷。

13 癸巳，權尚書工部侍郎錢時敏移兵部侍郎，軍器監徐琛權工部侍郎。

直秘閣、知揚州向子固陞直徽猷閣，再任。

14 甲午，皇兄眉州防禦使不怞爲邕州觀察使，以與皇后家連姻，特遷之也。

15 乙未，吏部奏：「郊祀大禮，皇太后合封贈三代。」於是曾祖徐王韋舜臣徙封韓，祖揚王子華徙封楚，父魏王安禮徙封陳。

1 十有二月⑪，四川宣撫副使鄭剛中奏減兩川米脚錢三十二萬緡，元理百五十萬緡。激賞絹一萬匹，事初見建炎四年。免創增酒錢三萬四千緡。許之。

2 戊戌，詔以四川總制錢五十萬緡備邊費。

彗出西南方。己亥，詔避殿減膳。

3 辛丑，徽猷閣待制、提舉江州太平觀鄭望之言：「老而多病，乞守本官致仕。」許之，仍遷一官。熊克小曆稱望之以集英殿修撰告老，蓋誤。

4 丙午，手詔曰：「朕惟軍興以來，四川斂重，恐不堪久。今疆埸罷警，營屯内遷，仰宣撫、總領兩司，取索承平時常賦名色，軍興後權所增益，參酌措置。既不能竭民力，又不可乏軍須。兩皆給足，永相保持，以副朕顧倚之意。」

尚書金部員外郎李若川罷。若川，簽書樞密院事若谷弟也。右諫議大夫汪勃論：「若川恃爲執政之弟，爲所親經營差遣，妄作威福。」故罷。

5 己酉，大理評事環周面對，論征商過重。詔申嚴行下。

6 辛亥，進士章公奎上書言：「國家向緣軍興之故，財賦屈乏，乃於民間預借其税，以濟軍用，此不得已而行之耳。國家偃兵息民，固已有年，而預借之税，今尚未免。且預借之弊，折納太重，近於重斂，可即除之，以慰安元元之望。」上曰：「此事有否？朕與鄰國通和，正爲百姓。若預借以擾民，失朕本意。」乃詔户部取索措置。

7 辛酉，金主使龍虎衛上將軍會寧尹盧彥倫、定遠大將軍四方館使張仙壽來賀來年正旦。

8 壬戌，左奉議郎仲并特降二官，坐前通判湖州，與倡女通濫，爲言者所劾，有司鞫實故也。并初見紹興四年九月。

是歲，宗室子賜名授官者十有八人，諸路斷大辟四十八人。

校勘記

① 特贈七官爲左光禄大夫　「贈」，原作「增」，誤。按：宋制，侍從以上官致仕，皆有七官之贈，非獨秦氏。故逕改。

② 請以真宗御製文臣七條　「臣」，叢書本作「字」，據本書卷一三八「頒真宗御製文武臣僚七條於郡縣」之記事改。

③ 左朝請大夫周綰爲淮南轉運判官　「朝請」，原闕，據皇朝中興繫年要録節要卷一二、宋史全文卷二一下補。

④ 命權吏部侍郎王循友　「侍郎」原闕，據前四月乙巳王循友言事之記載補。

⑤ 金主使金吾衛上將軍彰德軍節度使烏古論海　「烏古論」，原作「烏庫哩」，據金人地名考證改。

⑥ 而廣之清遠　「廣」，原作「慶」。按：清遠屬廣州，因據宋史全文卷二一下改。

⑦ 計氏誦其父咸紹聖初舉制科策曰　「紹聖」，原於「紹」後衍一「興」字，據叢書本删。

⑧ 日興彌文　此四字原闕，據皇朝中興繫年要録節要補。

⑨ 遣領汴京行臺尚書省事蕭保壽奴與蒙古議和　「尚」，原作「上」，據叢書本改。「保壽奴」，原作「博碩諾」，據金人地名考證改。

⑩ 且命册其酋敖囉孛極烈爲蒙兀國王　「敖囉孛極烈」原作「鄂掄貝勒」，「兀」原作「古」，據金人地名考證改。

⑪ 十有二月　四庫館臣加按語：「原本脱干支。」今删。按：紹興十六年十二月丙申朔。

建炎以來繫年要録卷一百五十六

1 紹興十有七年歲次丁卯。金熙宗亶皇統七年。春正月按是月乙丑朔。丙寅，丹陽隱士蘇庠卒，年八十有三。

2 丙子，御筆：「諸軍統制將官已添差諸州都監已上人，並令釐務。」

3 戊寅，秦檜奏已行出。上曰：「諸將乍離軍中，若請給減半，恐失所也。」

4 己卯，手詔曰：「朕惟軍興二十餘年，黎元騷動，故力圖罷兵，以冀休息。今疆埸無虞，流徙有歸，四境之内，舉獲安堵，朕心庶幾焉。尚慮監司郡守，不能深體朕意，致或刻削苛細，進獻羨餘，失朕愛民本旨。自今敢有違戾，仰御史臺彈劾，監司各許互察，部内犯而失按，必與併坐。布告中外，咸體朕意。」

左朝議大夫李椿年權尚書户部侍郎，專以措置經界。椿年既建經界之議，會以憂去，有司因稍罷其所施行者。及是，椿年免喪還朝，復言：「兩浙經界已畢者四十縣，其未行處，若止令人户結甲，慮形勢之家，尚有欺隱。乞且依舊圖造簿，本所差官覆實，若先了而民無爭訟，則申朝廷推賞，如守令慢而不職，奏劾取旨。」從之。

5 癸未，敷文閣待制知婺州吴表臣、知池州魏良臣皆乞奉祠。上曰：「州郡之職，懦弱者多不治事，有才力者多妄作，惟適中爲難得。」於是二人並陞敷文閣直學士，提舉江州太平觀。

6 丙戌，詔禮部立定天申節燕設則例，下諸路遵守。上以州縣因緣擾民，且多殺物命，故有是旨。

7 丁亥，右諫議大夫汪勃論內侍省押班趙轍强占民居，詔與在外宮觀。

8 戊子，秦檜奏已行，上曰：「逐一內侍，則人自知畏矣。」

9 己丑，詔近免稅米，而所過尚收力勝錢，其除之，其餘稅則並與裁減。上因言：「薪麪亦宜免稅，商旅既通，更平物價，則小民不致失所矣。」熊克小曆云：「户部奏米已免稅，而所經稅務尚收力勝錢，非朝廷寬民之意，欲行下禁止。從之。」按日曆是月丁亥，上宣諭宰執，米稅已免，諸處却云力勝收稅，可令有司措置。己丑，户部狀準聖旨措置云云。蓋此事乃出自上意，非户部建請，克實誤也。

10 辛卯，上諭大臣曰：「孟饗詣景靈宮，及東朝中宮不時出入，已給禁衛人錢米，毋令臨安應副，恐擾及市民。」

左迪功郎陳介言①：「國家頒降鄉飲酒儀式，而諸郡所行，疎數不同。望令三歲科舉之年，行之於庠序，即古者三年大比，飲酒於序之意也。」國子監言：「唐人亦止行於貢士之歲，欲依介所請，如願每歲舉行者聽從其便。」從之。

11 壬辰，端明殿學士、簽書樞密院事李若谷參知政事。御史中丞何若爲端明殿學士、簽書樞密院事。

12 癸巳，資政殿學士、提舉萬壽觀兼侍讀、提舉秘書省秦熺加大學士。

1 二月乙未朔，右諫議大夫兼侍講汪勃試御史中丞，監察御史巫伋守右正言。

左朝散郎符行中爲尚書户部員外郎，總領四川宣撫司錢糧。初，四川都轉運司之廢，用宣撫副使鄭剛中請也。既而復以太府少卿趙不棄總領宣撫司錢糧。剛中與之不協，不棄頗求其陰事，秦檜聞之，乃奏以行中代不棄，俟行中至利州，令不棄赴行在。行中，南城人也。李燾撰晁公武墓誌云：「階、成、岷、鳳四州併屬利路，爲經略使者當更名。有旨令安撫司倣雄州安撫司例，措置申樞密院。一府愕眙，莫知其原。公時在都轉運司，乃從旁爲言，此景德三年故事，顧與今事不類。宣撫使即用公言，奏析利州路爲東西，俾先爲經略使者分領之。由此益重公，而幕下士皆忌。其後宣撫使緣它故重貶，議者或咎公憾彼不相知，有所報復，蓋非也。」公武，仲之子，此時爲總領四川宣撫司錢糧所主管文字。

2 戊戌，上謂大臣曰：「比聞州縣折納税絹，每匹有至十千者，恐傷民力，可令户部措置。」

3 庚子，大理評事張棣面對，論：「銓試之制，惟以經義、詩賦爲榜首，而有出身試律者，遂居其下，非所以右寒畯而左胥粱，望令通融考校。」詔禮部立法。

4 辛丑，宰執進呈臨安府減定官私房緡。上曰：「公私須令均一，天下事皆當如此。」

5 甲辰，上齋於内殿。時將祀高禖，乃以太師、尚書左僕射秦檜爲親祠使。

6 乙巳，上親祠青帝於東郊，以伏犧、高辛配。普安郡王終獻。又祀簡狄、姜嫄於壇下。牲用太牢，玉用青，幣放其玉之色，樂舞如南郊之制。禮畢，御端誠殿受賀。

7 己酉，封才人劉氏爲婕妤。

8 庚戌，封感義郡夫人郭氏爲和國夫人。

9 辛亥，改造殿前司寨爲瓦屋，用領都指揮使職事楊存中奏也。南渡初，諸營皆覆茅結舍，焮火屢驚，故存中以爲請。

成州團練使韋謙爲德慶軍承宣使，貴州刺史、帶御器械韋讜爲慶遠軍承宣使，並提舉萬壽觀。

10 壬子，上謂秦檜曰：「陣亡恩澤，自今不須裁定，可依祖宗法。」事初未見②。

後宮劉氏爲紅霞帔。

11 甲寅，皇叔揚州觀察使、同知大宗正事士太爲安德軍承宣使③，以職事修舉，特遷之也。

12 丁巳，御前軍器所言：「歲中造軍器三百四十四萬餘件。」詔賞之。

13 辛酉，參知政事李若谷罷爲資政殿學士，提舉江州太平觀，以御史中丞汪勃論其不忠不孝也。

1 三月按是月甲子朔。丁卯，給事中兼實録院修撰兼侍讀兼直學士院段拂爲翰林學士。

捧日天武四廂都指揮使、寧國軍承宣使、鄂州駐劄御前左軍統制牛臯卒。前一日，都統制田師中大會諸將，臯遇毒而歸，知其必斃，乃呼親吏及家人囑以後事，至是卒。或謂秦檜密令師中毒之，聞者莫不歎恨。

2 己巳，上謂秦檜曰：「人材難得，惟在賞罰勸沮。卿可選用所知，若協濟國事，得三五人，即庶僚胥化。其不靖害治者，顯黜勿貸，庶知懲畏。」檜曰：「仁宗皇帝時，高若訥等在朝，久相攙擾。至嘉祐間，韓琦、歐陽修協恭贊助，方成太平之治。」上曰：「仁宗皇帝即位之久，灼見治道。」檜又曰：「陛下領元帥府日，備見官僚情僞。至如敵情，亦是親到其營，盡得要領。故應酬如神，不差毫髮。當出身犯難之時，乃宗廟社稷之託，實天啓聖衷，非偶然也。」

3 辛未④，權尚書刑部侍郎錢周材爲中書舍人兼權直學士院。

4 乙亥，端明殿學士、簽書樞密院事何若引疾罷，提舉江州太平觀。若執政才四十四日。

5 丁丑，直秘閣、知光州鄭絪代還，乞令國子監裒集上即位以來惠民愛物手詔，編類刊印成書，守令陛辭門謝日，人賜一帙。從之。

6 己卯，翰林院學士段拂參知政事。

7 辛巳，秦檜奏：「州縣和買，率以二月起催，非便。」上曰：「二月間蠶猶未生，使民何以應辦？」檜奏須依舊限，上可之。

詔自今使回，並計程赴行在。時權户部侍郎邊知白賀金國正旦還，已渡淮，久之未至。上慮其擾人，乃有是命。

8 壬午，御史臺檢法官余堯弼、司農寺主簿宋敦朴、宗正寺主簿張杞並爲監察御史。杞，浮梁人也。

9 甲申，中書舍人權直學士院錢周材兼實録院修撰。

秘書省校書郎沈介面對，言：「陛下勤恤民隱，於郡邑近民之吏，尤所注意。守貳縣令，以民事抵罪者，不復任以親民，聖恩宏覆，天下幸甚。臣愚竊謂郡邑之吏，朝夕奉行，莫匪民事，一有詿誤，無復自新。而又元降指揮，罪無定名，有司承用者，不爲之區別，凡涉民訟，一切坐之。其於輕重之差，公私之辨，類或未盡。

欲望詔加刊定，凡侵漁百姓，以抵贓私者，蔽以前令。其或雖緣民事，罪止公坐，則自如常律。庶幾仰稱陛下愛民慎罰之意。」事下刑部看詳，後不行。

10 乙酉，太師、尚書左僕射、魏國公秦檜以郊恩徙封益國公。自是，建旄封國之在北者皆改命。時有乞置益國公官屬者，檜雖不行，亦不加罪焉。此以趙甡之遺史附入，當求他書考詳。

11 丙戌，上謂大臣曰：「聞物價翔貴，居民不易，宜諭版曹同府曹措置取旨。」

12 丁亥，權尚書吏部侍郎王循友提舉成都府玉局觀，以右正言巫伋劾其「迎勞使客，所過受賂，每與娼妓褻狎」故也。

中書舍人兼權直學士院兼實録院修撰錢周材兼侍講，監察御史王鎡守尚書右司員外郎。

13 戊子，安民靖難功臣、太傅、醴泉觀使、清河郡王張俊移節静江寧武靖海軍。揚武翊運功臣、太傅、醴泉觀使、咸安郡王韓世忠移節鎮南武安寧國軍。

權尚書户部侍郎邊知白移吏部侍郎。

資政殿學士、提舉江州太平觀李若谷落職，江州居住。以御史中丞汪勃論若谷諂事張邦昌之黨，又往宗澤處⑤，以僞楚年月改秩故也。

直龍圖閣、主管台州崇道觀高世定陞秘閣修撰。世定自通判明州，累爲部使者，至是復還之。

詔：「諸軍招置效用，未有陞進格法，自今到軍三年無過者，與轉一次。帶甲用一石弓力，十二矢中半上垛者，年雖未及，準此。八矢上垛者倍之。至承信郎，理磨勘年如常法。」

14 庚寅，權尚書吏部侍郎錢時敏充敷文閣待制，提舉江州太平觀。

15 辛卯，秦檜奏以敷文閣直學士林待聘知婺州。上覽除目，曰：「士大夫有專於爲己，而不肯任事，但當與之禄食，使之不失所而已。」檜曰：「陛下處士大夫如此，仕而不知許國，得不少愧乎？」中興聖政：史臣曰：「不事其事，雖奪之食不爲過，而聖人有不忍焉，何也？以爲奪之則遂絶之也，予之則所以幸其自新也。愛惜士類當如此。」

權尚書工部侍郎徐琛乞補外，罷爲敷文閣待制，知明州。

直寶文閣、主管台州崇道觀錢端禮爲淮南路轉運副使，兼淮南東路提點刑獄公事。

是月，金人與蒙兀始和，歲遺牛羊米豆綿絹之屬甚厚。於是蒙酋熬囉孛極烈乃自稱祖元皇帝，改元天興。金人用兵連年，卒不能討，但遣精兵，分據要害而還。此據王大觀行程録。按録稱歲遺牛羊各五十萬口，米豆共五十萬斛，絹三十萬匹，綿三十萬兩。恐未必如此之多。今削去其數，第云甚厚，更俟詳考。

1 夏四月按是月甲午朔。丙申，減諸路免行錢三分之一，用户部請也。

2 丁酉，權尚書吏部侍郎林乂充敷文閣待制，知建州，從所請也。乂與秦檜有舊，引至侍從，不協物望，然頗勤於所職，人亦稱之。

3 己亥，御史中丞兼侍講汪勃爲端明殿學士、簽書樞密院事。

4 辛丑，改築萬壽觀前後殿。掌觀内侍二人，道士十一人，吏卒一百五十五人，道士歲費錢七百九十二千，米百二十石。

監察御史余堯弼進殿中侍御史，右正言巫伋兼崇政殿説書。自秦熺兼侍讀，每除言路，必與經筵，朝廷動息，臺諫常與之相表裏焉。呂中大事記：「人君起居動息之地，曰内朝，曰外朝，曰經筵三者而已。執政、侍從、臺諫皆用私人，則有以彌縫於外朝矣。又陰結内侍及醫師王繼先，闚微旨於内朝矣。獨經筵之地，乃人主親近儒生之時，檜慮其有所浸潤，於是以熺兼侍讀，又以巫伋爲説書。除言路者，必預經筵，以察人主之動息，講官之進説，而臣無復天子之臣矣。」

右朝奉郎蘇策爲福建轉運判官。

5 庚戌，上謂秦檜曰：「近覽左迪功郎吴適所進大衍圖，辯證易中差誤，可令秘書省看詳，如或可采，卿更審詢其人，當處以庠序之職。」

權刑部尚書周三畏落「權」字，尚書比部員外郎王會試軍器監。

6 甲寅，皇太后朝景靈宫。少師、平樂郡王韋淵見后，出言詆毀。詔殿中侍御史余堯弼即其家鞫治，淵具伏誣罔。後六日，責寧遠軍節度副使，袁州安置。二十年十一月淵復官。

7 丙辰，敦武郎、製造御前軍器所監造官馬元益特勒停，送桂陽監編管。元益上疏乞出，秦檜奏其語言狂妄，擬編置。上曰：「真宗皇帝澶淵之盟，敵人不犯邊塞。今者和議，人多異論，朕不曉所謂，止是不恤國事耳。若無賞罰，望其爲國實難。自今用人，宜求靖共之操。如其不然，在朝廷者與之外任，外任者置之閑散，閑散而又不靖者加以責罰。庶幾人知勸懲，不至專爲身計。卿所進呈行遣馬元益，正得此意。賞罰既行，數年後可望風俗丕變矣。」

端明殿學士、提舉萬壽觀兼侍讀何鑄使北還，以葬母乞去，遷資政殿學士，知徽州。鑄出使乃議天屬事，馬元益上書，當是因鑄之還而有請，但未見其書，當更考詳。

直龍圖閣、新知衢州韓球都大提舉四川茶馬監牧公事。

左朝奉郎、知衢州張嵲爲敷文閣待制。

8 丁巳，拱衛大夫、忠州防禦使、殿前司左軍統領邵宏淵爲荆湖北路兵馬鈐轄⑥，以從軍久，願罷軍務也。先是，宏淵嘗從後軍統制張淵捕盜於閩中，宏淵質直而喜功，淵惡不用，且恨其嘗對衆折己，杖之百，斥爲士伍。宏淵之客鍾鼎，走行在上書，爲辯曲直。秦檜怒，送鼎福州州學聽讀。熊克小曆云：「秦檜新創聽讀之名，羈鼎於福之郡學。」按張浚當國時，耿錫已坐伏闕上書送紹興府學聽讀，非檜所創，克誤也。領都指揮使職事楊存中言於朝，乃有是命。鼎，蜀人也。

9 己未，詔責授清遠軍節度副使、吉陽軍安置趙鼎遇赦永不檢舉。右修職郎石恮追毁出身以來文字，除名勒停，特免真決，送潯州編管。初，鼎貶潮州，守臣徐璋爲之治第，且饋餉之。恮時爲録事參軍，數與鼎相見。及是，恮代歸而璋已卒，守臣左朝散大夫翁子禮發其事，下大理鞫實。鼎坐「不自省循，請託州郡，借人抄書，因令幹官顧湜囑恮供給書寫人」。於是恮違法大收人户鹽錢，節次應副使用。又嘗爲子預恮公事，改易情欵。又受璋饋送八百餘緡。璋又盜官錢，爲鼎蓋造第宅，通計一萬餘緡，紬絹三千六百餘匹⑦，故有是命。此以日曆本文修入。胡銓跋戒諭和議詔書云：「是時王鈇、吕應中經略二廣，皆望風捃摭恮以爲奇貨。於是潮守徐某訐奏丞相趙鼎，帥臣劉昉陰中丞相張浚。」云云。按此時翁子禮實知潮州，蓋子禮訐其事，銓誤以爲徐璋也。

初，右奉議郎、通判處州宋汝爲既渡海來歸，久之，有告敵人，汝爲嘗以蠟書來言敵中機事，敵久捕不獲。會有知汝爲已南遁者，至是以姓名來求遣。汝爲時在紹興，知行必不免，一夕遁去，雖家人無知者。一子南强數歲，與其妻錢氏皆爲有司所拘。汝爲即潛行入青城山中，以醫卜自給，更姓名曰趙復。前實録院檢討官邵博識而憐之，青城令楊高爲營庵於布金院之傍，且授以官田數十畝。汝爲躬耕山下，數赴人之急，由是人多重之。

1 五月癸亥朔，上謂大臣曰：「川廣綱馬至鎮江軍中，宜令本府及淮南漕司撥官地美水草處牧養。只數年間，便見蕃息，此軍政所當留意。」

2 甲子，武經大夫、達州刺史、帶御器械李珂爲内侍省押班。

3 乙丑，拱衛大夫、利州觀察使、殿前司左軍正將李懷等十四人，並差諸路兵馬都監至正將，罷從軍，用主帥楊存中請也。

是日雨雹。

4 丙寅，上謂大臣曰：「近有布衣陳福建鹽法利便。朕惟祖宗成法，利於民者，自當永久遵行，儻或未便，須議損益也。」

5 己巳，徽猷閣直學士、提舉江州太平觀洪皓責授濠州團練副使，英州安置。皓丁内艱，既終喪，復遂祠請。於是直徽猷閣王洋知饒州，而左奉議郎陳之淵添差通判，二人與右承議郎、通判州事李勳積不相能。勳倖以訐進，告皓有欺世飛語，洋、之淵皆與聞之。殿中侍御史余堯弼即奏：「皓造爲不根之言，簧鼓衆聽，幾以動揺國是，望竄遐裔。洋、之淵亦乞寘之典憲。」詔罷洋、之淵，而皓有是命。

6 辛未，敷文閣待制、新知宣州秦棣過闕入見。癸酉，陞敷文閣直學士。

中書請：「令軍中揀退人耕江、淮、京西官逃田以自贍。」從之。三十一年正月戊寅所書，可參考。

7 乙亥，秘書省校書郎兼提舉秘書省編定書籍官沈介守尚書司勳員外郎。秘書省正字兼提舉秘書省編定書籍官湯思退守司封員外郎。

8 辛巳，金主使龍虎衛上將軍殿前右副都點檢完顏卞、寧遠大將軍東上閤門使大珪來賀天申節。卞，金主兄弟行也。

9 辛卯，寶文閣待制、提舉江州太平觀趙思誠卒。

1 六月乙未，詔金國使人見辭，並設氈於庭下，宰臣使臣亦如之。

2 丙申，上謂秦檜曰：「雨澤稍頻，細民不易。」檜曰：「前日蒙宣問常、潤、江南闕雨，臣弟棣赴宣州新任，近得本州申報，雨已霑足。」上曰：「此時多雨，陂塘有所瀦蓄，秋或旱乾，可備灌漑，農夫有豐稔之望，甚可喜也。」

3 丁酉，中書舍人兼權直學士院兼實録院修撰兼侍講錢周材罷。殿中侍御史余堯弼論：「周材嘗對衆館職有『徽宗實録難修』之語，詆毀不恭。」故有是命。

太常博士葛立方、太學正孫仲鼇並爲秘書省正字，既而提舉秘書省秦熺奏以二人並兼編定書籍官。從之。熺奏辟在是月辛亥。

4 己亥，尚書右司員外郎王鎡爲中書舍人，兼權直學士院。

5 乙巳，殿中侍御史余堯弼奏：「權尚書工部侍郎嚴抑日遊執政之門，此時汪勃、段拂執政。秘書省正字張本進不由道，所校書籍，悉皆舛誤。」於是二人並罷。

6 戊申，太學博士王之望面對，論：「舉人程文，或純用本朝人文集數百言，或作歌頌及用佛書全句，舊式皆不考，建炎悉從删去，故多犯者，望申嚴行下。」從之。

7 甲寅，左承議郎朱圯知德安府還，入見，乞將刑統律文内有犯本朝廟諱御名及音同者，並易以他字。詔禮部擬定。

8 乙卯，宰執進呈眉州防禦使、殿前游奕軍統制成閔招降到福建賊徒等第補官。上曰：「銷弭盜賊，當爲遠慮。若但招安補授，恐此輩以嘯聚爲得計，是啓其爲寇之心。今已招到，且依所乞，可劄下諸路，日後不許招安。」

9 丙辰，静江軍承宣使、提舉江州太平觀劉錫卒。

10 丁巳，宗正少卿兼權兵部侍郎趙子厚罷，以御史余堯弼言子厚「往任小官，荒於酒色，今乃不自揆度，每閲除目，則不平之色形於面顔」故也。

11 戊午，檢校少保、保慶軍節度使、普安郡王瑗徙常德軍節度使。檢校少保、保大軍節度使、恩平郡王璩徙武康軍節度使。於是，少傅孟忠厚、少保楊存中皆徙節鎮之在南者。

1 秋七月甲子，大理少卿張柄罷，以御史余堯弼論其鄙闇怠忽也。饒州刺史、知金州、節制屯駐右護軍馬李耕陞忠州團練使，再任。

2 乙丑，詔臨安府更置庫造祠祭法酒。舊取水於西湖，上以軍民環居，渠流混濁，乃命別醞焉⑧。

3 戊辰，左承議郎、添差通判嚴州秦昌時提舉兩浙東路常平茶鹽公事。右通直郎、添差通判袁州劉伯英提點荆湖南路常平茶鹽公事。昌時，檜兄子也。伯英爲檜所喜，在湖南創造宅堂，至飾以塗金，衙前盜用官課者，皆納其女而釋之，人不敢問。

4 己巳，太府少卿趙不棄自蜀中還，入對。上謂秦檜曰：「不棄必深知四川財賦，計今調度給足，則軍興以來，凡所科敷，並可蠲罷。朕所以休兵講好，蓋爲蘇民力耳。如其不然，殊失本意。」

5 壬申，武泰軍節度使、知荆南府劉錡提舉江州太平觀，從所請也。錡鎮江陵凡六年。

6 癸酉，敕令所奏：「諸遭喪應解官，而臨時竄名軍中，規免執喪者，徒三年。所屬知情而爲申請起復者，減二等。」先是，上數論大臣以爲有傷風教者，至是立法。

徽猷閣直學士、左奉議郎胡寅引疾告老，詔還一官，仍舊職致仕。

7 甲戌，左朝奉郎、新通判潼川府晁公武知恭州，趙不棄薦之也。

8 庚辰，詔資政殿學士、四川宣撫副使鄭剛中令赴行在奏事⑨，太府少卿趙不棄權尚書工部侍郎，徽猷閣待制、知成都府李璆權四川宣撫司職事。初，秦檜以不棄與剛中有隙，遂召之，而以符行中代總軍儲，其實不樂剛中也。剛中頗覺之，私謂人曰：「孤危之跡，獨賴上知之耳。」檜聞愈怒。剛中在蜀六年，事或專行，其服用往往踰制。不棄還朝，頗文致其事，故剛中遽罷。

右正言巫伋奏：「右朝散大夫、知利州元不伐撰造行在言語，自云出入奥密，事皆誣誕，扇惑遠方。」詔除名，夔州編管。

尚書禮部員外郎王曮主管台州崇道觀，以殿中侍御史余堯弼論其躁進也。

9 癸未，詔李璆、符行中同共參酌措置減放四川科敷錢物。先是，鄭剛中爲宣撫副使，上命剛中與總領司參酌措置。剛中言：「四川財賦利源，大者無過鹽酒。曾不知鹽酒之法，已是窮盡，惟有扶持講究，隨事救助，尚可枝梧，儻更增添，其法立壞。鹽與酒既不可更改，自餘言利便者，皆蔽守一端，不盡見四川久遠利害。惟有取用度名色，更行撙節，及軍中可以裁減事件，隨宜措置，庶幾便見實效。今先次減省本司官吏，及將人馬可以趲移頭項，更令向裏就糧，以減水運脚費。并應有舊例合支錢物，隨事裁損，仍參照本司向來所入窠名錢物，今已併屬總領錢糧所拘收。舊係本司椿積備邊，在贍軍歲計之外，其逐項窠名，歲計錢引五百八十一萬五千道，如蒙取撥應副歲計，即可對減增添窠名，寬省民力。」疏奏，乃有是命。

10 甲申，江東安撫司乞遣官拍試效用。上曰：「今三衙諸軍教閲不廢，故武藝皆精。」秦檜曰：「承平時亦自閲習，今御前呈引，激賞分明，故諸軍爭勸也。」

11 乙酉，左承議郎李觀民知濠州代還，入見，言：「陛下信任一德之臣，修講鄰好，力偃戎兵，而民免於塗炭者，七年於兹，頻歲有秋，人皆樂業。伏願戒飭邊臣，毋致少有生事，庶幾仰承德意之萬一。」從之。

12 丙戌，秦檜奏以左朝散大夫謝尋知潮州。上曰：「凡除郡守，莫須到堂否？」檜曰：「例須參辭。」上曰：「今既休兵，正以民事爲急，卿宜更加詢審，如昏耄無取者，不若只與宮祠。」

左朝請郎、提舉江州太平興國宮張擴卒。訃聞，詔復敷文閣待制致仕。熊克小曆云：「擴疾革請老。丙戌，上曰：『此吾中興詞命之臣。』詔除敷文閣待制致仕。」此據汪藻擴墓碑所書也。其實擴復職在九月己巳，克誤於其卒日書之爾。王明清揮麈録餘話稱「擴求休致，先除次對帥南昌」，與日曆所書不同，當考。

13 丁亥，右朝奉大夫鮑貽遜卒。

14 戊子，行營右護軍都統制吴璘改充御前諸軍統制兼知興州。璘改都統銜，諸書不載。王綸撰神道碑言在此年，今因移郡併書之。

1 八月丙申，檢校少師、岳陽軍節度使、提舉佑神觀王舜臣薨。

2 壬寅，大理正周贇、幹辦諸軍審計司章服並罷。服，金華人。殿中侍御史余堯弼論二人「官於行朝，陰與外交，兇險之謀，略無顧忌」。故有是命。

3 癸卯，責授清遠軍節度副使趙鼎卒。鼎在吉陽三年，故吏門人，皆不敢通問。廣西經略使張宗元時遣使渡海，以醪米饋之。太師秦檜令本軍月具鼎存亡，申尚書省。鼎知之，遣人呼其子汾，謂之曰：「檜必欲殺我，我死，汝曹無患，不爾誅及一家矣。」乃不食而卒，年六十三。四方人聞之，有泣下者。

4 乙巳，直秘閣、知臨安府沈該爲尚書禮部侍郎。權工部侍郎趙不棄充敷文閣待制，知臨安府。

5 丙午，召龍圖閣學士、知紹興府詹大方爲工部尚書。

6 戊申，以該爲賀大金正旦使，閤門宣贊舍人蘇曄副之。大方爲賀生辰使，閤門宣贊舍人容肅副之。上覽不棄除目，因曰：「朝廷於臨安不免時有所須，如御膳米初日供，今則月一取之，庶吏不敢緣此擾民也。」

左朝請郎、主管台州崇道觀施庭臣卒。

7 丙辰，詔自今百官應轉對而以病告者，並竢疾愈日上殿。時秦檜惡聞人言，百官當面對者，多稱疾不入，上怪之，故有是命。

8 丁巳，秦檜因論及月樁錢。上曰：「卿未還朝時，朱勝非等創造月樁。朕每以爲非理，屢與宰執言，終未能大有所蠲減。卿可從長措置，庶寬民力。」後二日，檜奏：「近令監司郡守不得獻羨餘，今聞乃資妄用。」乃詔：「諸路監司郡守將寬剩錢物樁管，每季具數申省，聽候撥充月樁。其不係月樁路分，依此通融科撥。」檜曰：「陛下志欲減免田租，實盛德之事，今自月樁錢始。」

9 戊午，寶文閣直學士賈讜卒。

10 己未，賓德軍節度使、提舉萬壽觀邢孝揚爲太尉，易鎮安慶軍，録出疆之勞也。寶文閣學士王㬇提舉萬壽觀。㬇知平江府，以疾請奉祠，而兩浙轉運判官湯鵬舉奏其應辦國信，每事豐腆，並無遺闕，乃有是命。㬇至行在，數日卒。贈右銀青光禄大夫，賜銀、絹五百匹兩，例外官子孫一人，官給葬事。

1 九月按是月壬戌朔。乙丑，秦檜奏殿前步軍司乞招安到海寇分隸諸軍。上曰：「海賊若竄，須當捕之，仍令常加存恤，毋使爲民患。」

2 戊辰，隨州觀察使張思正卒於台州。

3 己巳，減四川科敷虛額錢歲二百八十五萬緡，用宣撫副使鄭剛中、總領官符行中奏也。於是減兩川市估錢五分之一，布七十三萬匹，每匹估二千有半，今共減三十六萬五千餘緡。夔路鹽錢六分之一，大寧監四分鹽一百三萬七千餘斤，本路六十井鹽四十八萬五千餘斤。舊每斤三百錢，今減五十，共減七萬六千緡。坊場河渡淨利抽貫稅錢十分之四，元額十一萬八千，今減四萬六千餘緡。又減兩川米腳錢四十二萬緡。十六年十二月已減三十二萬。時行中得宣撫司降賜庫見樁米一百萬石，乃命行中酌度對糴分數均減。均減對糴米指揮，在是月癸酉，今聯書之。

4 壬申，武經大夫、和州團練使、內侍省押班李珂爲入內內侍省押班。景福殿使、安德軍承宣使、帶御器械張去爲爲內侍省押班。

5 甲戌，右朝散郎、直秘閣呂摭除名，梧州編管。秦檜追恨頤浩不已，使台州守臣曹惇求其家陰事。會摭嫂姜氏告攄烝其庶弟之母，送獄窮治，攄懼罪陽瘖，乃以衆證定罪，於是一家破矣。葉義問劾曹惇章疏，稱惇守台州，訐頤浩家陰事。按日曆，惇十四年六月差知台州，十八年七月丁酉以右朝散郎權發台州回進對，此時蓋未滿也。

6 乙亥，户部具到江東西諸州月樁錢二十二萬七千餘緡。信州五萬四千，宣州四萬九千，徽州五萬八千，撫州二萬五千，江州萬緡，筠州、南安軍各六千，臨江軍四千，建昌軍二千，皆有奇。上曰：「科敷之累，富者猶不能堪，下户何所從出？若計諸州羨餘，以減月樁，誠寬民力。」秦檜曰：「指揮之下，百姓想皆歡忻鼓舞。」上曰：「朕備嘗艱難，知細民闕乏，雖百錢亦不易得，故不欲妄費，或有餘財，即命樁留，以待緩急，庶幾臨時不致失措。」

7 丙子，資政殿學士、四川宣撫副使鄭剛中罷。先是，殿中侍御史余堯弼奏：「剛中天資凶險，敢爲不義，專與異意之徒，合爲死黨。妄用官錢，縱使游士，摇唇鼓舌，變亂黑白。四川有都轉運司，蓋總四路財計以贍軍須也。俾乘間上書併歸宣司，則是制軍給食，通而爲一，雖密院、户部不得如此。祖宗維持諸路之計於此掃地，不知剛中封靡自植，欲以何爲？總領司建置之意，蓋與諸路一體，剛中怒形於色，不容總司舉職。朝廷不得已爲之易置，則又揚言以爲己能。自古跋扈藩鎮敢如此否？」章未報，堯弼又奏「剛中奢僭貪饕，妄作威福，罔上不忠，敗壞軍政」五罪，乃有是命。仍令剛中於鄂州聽旨，其隨行軍實令湖廣總領所交割，具數申省。軍兵令都統制田師古拘收，押還本司。十二月甲寅行遣。

8 丁丑，從義郎禹珪除名，萬安軍編管。珪盜用庫金，懼罪走北界，爲泗州押還，法當死，特貸之。

9 己卯，安南請入貢。詔經界司受而答之。

10 癸未，執政進呈大理正章燾面對，乞命監司郡守察縣令之賢否。上曰：「令最親民，不能一一銓擇，不職而後治之，百里已受其弊。有治狀者，當議擢之，庶其知勸，實惠及民矣。」

11 甲申，中書舍人兼權直學士院王鎡兼侍講，殿中侍御史余堯弼兼崇政殿説書。

12 乙酉，右承務郎、監尚書六部門康與之爲軍器監丞。

13 丙戌，詔江、浙見輸折帛錢太高，慮民難出，令紬帛各減價，每匹江南六千，兩浙七千，和買六千五百，綿每兩江南三百，兩浙四百，自明年始。先一日，秦檜進呈諸路監司守臣自今所部縣令治狀顯著，保明奏聞。上曰：「當今正以惠養百姓爲先務。」檜曰：「如民間折帛錢太重，理宜蠲減。」上曰：「朕久有此志，祖宗時，每縑價直八百，官司乃以一千和買，民間既免舉債出息[10]，及絲蠶收成之後，並皆樂輸。趙鼎、張浚爲相時，乃創折帛之請，令人户折納見錢，殊爲非理，不知今折納若干。」檜曰：「當今户部取見實進呈。」上曰：「若隨逐路色額減納錢數，非唯可蘇民力，且使知朕所以休兵之意。」至是行下。呂中大事記：「檜雖諭江、浙監司暗增民税幾倍，而上則減諸路月樁錢，減四川雜征，弛夔路酒税，除永、道等州身丁錢，出内帑絹帛代輸丁錢，減江、浙折帛錢，其愛民之寛自若也。」

是月，金主亶出獵，至陰山之北打圍，遂至大同府。

1 冬十月辛卯朔，日有食之，陰雲不見。熊克小曆在十一月朔，蓋誤。

2 癸巳，代州防禦使、荆湖南路馬步兵總管王瑋爲永州防禦使，充龍神衛四廂都指揮使，知荆南府。秦檜之留守臨安也，瑋爲留守司統制，故薦對而命之。

直秘閣、知盱眙軍畢良史陞直敷文閣，再任。

左朝奉大夫、通判瀘州程敦臨爲利州路轉運判官。敦臨，眉山人，與秦檜有太學之舊，故躐用之。

3 丙申，户部侍郎李椿年言：「州縣多侵用封樁錢物，至有倉庫寓於民舍僧寺者。欲望特下明詔，遣御史巡察州縣，按其所不如法者，重加黜責。仍令監司先期整頓所部，修飭倉庫，舉行詔令，取見封樁錢詣實保奏。將來遣使按察，稍有違戾，亦當一例坐罪，不以去官赦降原減。」詔如所奏，令户部差官。

4 癸卯，詔建太一宮於行在。自駐蹕以來，歲祀十神太一於惠照僧舍，言者以爲未稱欽崇之意，乃作宮焉。

熊克小曆在十二月癸卯，蓋誤。

右正言巫伋論：「州縣奉行詔條違戾，不稱陛下愛養元元之意。望令以前後詔書編次成册，置之廳事，常切遵守。」翌日，上謂大臣曰：「朕屢降寬恤指揮，而守令不能奉承，安得惠及百姓？可如伋奏。」仍令監司按劾以警慢吏。

5 甲辰，秦檜進呈殿前馬步三司管軍扈衛十年，取旨推恩。上曰：「往日將帥出戰立功，時有遷轉，今休兵日久，如已建節者，固不較計，其它豈無陞進之望？當有以繫其心，且使後來者知勸。」

6 丙午，舒州觀察使、帶御器械潘温卿爲寧國軍承宣使。吴國長公主請以温卿該恩回授二秩轉行一官，乃有是命。

7 丁未，詔太常少卿歲以春秋二仲薦獻紹興府山園陵攢宮，季秋令監察御史按視。以殿中侍御史余堯弼援舊制有請也。

8 戊申，慶遠軍節度使、提舉江州太平興國宮張澄知襄陽府。時左朝議大夫、知襄陽府陳桷引疾求罷，後旬日，復桷秘閣修撰，奉祠。

9 己酉，少保、寧遠軍節度使、領殿前都指揮使職事楊存中爲少傅，用扈衛十年推恩也。

秘閣修撰、知温州趙不羣陞右文殿修撰，再任，以浙東提點刑獄公事林師説奏其治狀也。

右朝散大夫閻大均追一官勒停，鼎州編管。先是，大均守渠州代還，鄭剛中辟掌宣撫司機宜文字⑪。及是至行在，爲剛中乞祠，且言宣司財賦。大均與尚書省令史李師中善，師中以朝廷行遣次第告之，秦檜廉知，下大理究治，故有是命。師中追二官，南雄州編管。

10 壬子，秦檜奏：「四川命官，因罪停降，遇恩該叙復者，見係宣司施行，欲收還省部。」上因論：「蜀人仕宦多不出蜀中，自今宜量與東南差遣，庶遠近人情，無彼此之間。」

11 丁巳，集英殿修撰知福州薛弼、通判州事左朝奉郎衛蒙亨、右朝奉郎林充各降一官。先是，進士鍾鼎以上書訟邵宏淵，押送福州聽讀，鼎禱弼，求依所親於永福，弼聽之。至是，鼎復來行在上書⑫，秦檜怒弼，以爲不切拘管，故有是命。

協忠大夫、果州防禦使、太平州駐劄御前前軍統制雷仲卒。

12 戊午，降授鳳州團練使、添差荆湖南路馬步軍總管辛永宗再貶秩一等，坐嘗爲人請求補官不當也。

13 己未，錢塘縣言龍山院降甘露，詔付史館。

14 庚申，左宣義郎、敕令所删定官曹筠充諸王宫大小學教授。筠，當塗人。政和末，秦檜自金陵游學京師，至當塗，會大雨水，橋斷不能進。筠適居墟中，爲人訓子弟，即入白主人，延入飯之，止檜宿焉。其後筠以累舉得官，調台州録事參軍，老病不任事。守臣張偁劾之，筠急以愬，檜念其故，遂召用之。

1 十有一月按是月辛酉朔。壬戌，上諭大臣曰：「諸郡災傷，宜令留意檢放，不可苟取一時租税，致民逃移，難以復業。」熊克小曆在十二月壬辰，蓋誤。

2 癸亥，大理寺丞范洵面對，乞：「州縣獄囚並令獄官令長親加勘訊，縱吏考鞫者，重寘典憲。」詔申嚴行下。

3 甲子，詔三路市舶司自今蕃商所販丁、沉香、龍腦、白豆蔻四色，各止抽一分。先是十取其四，朝廷聞商人病其重也，故裁損焉。

4 丙寅，太師、尚書左僕射、提舉詳定一司敕令秦檜上紹興常平免役敕令格式四百九十九卷，詔鏤版頒之。

右武郎、添差兩浙西路兵馬鈐轄劉懋帶御器械。懋，婕妤父也。

5 丁卯，權禮部侍郎周執羔請復賜新及第進士聞喜宴於禮部貢院，從之。自軍興廢此禮，至是乃復。

龍圖閣直學士、提舉江州太平興國宫葉份上表告老，詔遷一官致仕。份尋卒。

6 戊辰，左奉議郎史才爲國子監主簿。才，鄞縣人也。

眉州防禦使、殿前司游奕軍統制成閔以捕福建盜賊功遷宣州觀察使。於是其將佐武顯大夫張寧、武翼郎周虎臣、敦武郎金鼐等三十六人並進一官。鼐，湖州人，以貲授官。寧爲秦檜看閣子，故亦遷焉。

7 己巳，執政進呈大理寺丞范洵面對，乞：「州縣吏人犯罪，不許引用通計條。」上曰：「法律所載，非不該備，然情僞日滋，亦須隨時損益，可令有司看詳。」

8 壬申，禮部侍郎周執羔言：「文臣遇郊改轉服色，内四川便宜轉授之人，如止是末後付身未曾換給，而以次真命官資應得赦文，即乞放行，所貴邊遠士大夫不致留滯。」從之。熊克小曆：「初，四川宣撫司得便宜補官，皆預給敕牒。至是會萃令吏部換給，秦檜疑其未實，多格不行。吏部侍郎周執羔言於檜，以謂朝廷本許以一切，不宜失信，乃從之。」克所云蓋據執羔行狀，與日曆差不同。按執羔此時以禮部兼權吏部侍郎，或即此事也。

9 乙亥，資政殿學士、知徽州何鑄提舉江州太平興國宮，從所請也。

10 丁丑，右正言巫伋言：「選人改官，銓法注知縣，蓋舉詞皆云堪充親民任使。祖宗立法之意，止要爲民擇官，而比來改秩，無意作縣，多干堂除，則是與舉詞已相違矣。望令吏部並注知縣，不惟親民之官得人，亦可革奔競之風。」上曰：「銓曹自有成法，可令遵守。」

左奉議郎洪适、右朝散郎通判濠州曾恬並罷。适通判台州，與守臣曾惇不相能。恬，公亮孫，少嘗尊事楊時、謝良佐、劉安世、陳瓘，得存心養性之學，及爲大宗正丞，秦檜專政，士方求媚以取要官，而恬自守無所詘。殿中侍御史余堯弼論：「适姦險彊暴，得自家傳。在台州，貪墨踰濫。恬縱脱不檢，自謂趙鼎門人，常懷怨望。」遂黜之。既而恬又坐擅興工役貶秩。恬明年六月丁酉降官。許及之撰恬行狀云：「通判台州將終更，忠宣有英州之謫，台守與公不相能，公嘗行縣至黃巖，令以繫囚十數輩匿堂廡間，詭以獄空告。公坐廳事，聞大呼聲，即詰視諸囚，囚皆叫號稱冤，因備其事申諸司，歸白守，守以爲不關白長官，撰彈文迎秦意，秦諷言官上之，坐免官。」

11 戊寅，左承議郎姚邦基主管台州崇道觀。

12 丙戌，徽猷閣待制、提舉江州太平興國宮何慤卒。

13 丁亥，右朝奉大夫、提舉福建路市舶曹泳爲兩浙路轉運判官。

14 戊子，諸王宮大小學教授林天彛、葉綝並兼權秘書省校勘書籍官，用提舉官秦熺請也。

是月，金主亶復歸上京。

1 十有二月辛卯朔，詔諸州見管編配命官，及事干邊界，情理重害之人，各仰遵守見行成法，不得擅行移放，令提刑司常切檢察。用刑部請也。

寶謨閣待制、提舉江州太平觀張致遠卒。

2 乙未，左奉議郎章厦主管官誥院。厦，宣城人也。

右承議郎、新通判衡州張棣知新州。右承奉郎陳適知昌化軍。先是，秦檜擬除廣西郡守，上曰：「廣東西闕官，自來多是權攝，如海外州軍，監司巡歷不到，朕每以爲慮，自今闕官處，可早與除。」

3 丙申，初賜百官喜雪御筵於秦檜第。翌日，上謂檜曰：「雪後便覺寒，非唯有豐稔之望，來歲疫癘亦必消弭，可爲農民之慶也。」

永州防禦使許世安爲嚴州觀察使，以解帶恩也。

右承議郎劉子翬卒。子翬既奉祠，盡棄人事，獨居一室，意有所得，則筆之於書，四方學者多從之。至於得微疾，即入謁家廟，泣别其母，徧以書告訣素所與往來者。召其兄子珙，付以家事，指示葬處，中外孤遺，人人爲計久遠。既已，則復與學者講説修身求道之要，作訓誡數百言，彈瑟賦詩，澹然如平日，居兩日而没，年四十七。其所著有聖傳十論等書，皆行於世。

4 己亥，大理少卿許大英面對，乞：「令諸州法司吏人，只許檢出事狀，不得輒言予奪。」詔申嚴行下。

5 癸卯，婺州進士施謂進中興頌、行都賦各一首，紹興雅十篇，詔永免文解。

徽猷閣直學士、提舉江州太平興國宫周秘卒。

6 乙巳，右宣教郎、添差通判温州高百之直秘閣。百之，世則子也。百之女爲秦埙婦，其除職所因未見，當考。

7 丙午，封秦熺妻建康郡夫人曹氏爲和國夫人，熺女令人秦氏爲同安郡夫人。

8 丁未，左承奉郎林機、右承奉郎周紫芝並爲樞密院編修官。

敦武郎、閤門祗候張昂充東南第十四將。

9 戊申，右朝散郎、主管官誥院陳大方罷。時吏部郎官闕，大方以例暫兼，會當奏事，誤書權吏部侍郎，殿中侍御史余堯弼論其鄙俗不忠，故罷。大方，瓘孫，已見。

10 庚戌，直龍圖閣、都大提舉川秦茶馬監牧公事韓球始至成都。自趙開以來，每茶百斤，除其十勿算。球至官，遂盡取園户加饒之茶，增爲正額，有一場而增至二十萬斤者。民知輸官不補所得，於是起爲私販。夔茶自祖宗以來不榷禁，政和中，有司請賣引，議者以民夷不便，罷之。球又榷忠達州茶，即渠合廣安軍置場賣引，歲以八萬斤爲額。然商人以利薄不通，第以引錢敷民間耳，民甚苦之。二十六年六月乙亥，二十七年十一月陳請可考。

11 辛亥，封紅霞帔陳氏爲永嘉郡夫人。

12 癸丑，左朝奉郎檀倬卒。

13 甲寅，資政殿學士鄭剛中落職，提舉江州太平興國宮，桂陽監居住。先是，殿中侍御史余堯弼再論：「剛中抗命偃蹇，遲留不行。四川自建炎之後，惟知宣撫之尊。蓋以去朝廷遠，能自立威福故也。方今中興總攬權綱之時，而剛中乃爾怙權傲慢。伏望亟賜竄責，以爲臣子不忠之戒。」右正言巫伋復論剛中四罪，以爲「驕導僭擬於乘輿，賄賂溢於私帑，暴無名之斂以重困吾民，造不根之謗以恐動遠俗。既被召命，不即引道，而密遣爪牙，窺伺朝政」，故有是命。堯弼章疏十一月己酉降出，伋章疏十一月甲戌降出。

右朝請大夫、兩浙東路提點刑獄公事林師説罷。殿中侍御史余堯弼論：「師説於職事之外，招致背國異議之屬，列在僚佐，自云廣中逐客，有送我百韵詩，又云趙相未可量，實於國事非便。」上曰：「人心不同，豈能盡知？但當試用，若有肯協濟國事，自須進擢。如意懷二三，狙詐謀身者，不免斥去，以示好惡。則士風偷薄，庶幾少革。」故師説遂罷。

14 丙辰，金主使金吾衛上將軍殿前左副都點檢完顔宗藩、安遠大將軍充東上閤門使吴前範來賀來年正旦。宗藩，金主亶從父行也。

中書舍人兼侍講兼權直學士院王鎡卒，自是不復除舍人也。

15 丁巳，權尚書吏部侍郎邊知白兼權直學士院。尚書刑部員外郎吴㮚爲右司員外郎。

是歲，宗子賜名授官者二十二人，諸路斷大辟三十五人。

言者論：「會稽士大夫家藏野史，以謗時政。」於是，李光家藏書萬餘卷，其家皆焚之。

金主亶遣使挾相士下兩河諸路，選民間室女，得四千餘人，皆令入宫。

校勘記

① 左迪功郎陳介言 「陳」，叢書本作「沈」。

② 事初未見 「初」，原作「祖」，據叢書本改。

③ 皇叔揚州觀察使同知大宗正事士太爲安德軍承宣使 「太」，原作「㚏」。按：士㚏事明顯與本條記事不合。蓋士㚏同知大宗正事始紹興八年十月，見本書卷一二二。進知大宗正，則在十一年十一月，見本書卷一四二。其軍職，則十三年二月自保慶軍承宣使進安德軍節度使。則此處非士㚏確鑿無疑。而本書無士太記事，士太事皆誤作士㚏。另查本書卷一六

一，紹興二十年七月，有皇叔安德軍承宣使同知大宗正事士㚞爲昭信軍節度使記事，士㚞應爲士太之誤。蓋宋會要輯稿帝系三之一七有昭信軍節度使士太二十四年三月贈少師，追封開化郡王之記事。而本書卷一六四則又誤作士㚞。因據以改正。

④辛未　「未」，原誤作「尚」，據叢書本改。

⑤又往宗澤處　「往」，叢書本作「任」。

⑥拱衛大夫忠州防禦使殿前司左軍統領邵宏淵爲荆湖北路兵馬鈐轄　「使」，原作「史」，據叢書本改。

⑦紬絹三千六百餘匹　「紬」，原作「紐」，據叢書本改。

⑧乙丑詔臨安府更置庫造祠祭法酒舊取水於西湖上以軍民環居渠流混濁乃命別醖焉　此條原闕，據叢書本補。「造祠祭」三字原闕，據咸淳臨安志卷八九補。

⑨資政殿學士四川宣撫副使鄭剛中令赴行在奏事　「政」，原闕，據叢書本補。

⑩民間既免舉債出息　「息」，原闕，叢書本同，據皇朝中興繫年要録節要補。

⑪鄭剛中辟掌宣撫司機宜文字　「辟」，原闕，據文津閣本補。

⑫鼎復來行在上書　「上」，原作「尚」，據文義改。

建炎以來繫年要録卷一百五十七

1 紹興十有八年歲次戊辰。金熙宗亶皇統八年。春正月按是月庚申朔。戊辰，左奉議郎、諸王宮大小學教授林大鼐爲太常寺主簿，仍兼秘書省校勘書籍。大鼐初爲舉子，嘗答策，言秦檜靖康忠義之節。檜時閒居永嘉，見其文默識之。至是，稍獲薦用。大鼐初見紹興十三年十二月。

2 己巳，上幸天竺寺，遂幸玉津園。

3 庚午，入内東頭供奉官康諝還所寄資，爲左武大夫、和州防禦使帶御器械，諝尋改宣政使。諝改使額在二月癸巳。

4 丁丑，太常博士駱庭芝罷。先是，參知政事段拂聞趙鼎死於海南，爲之歎息。秦檜怒。殿中侍御史余堯弼將按拂罪，先奏：「庭芝密與執政私交，漏泄機事。」遂罷之。自是拂不安於位矣。

左承議郎張闡添差通判泉州。自秦檜專國，朝士爲所忌者，終身以添倅或帥幕處之，未嘗有爲郡者。

5 辛巳，命權户部侍郎李椿年同看詳諸路監司郡守條具裕民文字。

6 壬午，殿中侍御史余堯弼入對，論：「參知政事段拂滅棄人倫。頃爲小官，身對賓客，嘗使其父執爨具食。官於行朝，陰交非類，濫居政府，漏洩機政。伏望薄行流放，以清表著。」

7 乙酉，右正言巫伋入對，論：「建炎間建康通判楊邦乂仗節死難，段拂遂攝倅事，恬不知愧，躐居政府，乃與小臣私交，漏泄政機。又嘗語典謁者曰：『我豈是執政？』伏望亟賜竄逐。」

8 戊子，輔臣進呈，上語及人材，因謂秦檜曰：「士專謀身，國家何賴？勵世磨鈍，惟在進賢退不肖。」檜曰：「此乃致治之要。」上曰：「但審其賢否而進退之，則人自知勸沮矣。」

1 二月癸巳①，上諭大臣曰：「兩浙漕司舉人，聞有勢之家行賂假手，濫占解名，甚喧士論。今貢舉鎖院在近，可令禮部立賞，許人告捕。」

2 甲午，詔假手者許就試舉人告獲，取旨補官，仍賜出身。

3 乙未，參知政事段拂罷爲資政殿學士，提舉江州太平興國宮，用臺諫奏劾也。章再上，尋落職，興國軍居住。

4 丙申，布衣鄭樵爲右迪功郎，以經筵官秦熺等言其學術也②。

簽書樞密院事汪勃兼權參知政事。

福建安撫使薛弼言：「近旨，統制、將官離軍，添差州都監已上，並依見任人。切詳諸軍將官，係因功或年勞，不拘大小使臣，一時陞補，即與祖宗差注將副格法不同。切慮員數太多，繁紊軍政，欲將元在軍中，係大使臣充將官，有朝廷宣劄人，並支破釐務，請給人從免令干預職事。」從之。

5 己亥，入內東頭供奉官楊公恕還所寄資，爲武顯大夫、帶御器械。

6 壬寅，左朝請大夫、監尚書六部門張頡面對，乞：「令諸路災傷檢踏官，不得於稅户止宿，及接見賓客。」詔户部看詳。

7 甲辰，左中大夫、知太平州范同引疾請奉祠，詔復左太中大夫，令終任。

8 庚戌，入內東頭供奉官王晉錫幹辦內東門司。

左朝請郎呂延年知蘄州代還，言：「自五季之亂，江南李氏窮兵暴斂，害虐生民，乃於江西一路稅苗數外倍借三分，上應軍須。至開寶八年，李煜圖籍歸本朝，而當時官司但名爲沿納，蓋謂事非本朝創立，特循沿李氏舊法也。積歲既久，而官司又以沿納一項錢米，支移折變，故里巷之民銜怨李氏之聲猶在也。仰惟陛下憂民疾苦，如痛在躬，欲乞行下江西漕司，如委見本路田産步畝所載稅苗倍於他路，即取旨量與裁定，仍乞將沿納一項錢米特免支移折變。」詔：「户部取索諸路色目，一體看詳申省。」

9 辛亥，吉陽軍奏責授清遠軍節度副使趙鼎卒，詔令歸葬。

10 壬子，右承事郎、監登聞鼓院徐璉面對，言：「自昔帝王必有佐命之臣，功銘鼎彝，侑食清廟，以勸萬世。國家遠稽三代，肇造原廟，凡在佐命輔弼，皆繪像廟廷，以示報功之意。陛下紹開中興，復崇原廟，如祖宗之制，而累朝配饗輔弼，不過十餘人。今其家之子孫，必有繪像存焉。望詔有司訪求，摹於景靈宮廷之兩壁。」詔禮部討論。

1 三月壬戌，詔：「政和八年已前實得兩解貢人，不限年，並特與奏名，許就殿試。到省一舉，見年五十五以上者，令本貫保明申部。内開封府國子監舉人，召見任京朝官二員保奏，並結除名罪，當議特與推恩。」王明清揮麈録餘話云：「靖康之亂，文字散失不存。南渡之後，禮部老吏劉士祥者大爲姦利。士子之桀黠者，相與表裏，云某歲曾經省試下合該年免。既下部，則士祥但云省記到，因而僥倖遂獲恩者，不知其數。」

2 壬申，名行宫之南門曰麗正，北門曰和寧。

3 丁丑，上謂大臣曰：「聞殿前司招軍，多誘致鄉民及負販者，恐其失業，可令吴璘、楊政招流民之失所者補其闕。」

4 庚辰，上初詣太一宫，以宫成故，凡一百七十楹。既而禮部侍郎沈該等言：「鑾輿詣宫，皎日晴霽，車駕還内，雨澤復作，有此祥應，望宣付史館。」從之。禮部奏下在五月辛酉。

5 壬午，資政殿大學士、提舉萬壽觀兼侍讀秦熺知樞密院事。一日，太師秦檜問敕令所删定官胡寧曰：「兒子近除，外議如何？」寧曰：「外議以爲公相必不襲蔡京之迹。」寧，寅弟也。熊克小曆稱寧爲祠部郎官。按寧此時爲選人，克蓋誤也。克又稱寧對云云，於是檜怒。以日曆考之，寧引對改官，在此後七日，則檜未應怒。今不取。中興聖政、吕中大事記曰：「以其子熺爲樞密，欲以代居相位，而兩府合爲一矣。」

6 甲申，右武大夫、保寧軍承宣使、兩浙西路馬步軍副都總管王安道落階官，爲宣州觀察使，以解帶恩也。時安道之父繼先有寵，秦檜使其夫人王氏與之叙拜爲兄弟，往來甚密。趙甡之遺史云：「繼先遭遇，在紹興中冠絶人臣。諸路大帥承順下風，莫敢少忤，其權勢之盛與秦檜埒，張去爲以下猶不足道。」又曰：「秦檜與其妻黨皆貴盛者，非檜薦舉之力，乃檜請陞遷繼先宗族及吴益宗族官職，故繼先及中宫亦請陞遷秦氏、王氏之官職也。」甡之此説，或因秦熺、王安道相繼除擢而言，且附此，當考。

7 乙酉，詔私擅渡淮及招納叛亡之人，並行軍法。後詔津載及巡防人故縱，與同罪，失察者減一官。後詔在二十九年二月己丑。

右朝散大夫秦亘知峽州。紹興二十六年十月癸亥，周方崇奏亘守安豐，以榷場貨獻權臣。按日曆，亘去年十二月壬辰自安豐代還入對，或可附此事也。

8 丙戌，權尚書禮部侍郎沈該兼直學士院。

是月，貢院言：「博學宏詞科武進尉周麟之、婺州州學教授季南壽合格。」詔並與堂除，自是恩始殺矣。麟之，海陵人。南壽，龍泉人也。

1 夏四月戊子朔，日有食之，陰雲不見，詔付史館。

2 己丑，右迪功郎、敕令所删定官胡寧特引對，遂命改京官。寧改官，日曆不書。今年五月戊辰，以右承務郎除太常丞，故附見此。

3 庚寅，上策試正奏名進士於射殿。先是，權吏部侍郎知貢舉邊知白上合格舉人徐履等，上問以「欲起晉唐之陵夷，接東漢之軌迹，及柔道所理，當有品章條貫」。右迪功郎董德元策言：「晉之失，不在於虛無，失於用兵故耳。唐之失，不在於詞章，亦失於用兵故耳。東漢固無如是之失也。」陳孺策言：「今日中興之盛，以言乎內治，則大臣法，小臣廉，百姓遂其衣食，萬物蒙其豐年。以言乎外治，則講信修睦，夷夏交懽③，邊鄙無虞，五兵不試。東漢之事，未足慕也。願申飭邊郡守臣，俾兩相撫輯，庶幾邊隙不生，遠人益服，此品章條貫之一助。」舉人王佐策言：「王羲之言：『隆中興之業，政以道勝，寬和爲本。』蓋譏當時不務息民保國，而欲以兵取勝也。杜牧有言：『上策莫如自治。』蓋譏當時不計地勢，不審攻守，而徒務爲浪戰也。況陛下今日任用真儒，修明治具，足以鋪張對天之宏休，揚厲無前之偉績，則光武之治，不足深羨。」權禮部侍郎兼直學士院沈該初考，權户部侍郎李朝正覆考，工部尚書詹大方詳定，乃奏德元第一，孺次之。既而以故事遞降，遂擢佐爲首，賜佐以下三百三十人及第出身。履，永嘉人。德元，吉水人。佐，山陰人也。按紹興二十三年十二月，鄭仲熊劾王佐章疏稱：「佐囊緣大樹，本非廷魁。以上三人皆係有官，遂致僥冒。」按此舉第四人乃莫汲，當求他書參考。

4 庚子，左中大夫、知樞密院事秦熺罷爲觀文殿學士、左通奉大夫、提舉萬壽觀兼侍讀、提舉秘書省。熺言父子共政，理當避嫌，故有是命。仍詔熺應干恩數請給等，並依見任宰臣例，立班在左右僕射之次④。

5 辛丑，徽猷閣待制邵溥卒於犍爲縣⑤。

6 乙巳，特奏名進士俞舜凱等四百五十七人，武舉進士柯熙等七人，特奏名一人，賜第授官有差。於是始以將仕郎易京府助教。舜凱，婺源人也。

7 癸丑，敷文閣直學士、知建康府晁謙之罷。先是，左承議郎方雲翼自禮官罷歸，後起爲江東安撫司參議官。檜念之，薦於謙之，雲翼干擾不已，謙之怒其無厭，以書白之。會雲翼代還，檜以問雲翼，雲翼愕然曰：「王庶之子，比過金陵，晁館之於宅堂者四日，雲翼嘗勸晁不當留在宅堂，恐有詭謀，晁即日津發前去。雲翼固知其言太深，然不料其陰憾雲翼至於此也。」檜默然，即諭殿中侍御史余堯弼。堯弼乃奏：「謙之險薄躁競，時無與倫。趙鼎負滔天之惡，投畀遐裔，乃陰與交通，書問絡繹。王庶詭詐乖僻，世所共棄，謙之實其辟客，每慕其爲人，庶之子至今往來請求不絶。朋姦稔惡，日懷怨望，志在動揺國是。」故有是命。日曆：「方雲翼紹興十五年三月癸未除江東安撫司參議官，十一月丁未改添差通判宣州。」建康志：謙之以十五年四月到任。

直徽猷閣方庭實提點廣南東路刑獄公事。

左朝請大夫、新知徽州趙士彩爲江南東路轉運判官。

8 丙辰，皇叔安德軍節度使、同知大宗正事、權主奉濮安懿王祭祀士㒟開府儀同三司，以司宗十年也。

顯謨閣直學士、知平江府鄭滋知建康府。滋再守平江，政事多弛，兩浙轉運判官湯鵬舉宣言欲按之。始，秦檜舉進士，滋爲南省參詳官。至是，檜因鵬舉應辦北使，寓書於滋，稱門生。鵬舉見之皤然，更奏其治狀，遂有是命。後旬日，又陞顯謨閣學士⑥。滋進職在五月戊辰。

是月，慶遠軍節度使、知襄陽府張澄始視事。襄陽平地，當江、漢之衝，環以大堤，歲久爲水所圮，澄始相葺之。度民不可勞，而江夏諸將私田占籍境内者倍於編户，澄乃諭使出力修堤，皆欣然聽命。既成，比舊增高，周迴數十里，民蒙其利。

1 五月辛酉，權禮部侍郎兼直學士院沈該言：「國家乘火德之運，以王天下。望用故事，即道宮別立一殿，專奉火德，配以閼伯，而祀以夏至。」從之。後建殿於太一宮，名明離。

2 癸亥，直秘閣兩浙轉運判官湯鵬舉、入内内侍押班李珂、幹辦内東門司王晉錫各進秩一等，以太一宫成故也。

3 甲子，命有司繪配饗功臣像於景靈宫廷之壁，皇武殿：韓忠獻王趙普、周惠武王曹彬。大定殿：司空中書門下平章事謚文惠薛居正、樞密院使謚元懿石熙載、鄭武惠王潘美。熙文殿：尚書右僕射平章事謚文靖李沆、魏文貞公王旦、山南東道節度使同平章事謚忠武李繼隆。美成殿：沂文正公王曾、許文靖公吕夷簡、簽書樞密院事謚武穆曹瑋。治隆殿：魏忠獻王韓琦、魯宣靖公曾公亮。大明殿：韓文忠公富弼。重光殿：温文正公司馬光。承元殿：魏文定公韓忠彦。凡十有六人，皆取諸其家，惟熙載家累索不至。

4 乙丑，詔歲以成都、潼川府、利州路稱提錢十萬緡，對減四路激犒錢三分之一。初，鄭剛中改四川宣副之歲，始命三路茶鹽酒課，及租佃官田應輸錢引者，每千别輸三十錢爲鑄本，又得其贏十八萬緡有奇。至是，以備軍費。三路稱提錢，凡四十三萬七千緡，鑄錢本二十四萬七千緡，外餘十八萬四千六百九十道二百九十一文入帳，此據總領所財賦册。

權尚書吏部侍郎邊知白提舉江州太平興國宫。右正言巫伋論：「知白闒茸躁進⑦，頃宰平江外邑，干郡將鄭滋舉狀，不獲。近緣接伴經由，乃窘以人使事，百端騷動，挾私宿怨。」故有是命。

5 戊辰，保康軍節度使、提舉佑神觀吴蓋爲昭慶軍承宣使。宣慶使、清遠軍承宣使、入内内侍省押班張見道爲景福殿使，以從幸太一宫，特推恩也。

右宣教郎、監南雄州保昌縣溪塘鎮周芾特追三官，昭州編管。芾嘗上書論事，坐狂妄黜。及至官，自言：「以上封切直屏棄。」守臣奏之，下大理鞫治，有是命。

6 壬申，工部尚書詹大方言：「近充賀大金生辰使，自入境，待遇使人甚厚。及至大金闕廷，供張飲饌，一一精腆。臣已戒一行官吏，不得過有須索，竊慮後來三節人，或有不識大體，責辦供應，妄生語言。望嚴行戒飭，庶幾鄰好修睦，永久不替。」詔今後使副及三節人並具知委狀申尚書省。

右武大夫、閤門宣贊舍人賀仔除名，橫州編管。仔嘗爲利州路兵馬都監，至是，詣都堂訟鄭剛中功績，尚書省奏其欺罔，乃有是命。

7 癸酉，以太一宮齋殿後隙地爲景靈宮道院。

8 乙亥，殿中侍御史余堯弼言：「今歡盟既固，聘問之使，安行無虞，而恩澤所加，不減於舊，鄰國聞之，其謂我何。望裁抑適中，以堅鄰好。」詔禮部參酌，如所請。奉使賞賜例，見紹興十二年五月乙未並注。於是賜物及賞各減半。七月庚辰降旨。

9 丙子，金主使龍虎衛上將軍會寧尹蕭秉温、昭武大將軍充東上閤門使申奉顔來賀天申節。始燕射於玉津園，自是遂爲故事。

10 癸未，保信軍節度使、龍神衛四廂都指揮使、添差兩浙東路馬步軍副都總管李顯忠落軍職，降授平海軍承宣使，提舉台州崇道觀，本州居住。先是，金使嘗言顯忠私遣過界，詔令分析。會顯忠上恢復之策於朝，秦檜怒，乃奏顯忠不遵稟聞，止用申狀，故有是命。此以日曆及顯忠行狀、趙甡之遺史參修。遺史云：「李顯忠聞其妻周氏在黃龍府作繡工，遣三人往取之，共許金千兩，各人奏補承信郎。三人果至黃龍府，用籠床去其裹隔，盛周氏，載之以車，遂達江南。三人皆喜曰：『太尉更有妹在燕山府，願復取之。』是時楊存中亦遣人取其故妻，止於平江，用別宅居之，以再娶趙氏，不容其來也。金人使來，因奏：『今講和，乃有臣僚多以金銀遣人來取其家屬，恐大金皇帝聞之不便。』上乃責顯忠，落節鉞，宫祠。存中以顯忠獨被責，而已無罪，遂賂遺顯忠不已，且稱其才宜復用，而顯忠亦閑居七年。」徐夢莘會編載此事於紹興十四年正月，不知北人以十四年春來言此事，至此始行遣邪？或甡之所記年月差誤也。孫覿撰楊存中妻楊國夫人趙氏墓表云：「夫人歸楊氏時，少師猶未著内籍。未幾，四方盜起，夫人携諸幼於兵戈中，間關百難，涉閱數載，卒保其家。而少師亦還朝典軍，爲大將。」則趙氏非存中貴後所娶，與甡之所云不同，當考。

11 甲申，罷四川宣撫司。徽猷閣待制、知成都府、權宣撫司職事李璆爲徽猷閣直學士、四川安撫制置使⑧。總領四川宣撫司錢糧符行中直秘閣、知夔州⑨。直寶文閣汪召嗣守太府少卿，總領四川財賦軍馬錢糧，專一報發御前軍馬文字。武當軍節度使、宣撫使司都統制兼知興元府楊政改充御前諸軍都統制⑩。

直龍圖閣、知潭州陶愷卒。

直龍圖閣、主管台州崇道觀劉昉復知潭州。

右朝請郎、廣南西路轉運判官方滋直秘閣，知靜江府。上嘗須龍腦爲藥，而内庫偶闕，求之秦檜，檜取一匣進之，至上前啓緘，而匣内有書題名銜，乃滋送檜者，誤不揭去，上以爲御前所未有。此以趙甡之遺史本語附入。

12 乙酉，龍圖閣直學士、知靜州張宗元提舉江州太平興國宫，從所請也。

1 六月丁亥朔，尚書左司員外郎韋壽成權工部侍郎。壽成不及拜而卒。

2 癸巳，上謂大臣曰：「每歲決獄，聞憲臣第遣屬官代行，徒爲文具。可令親往所部，具所決名件申尚書省。」

權尚書户部侍郎李朝正罷，以殿中侍御史余堯弼奏其嘗遣小吏從左帑市絹也。

詔自今嘗被僞楚、明受僞命之人，不得輒至國門。　時左從事郎廉布入都調官，右正言巫伋奏：「布乃張邦昌之婿，覆載所不容，而無忌憚若此，望賜處分。」故有是旨。布初見建炎三年二月。

右朝奉郎鄭靄爲夔州路轉運判官，左朝奉郎楊椿爲夔州路提點刑獄公事。　靄，驤子也。　秦檜與之親厚，故超用之。

新除軍器監丞康與之與外任宮觀。　與之嘗稱秦檜之命，往鎮江市玉帶，又從都統制王勝借金。　上聞，遽罷之。

3 甲午，上諭大臣曰：「郡守條上便民事，可委官看詳，有可采者即行之，庶不爲虚文也。」

4 戊戌，直秘閣秦堪、秦坦並陞直敷文閣。　以檜辭太一宮使加恩，乃有是命。

顯謨閣直學士康執權抗章請老，詔遷一官致仕。

5 己亥，上曰：「近布衣上書，多言縣令非理科率。　朝廷自和議以後，未嘗有取於民，可申嚴約束。」

6 庚子，秦檜奏令監司郡守常切覺察。　上曰：「自今有作事過當，及年老昏繆者，並與宮祠，庶幾不爲民害。」

直寶文閣、淮南轉運副使錢端禮陞直龍圖閣，知婺州[11]。

7 甲辰，用太常寺主簿兼權秘書省校勘書籍林大鼐議，始築九宮貴神壇於東郊。壇二成，高三尺，方一成百二十尺，再成百尺⑫。上爲小壇九，縱廣皆八尺，高尺有半。歲春秋二仲祀以少牢禮，如感生帝。

8 乙巳，敷文閣待制、知臨安府趙不棄守尚書工部侍郎。尚書右司郎中宋貺權户部侍郎。

直秘閣、兩浙轉運判官湯鵬舉陞直敷文閣，知臨安府。

直秘閣陸宰卒。

9 丙午，賢妃潘氏薨。妃，元懿太子母也，在妃列二十二年，至是薨。

10 丁未，上諭輔臣曰：「近有布衣上書請行三舍法，恐未暇及此。其有言民事者，宜付户部，可行者即行之。」

11 戊申，士民曹溥等千三百人進表請上尊號，上不許。

12 癸丑，大理少卿許大英面對，乞：「戒飭監司不依條限巡歷，及朝廷耑委輒遣官代行者，比司互察。」詔申嚴行下。

13 乙卯，上曰：「秘府見求遺書古蹟，四川不經兵亂，可委諸司尋訪，仍令提舉官每月趣之。」

左奉議郎、新知江州吳秉信罷。秦檜怒鄭剛中不已，遣太府寺丞宋仲堪即江州置司，究其陰事。殿中侍御史余堯弼奏秉信乃剛中心腹之人，昨者乘間親至川、陝，士論多有指議，恐江州官吏觀望，必不能協心盡公，爲害非細。故秉信遂罷。

校勘記

①二月癸巳　據例，此下當注朔日，蓋漏略。今按：是月庚寅朔。

②布衣鄭樵爲右迪功郎以經筵官秦熺等言其學術也　此條記事有誤。按：宋史卷四三六儒林傳六本傳：「以侍講王綸、賀允中薦，得召對……授右迪功郎。」本書卷一七八亦載：「工部侍郎兼侍講王綸等言興化軍進士鄭樵，耽嗜墳籍，杜門著書……乃命樵赴行在。」而本書卷一七九紹興二十八年二月方載：「興化軍布衣鄭樵特補右迪功郎。」因知此條記事必誤。

③夷夏交懽　「夷夏」，原作「中外」，據叢書本改。

④立班在左右僕射之次　「左」字原闕，據皇朝中興繫年要録節要補。按：其時秦檜爲左僕射，右僕射虚位已久，詔書如此，故「左」字不當缺也。

⑤徽猷閣待制邵溥卒於犍爲縣　「溥」，原作「博」，據本書卷一一八紹興八年丁未「召徽猷閣待制新知眉州邵溥赴行在」記事改。張綱華陽集卷一有邵溥復徽猷閣待制制。

⑥又陞顯謨閣學士　「閣」，原闕，據叢書本補。

⑦知白闥茸躁進　「茸」，原作「葺」，據叢書本改。

⑧徽猷閣待制知成都府權宣撫司職事李璆爲徽猷閣直學士四川安撫制置使　「四川安撫制置使」，原闕，據宋史卷三〇高宗紀七補。

⑨總領四川宣撫司錢糧符行中直秘閣知夔州　「總領」原闕，「宣」原作「安」，據本書卷一五六「左朝散郎符行中爲尚書户部員外郎總領四川宣撫司錢糧」之記載補改。

⑩ 武當軍節度使司宣撫司都統制兼知興元府楊政改充御前諸軍都統制　「使司」，原作「司使」，據文意乙正。

⑪ 直寶文閣淮南轉運副使錢端禮陞直龍圖閣知婺州　「南」，原作「陽」，誤，據本書卷一五六改。

⑫ 方一成百二十尺再成百尺　「一成百二十尺再成百」，原殘闕，僅存「十有」二字。四庫館臣遂作按語：「宋史：『九宫神壇再成，第一成東西南北各百二十尺，再成東西南北各一百尺，俱高三尺。』」查咸淳臨安志卷三九宫貴神壇：「十八年，太常寺主簿林大鼐乞詔有司建壇於國城之東，從之。壇制二成，其一成方各百二十尺，再成各百尺，高皆三尺。壇四方各出一階，西南坤道又爲一階，各闊五十尺。上設小壇九，從廣各八尺，高各一尺五寸。」故據補所闕，且删四庫館臣按語。

⑬ 直秘閣兩浙轉運判官湯鵬舉直敷文閣知臨安府　「知臨安府」，原誤繫於「直秘閣陸宰」。按，陸宰生平未嘗知臨安府。本書下卷湯鵬舉署銜作「直敷文閣、知臨安府」，可知此銜當屬湯氏，因據改。

建炎以來繫年要録卷一百五十八

1 紹興十有八年秋七月壬戌，太尉、安慶軍節度使、提舉萬壽觀邢孝揚特許任便居住，以孝揚引疾有請也。

2 甲子，御史臺主簿陳夔、諸王宮大小學教授曹筠並守監察御史。夔，永嘉人。初見十三年。時二人俱引對，夔乞申嚴内外謁禁，筠乞戒敕守令，務在安靖，於是二人同命。夔奏劄以是月己巳行下，筠奏劄以是月癸酉行下，今聯書之。

3 乙丑，右朝奉大夫、新江西轉運判官賈直清乞於縣官中選有出身人兼縣學教導。上謂大臣曰：「州縣選官教導，乃教化本原，將來三年科場亦有人材，可備採擇。」乃令禮部參酌，如所請。八月壬辰行下。

4 壬申，右承事郎韓彦古直秘閣。彦古，世忠少子也。

5 癸酉，皇叔光山軍承宣使、知西外宗正事士樽爲岳陽軍節度使。

6 甲戌，尚書禮部侍郎周執羔、右司員外郎權中書舍人吴桌並罷，以殿中侍御史余堯弼論「執羔送伴北使，至平江輒生事，桌急躁好罵」故也。

入内内侍省押班張見道陞延福宫使。見道與其養子内侍省押班去爲並爲景福殿使，去爲請以解帶一官回授見道，上許之。

7 丁丑，殿中侍御史余堯弼守侍御史，右正言巫伋守右司諫，仍並兼崇政殿説書。

尚書祠部員外郎陳誠之試國子監司業。

秘書省著作佐郎兼普安、恩平郡王府教授王墨卿守起居舍人。

8 戊寅，言者乞：「令州郡建閣以藏宸翰。」上以其勞民不許。

9 癸未，敷文閣待制、提舉江州太平興國宮張嵲獻紹興中興復古詩，詔嘉奬。嵲尋卒。

10 甲申，直敷文閣、知臨安府湯鵬舉言：「陛下獨任一德臣，以偃干戈，皇華交贄，結轍於道，而沿流諸邑，或尚存茇舍，以待使人。望詔有司下所經由程頓，並令修建，庶幾賓至如歸。」從之，限今冬畢。

1 八月丙戌朔，右朝散大夫、知鎮江府榮嶷知揚州。

龍圖閣直學士、提舉江州太平興國宮李迨卒。

2 丁亥，刑部員外郎張燾面對，乞闢太學，增弟子員。詔禮部看詳。

降授武功郎韋訊復達州刺史，添差兩浙東路馬步軍副總管①。

崇信軍節度使致仕葉夢得薨於湖州②，贈檢校少保。

3 戊子，樞密院編修官林機、秘書省校書郎劉章並爲著作佐郎，兼普安、恩平郡王府教授。

4 己丑，左宣義郎何逢原充樞密院編修官。

5 辛卯，刑部郎中李如剛轉對，乞：「諸路憲臣不親行疎決者，令帥漕糾舉以聞。」詔申嚴行下。如剛，濟南人也。

閬州觀察使、知閤門事何彦良卒。

6 癸巳，權禮部侍郎沈該乞：「四川類省試合格不赴殿試人，第一等並賜進士出身，餘人同出身。」從之。自行在吳中，蜀士不就廷試，榜首率依第三人推恩。講和後，稍稍來奉大對。是舉類試策問古今蜀人材盛衰之故。而德陽何耕對策，極論蜀士狥道守節，無心於世，引楚相子文「三仕三已」之説爲證。又言：「李固無大雅之明哲，卒陷於跋扈將軍之手，議者固已少之。若相如作封禪書，蓋孟子所謂逢君之惡。楊子雲作美新以媚賊，又蜀人所羞道。」有司定爲榜首。秦檜見其州里，大惡之曰：「是敢與張德遠爲地耶？」會耕以後至乞推恩，檜批送禮部措置，該喻其意，即言：「今舉有試中高等之人，爲見先有已降等第推恩名色，及慮御試却中底甲，往往在路遷延日月，才候試畢，便自陳爲病，趁赴不及，顯屬太優。」檜入熟狀，畫可。自是遂爲故事。

7 丙申，端明殿學士、簽書樞密院事汪勃罷。勃爲言者所攻，以親老乞歸養。詔依舊職，提舉江州太平興國宫。

8 丁酉，工部尚書詹大方爲端明殿學士、簽書樞密院事。尋權參知政事。

權尚書禮部侍郎兼直學士院沈該充敷文閣待制，知潼川府。

詔劉婕妤祖母太孺人唐氏，特封永嘉郡太夫人。

右武大夫、果州觀察使、兩浙東路馬步軍副總管馬秦卒於婺州，特贈三官，恤其家甚厚。

9 庚子，監察御史張杞面對，乞：「州縣之吏有政績者，令監司郡守考覈聞奏，不得令士民飾詞妄有舉留。」從之。

10 戊申，左中奉大夫、知郢州趙叔涔代還，乞：「令諸路總領官及都統制增闢營田。」庚戌，詔户工部立法賞罰。叔涔又言：「陛下即位以來，用人多矣。其間或持兩可，或專征戰，政出多門，競持異議。故投艱弭亂，略無寧歲。賴上獨斷，登用耆德，專任一相，坐致丕平。望以今日得人專任之效，宣付史館。」

11 癸丑，簽書樞密院事詹大方進呈，上顧秦檜曰：「此卿之功也。朕記卿初自金歸，嘗對朕言：『如欲天下無事，須是南自南、北自北。』遂首建講和之議。朕心固已判然，而梗於衆論，久而方決。今南北罷兵六年矣，天下無事，果如卿言。」檜頓首謝曰：「和議之諧，斷自宸衷，臣奉行而已，何功之有？」

刑部尚書兼權吏部尚書周三畏罷。以侍御史余堯弼論其兼領二曹，一切要譽，歸怨朝廷也。

12 甲寅，國子司業陳誠之權尚書吏部侍郎，大理卿韓仲通權刑部侍郎。先是，幕士張問自言羣盜夜入其室，縱掠而去。詔臨安府追捕甚急，積五六月，連逮百餘人，獄具，而復有告真盜者，乃改付大理獄。仲通曰：「輦轂之下有行剽者，詔獄推治而不得主名，吾固惑之。」其母太令人劉氏曰：「吾見閭閻不肖子竊父之財，母蔽昵不告，給以爲盜者多矣，試物色求之。」仲通悟。翌日，以耳目追跡其人，與常所往來通行飲食之家，凡所告失亡，一日盡獲，無秋毫之漏。於是，問妻與子以誣坐論如律，而百餘人者破械縱去，囹圄遂空。此據孫覿撰劉氏墓誌增入。覿稱以此擢仲通刑部侍郎，而今年九月癸巳，余堯弼劾范詢章疏，稱閻大鈞之獄，賴寺卿守正，不得曲法。則仲通之遷，未必以此也。或謂仲通與秦檜之給使丁禩深交，禩引之也。

1 閏八月庚申，秦檜奏：「兩國通和，農民安業，墾田漸廣，户部財賦粗足支用，乞免江、浙、湖南今年和糴。」和糴事初見元年年末。上大喜曰：「朕向在河朔，見民以爲苦。朝廷所降本錢，州縣往往移用，不以時給，縱有給處，又爲吏多端乞取，十不得一二。今幸時和歲豐，軍儲粗足，朕豈得已而不已也③？」中興聖政：史臣曰：「漢孝宣、光武生長民間，其知民疾苦，宜也。高宗以諸王總戎河朔，周知民間纖悉利害，雖即位二十年，猶能歷歷及之，此明主之所難也。」

親衛大夫、忠州刺史、鄂州駐劄御前選鋒軍同副統制梁興卒。興自太行山率其徒奔岳飛於江夏，從軍凡十年。

2 壬戌，左中奉大夫趙叔渋知湖州。

右朝散郎曾惇知鎮江府。

左太中大夫、知太平州范同薨。癸亥，詔復資政殿學士致仕。

3 甲子，遂命臨安、平江府、淮東西、湖北三總領所，歲糴米百二十萬石有奇，用户部請也。浙西凡糴七十六萬石，行在省倉三界三十五萬五千，臨安、平江府場各二十萬，淮西總領所十六萬五千，湖北、淮東皆十五萬石。時行在歲支凡三百三十八萬石有奇，而江、浙、荆湖上供米綱才三百萬石，故糴之。三總領所舊不立額，及是，比仿行下④。

4 丙寅，左奉議郎黄祖舜主管南外敦宗院。

5 戊辰，權禮部侍郎陳誠之請：「太學生入學五年不與薦，及公試不入等者，除其籍。」從之。

改行在熟藥所爲太平惠民局。

6 己巳，直秘閣、江南西路提點刑獄公事林大聲罷，右司諫巫伋論其「總賦淮東，措置乖方，及爲江東漕，妄費官錢」故也。孫覿撰大聲墓誌云：「公治財知取予。在户部，稽考諸酒庫，積贏錢數十萬。在總領，按尺籍，移軍實，杜吏謾，復得贏錢十萬。於時，權貴人用事，納四方之賂，鬻賣官爵，門如市矣。一時向慕奔走，争先黄金白璧、明珠大貝、象犀錦綾，奇怪之物，車連轂，舟銜尾，相屬於水陸之道，連晝夜不絶。或謂：『公所涖緡錢有羡，盍致其餘？無爲獨醒也。』公曰：『吾起諸生，擢名第，歲月推遷，遂躋省寺，又欲以貨耶？』竟無所獻。會有告公部内葉珪作詩語涉譏謗者，坐是貶一秩，罷歸。」按：紹興二十七年王珪劾大聲降官，乃稱「將漕江東，縱子弟受賂不法，有訐之相府者，移江西憲」。與覿所云全不同。以日曆考之，大聲降官在紹興二十一年八月，其罷歸已久，覿實謬誤。

7 庚午，大理寺丞孫敏修面對，乞：「兵級犯罪及强盗同火七人已上，並作情重法輕奏裁。」詔刑部看詳。

8 壬申，命起居舍人王墨卿、武經大夫惠州刺史兼閤門宣贊舍人蘇曄賀金主正旦。權尚書禮部侍郎陳誠之、武經大夫吉州刺史權知閤門事孟思恭賀生辰。

9 甲戌，秦檜進呈禮物數。上曰：「朕觀金國和意甚堅，自講好以來，於今七年，未嘗非理有所邀求。朕每遣使，必戒約三節人毋得生事，蓋所以固兩國之懽，期於與民休息而已。」

10 丙子，集英殿修撰、知福州薛弼言：「本州亢旱，既而大雨。忽傳侯官縣有竹實如米，老稚採取，所得幾萬斛，饑者賴以濟。此蓋明天子聖德所感，上相燮理之效，實爲中興上瑞，伏乞詳酌施行。」詔付史館。

11 戊寅，詔川、廣、荆湖應奏獄案，以副本申提刑司别奏，令刑部以奏狀先到者約法。先是，大理正元龜年面對，論遠方獄案不無遺滯，乞立法。至是施行。

潮州言保義郎林昌朝四世同居⑤，詔旌表門閭。

太學博士王之望知荆門軍，以葬親有請也。

12 辛巳，大理寺丞周堃面對，請：「縣令滿三年無公私過，從本郡保明推賞。」詔刑部看詳，後不行。

13 壬午，右朝奉大夫、主管台州崇道觀張昌提舉江南東路常平茶鹽公事。

14 癸未，執政進呈監察御史陳夔論：「州郡歲以常平米廩給貧民，今多移用，乞令監司覺察。」上曰：「此誠仁政所先。比年州縣奉法不虔，或侵支盜用，而監司失於檢察。或賑濟無術，而僻遠窮困之民，不得均被其惠，非所以稱朕矜恤元元之意，宜令户部措置。」

詔入内内侍省聽喚使臣自今以六十人爲額。

15 甲申，勒停人降授武功大夫辛道宗房州羈管。時道宗寓居嚴州，侍御史余堯弼奏：「道宗移居近地，窺伺朝廷，陰爲不靖，望斥之遠方。」故有是命。

左朝請郎賀允中添差福建路安撫司參議官。允中嘗爲福建提刑，見謂稱職，秦檜以其不附己，復令入帥幕以抑之。

16 乙酉，詔自今奉使下三節人，過界與北人博易者徒二年，使、副不覺察，與同罪。

初，福建路自創奇兵，而虔、梅草寇不敢復入境，至是悉平。詔以巡檢陳敏所部奇兵四百，及汀、漳戍兵之在閫者，並爲殿前司左翼軍，即以敏爲統制官，留戍其地。

神武中軍舊止三部，自楊存中職殿嚴，始增爲五軍，又置護聖、踏白、選鋒、策選鋒、游奕、神勇，馬步凡十二軍。時江海之間，盜賊間作，乃分置諸軍以控制之，如泉之左翼、循之摧鋒、明之水軍皆隸本司，總七萬餘人。由是殿前司兵籍爲天下冠。存中又制諸軍戎仗，以克敵弓雖勁，而士病蹶張之難，乃增損舊制，造馬黄弩，制度精密，彼一矢未竟，而此三發矣。紹興二十九年又置破敵軍。

1 九月壬辰，大理寺丞郭唐卿面對，乞：「諸路提刑司詳覆獄案内有應奏者徑行繳奏，毋得再下本州，庶幾獄無留滯。」詔申嚴行下。

2 丙申，司農寺丞周莊仲面對，言：「行在歲支軍糧百五十萬石，惟中下兩界廒房不多，遇春冬凍涸，綱運不行，則有不繼之患。望添造十廒，共容三百萬石，非凍涸不許移用，歲月滋久，則以新易陳。」戊戌，詔户部措置。莊仲，武仲弟也。

3 己亥，右武郎、兩浙西路兵馬鈐轄曹浸帶御器械。

4 甲辰，侍御史兼崇政殿説書余堯弼試御史中丞。

5 丙午，端明殿學士、簽書樞密院事詹大方薨。特贈一官，爲左中奉大夫，異數也。

6 丁未，右司諫兼崇政殿説書巫伋試右諫議大夫。

7 己酉，余堯弼兼侍講。

8 辛亥，巫伋兼侍講。

9 壬子，監察御史張杞試秘書少監。

是月，金主亶遣兵部尚書蕭裕爲廉訪使，徧至諸路，詢問疾苦。自郡守以下，皆究其治狀而陞黜之。時國嗣未立，亶以其從弟北京留守岐王亮爲尚書左丞相。亮故宋王宗幹子，而太祖旻孫也。頗矯飾盜名，密有包藏窺伺之意。以胙王元者，亦太祖旻之孫，以次當立，因河南叛兵有妄稱皇弟者，亮誣以語相符合，實與結連，遂殺之。以金人誅蕭裕詔、廢亮詔參修。熊克小曆云：「元地居嫡長。」按：亶乃是嫡長孫，元或是梁宋國王宗秀之子，然雖長而非嫡也。

1 冬十月乙卯朔，敕令所删定官盛師文面對，乞：「遵天聖、嘉祐詔令，將諸路見有丁錢，不許折變，並令均納見錢，其第五等以下人户，依紹興德音減免其半。」詔户部看詳取旨。

2 丙辰，御史中丞兼侍講余堯弼爲端明殿學士、簽書樞密院事兼權參知政事。

監察御史曹筠守殿中侍御史。

3 戊午，監察御史陳夔兼崇政殿説書。

4 乙丑，上曰：「前日内教，武藝至精，挽强中的者，比去歲多百人。更一二年，愈加精熟，必增多於今日。」

5 丁卯，上曰：「紹興府守臣林待聘輕費誕謾，宜亟罷免。其財賦令户部經理。」於是，以待聘提舉江州太平興國宮。

6 戊辰，尚書工部侍郎趙不棄請補外，除敷文閣直學士、知紹興府。時紹興諸邑旱荒，民多流散，而户部奏：「本府苗米及常平義倉，有欺隱者十二萬餘石，經總制錢五萬餘緡。顯見林待聘輕費妄用，不守廉隅。」乃命不棄經理焉。

7 庚午，直龍圖閣、知婺州錢端禮劾右承事郎、知義烏縣徐時誨不法。上曰：「知縣乃銓注，員多難辯直否，但治行者優擢，罪惡者重責，則咸知勸懲，因此可以得人才矣。」

8 辛未，右朝請郎、通判安豐軍魏持進秩二等，以捕紅巾賊首李洪有勞也。久之，守臣右朝請大夫劉將亦進一秩。將轉官在明年三月丁未。

9 壬申，上謂輔臣曰：「昨已減諸州月樁錢，要當盡罷，庶蘇民力。」檜即諭户部侍郎李椿年、宋貺以經制錢贍軍，然月樁錢卒不罷。

10 丁丑，左朝請郎、知巴州馮忠恕提點成都府路刑獄公事。忠恕，汝州人。在巴州時，提舉茶馬韓球議加茶賦，球號令風發，下莫敢持議。忠恕度不可與争，即自爲奏：「巴州自趙開已一再增，今不可復增，茶亦如五穀，有凶年遇水旱，當權以實。」奏下，球不敢恨。制置使李璆兼治成都，嘗費常平倉米五萬石。異時使者以其近臣，置不問，忠恕按督得其狀，立督趣入之。

11 庚辰，龍神衛四廂都指揮使、永州防禦使、知荆南府王瑋卒。

12 辛巳，皇叔泉州觀察使、知南外宗正事士珸爲平海軍承宣使，以勝任而遷也。

1 十有一月乙酉朔，秘書少監張杞言：「感生帝之祀，尚寓招提，祭以酒脯。望復用牲玉，升爲上祀。」從之。

2 丁酉，保信軍承宣使、提舉洪州玉隆觀曹勛提舉萬壽觀，令台州津發赴行在。

3 戊戌，上謂大臣曰：「來年正旦，皇太后慶七十，可令禮官檢會國朝典故以聞。」

秘閣修撰、知虔州曾慥移知荆南。自渡江以來，荆南多命武帥。至是闕人，上命秦檜以諸路副總管姓名來上，檜曰：「江陵重地，所係非輕，恐更有可選之人。」蓋檜欲慥也。上曰：「可徧詢三衙主帥，庶得其人，不誤委寄。」後旬日，上諭檜曰：「荆南重地，不可不慎擇，今疆埸安静，宜用文臣。」乃以命慥焉。進呈兵官姓名在十月癸未，上諭檜在十月壬辰。

4 己亥，新州編管人胡銓移吉陽軍編管。先是，太師秦檜嘗於一德格天閣下書趙鼎、李光、胡銓三人姓名。時鼎、光皆在海南。廣東經略使王鈇問右承議郎知新州張棣曰：「胡銓何故未過海？」銓嘗賦詞云：「欲駕巾車歸去，有豺狼當轍。」棣即奏：「銓不自省循，與見任寄居官往來唱和，毁謗當塗，語言不遜，公然怨望朝廷，鼓唱前説，猶要惑衆，殊無忌憚。」於是送海南編管。命下，棣選使臣游崇部送，封小項筒過海。銓徒步赴貶，人皆憐之。至雷州，守臣王趯廉得崇以私茗自隨，械送獄，且厚餉銓。是時，諸道望風捃摭流人以爲奇貨，惟趯能與流人調護，海上無薪粲百物，趯輒津置之，其後卒以此得罪。

5 庚子，左朝散郎王曮依舊尚書禮部員外郎，以其進頌，忠誠可嘉也。

敷文閣待制、提舉江州太平興國宮周綱卒。

6 壬寅，左朝奉大夫、提舉江州太平興國宮、桂陽監居住鄭剛中再謫濠州團練副使，復州安置。用右諫議大夫巫伋再疏也。

7癸卯，降授左奉議郎、知真州洪興祖復左承議郎，以赦叙也。先是，州殘於兵，民之瘡痍未復，興祖始至，即上疏請復一年租，從之。明年再疏，又從之。自是流民漸歸，遂誘温户墾荒田至七萬餘畝。

8丁未，龍神衛四廂都指揮使、邕州觀察使董先添差兩浙西路馬步軍副都總管，平江府駐劄。初，岳飛既死，先自武昌召還，爲步軍司統制。先與管軍趙密不協，於是離軍。領殿前都指揮使職事楊沂中憐其才，贐遺甚厚，具奏乞隸本司。朝廷以三衙不許互換陳乞，不許。

9壬子，左承議郎、兩浙西路提點刑獄公事吴傳罷，以户部侍郎宋貺接伴北使還，劾其病不任事也。

1十有二月乙卯朔，上謂大臣曰：「聞紹興饑民有渡江者，可令臨安優給路費遣還。」時明、越、秀、潤、徽、婺、饒、信州皆旱，民多流散，上命有司發粟減賦。至是復令常平官親往賑給之，毋致失所。

復連州連山鎮爲縣。

2丙辰，詔四川命官付身，如未經換給，並不許奏辟，及權攝差遣。先是，止禁定差，至是，都大提舉茶馬韓球以爲言，故有是命。

集英殿修撰、提舉江州太平興國宫江邈卒。己未，詔復敷文閣待制致仕。

3庚申，敷文閣直學士、知宣州秦棣卒，官給葬事。棣在宣城，州之何村有富民釀酒，棣遣巡檢將吏士捕之，夜半圍其家，民疑其强盜也，即擊鼓聚鄰里共執之，走愬諸棣。棣怒，取民及其子孫三人，用麻繩通纆其體，自肩至足，然後各杖之百，及解縛，三人皆死，其慘毒如此。

4 丙寅，詔提舉常平官分遣屬吏賑濟流民，且貸其春耕之費。先是，詔復民租十之八，而和糴尚存。海鹽丞丁安義語其令曰：「歲饑，常賦且不充，不應復有和糴。使上官怒，安義當以身任之。」檄屢至，安義抗論反覆，卒賴以免。

5 丁卯，布衣孫堯佐上書，乞嗣安定郡王與濮王之封。詔大宗正司具名聞奏。

尚書省批狀：「四川營田，就委都統制檢察措置耕種，將每年所收斛斗，除分給官并樁留次年種子外，盡數報總領所拘收，充減免成都府路對糴米十二萬石之數。」舊營田事隸宣撫司，及司廢，乃有是命。此以紹興三十三年二月十八日工部狀修入。狀稱承紹興十八年十二月十三日指揮，而日曆不載，蓋都省批狀也。

6 戊辰，饒州進士張闡上書，乞將四等五等下户，紹興十七年已前拖欠冬苗，及諸色官物已倚閣者即與蠲放，未倚閣者即權倚閣。上謂大臣曰：「如實無可納，徒有追擾，亦足矜也。」乃付户部。既而户部乞：「諸路災傷及五分處下户，次十六年租税，除形勢外，並與蠲放，十七年分倚閣。如違，當職官重行黜責，仍令憲臣覺察。」從之。户部奏下在是月丁丑。

7 己巳，大理評事莫濛面對，論：「四方之民，雲集二浙，百倍常時，而河渠爲甚急，宜命守臣因農之隙，濬其堙塞。」庚午，上諭大臣曰：「可使漕臣募夫濬治，因以濟接饑民，則公私兩利矣。」濛，歸安人也。

8 壬申，故廸功郎謝濬特贈右承務郎，官一子。濬爲隴水尉，捕賊死，故録之。

是日，宰執進呈經界事訖。上曰：「諸州月樁錢，昨已例減，要當盡行除罷。」秦檜即諭户部侍郎李椿年、宋貺以經總錢措置贍軍。中興聖政：史臣曰：「大臣苟有以厚民力，固人心，雖人主不自言，固當奮然以身任之。月樁之爲害，上至於再四言之，而州縣倚樁辦之名，因之以巧取，至於今尚存，亦足爲一時用事者愧矣。不惟是也，月樁窠名本出於經總制，罷月樁而以經總制錢贍軍，此若有意於奉行者，而月樁未罷，校終歲經總制之入，擇其最者，必於州縣取盈焉，又非聖上勤恤斯人之意矣。夫減月樁，免和糴，罷免行錢，推仁聖之心，使天下一日帖帖就安，雖瘠己可以肥天下，無愛也。曹泳輩無所忌憚，逞其殘民之術，且直爲此欺誕。大化更行，首正三苗之竄，宜哉。」

9 丁丑，太常博士林宰、左承議郎主管官告院章廈並爲監察御史。時上召二人入對，而廈請戒監司守令奉行賑濟，乃有是命。廈奏劄以是月己卯行出，今併附此。

10 庚辰，金主遣金吾衛上將軍殿前右副都點檢召守忠、昭武大將軍同知宣徽院事劉君詔來賀來年正旦。君詔，唐盧龍節度使守恭八世孫也。父宏，遼寧昌軍節度使。金人俾知咸州，同平章事。此以金國翰林直學士趙可撰君詔之子宣德軍判劉某墓誌修入。

名南劍州晉司空張華廟曰應靈。

是歲，宗室子賜名授官者二十有三人，諸路斷大辟三十二人。

校勘記

① 添差兩浙東路馬步軍副總管　此官銜原誤繫下條葉夢得，據宋會要輯稿職官「紹興十九年七月八日，詔達州刺史、添差兩

浙東路馬步軍副總管、紹興府駐劄韋訊免赴任，與外在宫觀，隨侍父淵」之文改正。

② 崇信軍節度使致仕葉夢得薨於湖州 「信」，原作「慶」，據宋史卷四四五文苑七葉夢得傳改。

③ 朕豈得已而不已也 「得」，原闕，據皇朝中興繫年要録節要卷一二補。

④ 比仿行下 「仿」原闕，據叢書本補。

⑤ 潮州言保義郎林昌朝四世同居 「潮」，原作「湖」，據宋會要輯稿禮六一之一一改。又「昌朝」，雍正廣東通志卷四四作「昌期」。